Rodrigo Coelho de Lima
(Coordenador e coautor)

DIREITO COOPERATIVO

Avanços, desafios e perspectivas

Rodrigo Coelho de Lima
(Coordenador e coautor)

DIREITO COOPERATIVO
Avanços, desafios e perspectivas

Del Rey editora

Belo Horizonte
2018

Impresso no Brasil | Printed in Brazil

EDITORA DEL REY LTDA
www.livrariadelrey.com.br

Editor: Arnaldo Oliveira

Editor Adjunto: Ricardo A. Malheiros Fiuza

Produtora Editorial: Sirlene Santos Simões

Diagramação: Alfstudio

Revisão: Ilamara Murta da Fonseca
Maíra Duarte Magalhães

Capa: Alfstudio

Editora
Rua dos Goitacases, 71 – Loja 24A – Centro
Belo Horizonte-MG – CEP 30190-909
Comercial:
Tel.: (31) 3293 8233
vendas@editoradelrey.com.br
Editorial:
editoraassistente@editoradelrey.com.br

Dados Internacionais de Catalogação na Publicação (CIP)

L732 Lima, Rodrigo Coelho de
Direito cooperativo: avanços, desafios e perspectivas / Rodrigo Coelho de Lima. – Belo Horizonte : Editora Del Rey, 2018.

ISBN: 978-85-384-0517-7

1. Direito. 2. Direito comercial.
3. Cooperativas. I. Título.

CDD-334

Índices para catálogo sistemático:

1. Cooperativas : Economia	334
2. Cooperativismo : Direito	34:334
3. Direito cooperativo	34:334
4. Sociedades cooperativas : Direito	34:334
5. Sociedades cooperativas : Economia	334

As cooperativas possuem o poder de aglutinar as pessoas em torno de um objetivo em comum. Esta associação de pessoas e não de capital, gera, de forma democrática e sustentável, benefícios sociais e econômicos, inimagináveis em outros tipos societários, face a inexistência da figura do intermediário mercantil, além de outras especificidades. Não só os cooperados se beneficiam, mas toda a sociedade onde atua, tendo em vista que a riqueza produzida é investida na própria comunidade.

(Rodrigo Coelho de Lima)

PREFÁCIO

Muito me honra o convite para redigir o prefácio desta obra, *Direito Cooperativo: Avanços, desafios e perspectivas*, de pena da Comissão de Direito Cooperativista da OAB/MG, recentemente criada por meu sucessor na Presidência da Seccional e dileto amigo Antônio Fabrício de Matos Gonçalves, e presidida por meu querido colega Rodrigo Coelho de Lima, Conselheiro Seccional e advogado com vasta experiência no direito cooperativo.

Além do Conselheiro Rodrigo Coelho de Lima, também gostaria de saudar o Secretário-Geral Adjunto da OAB/MG, Charles Fernando Vieira da Silva, e o Conselheiro Seccional Giovanni Câmara de Morais, assim como o advogado Paulo Roberto Cardoso Braga, Membro da Comissão de Direito Cooperativista da OAB/MG. Todos eles, integrantes do Sistema OAB e autores de artigos nesta obra, comprovam a constante necessidade de formação e especialização por parte da advocacia.

Sou um grande entusiasta do cooperativismo e de tudo que esse modelo societário representa. Trata-se, em minha singela opinião, da alternativa econômica mais benfazeja e mais adequada com que contamos no setor privado para auxiliarmos o poder público na perfeita implementação do conjunto de direitos sociais.

Nas certeiras palavras de Antonio Salinas Puente, em obra clássica da década de 1950, o direito cooperativo é um sistema que cumpre uma dupla finalidade social, resguardando tanto a justiça distributiva quanto a democracia econômica. Afinal, a criação de cooperativas tende a favorecer não só seus associados, que tomam as decisões societárias democraticamente e recebem as sobras proporcionalmente, como também a população como um todo, pois os consumidores finais passam a contar com preços mais próximos dos custos de produção, pela eliminação do intermediário mercantil.

O cooperativismo tem longa trajetória no Brasil. A primeira iniciativa de lançamento de uma cooperativa no país teve lugar aqui mesmo em Minas Gerais, com a criação da Cooperativa Econômica dos Funcionários Públicos de Ouro Preto, em 1889. A legislação nacional tardou muito pouco a acompanhar a nova realidade social. Após dois anos, houve a primeira menção ao fenômeno, no Decreto nº 603/1891. Pouco tempo depois, o Decreto nº 1.637/1907 regularia o tema de forma mais minudente, com significativas alterações na década de 1930 feitas pelo famoso Decreto nº 22.239/1932.

O cooperativismo teve grande impulso institucional na passagem da década de 1960 para a década de 1970. São dois os principais marcos desse momento efervescente: a criação da Organização das Cooperativas Brasileiras (OCB), em 1969, e a sanção da Lei das Cooperativas (Lei nº 5.764/1971), reconhecendo a autogestão das cooperativas e assegurando um regime jurídico diferenciado.

Por fim, foi no bojo da Carta de 1988 que a promoção do cooperativismo finalmente alcançou status constitucional, com previsão expressa em vários dispositivos da Constituição Cidadã. Em primeiro lugar, o cooperativismo foi alçado ao nível de política de Estado, com a previsão do art. 174, §2º, que dispõe que, na regulação e no planejamento da atividade econômica, "a lei apoiará e estimulará o cooperativismo e outras formas de associativismo". Em segundo lugar, o cooperativismo foi estabelecido como garantia fundamental, com a previsão do art. 5º, XVIII, que dispõe que "a criação de associações e, na forma da lei, a de cooperativas independem de autorização, sendo vedada a interferência estatal em seu funcionamento".

Atualmente, segundo dados de junho de 2017 do Sistema OCB, o cooperativismo tem grande relevância econômico-social, gerando mais de 372 mil empregos no país. Ele é especialmente presente na atividade agrícola, com 48% da produção nacional tendo pelo menos uma de suas fases ligada a uma cooperativa, e na prestação de assistência médico-hospitalar, alcançando 38% dos brasileiros. Olhando para o mapa das cooperativas no país, nosso Estado cumpre forte protagonismo: Minas Gerais é o segundo ente federado com mais cooperativas no país, correspondendo a 10% do total nacional.

Apesar da grande relevância e da extensa história do cooperativismo no país, os estudos que se dedicam especificamente a essa especialidade ainda são muito raros no âmbito jurídico.

Esta obra vem colmatar importantes lacunas na doutrina brasileira, a partir da manifestação de grandes especialistas em direito cooperativo, com notável experiência acadêmica e profissional na advocacia cooperativa ou na atuação no Sistema OCB.

Os artigos que compõem este livro podem ser divididos em três grandes eixos temáticos muito bem planejados que permitem uma compreensão (i) dos aspectos gerais do cooperativismo, (ii) das especificidades de seus ramos e (iii) dos desafios enfrentados pelo cooperativismo.

No primeiro eixo, são discutidas questões essenciais sobre o regime jurídico das cooperativas. São vários os temas contemplados: a aplicação do direito societário às cooperativas; a penhora de cotas; a jurisprudência sobre o ato cooperativo; a responsabilidade penal dos diretores e o princípio da preservação das cooperativas.

No segundo eixo, são abordadas múltiplas questões específicas sobre alguns dos ramos do cooperativismo: os efeitos da Lei nº 12.690/2012 sobre as cooperativas de trabalho e de saúde, a aposentadoria especial dos sócios e dirigentes de cooperativas, a instauração de PADs nas cooperativas de trabalho, as repercussões do Funrural sobre as cooperativas agropecuárias, os aspectos trabalhistas nas cooperativas de transporte, a constituição e a reforma do estatuto social das cooperativas de crédito, bem como a responsabilidade das cooperativas centrais nesse segmento.

No terceiro eixo, são sistematizados alguns dos desafios atuais à atividade cooperativista. Além da explanação dos efeitos decorrentes das mudanças na legislação e de aspectos controvertidos na doutrina e na jurisprudência, são apresentadas as discussões sobre a nova governança nas cooperativas de crédito e sobre a difícil regulação da atividade cooperativista, temas de grande utilidade para evitarmos a desnaturação do ideal cooperativista.

Elogio o árduo trabalho da Comissão de Direito Cooperativista em editar este excelente livro. Não haveria momento melhor para seu lançamento do que este em que agora estamos. No último decênio, as cooperativas têm sido objeto de grande reconhecimento internacional, com a proclamação do "Ano Internacional das Cooperativas" nas Nações Unidas e o lançamento do "Plano de Ação para uma Década Cooperativa" pela Aliança Cooperativa Internacional. De mais a mais, no contexto de amplas reformas legislativas em matéria trabalhista, tributária e processual, é importante refletirmos sobre o que esperamos do cooperativismo brasileiro, para que sejamos capazes de identificar os retrocessos e de combatê-los com sólidos fundamentos jurídicos.

16 de janeiro de 2018

Luís Cláudio Chaves
Advogado, Vice-Presidente Nacional da OAB e Doutorando em Ciências Jurídicas na Universidade Autónoma de Lisboa.

APRESENTAÇÃO

Este livro é a consolidação de um trabalho iniciado em 2016, quando Sistema Ocemg e OAB/MG se uniram para a criação da Comissão de Direito Cooperativista na Ordem. Nosso objetivo não era outro senão ampliar os conteúdos jurídicos referentes ao cooperativismo. Um segmento pujante, mas ainda carente de uma literatura mais ampla e representativa sobre o segmento que contribui de maneira singular para o desenvolvimento da economia de Minas e do Brasil.

"Direito Cooperativo – Avanços, desafios e perspectivas" passa a ser leitura obrigatória para quem atua no cooperativismo. A obra traz a visão de especialistas com vasta experiência no ambiente cooperativo sobre temas relevantes e que suscitam boas discussões. Somente com a produção de conteúdo científico crítico, embasado e atualizado é possível entender os caminhos rumo a um arcabouço legal que nos livre das amarras burocráticas tão prejudiciais ao desenvolvimento.

O que temos nesta publicação são artigos produzidos por advogados que atuam e conhecem as nuances do Direito Cooperativo. Um compilado de discussões sobre um segmento que precisa estar sempre vigilante para que suas especificidades sejam garantidas Brasil afora. Um conteúdo que chega para oferecer elementos que contribuam para a nossa segurança jurídica.

Dirigentes, conselheiros, cooperados, advogados, estudantes de Direito e demais interessados em pesquisar o que chamo de "a face humana da economia" têm em mãos um trabalho muito rico, que investiga desde matérias basilares do fazer cooperativista no Brasil a questões específicas de determinados ramos do cooperativismo.

As páginas deste livro são um pontapé inicial para reflexões que estão na ordem do dia do cooperativismo brasileiro. Trata-se de uma contribuição valiosa para o enriquecimento acadêmico sobre o Direito Cooperativo no Brasil. Esperamos que esta iniciativa da Comissão de Direito Cooperativista da OAB/MG tenha continuidade e inspire propostas semelhantes em todo o país.

Afinal, somos um segmento em contínuo processo de desenvolvimento e aprimoramento, com significativo aumento de adeptos ano após ano. O cooperativismo é de fato o caminho para a democracia e a paz. Conteúdos como os que estão expostos nesta obra nos enchem de orgulho. Parabéns a todos que fizeram parte do processo de elaboração. Boa leitura e saudações cooperativistas.

Ronaldo Scucato
Presidente do Sistema Ocemg

SUMÁRIO

O DIREITO SOCIETÁRIO E O COOPERATIVISMO

CHARLES FERNANDO VIEIRA DA SILVA

Secretário Geral Adjunto da OAB/MG para o triênio 2016/2018, Advogado Membro do Instituto dos Advogados de Minas Gerais e advogado sócio-administrador do escritório "Câmara, Vieira e Raslan Sociedade de Advogados".

CLÁUDIO VICTOR CARNEIRO DE MENDONÇA

Advogado no escritório "Câmara, Vieira e Raslan Sociedade de Advogados", graduado pela Pontifícia Universidade Católica de Minas Gerais e pós-graduado em Filosofia do Direito pela mesma instituição.

RESUMO

Empreendendo um acurado estudo sob o ponto de vista do Direito Societário, pretende-se, por meio do recorte teórico adotado no presente trabalho, a análise das principais características do contrato da sociedade cooperativa, sob análise de sua lei especial de regência, qual seja, a Lei nº 5.764/71, bem como das regras posteriormente promulgadas no Código Civil, a saber, do art. 1.093 ao art. 1.096. Dessa análise, aborda-se a denominação de sociedade simples por força legal expressa do art. 982 do Código Civil, pondo-a em confronto direto com questões relevantes, como o objetivo da formação da sociedade cooperativa, das atividades econômicas que esse tipo societário pode explorar e, por fim, a querela acerca do registro empresarial das cooperativas enquanto sociedades simples.

Palavras-chave: Direito Societário; Cooperativismo; Sociedade Cooperativa; Características; Código Civil; Lei nº 5.764/71.

ABSTRACT

By undertaking an accurate study from the point of view of Corporate Law, the main objective of this study is to analyze the main characteristics of the cooperative society contract, under analysis of its special law of regency, the Law No. 5.764 / 71, as well as the rules subsequently enacted in the Brazilian Civil Code, which are, art. 1.093 to art. 1.096. From this analysis, the denomination of simple society is approached by express legal force of art. 982 of the Brazilian Civil Code, putting it in the frontal collide with relevant questions, such as the objective of forming a cooperative society, the economic activities that this type of company can exploit, and finally, the complaint about the business registration of cooperatives as simple societies.

Keywords: Corporate Law; Cooperativism; Cooperative Society; Characteristics; Civil Code; Law No 5.764 / 71.

1. INTRODUÇÃO

Como forma de regulação da sociedade e da complexidade de relações alcançada pelo desenvolvimento técnico-científico do século XX, o Direito, com o seu dinamismo vívido, visa a definir regras de convívio e limitar a atuação dos vários agentes da sociedade.

Nesse passo, é de se perceber que a trama de interações sociais criadas a partir do comércio foi sempre tema de profundo interesse do Direito e seus principais sujeitos, mormente em função de sua principal característica, que é a geração de riquezas.

Assim, empreendedores buscam organizar fatores chave de produção, como insumos, mão de obra e tecnologia, partindo de um aporte inicial de capital, com o objetivo final de lucrar (muito) com essa empresa.

Naturalmente, outras pessoas vocacionadas para tanto, com visão de comércio e coragem para se arriscarem, também buscam o lucro almejado e, vislumbrando a redução de dificuldades financeiras e divisão dos riscos, aliam-se a outros com intenção convergente de exploração de uma atividade, gerando riquezas para si e para a sociedade.

De uma forma geral e ampla, a essas interações comerciais e todos os seus sujeitos e nuances, cabe ao Direito Comercial regular, por meio de regras e princípios próprios, visando contemplar um objetivo final comum, a saber, o bem estar social por meio da geração de riquezas das mais variadas – tributos, empregos, parcerias comerciais, fomento do comércio, etc..

Por outro lado, às organizações de pessoas com interesses convergentes, isto é, às sociedades, cabe ao Direito Societário a regulação e estruturação, impondo, por meio de suas regras e princípios, normas para limitação da atuação das sociedades e suas responsabilidades nessas interações, sejam elas comerciais ou não.

Logo, percebe-se certa especialidade tratada pelo Direito Societário que possui como objeto quase que exclusivamente os tipos societários – empresários ou não empresários.

Nesse diapasão, é fundamental ainda destacar que nem toda sociedade (reunião de pessoas com interesses convergentes) visa ao lucro, sendo em alguns casos, a depender do tipo societário, proibido que o objetivo principal seja motivado pela aferição do lucro – ainda que exerça atividade econômica.

Tal é o caso das Cooperativas, as quais não são, por força de lei, sociedades empresárias, ainda que exerçam atividade comercial, que somente será permitida como meio facilitador de alcance de seu objetivo social principal.

Feita tal distinção, importa destacar que o presente trabalho terá como recorte teórico o tratamento delineado pelo Direito Societário a um tipo específico de sociedade, qual seja, a Cooperativa, para a qual, a seguir, ver-se-á as regras instituidoras, limitações de atividades e objetivos últimos pelas atividades escolhidas.

Vejamos.

2. DAS COOPERATIVAS E SUAS REGRAS ESPECÍFICAS À LUZ PRINCIPIOLÓGICA DO DIREITO SOCIETÁRIO

À guisa de situação do leitor quanto ao tipo societário, convém expor o momento histórico de verificação da existência das cooperativas, tal como o marco de regulação da atividade.

Sob os contornos aproximados dos que conhecemos hoje, pode-se dizer com certa segurança que as Cooperativas surgiram na Revolução Industrial, visando a atender uma demanda específica de trabalhadores que almejavam produzir e comercializar sem a interferência dos capitalistas – na clássica acepção do burguês, conforme entendimento de Carolina Iwancow Ferreira *et al* (2013).

Contudo, no Brasil, o tema somente foi regulado na década de 70, por meio da Lei Federal do Cooperativismo, n° 5.764/71, a qual, em seu art. 3° assim define o contrato de sociedade de cooperativa:

> Art. 3° Celebram contrato de sociedade cooperativa as pessoas que reciprocamente se obrigam a contribuir com bens ou serviços para o exercício de uma atividade econômica, de proveito comum, sem objetivo de lucro (BRASIL, 1971).

Sob um olhar acurado, haurem-se pelo menos sete princípios que instituem o contrato social de cooperativas, quais sejam: i) autonomia da vontade; ii) gestão democrática dos integrantes; iii) participação econômica dos membros; iv) independência; v) formação e educação; vi) união de esforços entre cooperativas e vii) interesse na comunidade.

Ademais, do breve conceito legal apresentado, é de destaque evidente que as sociedades cooperativas não são empresariais, isto é, não visam ao lucro como escopo social.

No entanto, cabe deixar claro desde já que às sociedades cooperativas não há limitação de atividade comercial como meio de aferir seu fim social, remanescendo, contudo, a obrigação do uso da expressão "cooperativa" em sua denominação, a teor o que prevê o art. 5° da já citada lei, a qual é transcrita abaixo:

> Art. 5° As sociedades cooperativas poderão adotar por objeto qualquer gênero de serviço, operação ou atividade, assegurando-se-lhes o direito exclusivo e exigindo-se-lhes a obrigação do uso da expressão "cooperativa" em sua denominação (Idem).

Essa característica das sociedades cooperativas é bem explicitada por Fábio Ulhôa Coelho, em cuja obra intitulada "Manual de Direito Comercial: Direito de Empresa", publicada em 2011, assim as trata:

> Desde o tempo em que a delimitação do objeto do Direito Comercial era feita pela teoria dos atos de comércio, há duas exceções a assinalar no contexto do critério identificador desse ramo jurídico. De um lado, a sociedade por ações, que será sempre comercial, independentemente da atividade que explora (LSA, art. 2º, §2º; c/c art. 982). De outro, as cooperativas, que são sempre sociedades simples, independentemente da atividade que exploram (art. 982).
>
> As cooperativas, normalmente, dedicam-se às mesmas atividades dos empresários e costumam atender aos requisitos legais de caracterização destes (profissionalismo, atividade econômica organizada e produção ou circulação de bens ou serviços), mas, por expressa disposição do legislador, que data de 1971, não se submetem ao regime jurídico-empresarial. Quer dizer, não estão sujeitas à falência e não podem requerer a recuperação judicial. Sua disciplina legal específica encontra-se na lei n. 5.764/71 e nos

arts. 1.093 a 1.096 do CC, e seu estudo cabe ao Direito Civil (COELHO, 2011, p. 38).

Vê-se, portanto, que, apesar da possibilidade quase ilimitada de exploração de atividades econômicas, seu tratamento é diferenciado por um critério eminentemente legal, por força do art. 982 do Código Civil, ainda que tal critério se subjaza a uma construção histórico-laborativa.

Vejamos o dispositivo legal acima citado:

> Art. 982. Salvo as exceções expressas, considera-se empresária a sociedade que tem por objeto o exercício de atividade própria de empresário sujeito a registro (art. 967); e, simples, as demais.
>
> Parágrafo único. Independentemente de seu objeto, considera-se empresária a sociedade por ações; e, simples, a cooperativa.

Feito este breve escorço histórico-jurídico, a seguir iremos esmiuçar alguns pontos chave da legislação de regência do contrato de sociedade cooperativa, contudo, à luz dos principais princípios do Direito Societário.

2.1 Dos Caracteres Jurídico-Normativos da Sociedade Cooperativa

Como já mencionado alhures, o objetivo último de uma sociedade cooperativa, a teor do que prevê o art. 3° da Lei n° 5.764/71, é a reunião de recursos e exploração de uma atividade, ainda que comercial, para proveito próprio de seus cooperados.

Nesse sentido, a própria Lei Federal do Cooperativismo já definia quais são suas principais características, conforme seu art. 4°, a seguir transcrito na íntegra:

> Art. 4º As cooperativas são sociedades de pessoas, com forma e natureza jurídica próprias, de natureza civil, não sujeitas a falência, constituídas para prestar serviços aos associados, distinguindo-se das demais sociedades pelas seguintes características:
>
> I - adesão voluntária, com número ilimitado de associados, salvo impossibilidade técnica de prestação de serviços;
>
> II - variabilidade do capital social representado por quotas-partes;
>
> III - limitação do número de quotas-partes do capital para cada associado, facultado, porém, o estabelecimento de critérios de proporcionalidade, se assim for mais adequado para o cumprimento dos objetivos sociais;

IV - incessibilidade das quotas-partes do capital a terceiros, estranhos à sociedade;

V - singularidade de voto, podendo as cooperativas centrais, federações e confederações de cooperativas, com exceção das que exerçam atividade de crédito, optar pelo critério da proporcionalidade;

VI - quórum para o funcionamento e deliberação da Assembleia Geral baseado no número de associados e não no capital;

VII - retorno das sobras líquidas do exercício, proporcionalmente às operações realizadas pelo associado, salvo deliberação em contrário da Assembleia Geral;

VIII - indivisibilidade dos fundos de Reserva e de Assistência Técnica Educacional e Social;

IX - neutralidade política e indiscriminação religiosa, racial e social;

X - prestação de assistência aos associados, e, quando previsto nos estatutos, aos empregados da cooperativa;

XI - área de admissão de associados limitada às possibilidades de reunião, controle, operações e prestação de serviços (BRASIL, 1971).

Ocorre, no entanto, que o Código Civil de 2002 trouxe importantes inovações legais, mormente em seu art. 1.094, igualmente colacionado abaixo:

Art. 1.094. São características da sociedade cooperativa:

I - variabilidade, ou dispensa do capital social;

II - concurso de sócios em número mínimo necessário a compor a administração da sociedade, sem limitação de número máximo;

III - limitação do valor da soma de quotas do capital social que cada sócio poderá tomar;

IV - intransferibilidade das quotas do capital a terceiros estranhos à sociedade, ainda que por herança;

V - quorum, para a assembleia geral funcionar e deliberar, fundado no número de sócios presentes à reunião, e não no capital social representado;

VI - direito de cada sócio a um só voto nas deliberações, tenha ou não capital a sociedade, e qualquer que seja o valor de sua participação;

VII - distribuição dos resultados, proporcionalmente ao valor das operações efetuadas pelo sócio com a sociedade, podendo ser atribuído juro fixo ao capital realizado;

VIII - indivisibilidade do fundo de reserva entre os sócios, ainda que em caso de dissolução da sociedade (Idem, 2002).

A seguir, expor-se-á detalhadamente as principais normas incutidas nas disposições legais acima transcritas, pondo-as lado a lado em conflito analítico para melhor elucidação do instituto.

2.1.1 Da adesão voluntária e do princípio da autonomia da vontade

Logo no inciso I acima transcrito, haurem-se dois princípios diametralmente ligados ao Direito Societário, quais sejam o princípio da liberdade de associação e o princípio da autonomia da vontade, na medida em que tanto a associação de cooperados, quanto a tomada de decisões, na gestão democrática da sociedade, com participação econômica direta e quórum para Assembleia Geral baseado no número de associados e jamais no valor do capital da sociedade.

Ora, logo se extrai disso a ligação da essencialidade da *affectio societatis* também na sociedade cooperada, como pressuposto de sua existência, sendo vedada qualquer forma de coerção ou imposição de dificuldades em sentido diverso.

2.1.2 Da formação do capital social

Noutro giro, sendo uma sociedade com o propósito de prestação de serviços aos próprios cooperados, deve-se se atentar para a integralização do capital, no sentido de possibilitar a efetiva prestação de tais serviços.

Aqui é imperioso confrontar o art. 1.094 do Código Civil, que trouxe uma disposição diversa daquela prevista no art. 4° da Lei n° 5.764/71 – que, contudo, *data maxima venia*, aos que entendem de forma diversa, não se contradizem.

O inciso I do art. 1.094 do diploma material cível dispõe sobre a "variabilidade, ou dispensa do capital social", enquanto o inciso II do art. 4° da Lei n° 5.764/71 apenas determina a "variabilidade do capital social representado por quotas-partes".

Prima facie, pode-se entender que para a constituição da cooperativa em si estaria se permitindo a criação de sociedades sem o lastro patrimonial que o capital social constrói, haja vista a dispensa do mesmo.

Contudo, é importante dar a devida interpretação à luz do Estado Democrático de Direito. É que a criação de uma sociedade sem o capital social vai de encontro ao princípio da preservação da empresa, da autonomia patrimonial da sociedade e da própria função social da sociedade empresária, posto que a ausência do lastro patrimonial põe em risco uma série de garantias a credores, além de reduzir sensivelmente a confiança do mercado financeiro.

Assim, a melhor interpretação do dispositivo é aquela que norteia o entendimento para a possibilidade de formação do capital inicial com as quotas-partes dos sócios.

Destaque-se que o capital mínimo é cláusula indispensável no estatuto de constituição da sociedade cooperada, a teor do que prevê o inciso III do art. 21 da Lei n° 5.764/71, o que reforça o lastro mínimo para o funcionamento e mantença da sociedade.

2.1.3 Dos associados

Sobre os associados, ambos os dispositivos de regência preveem importantes considerações a respeito do ingresso, limitação de atuação e vedação da especulação de suas quotas-partes.

Para constituição de uma sociedade cooperativa, a teor do art. 6° da Lei Federal do Cooperativismo, necessário se faz o atendimento a um número mínimo de associados, previsto legalmente em 20 (vinte) pessoas físicas, para as denominadas cooperativas singulares.

Para as cooperativas centrais ou federações de cooperativas, a exigência é que sejam constituídas com no mínimo 3 (três) cooperativas singulares, podendo, excepcionalmente, admitir associados individuais.

Por fim, para as confederações de cooperativas, exige-se a constituição com pelo menos 3 (três) federações de cooperativas ou cooperativas centrais, da mesma ou de diferentes modalidades.

Importante ainda destacar a vedação legal à cessão das quotas-partes dos associados, a título oneroso ou gratuito, por força expressa do inciso IV do art. 4° da Lei Federal do Cooperativismo e do inciso IV do art. 1.094 do Código Civil, tal é a essencialidade do *affectio societatis* na constituição da cooperativa.

Tal vedação impõe-se, inclusive, aos herdeiros, que somente poderão adquirir as quotas do associado falecido se caso também forem associados; caso contrário, tais quotas deverão ser adquiridas por outro associado, a que título for, nos termos do estatuto de constituição da sociedade.

Trata-se, mais uma vez, de uma expressão do princípio da autonomia da vontade e da livre associação, sob a perspectiva do associado, e do princípio da livre iniciativa, por parte da sociedade.

2.1.4 Alguns aspectos controversos quanto ao registro das cooperativas

Como sociedade simples que são, as sociedades cooperativas deveriam ser registradas no Cartório de Registro Civil de Pessoas Jurídicas, a teor do que dispõe o art. 1.150 do Código Civil, abaixo transcrito:

> Art. 1.150. O empresário e a sociedade empresária vinculam-se ao Registro Público de Empresas Mercantis a cargo das Juntas Comerciais, e a sociedade simples ao Registro Civil das Pessoas Jurídicas, o qual deverá obedecer às normas fixadas para aquele registro, se a sociedade simples adotar um dos tipos de sociedade empresária (Idem).

Tal entendimento se esteia na recepção constitucional parcial da Lei Federal do Cooperativismo, especialmente pelo confronto analítico do inciso XVIII do art. 5° da Constituição da República de 1988 com os artigos 17 a 20 daquela Lei.

Vejamos abaixo o dispositivo constitucional suscitado e, especificamente, os artigos 17 e 18 da Lei 5.764/71:

> Lei n° 10.406, de 10 de janeiro de 2002.
>
> [...]
>
> Art. 5° (*omissis*)
>
> [...]
>
> XVIII - a criação de associações e, na forma da lei, a de cooperativas independem de autorização, sendo vedada a interferência estatal em seu funcionamento; (BRASIL, 2002).
>
> Lci n° 5.764, de 16 de dezembro de 1971.
>
> [...]
>
> Art. 17. A cooperativa constituída na forma da legislação vigente apresentará ao respectivo órgão executivo federal de controle, no Distrito Federal, Estados ou Territórios, ou ao órgão local para isso credenciado, dentro de 30 (trinta) dias da data da constituição, para fins de autorização, requerimento acompanhado de 4 (quatro) vias do ato constitutivo, estatuto e lista nominativa, além de outros documentos considerados necessários.
>
> Art. 18. Verificada, no prazo máximo de 60 (sessenta) dias, a contar da data de entrada em seu protocolo, pelo respectivo órgão executivo federal de controle ou órgão local para isso credenciado, a existência de condições de funcionamento da cooperativa em constituição, bem como a regularidade da documentação apresentada, o órgão controlador devolverá, devidamen-

> te autenticadas, 2 (duas) vias à cooperativa, acompanhadas de documento dirigido à Junta Comercial do Estado, onde a entidade estiver sediada, comunicando a aprovação do ato constitutivo da requerente (Idem, 1971).

De fácil verificação é a não recepção de toda a seção I do capítulo IV da Lei nº5.764/71, denominada "Da Autorização de Funcionamento", por óbvia incompatibilidade no ordenamento jurídico.

Todavia, por uma rápida pesquisa na *web* é possível encontrar instruções de registro das sociedades cooperativas nas Juntas Comerciais, sendo que a mineira (JUCEMG) disponibilizou o Manual de Registro de Cooperativas do ano de 2017, redigido pelo Departamento de Registro Empresarial e Integração, vinculado à Secretaria Especial da Micro e Pequena Empresa da Presidência da República[1].

Ora, salvo possível tradição e costume como forma de fundamentação para o registro das sociedades cooperativas nas Juntas Comerciais, a que mais se deve tal imposição, mesmo após a vigência e validade do Código Civil?

Primeiramente, é importante consignar aqui que não houve até o momento qualquer declaração do Supremo Tribunal Federal, no cumprimento de seu múnus de guardião da Constituição, quanto à constitucionalidade ou não dos mencionados artigos da Lei nº 5.764/71, razão pela qual a declaração de afastamento ou de validade de tais dispositivos nos casos concretos depende dos juízes e dos órgãos colegiados de seus respectivos tribunais.

Nesse passo, e em segundo lugar, tem-se, atualmente, como parte da fundamentação do registro das cooperativas nas juntas comerciais, decisão proferida pela 6ª Turma do Tribunal Regional Federal da 3ª Região, nos autos do Mandado de Segurança nº 0022544-20.2005.4.03.6100/SP, cuja relatoria coube ao Desembargador Federal Johonsom Di Salvo.

Confira-se abaixo a ementa do acórdão proferido pelo Egrégio 6ª Turma daquele Tribunal Federal:

> ADMINISTRATIVO. MANDADO DE SEGURANÇA. COOPERATIVA (SOCIEDADE SIMPLES, CONFORME O NOVO CÓDIGO CIVIL): REGISTRO DE SEUS ATOS NA JUNTA COMERCIAL, PARA FINS DE OBTENÇÃO DE CNPJ/RECEITA FEDERAL. PREVALÊNCIA DO ARTIGO 18 DA LEI Nº 5.764/71 (NORMA ESPECIAL). INDICAÇÃO NESSE

1 Disponível em: <https://www.jucemg.mg.gov.br/arquivos/in10-2017-anexo-iv.pdf>.

SENTIDO DO ARTIGO 1.093 DO CÓDIGO CIVIL. REMESSA OFICIAL E APELO DA UNIÃO PROVIDOS.

1. Embora a natureza de sociedade simples emprestada pelo Novo Código Civil à sociedade cooperativa, o registro dela deve ser feito na Junta Comercial em razão da especialidade do art. 18 da Lei nº 5.764/71, aplicável mesmo após o advento do Novo Código Civil, já que este estabelece no art. 1.093 que "a sociedade cooperativa reger-se-á pelo disposto no presente Capítulo, ressalvada a legislação especial", que deve prevalecer onde contiver estipulações peculiares a entidade cooperativa.

2. Ausência de direito líquido e certo da impetrante a inscrição no CNPJ sem antes proceder ao seu registro na Junta Comercial

3. Remessa oficial e apelo da União Federal providos, para denegar a segurança (Apelação/reexame necessário 0022544-20.2005.4.03.6100/SP. Rel. Des. Fed. Johonsom di Salvo. 6ª Turma. Julg. 15/01/2015).

Como se viu, por aquela decisão restou consignado que a especialidade da lei de regência das cooperativas foi mantida e que a não recepção, pelo menos do artigo 18 daquela lei, é parcial e não integral, permanecendo o registro das sociedades cooperativas nas Juntas Comerciais.

Essa especialidade da Lei, mesmo após publicação de lei posterior com sentido diverso quanto ao registro das sociedades simples, às quais enquadram-se as cooperativas, deu-se, segundo a decisão, em função da disposição prevista no art. 1.093 do Código Civil, mormente pela sua parte final.

Confira-se na íntegra mencionado artigo:

> Art. 1.093. A sociedade cooperativa reger-se-á pelo disposto no presente Capítulo, **ressalvada a legislação especial** (BRASIL, 2002, grifo nosso).

Nesse sentido, entendendo que a própria lei posterior ressalva a aplicação da lei anterior, fundamenta-se a opção pelo registro nas juntas comerciais na ressalva do atendimento à lei especial feita pela própria lei posteriormente publicada.

Por fim, cumpre ressaltar que, como já visto, a sociedade cooperativa pode exercer qualquer atividade comercial de circulação de bens e serviços, desde que seu objetivo seja a prestação de serviços para os próprios cooperados.

Desse modo, é imperioso destacar que, mesmo como objetivo meio, a atividade comercial possui também sua especialidade própria, sob a proteção dos princípios da liberdade de iniciativa, liberdade de concorrência, da função social da empresa, do impacto social da atividade empresarial, da preservação da empresa, entre outros diversos.

Assim, não se vislumbra uma incompatibilidade material pelo registro das cooperativas, seu estatuto e atos posteriores nas juntas comerciais, tratando-se aqui de mera investigação de disposições formais da legislação especial e geral, respectivamente, da Lei n° 5.764/71 e do Código Civil e de sua fundamentação.

3. CONCLUSÃO

Depreende-se de todo o visto até aqui que a sociedade cooperativa não é considerada empresária, por disposição legal expressa do art. 982 do Código Civil e, como tal, não pode sofrer os efeitos da falência e da recuperação judicial, tal como previstos na Lei n° 11.101/05.

Contudo, mesmo não se tratando de sociedades empresárias, mas, sim, de sociedades simples, sujeitam-se a diversos princípios diametralmente afeitos ao Direito Societário, tais como autonomia da vontade e liberdade de associação, livre iniciativa, livre concorrência, etc..

Vimos ainda suas principais características, à luz do artigo 4° da Lei n° 5.764/71 e do art. 1.094 do Código Civil, relacionando-as aos princípios instituidores do direito societário, tais como: i) a autonomia da vontade; ii) a gestão democrática dos integrantes; iii) a participação econômica dos membros; iv) a independência; v) a formação e a educação; vi) a união de esforços entre cooperativas e vii) o interesse na comunidade.

Mostrou-se ainda aspectos relacionados ao capital social das cooperativas e outros afeitos aos associados, em especial, a impossibilidade da transferência e cessão das quotas-parte dos cooperados a terceiros não pertencentes à cooperativa, tendo em vista a necessidade de adesão voluntária, sob pertinência de área para ingresso na cooperativa.

Por fim, mostrou-se breve divergência quanto ao registro das sociedades cooperadas, tendo em vista a divergência havida entre o artigo 1.150 do Código Civil e o art. 18 da Lei n° 5.764/71.

Partiu-se da incompatibilidade constitucional dos artigos 17 a 20 da Lei nº 5.764/71 face ao inciso XVIII do art. 5º da CR/88 e de sua consequente não recepção constitucional expressa.

Contudo, procurando fundamentar a prática já tradicional de registro das cooperativas nas juntas comerciais, mostrou-se que o entendimento jurisprudencial hodierno se direciona para a recepção parcial do art. 18 da Lei nº 5.764/71, mantendo-se o registro da sociedade cooperativa mesmo sendo ela sociedade simples, afastando o critério geral previsto no art. 1.150 do Código Civil, dada a especialidade ressalvada pelo art. 1.093, também do Código Civil.

REFERÊNCIAS BIBLIOGRÁFICAS

BRASIL. Lei nº 5.764, de 16 de dezembro de 1971. *Define a Política Nacional de* Cooperativismo, institui o regime jurídico das sociedades cooperativas, e dá outras providências. Disponível em: <http://www.planalto.gov.br/ccivil_03/leis/L5764.htm>. Acesso em: 18 dez 2017.

______. Lei nº 10.406, de 10 de janeiro de 2002. Institui o Código Civil. Disponível em: <http://www.planalto.gov.br/ccivil_03/leis/2002/L10406.htm>. Acesso em: 18 dez. 2017.

______. Tribunal Regional Federal da 3ª Região. Acórdão em apelação/reexame necessário 0022544-20.2005.4.03.6100/SP. Rel. Des. Fed. Johonsom di Salvo. 6ª Turma. Julg. 15/01/2015. Disponível em: <http://web.trf3.jus.br/acordaos/Acordao/BuscarDocumentoGedpro/4026205>. Acesso em: 18 dez. 2017.

COELHO, Fábio Ulhôa. Manual de Direito Comercial: direito de empresa. São Paulo: Saraiva, 2011.

COELHO, Fábio Ulhôa. Curso de Direito Comercial: direito de empresa. 2v. 16ed. São Paulo: Saraiva, 2012.

FERREIRA, Carolina. I. et al. Natureza jurídica das cooperativas. Rev. Fac. Direito UFMG. Disponível em: <https://www.direito.ufmg.br/revista/index.php/revista/article/viewFile/P.0304-2340.2013v62p119/247>. Acesso em: 18 dez. 2017.

TRABALHO COOPERATIVO DOS PROFISSIONAIS LIBERAIS DA ÁREA DA SAÚDE – IMPLICAÇÕES DA LEI FEDERAL Nº 12.690/2012

EMANUEL GARCIA

Sócio do escritório Arantes, Garcia e Sá – Sociedade de Advogados.

Assessor Jurídico da FENCOM – Federação Nacional das Cooperativas Médicas e da CONFEMED – Confederação Nacional das Cooperativas Médicas.

Integrante do corpo jurídico do SICOOB CREDICOM – Cooperativa de Economia e Crédito Mútuo dos Médicos e Profissionais da Área de Saúde de Minas Gerais Ltda.

RESUMO

A nova lei de regência das sociedades cooperativas de trabalho instituiu a autonomia coletiva e coordenada e buscou excluir do seu alcance as cooperativas constituídas por profissionais liberais. Paradoxalmente, as condições para a exclusão são empecilhos ao cooperativismo, em especial nos serviços de saúde. Espera-se que o decreto regulamentador corrija as distorções.

Palavras-chave: Cooperativas de trabalho. Saúde. Profissionais liberais.

ABSTRACT

The new law of the regency of cooperative societies established collective and coordinated autonomy and sought to exclude cooperatives constituted by liberal professionals from its reach. Paradoxically, the conditions for exclusion are obstacles to cooperativism, especially in health services. The regulatory decree is expected to correct the distortions.

Keywords: Labor cooperatives. Health services. Liberal professionals.

1. INTRODUÇÃO

Quase uma década depois do início da tramitação da proposição na Câmara dos Deputados, foi finalmente sancionada e publicada no Diário Oficial da União de 20 de julho de 2012 a Lei nº 12.690, que "dispõe sobre a organização e o funcionamento das Cooperativas de Trabalho; institui o Programa Nacional de Fomento às Cooperativas de Trabalho - PRONACOOP; e revoga o parágrafo único do art. 442 da Consolidação das Leis do Trabalho - CLT, aprovada pelo Decreto-Lei no 5.452, de 1º de maio de 1943" (BRASIL, 2012).

> O art. 30 do Projeto de Lei nº 4.622/04, que deu origem ao diploma legal mencionado, previa a revogação do parágrafo único do art. 442 da Consolidação das Leis do Trabalho. Entretanto, o referido art. 30 foi vetado. Segundo as razões do veto, o ´dispositivo da CLT que se pretende revogar disciplina a matéria de forma ampla e suficiente, sendo desnecessária regra específica para as cooperativas de trabalho´. Desse modo, permanece em vigor o mencionado dispositivo da Consolidação das Leis do Trabalho, acrescentado pela Lei nº 8.949/94[1] (GARCIA, 2012).

O artigo supracitado estabelece:

> Art. 442.
>
> [...]
>
> Parágrafo único - Qualquer que seja o ramo de atividade da sociedade cooperativa, não existe vínculo empregatício entre ela e seus associados, nem entre estes e os tomadores de serviços daquela (BRASIL, 1994).

No que não colidir com a Lei nº 12.690/2012, continuam regrando as sociedades cooperativas de trabalho, também, a Lei Geral do Cooperativismo (Lei nº 5.764, de 16 de dezembro de 1971) e o Código Civil (Lei nº 10.406, de 10 janeiro de 2002).

Ainda na fase de debates no legislativo ficou evidenciado o principal objetivo do novo marco regulatório, nos termos do parecer aprovado pela Comissão de Desenvolvimento Econômico, Indústria e Comércio[2]:

---

1 GARCIA, Gustavo Filipe Barbosa. Cooperativas de Trabalho: a lei 12690/2012 e o direito do trabalho. Revista do Tribunal Superior do Trabalho, São Paulo, v. 78, n.3, p. 76-92, jul./set. 2012.

2 BRASIL. Congresso. Câmara dos Deputados. Comissão de Desenvolvimento Econômico, Indústria e Comércio. Substitutivo do Senado Federal ao Projeto de Lei nº 4.622-E, de 2004. Voto do relator Deputado Ubiali.

Sabem todos que é expressivo o número de cooperativas de trabalho em atuação no Brasil. É também de amplo conhecimento que a elevada função social de apoiar a solidariedade, de incentivar as formas associativas de trabalho, consagradas inclusive em nossa Constituição, é muito bem atendida pela forma cooperativa de organização do trabalho.

> Sabe-se também que, infelizmente, por vezes esses elevados ideais são desvirtuados por organizações que buscam se aproveitar de vantagens existentes no regime cooperativo para, essencialmente, reduzir os encargos e os direitos dos trabalhadores. Um dos grandes méritos da proposição em análise, mérito este que já estava inscrito na proposta aprovada pela Câmara dos Deputados e que foi mantido pelo Senado Federal, é dificultar a atuação dessas falsas cooperativas (Deputado UBIALI, 2010).

Na visão da Organização das Cooperativas Brasileiras (OCB),

> a Lei nº 12.690/2012 surgiu com o objetivo de disciplinar a organização e o funcionamento das cooperativas de trabalho, de maneira moderna e buscando a superação dos desafios impostos pela incorreta compreensão dos princípios e valores do cooperativismo, tanto no âmbito dos contratantes (da iniciativa privada ou do governo), quanto na visão dos fiscalizadores, notadamente o Ministério do Trabalho e Emprego (MTE)[3] (OCB, 2012).

Merece destaque o peculiar conceito de autonomia introduzido pela nova Lei, em seu artigo 2°, §1°, segundo o qual as atividades laborativas ou profissionais dos trabalhadores cooperados devem ser exercidas "de forma coletiva e coordenada, mediante a fixação, em Assembleia Geral, das regras de funcionamento da cooperativa e da forma de execução dos trabalhos, nos termos desta Lei" (BRASIL, 2012).

Para a regularidade da atuação, acrescentou-se à autogestão, definida no §2º como o "processo democrático no qual a Assembleia Geral define as diretrizes para o funcionamento e as operações da cooperativa", a exigência de que os sócios devem decidir "sobre a forma de execução dos trabalhos, nos termos da lei" (Idem).

Apenas a autonomia coletiva e coordenada e a autogestão, contudo, não seriam suficientes para impedir a precarização do trabalho, razão pela qual cuidou o legislador de assegurar aos cooperados, no artigo 7º da nova Lei,

3 SISTEMA OCB. O que muda com a Lei nº 12.690/2012 – Cooperativismo de trabalho. Disponível em <http://www.somoscooperativismo.coop.br/arquivos/DocumentosServicos/marco_regulatorio_trabalho_12.690.pdf>, Acesso em: 16 nov. 2017.

alguns direitos sociais previstos no artigo 7º da Constituição Federal e que não se aplicam somente às relações de emprego. São eles:

> Art. 7º. A Cooperativa de Trabalho deve garantir aos sócios os seguintes direitos, além de outros que a Assembleia Geral venha a instituir:
>
> I - retiradas não inferiores ao piso da categoria profissional e, na ausência deste, não inferiores ao salário mínimo, calculadas de forma proporcional às horas trabalhadas ou às atividades desenvolvidas;
>
> II - duração do trabalho normal não superior a 8 (oito) horas diárias e 44 (quarenta e quatro) horas semanais, exceto quando a atividade, por sua natureza, demandar a prestação de trabalho por meio de plantões ou escalas, facultada a compensação de horários;
>
> III - repouso semanal remunerado, preferencialmente aos domingos;
>
> IV - repouso anual remunerado;
>
> V - retirada para o trabalho noturno superior à do diurno;
>
> VI - adicional sobre a retirada para as atividades insalubres ou perigosas;
>
> VII - seguro de acidente de trabalho (BRASIL, 2012).

No artigo 8º, foi ordenado ainda que "as Cooperativas de Trabalho devem observar as normas de saúde e segurança do trabalho previstas na legislação em vigor e em atos normativos expedidos pelas autoridades competentes" (Idem).

Fez-se necessário, então, distinguir e retirar do alcance da Lei as sociedades cooperativas de trabalho cuja peculiaridade das atividades profissionais dos cooperados tornasse inexequíveis a autonomia coletiva e a coordenação, e também aquelas de atividades econômicas com regulamentação específica. Já no seu artigo 1º, parágrafo único, assim dispôs a Lei em comento:

> Art. 1º. (*omissis*)
>
> Parágrafo único. Estão excluídas do âmbito desta Lei:
>
> I - as cooperativas de assistência à saúde na forma da legislação de saúde suplementar;
>
> II - as cooperativas que atuam no setor de transporte regulamentado pelo poder público e que detenham, por si ou por seus sócios, a qualquer título, os meios de trabalho;
>
> III - as cooperativas de profissionais liberais cujos sócios exerçam as atividades em seus próprios estabelecimentos; e
>
> IV - as cooperativas de médicos cujos honorários sejam pagos por procedimento (BRASIL, 2012).

Ainda assim, o texto legal contém impropriedades de graves consequências e chega a inviabilizar, em alguns casos, o trabalho cooperativo de médicos e de outros profissionais liberais da área da saúde, em evidente afronta, ainda que por via reflexa, ao mandamento do art. 174, §2º, da Constituição da República: "A lei apoiará e estimulará o cooperativismo e outras formas de associativismo" (BRASIL, 1988).

O presente estudo ater-se-á aos incisos III e IV do parágrafo único do art. 1º da Lei nº 12.690/2012, considerando que, para a exclusão no inciso I das "cooperativas de assistência à saúde na forma da legislação suplementar" (Unimed, p. ex., cooperativa e operadora de planos de saúde regida pela Lei nº 9.656/98 e demais normativos da Agência Nacional de Saúde Suplementar (ANS), não foram estipuladas condicionantes relativas ao exercício profissional dos seus cooperados. As cooperativas de trabalho de médicos e/ou de outros profissionais liberais aqui referidas são aquelas não operadoras de planos de saúde.

São também cooperativas 'de serviço', *i.e.*, constituídas "para a prestação de serviços especializados a terceiros, sem a presença dos pressupostos da relação de emprego", nos termos do artigo 4º, II, da Lei em questão, e não devem ser confundidas com as empresas de prestação de serviços a terceiros tratadas na Lei nº 13.429, de 31 de março de 2017, popularmente conhecida como 'lei da terceirização', cujo art. 2º acrescentou artigos à Lei nº 6.019, de 3 de janeiro de 1974. Expressamente, esta não se aplica apenas "*às empresas de vigilância e transporte de valores, permanecendo as respectivas relações de trabalho reguladas por legislação especial, e subsidiariamente pela Consolidação das Leis do Trabalho (CLT)*", conforme artigo 19-B. Por incompatibilidade, porém, não alcança as sociedades cooperativas de trabalho, pois define a empresa prestadora de serviços a terceiros como "pessoa jurídica de direito privado destinada a prestar à contratante serviços determinados e específicos", de acordo com o *caput* do art. 4º-A, que "contrata, remunera e dirige o trabalho realizado por seus trabalhadores, ou subcontrata outras empresas para realização desses serviços", como disposto em seu artigo *4º-A*, §1º, tendo como um dos requisitos para o funcionamento "capital social compatível com o número de **empregados**" (grifo nosso), previsto no art. 4º- B, III.

É certo que a Lei nº 6.019/1974, com a modificação introduzida pela Lei nº 13.429/2017, permite interpretação extensiva ao dispor, em seu artigo 4°-A, §2°, que "não se configura vínculo empregatício entre os trabalhadores, ou sócios das empresas prestadoras de serviços, qualquer que seja o seu ramo, e a empresa contratante". Cooperados são sócios da cooperativa, conforme artigos 1.093 a 1.096 do Código Civil.

No entanto, tal fato (cooperados = sócios), por si só, não autoriza a conclusão de que as sociedades cooperativas de trabalho são regidas também pela 'lei da terceirização'. A interpretação histórico-teleológica remete ao entendimento de que esta pretendeu disciplinar, quanto à configuração ou não do vínculo de emprego, a relação dos trabalhadores terceirizados (empregados das prestadoras) com os tomadores de serviços. Nesse ponto a menção aos sócios, certamente de capital, feita no artigo 4°-B, III, é incongruente.

A despeito da pretensa segurança jurídica trazida pela Lei nº 13.429/2017, é salutar que as sociedades cooperativas de trabalho continuem, pelas suas características, sendo distinguidas das empresas mercantis destinadas essencialmente à cessão de mão de obra.

2. AS EXCLUSÕES DA LEI Nº 12.690/2012

Na falta de expressa definição legal, adota-se aqui o conceito de profissional liberal como "aquele legalmente habilitado a prestar serviços de natureza técnico-científica de cunho profissional com a liberdade de execução que lhe é assegurada pelos princípios normativos de sua profissão, independentemente do vínculo da prestação de serviço"[4] (CNPL, 2015).

Em voto proferido no Recurso Especial nº 1.546.114-ES (2013/0299285-2), Superior Tribunal de Justiça, o relator Ministro Paulo de Tarso Sanseverino assim o definiu:

> Sobre o conceito de profissional liberal, já tive a oportunidade de me manifestar em sede doutrinária ao analisar a regra do §4º do artigo 14 do Código de Defesa do Consumidor (Sanseverino, Paulo de Tarso Vieira. Responsabilidade Civil no Código do Consumidor e a defesa do fornecedor. São

4 Estatuto da Confederação Nacional das Profissões Liberais (CNPL), art. 1º, §2º. Disponível em <http://www.cnpl.org.br/new/images/arquivospdf/estatuto.pdf>, Acesso em: 16 nov. 2017.

> Paulo: Saraiva, 2002. P. 279) *in verbis*:
>
> Considera-se profissional liberal aquela pessoa que exerce atividade especializada de prestação de serviços de natureza predominantemente intelectual e técnica, normalmente com formação universitária, em caráter permanente e autônomo, sem qualquer vínculo de subordinação.
>
> A origem da expressão 'profissional liberal' encontra-se no período de trânsito entre a Idade Média e a Idade Moderna. Destinava-se a designar aquelas pessoas que se libertaram das corporações e passaram a exercer profissões livres.
>
> Dessa forma, guardadas as peculiaridades de cada atividade, podem-se apontar as características comuns das profissões liberais:
>
> prestação de serviço técnico ou científico especializados;
>
> formação técnica especializada, normalmente, em nível universitário;
>
> vínculo de confiança com o cliente (*intuitu personae*);
>
> ausência de vínculo de subordinação com o cliente ou com terceiro;
>
> exercício permanente da profissão.
>
> O profissional liberal celebra, normalmente, com seu cliente um contrato de prestação de serviços em que prepondera o elemento confiança *(întuitu personae).*
>
> Na categoria dos profissionais liberais, incluem-se médicos, dentistas, advogados, engenheiros, arquitetos, psicólogos, veterinários, agrônomos, farmacêuticos, fisioterapeutas, fonoaudiólogos, economistas, contabilistas, administradores, enfermeiros, professores, etc. (REsp 1.546.114-ES, Rel. Min. Paulo de Tarso).

O exercício da profissão é regulamentado por legislação própria, cabendo aos conselhos ou ordens profissionais exigir e fiscalizar o cumprimento dos requisitos técnicos e éticos e aplicar penalidades.

O reconhecimento da liberdade de execução dos serviços levou o legislador a excluir do âmbito de aplicação da Lei nº 12.690/2012 as cooperativas de profissionais liberais, previstas no art. 1º, parágrafo único, III, pois seria inviável submeter tais profissionais à autonomia coletiva e coordenada, com a definição em assembleia da sua jornada laboral e da "forma da execução dos trabalhos".

O legislador o fez, contudo, criando uma restrição. Excluiu do âmbito da Lei somente as "cooperativas de profissionais liberais **cujos sócios exerçam as atividades em seus próprios estabelecimentos**" (BRASIL, 2012, grifo nosso).

Influenciado por posições dogmáticas de técnicos do Ministério do Trabalho, partiu do pressuposto equivocado de que os profissionais liberais que trabalham em estabelecimentos de terceiros perdem, necessariamente, a liberdade de execução inerente ao exercício da sua profissão.

Imagine o leitor, p. ex., uma cooperativa de fisioterapeutas na qual os cooperados atendem os seus pacientes em instituições hospitalares, recebem repasses de honorários por procedimentos realizados, pagos por operadoras de planos de saúde contratantes da cooperativa.

Neste modelo de atuação das sociedades cooperativas de trabalho da área da saúde, as operadoras de planos contratam os hospitais, e à parte, com as cooperativas, os serviços dos profissionais especializados. Pelo disposto no artigo 7°, §6° da Lei nº 12.690/2012, cabe à assembleia fixar a "forma de execução dos trabalhos", obrigatoriamente submetendo os cooperados, profissionais liberais, à coordenação *in loco* feita por outro cooperado eleito com essa finalidade.

Exercendo esses mesmos cooperados as suas atividades em vários hospitais, o que é comum para os profissionais liberais da saúde, em cada um deles a cooperativa deve alocar um coordenador designado.

Trabalhando por demanda e recebendo (das operadoras de planos de saúde, não dos hospitais) por procedimentos, como garantir aos cooperados 'retiradas não inferiores ao piso salarial da categoria'?

Para a cooperativa suportar o custo deste e de outros direitos previstos nos artigos 7º e 8º da Lei nº 12.690/2012 seria necessário agregá-lo ao valor dos honorários negociados com as operadoras de planos de saúde contratantes, o que é inviável do ponto de vista mercadológico. Mesmo porque este custo, na remota hipótese de ser absorvido pelas operadoras, certamente seria repassado ao consumidor do produto plano de saúde, com efeito em cadeia prejudicial a todo o sistema de saúde suplementar.

O que dizer, então, dos pagamentos tabelados feitos pelo Sistema Único de Saúde (SUS)? Segundo estimativa do Conselho Federal de Medicina[5], "A perda acumulada nos honorários médicos em alguns procedimentos chegou a quase 1.300% num período de apenas sete anos (2008 a 2014)" (CFM, 2015).

---

5 CFM – Conselho Federal de Medicina. Honorários na Tabela SUS: valores pagos têm perda de até 1.300%. Disponível em: <https://portal.cfm.org.br/index.php?option=com_content&view=article&id=25564:2015-06-08-19-08-29&catid=3> Acesso em: 16 de novembro de 2017.

Pois bem. Restaria às cooperativas de trabalho de profissionais liberais a necessidade de constituição de fundos para o custeio de piso salarial, repousos semanal e anual remunerados, adicional noturno, adicional de periculosidade e/ou insalubridade, seguro de acidente de trabalho e cumprimento das normas de saúde e segurança do trabalho. De onde viriam os recursos para tais fundos? De pronto, constata-se que os recursos viriam dos próprios cooperados, extraídos dos rendimentos do seu trabalho.

Pagariam a si mesmos, portanto, e com sério risco de injusta cotização decorrente da dificuldade de estabelecerem critérios corretos de distribuição, em face da variabilidade dos honorários e da ausência de uniformidade de local, tempo, demanda de serviços e demais condições de execução dos trabalhos pelos diversos profissionais liberais cooperados. Isto sem contar a possibilidade de formação de grupos não interessados no "proveito comum" a que alude o art. 3º da Lei nº 5.764/1971[6]. A cooperação entre os profissionais poderia dar lugar, então, à competição pela fatia maior dos direitos sociais.

Tramita no Supremo Tribunal Federal a Ação Direta de Inconstitucionalidade (ADI) nº 4.849[7], sob a relatoria da Ministra Rosa Weber, na qual a Confederação Nacional das Profissões Liberais (CNPL) assim argumenta:

> Com a devida vênia, não há nenhuma "*ratio legis*", sequer aparente, que justifique a restrição mencionada. Como é cediço, a regra é a liberdade econômica e profissional, e as restrições, enquanto exceções, devem ser, por consequência, sempre devidamente justificadas.
>
> E a justificativa deve ser robusta e constitucional porquanto o art. 5º, XIII, da Carta Magna elege no seu rol de garantias fundamentais que "é livre o exercício de qualquer trabalho, ofício ou profissão, atendidas as qualificações profissionais que a lei estabelecer". No caso dos profissionais liberais as qualificações legais já estão todas regulamentadas em nosso sistema normativo, sendo que, inclusive, todas as profissões liberais são devidamente fiscalizadas pelos respectivos Conselhos Profissionais. Daí, evidentemente, que não pode uma lei restringir a atividade profissional pela simples localização física do local da prestação de serviços (CNPL, 2012).

---

6 "Art. 3. Celebram contrato de sociedade cooperativa as pessoas que reciprocamente se obrigam a contribuir com bens ou serviços para o exercício de uma atividade econômica, de proveito comum, sem objetivo de lucro" (BRASIL, 1971).

7 Ação Direta de Inconstitucionalidade nº 4.849. Requerente: Confederação Nacional das Profissões Liberais (CNPL); Interessados: Presidente da República e Congresso Nacional; *Amicus Curiae*: Federação Nacional dos Médicos (FENAM).

É discutível se o inciso III do parágrafo único do artigo 1° da Lei nº 12.690/2012, dispositivo questionado na ADI, realmente fere a liberdade do exercício profissional, sendo certo que fora da cooperativa de trabalho, de livre adesão, o profissional liberal não sofre a restrição quanto ao local de trabalho. Se este, porém, pretender exercer o ofício em estabelecimentos de terceiros sem se submeter à autonomia coletiva deliberada pela assembleia e à coordenação *in loco* de um colega cooperado, não poderá buscar o amparo de uma cooperativa de trabalho. Infere-se daí que o dispositivo cria obstáculo e desestimula o cooperativismo, contrariando o artigo 174, §2º, da Constituição Federal.

Por tudo isso, foi vigorosamente combatido por entidades de representação dos médicos[8] ainda durante o processo legislativo, sem o mesmo empenho, porém, de representantes de outras categorias de profissionais liberais. Daí resultou a inserção do inciso IV no parágrafo único do art. 1º da Lei nº 12.690/2012, excluindo do âmbito de aplicação desta as cooperativas de médicos.

O empecilho à livre cooperação dos médicos – tão somente médicos – que pretendessem exercer a profissão fora dos seus próprios estabelecimentos e sem o entrave da autonomia coletiva e coordenada estava resolvido.

Não obstante, também por proposição do Ministério do Trabalho a exclusão foi novamente restringida, neste caso às "cooperativas de médicos **cujos honorários sejam pagos por procedimento**" (BRASIL, 2012, grifo nosso). Buscou-se preservar o exercício profissional do médico cooperado sob a égide da Lei nº 12.690/2012 quando submetido a regime de plantão, sujeito ao cumprimento de horário de trabalho e com remuneração fixa.

Seria razoável, não fosse o desconhecimento da realidade do trabalho médico. Os plantões não são necessariamente remunerados pelos hospitais, podendo o médico receber os seus honorários via cooperativa, pagos pelos diversos convênios contratantes ou pelo Sistema Único de Saúde (SUS). Nem sempre o labor em plantão é subordinado ao poder diretivo da instituição hospitalar, que conta com a garantia da presença dos profissionais cooperados sem, contudo, estabelecer a pessoalidade na prestação dos serviços. Normalmente, cabe às equipes médicas de especialidades definir as escalas de plantões

---

8 Com destaque para a Federação Nacional das Cooperativas Médicas (FENCOM), Federação Brasileira das Cooperativas de Anestesiologistas (FEBRACAN) e a Federação Nacional dos Médicos (FENAM).

em comum acordo com os respectivos hospitais onde atuam, sem impedimento da substituição de um plantonista por outro, quando necessário, desde que assegurado o regular atendimento aos pacientes.

Pretender que as diversas equipes de médicos plantonistas dos mais diversos hospitais deliberem em assembleia geral da cooperativa todas as escalas e demais condições do trabalho em plantões, como fez o dispositivo da referida Lei, implica retirar do profissional liberal a liberdade individual de execução do seu ofício.

Não se está afirmando, aqui, a existência da liberdade absoluta, ou da autonomia plena, seja ela coletiva ou individual. Também os profissionais liberais, cooperados ou não, eventualmente podem exercer as suas atividades com a presença dos requisitos ensejadores do vínculo de emprego[9], cabendo este reconhecimento à Justiça Especializada do Trabalho quando e se acionada. Submetê-los, contudo, à autonomia coletiva e coordenada quando e porque associados à cooperativa de trabalho, impondo-lhes o autocusteio dos direitos sociais, é incoerente e inexequível.

3. A ESPERADA REGULAMENTAÇÃO

A Lei nº 12.690/2012 ainda carece de regulamentação, não apenas para definir modelo, critérios e responsabilidades atinentes à Relação Anual de Informações das Cooperativas de Trabalho (RAICT), conforme expressamente previsto no parágrafo único do artigo 26, mas, também, para dispor sobre a composição e o funcionamento do Programa Nacional de Fomento às Cooperativas de Trabalho (PRONACOOP) e resolver pontos obscuros do texto original.

Especificamente quanto às exclusões condicionadas das cooperativas de profissionais liberais, as tratativas das entidades médicas com técnicos do Ministério do Trabalho resultaram na seguinte redação provável do decreto regulamentador, que, espera-se, um dia será publicado:

---

9 Consolidação das Leis do Trabalho: "Art. 3º - Considera-se empregado toda pessoa física que prestar serviços de natureza não eventual a empregador, sob a dependência deste e mediante salário. Parágrafo único - Não haverá distinções relativas à espécie de emprego e à condição de trabalhador, nem entre o trabalho intelectual, técnico e manual" (BRASIL, 1943).

> Art. 1º Para fins do parágrafo único do art. 1º da Lei nº 12.690, de 2012, entende-se por:
>
> *(omissis)*
>
> III – profissionais liberais aqueles que possuam estatuto profissional especial definido em lei, habilitados legalmente e com registro nos Conselhos Profissionais, e que o profissional exerça as atividades individualmente e de maneira autônoma.
>
> IV - estabelecimento próprio o domicílio profissional definido pelo art. 72 do Código Civil.
>
> Art. 2º Para efeito do inciso IV do Parágrafo Único do artigo 1° da Lei nº 12.690, de 2012, somente será considerada cooperativa de médicos cujos honorários sejam pagos por procedimento aquela em que as atividades dos cooperados sejam preponderantemente remuneradas de maneira individualizada.
>
> Parágrafo Único. Entende-se por procedimentos aqueles que são enumerados ou reconhecidos pela Classificação Brasileira Hierarquizada de Procedimentos Médicos (CBHPM), emitidos pelo órgão público competente (2017).

O inciso III acima ratifica o conceito doutrinário de profissional liberal e, ao dispor que este deve exercer "as atividades individualmente e de maneira autônoma", reconhece que não é apropriado submetê-lo à autonomia coletiva e coordenada.

Para corrigir o equívoco da não exclusão do âmbito da Lei nº 12.690/2012 das cooperativas de profissionais liberais cujos sócios não exercem as atividades em seus próprios estabelecimentos, criando, como já demonstrado alhures, obrigações sociais inexequíveis para estas cooperativas de trabalho, a minuta do decreto faz um contorcionismo e, na impossibilidade de alterar a Lei e substituir estabelecimento próprio por domicílio, o Executivo decidiu que este é tradução daquele. Entende-se por estabelecimento próprio, nos termos do inc. IV do artigo 1º da norma regulamentadora, "o domicílio profissional definido pelo art. 72 do Código Civil":

> Art. 72. É também domicílio da pessoa natural, quanto às relações concernentes à profissão, o lugar onde esta é exercida.
>
> Parágrafo único. Se a pessoa exercitar a profissão em lugares diversos, cada um deles constituirá domicílio para as relações que lhe corresponderem (BRASIL, 2002).

Não é o que diz a Portaria do Ministério da Saúde nº 1.646, de 2 de outubro de 2015, que instituiu o Cadastro Nacional de Estabelecimentos de Saúde

(CNES). Nesta, estabelecimento de saúde é definido, em seu artigo 3º, II, "para efeito desta Portaria", como o "espaço físico delimitado e permanente onde são realizadas ações e serviços de saúde humana sob responsabilidade técnica" (MINISTÉRIO DA SAÚDE, 2015).

De qualquer forma, será corrigida a distorção da Lei nº 12.690/2012 quanto ao tratamento diferenciado que deu às cooperativas de profissionais liberais, excluindo-as ou não do seu âmbito de aplicação com base no local físico de trabalho dos cooperados.

Se publicado o decreto, independentemente do exercício das respectivas profissões pelos cooperados nas dependências de instituições hospitalares ou nos próprios consultórios ou clínicas, estarão excluídas todas as cooperativas de profissionais liberais da área da saúde, aqui tratadas, que voltarão a ser regidas apenas pela Lei nº 5.764/1971 e pelo Código Civil.

Tal medida será impactante, principalmente para aqueles profissionais liberais da saúde que não são médicos e atuam também fora de suas clínicas ou consultórios.

Quando foi publicada a Lei nº 12.690/2012, as cooperativas de trabalho, via de regra, eram constituídas por cooperados médicos e por outros profissionais liberais (fisioterapeutas, fonoaudiólogos, psicólogos, farmacêuticos, dentistas, etc.). Para as cooperativas exclusivamente de médicos, como já visto, não foi exigido o trabalho dos cooperados apenas nos seus próprios estabelecimentos como condição para a exclusão do âmbito de aplicação da Lei. Para as cooperativas 'mistas', sim. Forçosamente e a contragosto, as cooperativas constituídas por maioria de médicos promoveram alterações estatutárias e, diante da inviabilidade de implantação da autonomia coletiva e coordenada e do autocusteio dos direitos sociais então estabelecidos, excluíram os não médicos do quadro de cooperados.

Esses profissionais liberais que não são médicos, ex-cooperados, perderam então a condição de credenciados como prestadores de serviços dos diversos convênios contratantes das cooperativas. Perderam pacientes, oportunidades de trabalho e de renda, e para eles, em especial, certamente será bem-vinda a já tardia regulamentação da Lei nº 12.690/2012.

Mesmo para as cooperativas exclusivamente de médicos, em situação mais confortável, faz-se necessário regulamentar o requisito do recebimento de honorários por procedimentos a que se refere o inciso IV do parágrafo único do art. 1º da referida Lei.

Tratar de procedimento médico em contraposição a plantão não atende ao objetivo de distinguir trabalho com liberdade de execução de trabalho subordinado ao tomador de serviços.

A Exposição de Motivos anexa à Resolução do Conselho Federal de Medicina nº 1.627/2001[10] não distingue procedimento de ato médico, nem o segrega pelo regime de execução, se realizado ou não durante o plantão. Eis o que esclarece:

> Ato médico ou ato profissional de médico, que também pode ser denominado procedimento médico ou procedimento técnico específico de profissional da Medicina, é a ação ou o procedimento profissional praticado por um médico com os objetivos gerais de prestar assistência médica, investigar as enfermidades ou a condição de enfermo ou ensinar disciplinas médicas. Como prática clínica, é sempre exercido em favor de paciente que lhe solicitou ajuda ou está evidente que dela necessita, mediante contrato implícito ou explícito, utilizando os recursos disponíveis nos limites da previsão legal, da codificação ética, da possibilidade técnico-científica, da moralidade da cultura e da vontade do paciente. Essa ação ou procedi-

10 A Resolução informa as seguintes modalidades de atos médicos: "Os atos tipicamente médicos, mas compartilhados com agentes de outras profissões, são: 1. Realização de atos profiláticos de enfermidade ou procedimentos higiênicos que possam ser ou vir a ser fomentadores de bem-estar individual ou coletivo; 2. Realização de procedimentos profiláticos ou reabilitadores que não impliquem em diagnosticar enfermidades ou realizar procedimentos terapêuticos e procedimentos diagnósticos; 3. Realização de exames subsidiários complementares do diagnóstico médico, nos termos da lei. Por outro lado, os procedimentos profissionais privativos dos médicos são os seguintes: a. diagnóstico de enfermidades e indicação e realização de procedimentos terapêuticos e diagnósticos em enfermos; b. elaboração da história clínica (história da doença e anamnese), relatórios de exames e os respectivos laudos; c. execução e solicitação de exames físicos, psíquicos e complementares visando ao diagnóstico de enfermidades ou ao acompanhamento terapêutico; d. pedido, indicação, realização ou execução, interpretação, laudos e valorização de exames principais, subsidiários e complementares ou quaisquer outros procedimentos destinados ao diagnóstico médico, para os quais os médicos estejam devidamente capacitados e habilitados; e. realização de procedimentos clínicos, cirúrgicos ou quaisquer outros com finalidade diagnóstica, profilática, terapêutica ou de reabilitação que impliquem em algum procedimento diagnóstico ou terapêutico; f. realização de perícias administrativas, cíveis ou penais em sua área de competência; g. acompanhamento, assessoria, avaliação e controle da assistência aos enfermos padecentes de qualquer enfermidade; h. indicação e execução de medidas de reabilitação em pessoas prejudicadas por enfermidade; i. exercer a direção de serviços médicos; j. planejamento, execução, controle, supervisão e auditoria de serviços médico-sanitários oficiais ou privados; k. ensinar as disciplinas médicas ou outras matérias relacionadas com sua atividade profissional" (CFM, 2001).

> mento deve estar voltada para o incremento do bem-estar das pessoas, a profilaxia ou o diagnóstico de enfermidades, a terapêutica ou a reabilitação de enfermos (CONSELHO FEDERAL DE MEDICINA, 2001).

O parágrafo único do artigo 2º da minuta do decreto regulamentador diz que serão entendidos como procedimentos "aqueles que são enumerados ou reconhecidos pela Classificação Brasileira Hierarquizada de Procedimentos Médicos (CBHPM), emitidos pelo órgão público competente".

A Federação Nacional das Cooperativas Médicas (FENCOM) e a Federação Brasileira das Cooperativas de Anestesiologistas (FEBRACAN) já encaminharam proposta de correção do texto, uma vez que não se trata de referencial emitido por ′órgão público′.

> A CBHPM (Classificação Brasileira Hierarquizada de Procedimentos Médicos) foi editada pela primeira vez em 2003. Surgiu da imperiosa necessidade dos médicos brasileiros resgatarem o direito de valorizar o seu trabalho perante o Sistema de Saúde Suplementar (ANS e operadores de planos de saúde). Durante décadas, cada operadora criava sua própria tabela de códigos e procedimentos, de acordo com seus interesses específicos, sem critérios claros e sem qualquer conceito de hierarquização. A lógica de "remunerar menos" por serviços fundamentais, como a consulta médica, por exemplo, se refletiu na qualidade do atendimento a todos os pacientes e na dignidade do exercício profissional. Após duros embates, que contaram sempre com a participação e a união das principais entidades médicas (AMB, CFM, FENAM), representantes médicas estaduais e as Sociedades de Especialidade, foi construída a CBHPM. Estruturada na lógica da HIERARQUIZAÇÃO entre todos os procedimentos médicos, uma classificação foi coordenada pela FIPE-USP, discutida entre todas as Sociedades de Especialidade, e codificada, dividiu os procedimentos em quatorze Portes, cada qual com três subdivisões, que até hoje compõem a estrutura fundamental da CBHPM. Este trabalho, hoje reconhecido pelo sistema de Saúde Suplementar Brasileiro, vem sendo (ainda) incorporado progressivamente pelas mais importantes operadoras de planos de saúde e é entendido pela agência reguladora ANS como a condição básica para que seus procedimentos possam ser incorporados ao Rol de Procedimentos, atualizado periodicamente por esta agência[11] (CBHPM, 2016).

Propõem as Federações retro mencionadas que os procedimentos sejam definidos como aqueles enumerados ou reconhecidos pela CBHPM ou tabela

---

11 CBHPM 2016 – Classificação Brasileira Hierarquizada de Procedimentos Médicos. AMB – Associação Médica Brasileira, novembro de 2016, p. 05. Disponível em: <https://amb.org.br/_arquivos/_downloads/CBHPM-2016.pdf>. Acesso em: 16 de novembro de 2017.

ou referência similar emitida por órgão público competente, contemplando assim a tabela Terminologia Unificada da Saúde Suplementar (TUSS), criada pela Agência Nacional de Saúde Suplementar (ANS) e a Tabela de Procedimentos do SUS.

Fato é que, nos plantões, são realizados diversos procedimentos ou atos médicos, nem sempre remunerados *de per si*. Em seu artigo 2º, *caput*, o possível decreto regulamentador esclarecerá que, "para efeito do inciso IV do parágrafo único do artigo 1º da Lei nº 12.690, de 2012, somente será considerada cooperativa de médicos cujos honorários sejam pagos por procedimentos aquela em que as atividades dos cooperados sejam preponderantemente remuneradas de maneira individualizada".

Se na cooperativa, portanto, os repasses de honorários aos médicos corresponderem, em sua maioria, aos valores variáveis pagos por procedimentos, eventuais repasses de honorários em valores fixos, referentes aos plantões, não serão obstáculos à exclusão dessa cooperativa do âmbito de aplicação da Lei nº 12.690/2012.

4. CONCLUSÃO

Teria o legislador agido com acerto se, rejeitando as proposições do Ministério do Trabalho, tivesse excluído do âmbito da Lei nº 12.690/2012 as cooperativas de médicos e demais profissionais liberais, sem ressalvas ou condições. De acordo com o professor José Pastore,

> O processo de elaboração de leis do trabalho no Brasil sempre seguiu o princípio segundo o qual os direitos têm de ser explicitados nos mínimos detalhes para que as proteções sejam garantidas de forma homogênea a toda força de trabalho. É o princípio estatutário.
>
> O Brasil patrocina o modelo estatutário até os dias de hoje, insistindo em aplicar um conjunto complexo de leis e de atos administrativos e jurisprudenciais às diferentes realidades do mercado de trabalho. Está aí a insistência no princípio da hipossuficiência. Profissionais altamente qualificados, de renda alta, que cuidam de suas próprias proteções nos campos da saúde e da previdência social, estão legalmente impedidos de estabelecer com seus contratantes as regras de seu trabalho se estas ficarem fora da tutela da CLT, do Ministério e da Justiça do Trabalho. O mesmo ocorre com as pessoas que desejam trabalhar em regimes diferentes das jornadas estabelecidas em lei. Igualmente impedidos estão os profissionais que desejam ser

remunerados – sistemática e habitualmente – por aquilo que produzem, e não pelas horas que trabalham[12] (PASTORE, 2013).

Ainda que se considere que a Lei nº 12.690/2012 avançou ao afirmar a possibilidade do trabalho cooperativo sem o vínculo de emprego com o tomador de serviços, desde que assegurados os direitos sociais constitucionalmente previstos, pecou pelo excesso de (suposta) proteção aos profissionais liberais e, pior, o fez criando condições inexequíveis.

Espera-se que o decreto regulamentador, esquecido em algum escaninho da burocracia e da inépcia do Executivo, venha corrigir as distorções que desestimulam o cooperativismo dos profissionais liberais, especialmente daqueles que atuam no sistema de saúde.

Por oportuno, importante destacar que a recém-vigente Lei nº 13.467, de 13 de julho de 2017, que alterou a Consolidação das Leis do Trabalho 'a fim de adequar a legislação às novas relações de trabalho', não tratou especificamente das sociedades cooperativas de trabalho, mas certamente os seus efeitos positivos as alcançarão.

Aliás, sobre a reforma trabalhista e para finalizar com manifestação de esperança, cabe a transcrição de trechos de artigo do Juiz do Trabalho Marlos Augusto Melek[13], membro da Comissão de Redação Final da Reforma Trabalhista na Câmara Federal:

> Poderíamos escrever uma nova lei, em termos de técnica legislativa, tentando cercar a má-fé, regulamentar tudo nos mínimos detalhes, para coibir brechas e impedir que os "espertinhos" burlassem a nova lei, como sempre se fez no Brasil.
>
> Mas optamos por um outro viés: escrever uma lei para as pessoas de boa fé. Escrever as novas oportunidades, as formas possíveis de contratação criadas, olhar a relação empresa e empregado com olhos de boa-fé, ao contrário dos espasmos das leis atuais. A reforma trabalhista observou os pilares da liberdade, segurança jurídica e simplificação para o futuro das relações de trabalho. Mas vai muito adiante, quando seu texto é uma homenagem

---

12 PASTORE, José. 70 anos de CLT. *Paper* apresentado no Seminário realizado pela ***Federação do Comércio do Estado de São Paulo***, 26/04/2013. Disponível em: <http://www.josepastore.com.br/artigos/rt/rt_338.htm>. Acesso em: 16 de novembro de 2017.

13 MELEK, Marlos Augusto. O verdadeiro viés da reforma trabalhista. 11/06/2017. Disponível em: <http://www.gazetadopovo.com.br/opiniao/artigos/o-verdadeiro-vies-da-reforma-trabalhista-cjmt6i58oyl9iblp1rkdhnv2r > Acesso em: 16 de novembro de 2017.

àqueles que atuam de boa-fé, não tentando todo o tempo cercar aqueles de má-fé.

Da CLT de 1940, 209 artigos, incisos e alíneas (dos mais de 750) são modernizados. Mas, se tivéssemos de escrever a lei para prever todos os casos possíveis de má-fé, posso assegurar que seriam mais de 2 mil artigos e mesmo assim não conseguiríamos prever toda a sorte de irregularidades que o mal intencionado pode criar, num espectro altamente criativo daquele que é o engenheiro da maldade. Para isso existem o Poder Judiciário e os poderes do juiz: para punir com rigor, de forma imparcial, aquele que promover a má-fé nas relações de vida e também no processo. Além disso, a lei deve prestigiar aquele que procura cumprir e exigir o cumprimento da lei como cidadão, e não aquele que engendra atos de má-fé.

Tratamos do que chamamos de "neohipossuficiência", quando o Estado deve promover a proteção em graus diferentes a cada trabalhador, de acordo com a necessidade de cada um. Significa dizer que o grau de proteção devido a um médico ou advogado é diferente daquele que deve ser oferecido a um meio-oficial de pedreiro às margens do Rio Araguaia.

Como se vê, não se trata apenas de reformular a legislação trabalhista. Fratura-se um sistema saturado e em descompasso com o espírito do tempo e atinge-se o âmago cultural não só em relação ao capital e ao trabalho, mas na forma de produzir leis, de gerar novas oportunidades e também novas responsabilidades, mostrando ao Brasil que mudar é possível (MELEK, 2017).

REFERÊNCIAS BIBLIOGRÁFICAS

BRASIL. CAMARA. Comissão de Desenvolvimento Econômico, Indústria e Comércio. *Substitutivo do Senado Federal ao Projeto de Lei nº 4.622-E, de 2004.* Voto do relator Deputado Ubiali.

______. Câmara. Projeto de Lei nº 38, de 2017. *Altera a Consolidação das Leis do Trabalho (CLT), aprovada pelo Decreto-Lei nº 5.452, de 1º de maio de 1943, e as Leis nºs 6.019, de 3 de janeiro de 1974, 8.036, de 11 de maio de 1990, e 8.212, de 24 de julho de 1991, a fim de adequar a legislação às novas relações de trabalho.* Disponível em: <https://www25.senado.leg.br/web/atividade/materias/-/materia/129049>. Acesso em 16 nov. 2017.

______. *Constituição da República Federativa do Brasil de 1988.* Disponível em: <http://www.planalto.gov.br/ccivil_03/constituicao/constituicao.htm>. Acesso em: 16 nov. 2017.

______. Decreto-Lei nº 5.452, de 1º de maio de 1943. *Aprova a Consolidação das Leis do Trabalho.* Disponível em: <http://www.planalto.gov.br/ccivil_03/decreto-lei/Del5452.htm>. Acesso em: 16 nov. 2017.

______. Lei nº 5.764, de 16 de dezembro de 1971. *Define a Política Nacional de Cooperativismo, institui o regime jurídico das sociedades cooperativas, e dá outras providências.* Disponível em: <http://www.planalto.gov.br/ccivil_03/leis/L5764.htm>. Acesso em: 16 nov. 2017.

______. Lei nº 6.019, de 03 de janeiro de 1974. *Dispõe sobre o Trabalho Temporário nas Empresas Urbanas, e dá outras Providências.* Disponível em: <http://www.planalto.gov.br/ccivil_03/leis/L6019.htm>. Acesso em 16 nov. 2017.

______. Lei nº 8.949, de 09 de dezembro de 1994. *Acrescenta parágrafo ao art. 442 da Consolidação das Leis do Trabalho (CLT) para declarar a inexistência de vínculo empregatício entre as cooperativas e seus associados.* Disponível em: <http://www.planalto.gov.br/ccivil_03/leis/L8949.htm>. Acesso em: 16 nov. 2017.

______. Lei nº 9.656, de 03 de junho de 1998. *Dispõe sobre os planos e seguros privados de assistência à saúde.* Disponível em: <http://www.planalto.gov.br/ccivil_03/leis/L9656.htm>. Acesso em: 16 nov. 2017.

______. Lei nº 10.406, de 10 de janeiro de 2002. *Institui o Código Civil.* Disponível em: <http://www.planalto.gov.br/ccivil_03/leis/2002/L10406.htm>. Acesso em: 16 nov. 2017.

______. Lei nº 12.690, de 19 de julho de 2012. *Dispõe sobre a organização e o funcionamento das Cooperativas de Trabalho; institui o Programa Nacional de Fomento às Cooperativas de Trabalho - PRONACOOP; e revoga o parágrafo único do art. 442 da Consolidação das Leis do Trabalho - CLT, aprovada pelo Decreto-Lei no 5.452, de 1º de maio de 1943.* Disponível em: <http://www.normaslegais.com.br/legislacao/lei-12690-2012.htm>. Acesso em 16 nov. 2017.

______. Lei nº 13.429, de 31 de março de 2017. *Altera dispositivos da Lei no 6.019, de 3 de janeiro de 1974, que dispõe sobre o trabalho temporário nas empresas urbanas e dá outras providências; e dispõe sobre as relações de trabalho na empresa de prestação de serviços a terceiros.* Disponível em: <http://www.planalto.gov.br/ccivil_03/_ato2015-2018/2017/lei/L13429.htm>. Acesso em: 16 nov. 2017.

______. Lei n° 13.467, de 13 de julho de 2017. *Altera a Consolidação das Leis do Trabalho (CLT), aprovada pelo Decreto-Lei no 5.452, de 1o de maio de 1943, e as Leis nos 6.019, de 3 de janeiro de 1974, 8.036, de 11 de maio de 1990, e 8.212, de 24 de julho de 1991, a fim de adequar a legislação às novas relações de trabalho.* Disponível em: <http://www.planalto.gov.br/ccivil_03/_ato2015-2018/2017/lei/L13467.htm>. Acesso em: 16 nov. 2017.

______. Superior Tribunal de Justiça. 3ª Turma. *Recurso Especial n° 1.546.114/ES.* Julgado em 17/11/2015, Dje 23/11/2015.

______. Supremo Tribunal Federal. Ação Direta de Inconstitucionalidade n° 4.849/DF –Distrito Federal. Relatora: Ministra Rosa Weber. Disponível em: <http://www.stf.jus.br/portal/cms/verNoticiaDetalhe.asp?idConteudo=218358>. Acesso em 16 nov. 2017.

CBHPM 2016. *Classificação Brasileira Hierarquizada de Procedimentos Médicos. AMB – Associação Médica Brasileira (AMB).* Novembro de 2016. Disponível em: <https://amb.org.br/_arquivos/_downloads/CBHPM-2016.pdf>. Acesso em: 16 nov. 2017.

CONSELHO FEDERAL DE MEDICINA (CFM). *Honorários na Tabela SUS: valores pagos têm perda de até 1.300%.* Disponível em: <https://portal.cfm.org.br/index.php?option=com_content&view=article&id=25564:-2015-06-08-19-08-29&catid=3>. Acesso em: 16 nov. 2017.

______. Resolução n° 1.627, de 2001. Disponível em: <http://www.portalmedico.org.br/resolucoes/cfm/2001/1627_2001.htm>. Acesso em: 16 nov. 2017.

CNPL. *Estatuto da Confederação Nacional das Profissões Liberais. – CNPL.* Disponível em: <http://www.cnpl.org.br/new/images/arquivospdf/estatuto.pdf>., Acesso em: 16 nov. 2017.

GARCIA, Gustavo Filipe Barbosa. *Cooperativas de Trabalho: a lei 12690/2012 e o direito do trabalho*. Revista do Tribunal Superior do Trabalho, v.78, n.3. São Paulo: Comissão de Documentação do TST, jul./set. 2012.

MELEK, Marlos Augusto. *O verdadeiro viés da reforma trabalhista.* Disponível em: <http://www.gazetadopovo.com.br/opiniao/artigos/o-verdadeiro-vies-da-reforma-trabalhista-cjmt6i58oyl9iblp1rkdhnv2r>. Acesso em: 16 nov. 2017.

MINISTÉRIO DA SAÚDE. Portaria nº 1.646, de 02 de outubro de 2015. Disponível em: <http://bvsms.saude.gov.br/bvs/saudelegis/gm/2015/prt1646_02_10_2015.html>. Acesso em: 16 nov. 2017.

PASTORE, José. 70 anos de CLT. *Paper* apresentado no Seminário realizado pela ***Federação do Comércio do Estado de São Paulo***, em 26 de abril de 201326/04/2013. Disponível em: <http://www.josepastore.com.br/artigos/rt/rt_338.htm>. Acesso em: 16 nov. 2017.

SANSEVERINO, Paulo de Tarso Vieira. *Responsabilidade Civil no Código do Consumidor e a Defesa do Fornecedor.* São Paulo: Saraiva, 2002.

SISTEMA OCB. *O que muda com a Lei nº 12.690/2012 - Cooperativismo de trabalho.* Disponível em: <http://www.somoscooperativismo.coop.br/arquivos/DocumentosServicos/marco_regulatorio_trabalho_12.690.pdf>. Acesso em: 16 nov. 2017.

ORIENTAÇÕES SOBRE A INSTAURAÇÃO DE PROCESSOS ADMINISTRATIVOS DISCIPLINARES NAS COOPERATIVAS DE TRABALHO

FERNANDA FERREIRA SCIAVICCO GARCIA GUIMARÃES

Pós-graduada em Direito Processual Civil e Direito do Trabalho. MBA em Gestão Estratégica de Pessoas. Pós-Graduanda em MBA Executivo em Gestão de Saúde Suplementar. Advogada.

RESUMO

O presente artigo apresenta um direcionamento acerca das características e peculiaridades que devem ser observadas pelas cooperativas de trabalho em relação aos processos administrativos disciplinares de seus cooperados, demonstrando a importância de alguns fatores, tais como o direito ao contraditório e ampla defesa, a importância da formalização dos atos, a imparcialidade dos membros que atuam no referido processo e a valorização de uma conduta única a casos similares, dentre outros.

Palavras-chave: Cooperativa de trabalho. Processo administrativo disciplinar. Características e peculiaridades.

ABSTRACT

This article presents a guide about the characteristics and peculiarities that should be observed by labor cooperatives in relation to the disciplinary administrative processes of their cooperative, demonstrating the importance of some factors, such as the right to the adversary and ample defense, the importance of formalization of the acts, the impartiality of the members that act in said process and the valuation of a single conduct to similar cases, among others.

Keywords: Work Cooperatives. Disciplinary administrative procedure. Characteristics and peculiarities.

1. NOTAS INICIAIS

O presente artigo tem como propósito discutir a instauração e desenvolvimento de um processo administrativo disciplinar nos casos de cooperativa de trabalho. A intenção se deu em virtude do desconhecimento de alguns cooperados sobre o assunto, bem como o receio da aplicabilidade do instituto, haja vista que, por envolver diretamente o próprio grupo, demanda maior cautela para evitar inclusive instabilidades políticas.

No âmbito do processo administrativo deve-se buscar a celeridade, isonomia, garantir a ampla defesa e o contraditório, bem como se utilizar das técnicas para se chegar a solução da controvérsia, mas cabe ressaltar que a busca pela celeridade não pode justificar a flexibilização das garantias constitucionais do devido processo ou de qualquer outra garantia constitucional ou processual, uma vez que se esses princípios ou garantias não forem respeitados o ato pode ser invalidado e o processo não terá legitimidade.

À cooperativa compete buscar, através da eficiência, atingir o resultado útil e determinado, através de uma atuação ativa, transparente, impessoal, cumprindo as finalidades das normativas internas de forma adequada para que surtam os efeitos determinados e consignados nos próprios instrumentos.

Assim, o intuito do presente trabalho é delinear com maior clareza algumas características e peculiaridades do assunto, para que o processo possa ser instaurado e desenvolvido com maior tranquilidade e segurança nos âmbitos internos das cooperativas de trabalho.

O viés abordará especificamente as cooperativas de trabalho, por entender-se que esse seria o ramo ao qual o instituto teria maior aderência.

2. OS PROCESSOS ADMINISTRATIVOS DISCIPLINARES

O processo administrativo disciplinar é o instrumento destinado a apurar responsabilidade do cooperado por infração praticada perante a sua cooperativa, envolvendo, em regra, três fases: instauração, inquérito administrativo e julgamento.

Recomenda-se que os trâmites do processo administrativo disciplinar sejam expressamente previstos no Estatuto Social ou no Regimento Interno da cooperativa, dando assim transparência e publicidade a todos os cooperados sobre as regras atinentes ao tema.

A fase de instauração do processo, em regra, pode ocorrer de forma nominada ou anônima, sendo recomendável em qualquer dos casos, que a denúncia seja apresentada formalmente, não devendo ser aceito pela cooperativa a apresentação de acusação apenas verbal.

Isto porque o recebimento informal da demanda pode acarretar em dificuldades, inclusive técnicas, na fase de desenvolvimento do inquérito administrativo em si, fato este que deve ser evitado. Acredita-se que referida conduta inibe também a apresentação de denúncias inconsistentes.

Interessante que a cooperativa já consigne em seu normativo interno a qual público será aberta a oportunidade de instauração do processo administrativo disciplinar, ou seja, se será restrito a outros cooperados, ou então aberto também ao público externo, tais como clientes da cooperativa de trabalho. Geralmente, referida autoria é também conferida à própria cooperativa, podendo o processo ser instaurado *ex officio*.

E, quando identificadas irregularidades, seja no campo ético, operacional ou financeiro, a conduta do cooperado deverá ser objeto de apuração via processo administrativo disciplinar.

Ao instaurar um processo administrativo disciplinar, a cooperativa deve ter como objetivo a correspondente investigação e esclarecimento acerca da existência ou não de infração disciplinar por parte do cooperado, e quais foram os meios fáticos em que ela ocorreu, garantindo o devido procedimento, com direito a ampla defesa do cooperado.

A processualidade, assim, é a lógica que opera para se chegar a uma conclusão final, que, no caso do Direito Administrativo disciplinar, é a imposição de uma sanção ao cooperado. E, nas palavras do sociólogo Maurício Rezende:

> O processo administrativo disciplinar, assim, é, concomitantemente, o meio pelo qual torna viável, se possível, a aplicação da sanção disciplinar, retirando-lhe o caráter arbitrário, e impingindo-lhe uma dialogicidade entre administração e administrado, influenciando o resultado final, o que acaba, por fim, também por tornar legítimo tal resultado[1] (REZENDE, 2017, p.235-272).

---

1 REZENDE, Maurício Corrêa de Moura. *Mecanismos inquisitivos do Processo Administrativo Disciplinar federal (Lei Federal nº 8.112/1990).* Revista de Direito Administrativo, v. 274, mai. 2017. Disponível em: <http://bibliotecadigital.fgv.br/ojs/index.php/rda/article/view/68748/66667>. Acesso em: 21 nov. 2017.

Para que haja a instauração do procedimento disciplinar, deverá necessariamente existir uma infração praticada pelo cooperado, pois não se pode admitir a instauração de um procedimento disciplinar sem que ocorra um justo motivo. Portanto, sem indícios ou provas, tanto o princípio da boa-fé como o da segurança jurídica retiram da cooperativa a possibilidade de instaurar procedimento disciplinar contra o cooperado.

2.1. Direito ao contraditório e ampla defesa

Uma das características mais importantes no trâmite de um processo administrativo disciplinar é a garantia do direito ao contraditório e a ampla defesa. Por ampla defesa, entende-se o asseguramento que é dado ao denunciado de trazer para o processo todos os elementos permitidos na lei que possam esclarecer os fatos objeto de discussão, enquanto o contraditório é uma consequência direta do direito de defesa, garantindo ao denunciado o direito de se opor aos atos produzidos pela acusação.

O processo administrativo é um instituto próprio e essencial ao estado democrático de direito e a sua aplicabilidade deve sempre decorrer de acordo com os preceitos inseridos na Constituição da República, que estabelece os meios e princípios com os quais devem corresponder todas as suas etapas.

Recomenda-se, para garantia dos princípios jurídicos aplicáveis, que a cooperativa tenha internamente o suporte de um advogado que estará à disposição desta para assessoria técnica, bem como será o responsável por certificar-se de que os atos praticados estão em regularidade com os documentos normativos.

O intuito primordial do contraditório em procedimentos administrativos é o de permitir que ocorra participação plena das partes envolvidas, e que se construa um controle de abusos, apresentação de fatos, provas e pertinente julgamento.

Segundo o professor Romeu Felipe Bacellar Filho:

> O princípio da ampla defesa, aplicado ao processo administrativo disciplinar, é compreendido de forma conjugada com o princípio do contraditório, desdobrando-se I) no estabelecimento da oportunidade da defesa, que deve ser prévia a toda decisão capaz de influir no convencimento do julgador; II) na exigência de defesa técnica; III) no direito à instrução probatória que, se de um lado impõe à Administração a obrigatoriedade de provar suas alegações,

de outro, assegura ao servidor a possibilidade de produção probatória compatível; e IV) na previsão de recursos administrativos, garantindo o duplo grau de exame no processo[2] (BACELLAR FILHO, 1998, p. 347).

Enfim, o processo administrativo disciplinar, assim como todo processo, deve ser compreendido como uma garantia para todo aquele que está sendo acusado de uma determinada falta. Nesse sentido, o cooperado acusado de uma infração disciplinar terá a oportunidade de apresentar a sua defesa e comprovar suas alegações no desenvolvimento do processo, pois este será o ambiente adequado e idôneo em que o mesmo poderá defender-se.

Deduz-se, nessa perspectiva, que a ampla defesa é exercida mediante a segurança de três outros direitos a ela inerentes, quais sejam: direito de informação, direito de manifestação e direito de ter suas razões consideradas. Ademais, a ampla defesa deve garantir ao acusado tomar o conhecimento prévio da acusação que lhe é imputada, conforme doutrina de Diógenes Gasparini:

> Consiste em se reconhecer ao acusado o direito de saber que está e por que está sendo processado, de vista ao processo administrativo disciplinar para apresentação de sua defesa preliminar, de indicar e produzir as provas que entender necessárias à sua defesa, de ter advogado quando for economicamente insuficiente, de conhecer com antecedência a realização de diligências e atos instrutórios para acompanhá-los, de perguntar e reperguntar, de oferecer a defesa final, de recorrer, para que prove a sua inocência ou diminua o impacto e os efeitos da acusação[3] (GASPARINI, 2006, p. 946).

Nesse contexto, a transparência de todos os andamentos processuais, bem como a possibilidade de que o cooperado preste esclarecimentos iniciais acerca da denúncia existente, mostram-se boas práticas que devem ser observadas.

2.2. Formalização dos atos

Outro aspecto que deve ser observado pela cooperativa de trabalho é a necessidade de formalização dos atos referentes ao processo administrativo disciplinar.

---

2 BACELLAR FILHO, Romeu Felipe. *Princípios Constitucionais do Processo Administrativo Disciplinar*. São Paulo: Max Limonad, 1998.

3 GASPARINI, Diógenes. *Direito Administrativo*.11.Ed. São Paulo: Saraiva, 2006.

Recomenda-se que, em todas as fases do processo, todos os atos sejam devidamente formalizados, sem qualquer rasura, e com os respectivos comprovantes de recebimento, quando cabível. Além disso, os documentos devem ser organizados em ordem cronológica e numérica, sendo devidamente rubricados.

Outra sugestão relevante é a fixação pela cooperativa de todos os prazos aplicáveis ao trâmite do processo administrativo disciplinar, sinalizando inclusive a forma de contagem dos mesmos, que geralmente tem o seu dia de início excluído e o dia final incluído.

Para aquelas cooperativas que têm horário de funcionamento diferente do comercial, terminando o expediente, por exemplo, às 17h, é recomendável que esse indicativo conste expressamente nas normas, evitando assim qualquer transtorno no cumprimento dos prazos.

Mencionadas condutas garantem a construção física de um processo com todos os atos devidamente registrados, possibilitando a todas as partes envolvidas maior transparência e idoneidade.

2.3. Imparcialidade e discrição dos membros que atuam no referido processo

O Estatuto Social ou Regimento Interno da cooperativa de trabalho deverão prever expressamente quais membros/cargos irão atuar no caso de instauração de processo administrativo disciplinar.

Geralmente, os atos inerentes à condução inicial, quando do recebimento da denúncia, são desempenhados pela Diretoria Executiva da cooperativa ou por um de seus membros, especificamente designado com essa atribuição.

No entanto, após avaliação da consistência das razões da denúncia, caso entenda por ausência de fundamento da acusação, decidirá pelo seu arquivamento, ou, caso entenda pela sua consistência, determinará a abertura de processo administrativo disciplinar.

Uma vez instaurado o processo administrativo disciplinar, deverão ser designados os Conselheiros Instrutores que atuarão na análise e instrução da demanda. É importante fixar no instrumento normativo a quantidade de conselheiros que atuarão na causa, sendo garantido o direito de arguição de suspeição nos casos de relação de amizade, parentesco ou por motivo de foro íntimo.

Nas cooperativas de trabalho em que existe Conselho Técnico Ético, geralmente os responsáveis pela condução do inquérito administrativo são compostos por membros deste grupo, havendo, em outros casos, uma junção entre membros do Conselho Técnico Ético e membros do Conselho de Administração da cooperativa.

De qualquer forma, independentemente da composição a qual a cooperativa escolher, deve-se primar sempre pela imparcialidade e discrição dos referidos membros, uma vez que os assuntos ali tratados devem ficar restritos àquele âmbito de discussão, não podendo ser divulgados a terceiros.

Essa neutralidade possibilita inclusive uma condução mais técnica e de menor exposição ao cooperado que está sendo julgado no processo administrativo disciplinar, fazendo com que sua privacidade seja preservada na fase de apuração da penalidade em discussão.

Em que pese a possibilidade de termos diferentes membros analisando cada processo administrativo disciplinar, é primordial que a cooperativa tenha a cautela de assegurar a aplicabilidade de uma conduta única a casos similares, sob pena de dar tratamento desigual a iguais.

Nesse contexto, deve-se sempre buscar agir com equidade e com observância aos precedentes existentes na própria cooperativa, possibilitando assim uma atitude similar às demandas.

O princípio da isonomia tem substrato jurídico de assento constitucional (art. 5º, *caput*), baseando-se no ideal de uma atuação sem distinção de qualquer natureza, em que todos seriam iguais perante a lei. Todos devem ser tratados perante a cooperativa de forma igualitária e isonômica.

2.4. Os atos do inquérito administrativo

Observadas todas as características iniciais acima relatadas, quando aceita a denúncia, a cooperativa deverá instaurar o inquérito administrativo em si, que é a fase mais volumosa do processo.

Nesses casos, os Conselheiros Instrutores indicados deverão ter vista do processo e, em seguida, solicitar eventuais informações complementares à cooperativa, os quais entenderem necessárias para elucidação dos fatos. Após, o denunciado deverá ser convocado formalmente para tomar conhecimento da denúncia e prestar seus esclarecimentos.

Importante ser garantido que juntamente com a defesa escrita, poderá o denunciado solicitar a realização de prova pericial, testemunhal e todas as demais em direito admitidas, devendo haver requerimento expresso para tanto, sendo as despesas relativas às provas de responsabilidade daquele que as solicitou.

Há de se notar que deve ser sempre levado em consideração a licitude das provas, e as mesmas devem se apresentar, sempre que possível, em forma escrita.

Acredita-se que seja interessante também possibilitar ao denunciado fazer-se acompanhar de advogado por ele contratado, caso haja interesse, em todos os atos do processo, devendo para tanto, juntar instrumento de procuração. Ressalte-se que a representação por advogado não deve acarretar em dispensa do denunciado de comparecer no processo pessoalmente quando convocado.

André Cordeiro Leal reforça a importância que seja dada às partes igual oportunidade de pronunciamento, e que este seja efetivamente considerado quando da prolação da decisão, sendo que, se ocorrer de forma diversa, estará sendo negada a vigência aos princípios do processo ou da própria força normativa do texto constitucional (LEAL, 2002, p. 104).

2.5. Do julgamento

O grupo designado para julgamento do processo administrativo disciplinar deliberará sobre a penalidade a ser aplicada, de acordo com o Estatuto Social ou Regimento Interno da cooperativa, ou pelo arquivamento do processo, se for aceita a defesa apresentada.

Além da observância quanto à regularidade do respeito ao contraditório na fase do inquérito administrativo, os cooperados que farão o julgamento do processo devem também primar pela obediência à fundamentação das decisões, pois não se pode falar em devido processo sem que essa conexão seja de fato ressaltada.

As infrações geralmente são divididas em leve, moderada e grave, podendo suas penalidades variar, desde a realização de uma advertência ao cooperado até a sua eliminação do quadro social. As variações entre os tipos de penalidade deverão levar em consideração a proporcionalidade entre a conduta irregular do cooperado e a sanção imposta.

Reitera-se, nesse momento, a importância da cooperativa em primar pela equidade no momento de estabelecimento das penalidades devendo casos similares serem tratados com a mesma severidade, não devendo existir penas diferentes para casos idênticos.

Essa observância, além de garantir uma isonomia a todos os cooperados, evita eventuais questionamentos e instabilidades políticas, já que os julgamentos serão equânimes.

2.6. Do recurso

Após a fixação da penalidade pelos membros responsáveis pelo julgamento do processo administrativo disciplinar, o cooperado denunciado deverá ser notificado da decisão por correspondência com aviso de recebimento (AR).

O denunciado poderá, no prazo fixado pela cooperativa, interpor recurso com efeito suspensivo para a primeira Assembleia Geral, que o receberá e julgará.

Referido procedimento – de interposição de recurso para a Assembleia Geral – foi instituído pela Lei n° 5.764/71, de forma obrigatória para os casos de eliminação do cooperado.

Algumas cooperativas preveem em seus normativos que, em caso de aplicabilidade de penalidades mais leves, o recurso será interposto para julgamento pelo próprio Conselho de Administração, caso seus membros não tenham participado da fase de inquérito, mantendo o recurso à Assembleia Geral apenas para os casos de eliminação. Outras garantem a interposição de recurso para a Assembleia Geral independentemente do tipo de penalidade que tiver sido fixada na fase de julgamento.

Essa distinção deverá ser previamente avaliada pela cooperativa e expressamente definida em seu instrumento normativo.

Nos casos em que o recurso for para apreciação em Assembleia Geral, recomenda-se que, no momento de elaboração do Edital de Convocação, o processo seja identificado pelo seu respectivo número interno, preservando assim a privacidade do nome do cooperado.

Caberá ao Presidente da Assembleia zelar pela ordem e pelo respeito às normas estabelecidas no Estatuto Social e no Regimento Interno da cooperativa, devendo ser garantida a palavra para defesa oral pelo denunciado ou seu representante legal após a leitura do relatório do caso. Da mesma forma, um dos Conselheiros Instrutores do caso também terá direito a manifestação verbal em Assembleia.

O processo de votação do recurso poderá ocorrer de forma paralela às discussões de outros itens da pauta da Assembleia Geral, através de cédulas em papel, urnas eletrônicas ou de outros meios viabilizados através de novas tecnologias.

Da mesma forma adotada para outras votações da cooperativa, recomenda-se a escolha de 3 (três) cooperados, entre os presentes na Assembleia Geral, para formarem uma comissão de apuração da votação, tendo como função zelar pela regularidade da apuração.

3. DO RECONHECIMENTO DO PODER JUDICIÁRIO QUANTO À LEGALIDADE DO PROCESSO ADMINISTRATIVO DISCIPLINAR

Em virtude principalmente do desconhecimento de alguns cooperados sobre o assunto, bem como o receio da aplicabilidade do instituto, entende-se como relevante também demonstrar que o Poder Judiciário, quando provocado, já se manifestou em diversos casos positivamente à legalidade e observância ao processo administrativo disciplinar ocorrido previamente no âmbito interno da cooperativa.

Para ilustrar demonstra-se abaixo alguns casos:

> EMENTA: APELAÇÃO CÍVEL - AÇÃO ORDINÁRIA - COOPERATIVA DE CRÉDITO - EXCLUSÃO DE ASSOCIADO - ALEGAÇÃO DE NULIDADE DO ATO - PEDIDO DE REINCLUSÃO - REGIMENTO INTERNO - OBSERVÂNCIA DOS REQUISITOS - ASSEMBLÉIA GERAL EXTRAORDINÁRIA - DIREITO DE AMPLA DEFESA - DEMONSTRAÇÃO - INTERPOSIÇÃO DE RECURSO CONTRA A DECISÃO - MANUTENÇÃO DA EXCLUSÃO POR MAIORIA DE VOTOS - INEXISTÊNCIA DE NULIDADE - IMPROCEDÊNCIA DO PEDIDO REINTEGRATÓRIO QUE SE IMPÕE. O procedimento de exclusão de um cooperado deve seguir, com rigorosa observância, todo o procedimento descrito no Regimento Interno da Cooperativa em questão para que seja considerado válido e regular. Restando demonstrado nos autos que a decisão que excluiu o associado de seus quadros se deu em Assembleia Geral Extraordinária da

Cooperativa, por maioria de votos, e que nenhuma irregularidade formal ou nulidade restou comprovada relativamente à mesma, não há que se falar em nulidade, sendo de ressaltar que a decisão da AGE é soberana para interpretar as cláusulas de seu regimento e estatuto quanto às causas de exclusão, às quais aderiu o associado ao ser admitido. Cabe ainda salientar, que não restou comprovado nos autos qualquer cerceamento ao direito de defesa do associado excluído, haja vista que apresentou defesa no momento apropriado, e recurso após a decisão proferida pela AGE, recurso este que foi também rejeitado em AGE, por maioria absoluta de votos (TJMG, Apelação Cível: 10074110010316001, 17ª Câmara Cível. Rel. Luciano Pinto, julgado em 23/06/2015, publicação 07/07/2015).

EMENTA: APELAÇÃO CÍVEL - AÇÃO ORDINÁRIA - EXCLUSÃO DE COOPERADO - PROCESSO ADMINISTRATIVO REALIZADO SOB O CRIVO DO CONTRADITÓRIO E DA AMPLA DEFESA - REGULARIDADE. - A autonomia privada das cooperativas (CF, art. 5º, XVIII) somente deve ser mitigada em face dos princípios constitucionais que asseguram o respeito aos direitos fundamentais de seus associados, consoante a teoria da eficácia horizontal dos direitos fundamentais. - Ao Poder Judiciário cabe apenas o juízo da legalidade do ato de exclusão de associado por assembleia geral extraordinária, não podendo adentrar na avaliação da conveniência e oportunidade da medida. - O cooperado, sócio da entidade, deve cumprir os ditames de seu estatuto, sendo-lhe vedado o exercício de atividade que conflite com os interesses da cooperativa, sob pena de lhe ser impostas as sanções legais, dentre elas a eliminação. - É regular o procedimento administrativo ético-disciplinar precedido do devido processo legal administrativo, com garantia ao contraditório e a ampla defesa que, em assembleia extraordinária, por ampla maioria, delibera pela exclusão de associado por atuação nociva à entidade (TJMG, Apelação Cível nº 1.0024.12.254687-2/007, 14ª Câmara Cível, Rel. Marco Aurelio Ferenzini. Julgado em 10/11/2016, publicação 23/11/2016).

As referidas decisões demonstram o entendimento do Judiciário mineiro, no sentido de que compete ao mesmo apreciar, à luz dos princípios do contraditório, da ampla defesa e do devido processo legal, a regularidade do procedimento sem, contudo, adentrar o mérito administrativo.

Assim, não compete ao Poder Judiciário proceder ao exame da dita ilegitimidade da cooperativa, por se tratar de matéria *interna corporis*, que foge ao controle de legalidade a que está adstrito o Poder Judiciário.

Da mesma forma, constatamos que esse posicionamento também se mostra presente em outros Tribunais regionais, conforme demonstra-se das decisões abaixo:

> AGRAVO DE INSTRUMENTO. AÇÃO DECLARATÓRIA. EXCLUSÃO DE COOPERATIVADO DO QUADRO DE MÉDICOS. TUTELA DE URGÊNCIA. AUSÊNCIA DOS REQUISITOS PREVISTOS NO ART. 300 DO CPC QUE OBSTAM O DEFERIMENTO DA MEDIDA ANTECIPATÓRIA. Preliminar de intempestividade do agravo afastada considerando sua interposição dentro do prazo a que alude o art. 1.003, §5º, do CPC. A concessão da tutela de urgência é condicionada ao preenchimento dos requisitos do art. 300 do Código de Processo Civil. No caso concreto, tais requisitos não restaram demonstrados. Conquanto drástica a exclusão do cooperativado levada a efeito na assembleia geral do dia 15/12/2016, não se evidencia, neste momento, qualquer mácula ao procedimento administrativo realizado pela agravada, que observou o Regimento Disciplinar, Técnico e Ético da Unimed, oportunizando ao agravante a produção de provas, a apresentação de defesa ao Conselho Administrativo da entidade, assim como a interposição de recurso à assembleia geral. Manutenção da decisão agravada que indeferiu a tutela de urgência postulada, sobretudo por ausência do requisito concernente à probabilidade do direito. AGRAVO DESPROVIDO. UNÂNIME (TJRS, Agravo de Instrumento Nº 70072743735, 20ª Câmara Cível. Rel.: Dilso Domingos Pereira. Julgado em 26/04/2017, publicado em 03/05/2017).

> Ação de anulação de assembleia – Cooperativa – Exclusão de cooperado – Alegação do cooperado de que a decisão assemblear padece de vício – Notificação do cooperado dos fatos a ele imputados considerados prejudiciais à cooperativa – Defesa apresentada que nem sequer impugna a ocorrência dos fatos apontados – Decisão assemblear devidamente justificada – Exclusão de cooperado com observância da ampla defesa e do contraditório – Sentença mantida – Honorários recursais – Recurso desprovido (TJSP, Apelação nº 1004477-35.2017.8.26.0590, 2ª Câmara Reservada de Direito Empresarial. Rel. Maurício Pessoa. Julgado em 24/11/2017, publicado em 24/11/2017).

É certo que referidos entendimentos vêm respaldados na existência de regularidade e observância de todos os princípios e características apresentados ao longo do presente artigo, devendo as cooperativas primarem pelo seu respeito, garantindo assim uma segurança jurídica aos atos internos praticados.

Nos casos analisados, constata-se que o princípio do contraditório se destacou dos demais pela sua essencialidade ao garantir às partes efetiva participação no processo, de forma a influenciar substancialmente para ser considerada no resultado final proferido pelos magistrados. Essa legítima garantia de participação por meio do exercício de instrumentos processuais normalizados e em condições iguais entre as partes se mostra presente nas ocorrências examinadas.

4. NOTAS FINAIS

Em atenção aos pontos acima delineados, pode-se afirmar que o tema merece atenção e cautela por parte das cooperativas de trabalho, demonstrando o processo administrativo disciplinar ser um instituto com grande aplicabilidade e reconhecimento nos âmbitos internos, devendo a instituição primar pela condução, em regularidade, de seus atos, garantindo assim a legalidade dos atos e reconhecimento também pelo Poder Judiciário.

Conforme exposto, é essencial que haja cumprimento de formalidades e à uma série de atos necessários à formação válida do processo administrativo disciplinar, através de realização de procedimentos e também de aplicação dos princípios constitucionais, ressaltando-se aí a necessidade da ampla defesa, contraditório e isonomia para que haja efetiva possibilidade de amplo contraditório e demais garantias constitucionais.

Acredita-se, por fim, que a instituição dessa prática demanda uma maturidade dos membros que compõem a cooperativa, haja vista que o intuito deve ser regulamentar as práticas, visando a sustentabilidade da própria cooperativa, não devendo ter um caráter meramente punitivo.

REFERÊNCIAS BIBLIOGRÁFICAS

BACELLAR FILHO, Romeu Felipe. *Princípios Constitucionais do Processo Administrativo Disciplinar.* São Paulo: Max Limonad, 1998.

BANDEIRA DE MELLO, Celso Antônio. *Curso de Direito Administrativo.* 18ed. Malheiros, São Paulo: 2005.

CONTIGLI, Flávia Couto de Oliveira. *Cooperativismo do Novo Código de Processo Civil no Processo Administrativo Disciplinar do Brasil.* Disponível em: <http://www.fumec.br/revistas/pdmd/article/view/5089>. Acesso em: 25 nov. 2017.

GASPARINI, Diógenes. *Direito Administrativo.* 11ed. São Paulo: Saraiva, 2006.

LEAL, André Cordeiro. *O Contraditório e a Fundamentação das Decisões no Direito Processual Democrático*. Belo Horizonte: Mandamentos, 2002.

MEREILLES, Hely Lopes. *Direito Administrativo Brasileiro*. 22ed. São Paulo: Malheiros, 1997.

REZENDE, Maurício Corrêa de Moura. *Mecanismos inquisitivos do Processo Administrativo Disciplinar federal (Lei Federal nº 8.112/1990)*. Revista de Direito Administrativo, v. 274. Disponível em: <http://bibliotecadigital.fgv.br/ojs/index.php/rda/article/view/68748/66667>. Acesso em: 21 nov. 2017.

TRIBUNAL DE JUSTIÇA DE MINAS GERAIS (TJMG). Apelação Cível nº 1.0024.12.254687-2/007, 14ª Câmara Cível, Rel. Marco Aurelio Ferenzini. Julgado em 10/11/2016, DJe 23/11/2016.

______. Apelação Cível nº 10074110010316001, 17ª Câmara Cível. Rel. Luciano Pinto, julgado em 23/06/2015, DJe 07/07/2015).

TRIBUNAL DE JUSTIÇA DO RIO GRANDE DO SUL (TJRS). Agravo de Instrumento nº 70072743735, 20ª Câmara Cível. Rel. Dilso Domingos Pereira, Julgado em 26/04/2017, Dje 03/05/2017.

TRIBUNAL DE JUSTIÇA DE SÃO PAULO (TJSP). Apelação nº 1004477-35.2017.8.26.0590, 2ª Câmara Reservada de Direito Empresarial. Rel. Maurício Pessoa. Julgado em 24/11/2017, Dje 24/11/2017.

SEGURADO ESPECIAL E AS COOPERATIVAS

GABRIEL TINOCO PALATNIC

Conselheiro Representante dos Trabalhadores no Conselho de Recursos do Seguro Social (CRSS). Coordenador e Professor da Área de Direito Previdenciário da Escola Superior da Advocacia do Rio de Janeiro (ESA/RJ). Pós-graduado em Direito Público pelo Instituto Superior do Ministério Público (ISMP). Pós-graduando em Direito Tributário pela Universidade Cândido Mendes (UCAM). Membro do Instituto Brasileiro de Direito Previdenciário (IBDP) e do Instituto Brasileiro de Estudos em Cooperativismo (IBECOOP).

RESUMO

O presente trabalho científico pretende demonstrar a necessidade de modificação da legislação previdenciária, relacionada aos segurados especiais sócios e dirigentes de cooperativas agropecuárias ou de crédito rural em razão da insegurança jurídica causada pela limitação imposta pela legislação previdenciária.

Palavras-chave: Segurado Especial. Trabalhador Rural. Cooperativismo. Plano de Custeio. Seguridade Social. Recolhimentos Previdenciários.

ABSTRACT

The present scientific paper intends to demonstrate the need of modification of the social security legislation, related to the special insured members and leaders of agricultural cooperatives or rural credit due to the legal uncertainty caused by the limitation imposed by the social security legislation.

Keywords: Special Insured. Rural worker. Cooperativism. Costing Plan. Social Security. Social security collection.

1. INTRODUÇÃO

O presente artigo visa debater a necessidade de alteração da legislação previdenciária para retirar a imposição de descaracterização da qualidade de segurado especial, disposta no §12 do art. 11 da Lei nº 8.213/91[1], no caso de cooperativas agropecuárias e de crédito rural serem formadas por outras espécies de segurados do Regime Geral de Previdência Social (RGPS).

Fazendo uma análise literal do Plano de Benefícios da Previdência Social, devemos destacar que o inciso IV do §8º e o inciso V do §9º, ambos do artigo 11 da Lei nº 8.213/91[2], possibilitam a participação do segurado especial em cooperativas agropecuárias e de crédito rural, bem como o exercício de mandato de dirigente nessas sociedades, desde que estas sejam formadas exclusivamente por segurados especiais.

Seguindo a leitura, ainda no artigo 11 podemos destacar o §12, que postula ser possível a formação por parte do segurado especial de sociedade empresária e sociedade simples, ou sua atuação como empresário individual ou como titular de empresa individual de responsabilidade limitada de objeto no âmbito agrícola, agroindustrial ou agroturístico, considerada microempresa, sendo uma das condições que todos os membros do quadro societário sejam segurados especiais.

Verifica-se, portanto, que o avanço social do conceito de segurado especial sofreu uma mitigação descabida que, segundo se pretende demonstrar, gera excessiva insegurança jurídica.

Visando obter êxito nessa ousada proposta de alteração há que se, primeiramente, conceituar e delimitar o segurado especial, bem como o trabalhador rural, demonstrando que o termo trabalhador rural é gênero da qual o segurado especial é uma das espécies.

---

1 Art. 11. São segurados obrigatórios da Previdência Social as seguintes pessoas físicas:
[...]
§12. A participação do segurado especial em sociedade empresária, em sociedade simples, como empresário individual ou como titular de empresa individual de responsabilidade limitada de objeto ou âmbito agrícola, agroindustrial ou agroturístico, considerada microempresa nos termos da Lei Complementar nº 123, de 14 de dezembro de 2006, não o exclui de tal categoria previdenciária, desde que, mantido o exercício da sua atividade rural na forma do inciso VII do *caput* e do §1º, a pessoa jurídica componha-se apenas de segurados de igual natureza e sedie-se no mesmo Município ou em Município limítrofe àquele em que eles desenvolvam suas atividades (BRASIL, 1991).

2 Art. 11. São segurados obrigatórios da Previdência Social as seguintes pessoas físicas:
[...]
§8º. Não descaracteriza a condição de segurado especial:
[...]
VI - a associação em cooperativa agropecuária ou de crédito rural; [...] (BRASIL, 1991).

Por fim, será traçado um paralelo entre as questões de conceituação dos institutos e a forma de recolhimento previdenciário, demonstrando que já existe uma solução para a questão no Decreto nº 3.048/99 (Regulamento da Previdência Social) se fizermos uma interpretação teleológica junto com a Lei nº 8.212/91 para o recolhimento como contribuinte individual no caso do segurado especial.

Desta forma, pretende-se demonstrar que não existe argumentação lógica que justifique o distanciamento da pequena agricultura familiar dos demais atores do agronegócio, principalmente quando estamos falando em um tipo societário tão específico e justo como as cooperativas que vigem sob a égide do fomento interpessoal e local, com base nos seus sete princípios fundamentais: adesão livre e voluntária; gestão democrática; participação econômica; autonomia e independência; educação, formação e informação; intercooperação e interesse pela comunidade.

2. TRABALHADOR RURAL E SEGURADO ESPECIAL: DIFERENÇA *STRICTU SENSU*

Ab Initio há que se conceituar quem são os beneficiários do Regime Geral de Previdência Social (RGPS), para, então, passar a discorrer sobre a atividade urbana e rural, e, por fim, descortinar as idiossincrasias dos conceitos de Trabalhador Rural e Segurado Especial. Todavia, como ocorre com muitos institutos dentro do Direito Previdenciário, precisamos alertar que fixaremos bases na presente seara jurídica, deixando de lado os conceitos que possam ser obtidos através de outras áreas do Direito.

Deve-se alocar o segurado especial e o trabalhador rural dentro do grupo de beneficiários do RGPS, ou seja, pessoas naturais que fazem jus ao recebimento de prestações previdenciárias no caso de serem atingidas por algum dos riscos sociais previstos no art. 201 da Constituição da República Federativa do Brasil de 05 de outubro de 1988: doença, invalidez, morte, idade avançada, maternidade, desemprego involuntário e prisão.

Explicando de uma maneira simplificada, podemos aduzir que os beneficiários correspondem a todas as pessoas naturais que, de alguma forma, recebem benefícios ou serviços da Previdência Social, seja como dependente de um dos segurados do RGPS, conforme artigo 16 da Lei nº 8.213/91[3] ou como segurado do RGPS, disposto nos artigos 11 e 13 da mesma Lei.

Desta forma, os beneficiários são divididos em dependentes e segurados, e estes últimos ainda se subdividem em segurados obrigatórios e segurados facultativos.

Os segurados obrigatórios são os que compulsoriamente se filiam ao sistema no momento em que passam a exercer atividade remunerada[4], enquanto os segurados facultativos são os que, apesar de não exercerem atividade remunerada, desejam se integrar ao sistema previdenciário.

Nas palavras do Professor Frederico Amado[5], o conceito de segurado obrigatório passa a incorporar contornos relacionados ao princípio da territorialidade da filiação, pois além da atividade remunerada, faz menção ao seu exercício no Brasil:

> De efeito, no grupo dos segurados obrigatórios, em regra, se enquadram as pessoas que exercem atividade laboral remunerada no Brasil, exceto os servidores públicos efetivos e militares já vinculados a Regime Próprio de Previdência Social, instituído pela entidade política que se encontrem vinculados (AMADO, 2017, p. 267).

Com toda a vênia à expertise do doutrinador, existem exceções a este princípio, uma vez que brasileiros podem exercer atividade remunerada no exterior e ainda assim serem vinculados ao RGPS, como também, estrangeiros podem exercer atividade remunerada no Brasil e não passarem a ser obrigato-

---

3 Art. 16. São beneficiários do Regime Geral de Previdência Social, na condição de dependentes do segurado:
I - o cônjuge, a companheira, o companheiro e o filho não emancipado, de qualquer condição, menor de 21 (vinte e um) anos ou inválido ou que tenha deficiência intelectual ou mental ou deficiência grave;
II - os pais;
III - o irmão não emancipado, de qualquer condição, menor de 21 (vinte e um) anos ou inválido ou que tenha deficiência intelectual ou mental ou deficiência grave; [...] (BRASIL, 1991)

4 Art. 9º. São segurados obrigatórios da previdência social as seguintes pessoas físicas:
[...]
§12. O exercício de atividade remunerada sujeita a filiação obrigatória ao Regime Geral de Previdência Social (BRASIL, Lei nº 8.213, de 24 de julho de 1991).

5 AMADO. Frederico Augusto Di Trindade. *Curso de Direito e Processo Previdenciário.* 9.ed.,rev., atual. e ampl. Salvador: JusPODIVM, 2017, p. 267.

riamente filiados ao Regime Geral. Todavia, esse debate não nos é pertinente no momento.

Encontrado o conceito de segurado obrigatório, há que se lembrar que existe outra categorização a ser feita, pois estes se dividem em cinco espécies: empregado, trabalhador avulso, empregado doméstico, contribuinte individual e segurado especial, lembrando, ainda sob a tutela dos ensinamentos do supracitado Professor que "É plenamente possível que uma pessoa física seja filiada em mais de uma categoria na hipótese de desenvolvimento de atividades laborais concomitantes [...]" (Idem, 2017, p. 267).

Isto é, uma pessoa pode ser, por exemplo, segurado empregado e contribuinte individual ao mesmo tempo, na hipótese de trabalhar sob o regime celetista e ainda prestar serviços para pessoas físicas e/ou jurídicas. Ilustrando a situação, um advogado contratado sem regime de exclusividade, será segurado empregado com relação ao vínculo empregatício firmado com o escritório e será contribuinte individual com relação aos seus clientes fora da relação com o escritório.

Apresentando um exemplo relacionado ao artigo, pode um segurado especial ser dirigente de uma cooperativa agropecuária, ocasião em que manterá seus recolhimentos sob a produção que escoar e promoverá recolhimentos, sob responsabilidade tributária da cooperativa, em razão do seu salário-de-contribuição como dirigente, ou seja, será segurado especial e contribuinte individual.

Além do mais, nos termos do §1° do art. 25 da Lei nº 8.212/91, o segurado especial pode contribuir também como contribuinte individual quando quiser obter aposentadoria por tempo de contribuição, emissão de Certidão de Tempo de Contribuição e benefícios em valores maiores do que o salário mínimo, ocasião em que será segurado especial e contribuinte individual.

Superada a possibilidade de filiação em mais de um tipo de segurado, parte-se para tentar enquadrar o trabalhador rural em um desses tipos. Olhando para as cinco categorias de segurados obrigatórios acima, o leitor poderá se perguntar em qual está enquadrado o trabalhador rural, será ele Segurado Empregado? Trabalhador Avulso? Contribuinte Individual? Ou Segurado Especial?

O trabalhador rural poderá ser enquadrado em qualquer das quatro categorias supra dispostas, excluindo-se, por óbvio, o empregado doméstico, eis que este é conceituado como prestador de serviço de natureza contínua a pessoa ou família, no âmbito residencial em atividades sem fins lucrativos[6].

Aproveitamos, então, para alertar que a caracterização de trabalhador como urbano ou rural, para fins previdenciários, depende da natureza do labor e não do local onde este é prestado.

Existindo muitas categorias profissionais que geram dúvidas quanto à sua natureza, como por exemplo, o tratorista, que é considerado urbano pelo Ente Autárquico[7] e rural em diversos precedentes do E. Superior Tribunal de Justiça (STJ).

Desta forma, podemos entender que um trabalhador rural filiado como segurado empregado será "aquele que presta serviço de natureza [...] rural à empresa, em caráter não eventual, sob sua subordinação e mediante remuneração, inclusive como diretor empregado", nos termos do inciso I, "a", do art. 12 da Lei nº 8.212/91.

Logo, o trabalhador rural filiado como segurado empregado será facilmente visualizado, tal qual ocorre com o trabalhador urbano filiado como segurado empregado, pois, guardadas as idiossincrasias, ambos terão contrato de trabalho regido pelas regras da Consolidação das Leis do Trabalho (CLT) e, no caso do segurado empregado rural, também pela Lei nº 5.889/73.

Podemos facilmente ver, ainda, um trabalhador rural filiado como trabalhador avulso quando este laborar como ensacador de café, cacau, sal e similares ou laborar na indústria de extração de sal de forma sindicalizada ou não, prestando serviço de natureza rural a diversas empresas, sem vínculo empregatício, com a intermediação obrigatória do órgão gestor de mão-de-obra ou do sindicato da categoria.

---

6 Art. 12, inciso II da Lei nº 8.213, de 24 de julho de 1991.

7 Art. 7. Observadas às formas de filiação dispostas nos arts. 8º, 13, 17, 20 e 39 a 41, deverão ser consideradas as situações abaixo:
[...]
V - o segurado, ainda que tenha trabalhado para empregador rural ou para empresa prestadora de serviço rural, no período anterior ou posterior à vigência da Lei nº 8.213, de 1991, será considerado como filiado ao regime urbano como empregado ou contribuinte individual, conforme o caso, quando enquadrado, dentre outras, nas seguintes categorias:
[...]
b) motorista, com habilitação profissional, e tratorista; [...] (BRASIL, Instrução Normativa INSS/PRES nº 77, de 21 de janeiro de 2015).

Apresentamos somente os trabalhadores rurais filiados como trabalhadores avulsos dispostos nas alíneas "e" e "f" do inciso VI do art. 9º do Decreto nº 3.048/99, eis que estas são as únicas atividades rurais dentre as alíneas "a" até "j" do referido inciso. Atenta-se que a Lei nº 8.212/91 indica expressamente que o Regulamento da Previdência Social - Decreto nº 3.048/99 - informará quem são os trabalhadores avulsos, portanto, não será objeto de análise desse artigo se o rol é taxativo ou exemplificativo.

Avançando na nossa análise, pontuamos que o trabalhador rural poderá ser contribuinte individual quando for proprietário ou não de imóvel rural para a exploração de atividade agropecuária, a qualquer título, em caráter permanente ou temporário, em área contínua ou descontínua.

Ou seja, o trabalhador rural filiado como contribuinte individual poderá ser tanto uma pessoa física que presta serviço de natureza rural em caráter eventual, a uma ou mais empresas sem relação de emprego, como também uma pessoa física que não poderá ser enquadrada como segurada especial ou que descaracterizou a sua condição de segurado especial em razão de exercer atividade em propriedade maior do que quatro módulos fiscais, por utilização de empregados por mais de 120 dias do ano civil, etc..

Por fim, o trabalhador rural poderá ser filiado como segurado especial, conforme disposto no art. 12, inciso VII da Lei nº 8.212/91, sendo caracterizado como a pessoa física na condição de produtor, seja proprietário, usufrutuário, possuidor, assentado, parceiro ou meeiro outorgado, comodatário ou arrendatário rural, com residência em imóvel rural ou aglomerado urbano ou rural próximo, que explora atividade agropecuária em área de até 04 (quatro) módulos fiscais, individualmente ou em regime de economia familiar, ainda que com auxílio eventual de terceiros a título de mútua colaboração, ou que, na condição de seringueiro ou extrativista vegetal, exerça suas atividades na coleta e extração de modo sustentável dos recursos naturais renováveis, fazendo dessas atividades o principal meio de vida, sem limitação de área.

Também são considerados segurados especiais os pescadores artesanais ou a estes assemelhados, que façam da pesca sua profissão habitual ou principal meio de vida, porém face ao corte temático, nos limitaremos aos trabalhadores rurais.

Podem ainda, ser classificados como segurados especiais o cônjuge ou companheiro, bem como filho maior de 16 anos de idade, ou a este equiparado, que comprovadamente trabalhe com o grupo familiar respectivo.

Para melhor delimitar os segurados especiais, importantíssimo entender que regime de economia familiar é a atividade em que o trabalho dos membros da família é indispensável à própria subsistência e ao desenvolvimento socioeconômico do núcleo familiar e é exercido em condições de mútua dependência e colaboração, sem a ajuda de empregados permanentes (art. 9º, §5º do Decreto nº 3.048/99); assim como o auxílio eventual de terceiros é aquele que ocorre ocasionalmente, em condição de mútua colaboração, não existindo subordinação ou remuneração (art. 9º, §6º do Decreto nº 3.048/99).

Na mesma toada, sabe-se que não desqualifica a condição de segurado especial, nos termos do §9º do art. 12 da Lei nº 8.212/91:

> I – a outorga, por meio de contrato escrito de parceria, meação ou comodato, de até 50% (cinquenta por cento) de imóvel rural cuja área total não seja superior a 04 (quatro) módulos fiscais, desde que outorgante e outorgado continuem a exercer a respectiva atividade, individualmente ou em regime de economia familiar;
>
> II – a exploração da atividade turística da propriedade rural, inclusive com hospedagem, por não mais de 120 (cento e vinte) dias ao ano;
>
> III – a participação em plano de previdência complementar instituído por entidade classista a que seja associado, em razão da condição de trabalhador rural ou de produtor rural em regime de economia familiar;
>
> IV – ser beneficiário ou fazer parte de grupo familiar que tem algum componente que seja beneficiário de programa assistencial oficial de governo;
>
> V – a utilização pelo próprio grupo familiar, na exploração da atividade, de processo de beneficiamento ou industrialização artesanal, na forma do §11 do art. 25 desta Lei;
>
> VI - **a associação em cooperativa agropecuária ou de crédito rural** (grifo nosso);
>
> VII - a incidência do Imposto Sobre Produtos Industrializados - IPI sobre o produto das atividades desenvolvidas nos termos do §14 deste artigo (BRASIL, 1991).

Cita-se como exemplo do inciso VII mencionado supra, uma casa de produção de farinha.

Bem como não é segurado especial o membro de grupo familiar que possuir outra fonte de rendimento, exceto se decorrente de[8]:

> I – benefício de pensão por morte, auxílio-acidente ou auxílio-reclusão, cujo valor não supere o do menor benefício de prestação continuada da Previdência Social;
>
> II – benefício previdenciário pela participação em plano de previdência complementar instituído nos termos do inciso IV do §9º deste artigo;
>
> III – exercício de atividade remunerada em período não superior a 120 (cento e vinte) dias, corridos ou intercalados, no ano civil, observado o disposto no §13 deste artigo;
>
> IV – exercício de mandato eletivo de dirigente sindical de organização da categoria de trabalhadores rurais;
>
> V – exercício de mandato de vereador do município onde desenvolve a atividade rural, ou de dirigente de cooperativa rural constituída **exclusivamente por segurados especiais**, observado o disposto no §13 deste artigo;
>
> VI – parceria ou meação outorgada na forma e condições estabelecidas no inciso I do §9º deste artigo;
>
> VII – atividade artesanal desenvolvida com matéria-prima produzida pelo respectivo grupo familiar, podendo ser utilizada matéria-prima de outra origem, desde que a renda mensal obtida na atividade não exceda ao menor benefício de prestação continuada da Previdência Social; e
>
> VIII – atividade artística, desde que em valor mensal inferior ao menor benefício de prestação continuada da Previdência Social (BRASIL, 1991, grifo nosso).

Pela simples leitura dos parágrafos que compõem esse item, temos como certo que foi percebida a diferença colossal entre a caracterização e delimitação dos segurados especiais em relação aos demais segurados do Regime Geral de Previdência Social (RGPS).

Diversos fatores são levados em consideração para o enquadramento desse tipo de segurado, e questões corriqueiras, como um casamento, por exemplo, são capazes de alterar significativamente a qualidade de segurado especial.

Explica-se: quando o segurado especial contrai matrimônio, deixa de fazer parte do grupo familiar de seus genitores, razão pela qual deverá passar a produzir provas em seu nome, mesmo que ainda trabalhe com estes, pois as provas da atividade rural só servirão até a data do casamento.

---

8 §10º do art. 12 da Lei nº 8.212/91.

A grande verdade é que o brasileiro, em regra geral, não tem uma cultura de previdência, e quando necessita requerer um benefício previdenciário passa a buscar por documentos que deveriam ter sido emitidos tempestivamente ou que deveriam ter sido guardados e preservados.

Destarte, conclui-se que, apesar da divisão entre segurados empregados, contribuintes individuais, trabalhadores avulsos e segurados especiais, todos são trabalhadores rurais e todos têm uma mesma essência comum.

Doravante, deixaremos de lado todos os outros segurados obrigatórios e focaremos nos segurados especiais, mais especificamente nos segurados especiais membros e dirigentes de cooperativas agropecuárias e de crédito rural.

3. O SEGURADO ESPECIAL SÓCIO DE COOPERATIVA AGROPECUÁRIA E DE CRÉDITO RURAL

Para melhor compreensão do segurado especial, precisa-se delimitar o que este tipo específico pode ou não fazer, se pretende manter a sua qualidade de segurado especial.

Assim, nos termos do inciso VI do §9º do art. 12 da Lei nº 8.212/91, o segurado especial poderá ser sócio de cooperativa agropecuária e de crédito rural, formada exclusivamente por segurados especiais, sem que isso lhe retire a qualidade de segurado especial. Importante lembrar que a possibilidade de associação à cooperativa agropecuária foi inserida pela Lei nº 11.718/08[9] e a possibilidade de associação à cooperativa de crédito rural somente se deu com a Lei nº 13.183/15[10].

Todavia, os sócios destas cooperativas agropecuárias e de crédito rural só podem ser segurados especiais, caso contrário, estará descaracterizada a qualidade de segurado especial dos demais cooperados.

Assim entendemos porque a Lei nº 12.873/13, conversão da Medida Provisória nº 619/2013, acrescentou o §14 ao supracitado art. 12[11], que possibilitou

---

9 Lei n° 11.718, de 20 de junho de 2008. D.O.U 23/06/2008.

10 Lei n° 13.183, de 04 de novembro de 2015. D.O.U 05/11/2015.

11 Art. 12 [...]
§14. A participação do segurado especial em sociedade empresária, em sociedade simples, como empresário individual ou como titular de empresa individual de responsabilidade limitada de objeto ou âmbito agrícola, agroindustrial ou agroturístico, considerada

a participação do segurado especial em sociedade empresária, em sociedade simples, como empresário individual ou como titular de empresa individual de responsabilidade limitada de objeto ou âmbito agrícola, agroindustrial ou agroturístico, considerada microempresa nos termos da Lei Complementar nº 123, de 14 de dezembro de 2006, sendo uma das condições que todos os membros do quadro societário fossem segurados especiais.

Apesar de não deixar expresso o termo "cooperativa", sabemos que essas são sociedades simples aos auspícios do parágrafo único do artigo 982 do Código Civil Brasileiro: "[...] Parágrafo único. Independentemente de seu objeto, considera-se empresária a sociedade por ações; e, simples, a cooperativa" (BRASIL, 2002).

Contudo, não se engane com a definição de sociedade simples, pois, para fins acadêmicos, guarda similitudes com as sociedades empresárias. Assim nos doutrina o Professor Renato Lopes Becho em seu livro Elementos de Direito Cooperativo[12]:

> Não deve o intérprete concluir apressadamente, apenas pela redação deste artigo, que as cooperativas não sejam estruturadas como empresa [...] É dizer: as cooperativas não precisarão ter registro típico de "sociedade empresária" e não adotarão nenhum dos tipos de sociedade que visam o lucro (sociedade em nome coletivo, em comandita simples, em comandita por ações, de responsabilidade limitada, anônima ou por ações). Apenas isso. Não significa que, para todos os fins, notadamente acadêmicos, as cooperativas não tenham mais a estrutura organizacional de empresa (BECHO, 2002, p. 67).

Portanto, o exercício destas atividades não o exclui da categoria previdenciária de segurado especial, desde que seja: mantido o exercício da sua atividade rural na forma pontuada no primeiro item deste trabalho; a pessoa jurídica composta apenas de segurados especiais; e, a pessoa jurídica sediada no mesmo município ou em município limítrofe àquele em que eles desenvolvam suas atividades rurais.

---

microempresa nos termos da Lei Complementar nº 123, de 14 de dezembro de 2006, não o exclui de tal categoria previdenciária, desde que, mantido o exercício da sua atividade rural na forma do inciso VII do *caput* e do §1º, a pessoa jurídica componha-se apenas de segurados de igual natureza e sedie-se no mesmo Município ou em Município limítrofe àquele em que eles desenvolvam suas atividades (BRASIL, 1991).

12 BECHO, Renato Lopes. *Elementos de Direito Cooperativo*. São Paulo: Dialética, 2002.

Essa nova visão do segurado especial, como empreendedor, é muito importante para tirar do imaginário popular a ideia pré-constituída de que o segurado especial tem tratamento diferenciado em razão do seu estado de vulnerabilidade; isso não é verdade. O segurado especial merece proteção do Estado, uma vez que é responsável pela produção de alimentos, é responsável pelo abastecimento de cidades e a sua permanência no campo deve ser incentivada e o seu crescimento fomentado pelo bem do país.

Assevera-se que não consta das razões para a desqualificação do segurado como especial o fato da produção gerar uma renda alta para este segurado e, quiçá, o fato de o segurado especial contar com a ajuda de tecnologia no seu meio de produção.

Essas modificações legislativas são de suma importância para o cenário econômico do país e seguem preceitos fundamentais emanados da Constituição Federal, que visam proteger esses pequenos produtores rurais e fomentar a produção agropecuária.

Ademais, o fato de serem considerados segurados especiais não os isenta de contribuição previdenciária, muito menos com relação à sua atividade empresarial ou como sócio de cooperativa.

Urge salientar que, nestes casos, embora conserve a qualidade de segurado especial, as contribuições previdenciárias deverão ser recolhidas com relação a estas atividades desenvolvidas à luz do que dispõe o §13 do art. 12 da Lei nº 8.212/91[13].

Desta forma, o segurado especial cooperado contribuirá nos termos do art. 25 da Lei nº 8.212/91, com 2,3% (dois vírgula três por cento)[14] da receita bruta proveniente da comercialização da sua produção, bem como recolherá como contribuinte individual toda vez que perceber qualquer quantia da cooperativa que seja caracterizada como salário-de-contribuição, aos auspícios do art. 28 da Lei nº 8.212/91.

---

13 Art. 12 [...]
§13. O disposto nos incisos III e V do §10 e no §14 deste artigo não dispensa o recolhimento da contribuição devida em relação ao exercício das atividades de que tratam os referidos dispositivos (BRASIL, 1991).

14 A partir de janeiro de 2018 no percentual de 1,5%, em razão da alteração promovida pela Medida Provisória nº 793 de 31/07/2017 que modificou para 1,2% da receita bruta proveniente da comercialização da produção.

O acima disposto não foge à lógica já apresentada pela própria legislação previdenciária, pois no §1º do art. 25 da Lei nº 8.212/91 existe previsão legal para o recolhimento como contribuinte individual pelo segurado especial.

Ora, o mesmo não se alteraria caso o segurado especial pudesse participar de uma cooperativa agropecuária formada por trabalhadores rurais, a bem da verdade, para o Instituto Nacional do Seguro Social (INSS) seria até mais vantajoso.

Isso porque, a cooperativa, equiparada à empresa[15], é responsável tributária pelo principal (contribuição) e pelo acessório (informações, guias de recolhimento etc.), nos termos do parágrafo único do art. 15 c/c art. 30 da Lei nº 8.212/91. Logo, remunerará o trabalhador rural filiado como segurado especial e o trabalhador rural filiado como contribuinte individual de acordo com a produção que for entregue e recolherá a contribuição previdenciária correspondente, isto é, se estivermos diante de um segurado especial que contribua com 2,3% (dois vírgula três por cento) da receita bruta proveniente da comercialização da sua produção, conforme disposto noartigo 25 da Lei nº 8.212/91, e, se for um contribuinte individual reterá os 11% (onze por cento) dispostos no art. 21 da referida Lei.

Caso o segurado do RGPS entenda que não é mais segurado especial em razão das idiossincrasias relacionadas ao tamanho de suas terras ou outros fatores, informará à cooperativa que providenciará alteração da filiação e passará a efetuar contribuição previdenciária correspondente, uma vez que – como já dito – a responsabilidade tributária da cooperativa engloba o principal e o acessório.

---

15 Art. 15. Considera-se:
I - empresa - a firma individual ou sociedade que assume o risco de atividade econômica urbana ou rural, com fins lucrativos ou não, bem como os órgãos e entidades da administração pública direta, indireta e fundacional;
[...]
Parágrafo único. **Equiparam-se a empresa, para os efeitos desta Lei, o contribuinte individual e a pessoa física na condição de proprietário ou dono de obra de construção civil, em relação a segurado que lhe presta serviço, bem como a cooperativa, a associação ou a entidade de qualquer natureza ou finalidade, a missão diplomática e a repartição consular de carreira estrangeiras** (BRASIL, 1991, grifo nosso).

4. O SEGURADO ESPECIAL DIRIGENTE DE COOPERATIVA

Além de ser sócio cooperado, o segurado especial pode, inclusive, nos termos do inciso V, §10º, art. 12 da Lei nº 8.212/91, receber remuneração como dirigente de cooperativa rural constituída exclusivamente por essa categoria de segurados, ocasião em que haverá o recolhimento previdenciário sobre a remuneração de seu cargo de dirigente e recolhimento como segurado especial, nos termos do §13, todos do já citado art. 12 da Lei nº 8.212/91[16].

O legislador se utilizou da expressão cooperativa rural desprezando uma terminologia mais precisa, razão pela qual alertamos que está se falando das cooperativas do ramo agropecuário, agroindustrial, agroturístico e de crédito rural, pois, conforme uma análise conjunta dos §§9º e 12, somente esses tipos de cooperativa são permitidos ao segurado especial, sob pena de perder essa condição.

Neste caso, a cooperativa fará a retenção de 11% (onze por cento) e recolherá 20% (vinte por cento) da cota patronal do segurado especial que seja dirigente e com relação à produção do cooperado segurado especial incidirá 2,3% (dois vírgula três por cento) da receita bruta proveniente da comercialização da sua produção.

Ou seja, mais uma vez se vê uma situação idêntica, com contraprestação previdenciária idêntica, mas com tratamento diferenciado.

Esse é o ponto central do presente artigo. Entende-se que a limitação imposta afronta um dos mais celebrados princípios universais que regem o cooperativismo, o princípio da gestão democrática.

O referido princípio parte da ideia de que as sociedades cooperativas devem viver os princípios da democracia, não só em sua governança, mas em todos os processos e procedimentos diários, impondo uma atuação responsável de todos os membros.

---

16 Art. 12. [...]
§10. Não é segurado especial o membro de grupo familiar que possuir outra fonte de rendimento, **exceto se decorrente de:**
[...]
V – exercício de mandato de vereador do município onde desenvolve a atividade rural, ou de dirigente de cooperativa rural constituída exclusivamente por segurados especiais, observado o disposto no §13 deste artigo; [...] (BRASIL, 1991, grifo nosso).

Portanto, votar e ser votado são direitos basilares do associado e são a essência do modelo cooperativista, pois participar da vida da cooperativa é condição fundamental para o seu sucesso com base no exercício representativo do poder.

Além dos conflitos que podem ser gerados dentro de uma cooperativa, em razão da discriminação deste segurado especial, impossibilitado de participar da gestão de sua sociedade, sob pena de perder esta qualidade e prejudicar os demais segurados especiais da cooperativa, podemos identificar um problema relacionado ao Direito Previdenciário, mais especificamente à comprovação da qualidade de segurado especial, pois, conforme está se demonstrando, essa imposição gera mais problemas do que soluções, pois a caracterização e descaracterização do segurado como especial não é tão constante quanto aos demais segurados.

Quando determinada pessoa resolve exercer atividade como profissional liberal prestando serviços para pessoas físicas e jurídicas, de pronto verifica-se estar diante de um contribuinte individual; quando passa a exercer atividade remunerada mediante contrato de trabalho, com assinatura em Carteira de Trabalho e Previdência Social (CTPS), de pronto verifica-se estar diante de um segurado empregado; etc..

Quando se trata de trabalhador rural não se sabe, salvo situações de enorme discrepância, se ele é segurado especial, contribuinte individual, trabalhador avulso ou segurado empregado. Obviamente, com uma análise documental inicial pode-se descartar o trabalhador avulso e o segurado empregado, mas é necessário muito mais para distinguir o contribuinte individual do segurado especial, ainda mais com a possibilidade de recolhimento como contribuinte individual, sem a perda da qualidade de segurado especial, disposta do §1º do art. 25 da Lei nº 8.212/91[17].

---

17 Art. 25. A contribuição do empregador rural pessoa física, em substituição à contribuição de que tratam os incisos I e II do art. 22, e a do segurado especial, referidos, respectivamente, na alínea "a" do inciso V e no inciso VII do art. 12 desta Lei, destinada à Seguridade Social, é de: [...]
§1º O segurado especial de que trata este artigo, além da contribuição obrigatória referida no *caput*, poderá contribuir, facultativamente, na forma do art. 21 desta Lei (BRASIL, 1991).

Em termos práticos, o que se acaba verificando em processos administrativos previdenciários é uma enxurrada de benefícios rurais indeferidos em razão da suposta não comprovação de efetivo labor rural em período igual ou superior a carência do benefício que se pretende. Se não bastasse, ainda vemos diversos casos em que o trabalhador rural é considerado segurado especial em um determinado período e, posteriormente, em um novo requerimento, não é mais considerado segurado especial.

Isso se dá em razão da ausência de conhecimento sobre planejamento previdenciário no campo, pois a falta de documentos é um dos principais óbices à concessão de benefício previdenciário para o segurado especial. Enumera-se outros fatores como a subjetividade na análise documental e a análise muitas vezes restritiva realizada por alguns servidores do Instituto Nacional do Seguro Social (INSS).

Pois bem, imagine uma situação hipotética em que determinada cooperativa é formada por segurados especiais e, por consequência, um determinado grupo destes segurados especiais é eleito para dirigir a cooperativa. Digamos que a nossa cooperativa é formada pelo número mínimo exigido por lei, vinte cooperados[18]. Um belo dia, um dos cooperados vai à Agência da Previdência Social (APS) requerer uma aposentadoria por idade rural e não é considerado segurado especial. A partir daquele momento todos os vinte cooperados perderam a sua qualidade de segurado especial e devem passar a contribuir como contribuintes individuais. Indignado com o indeferimento do seu benefício, o mesmo segurado especial resolve interpor recurso ordinário para uma das vinte e nove Juntas de Recursos do Conselho de Recursos do Seguro Social (CRSS) e, depois de alguns meses de espera, o seu recurso é deferido, sendo este considerado segurado especial. A partir deste momento, os vinte cooperados podem se sentir aliviados e parar de recolher como contribuinte individual, ou mesmo, se desejarem, podem requerer junto à Receita Federal do Brasil (RFB) o valor da contribuição de volta, eis que os efeitos da decisão que o considerou segurado especial retroagirão para todo o período comprovado de efetivo labor rural.

18 Art. 6º, inciso I da Lei nº 5.784/71.

Mas não é só isso. A Autarquia, indignada, apresenta recurso especial para uma das quatro Câmaras de Julgamento do CRSS e em última instância administrativa tem seu recurso provido, modificando a decisão da Junta de Recursos e pontuando que o recorrido não é segurado especial. Pronto. Os vinte cooperados perderam novamente a qualidade de segurado especial e deverão encerrar o procedimento para reaver as contribuições adimplidas, passando, ainda, a recolher como contribuinte individual, novamente.

Pode parecer um exemplo exagerado, mas não é. Exemplificou-se com uma cooperativa de vinte cooperados, agora imagine uma cooperativa com mil associados. A insegurança jurídica advinda desse dispositivo é sem precedentes, ainda mais que há informação da existência de cooperativas agropecuárias na Região Sul do Brasil com mais de dez mil cooperados.

Destarte, intenta-se aduzir que o Legislador avançou na proteção do segurado especial permitindo a sua associação em cooperativas, mas, na prática, criou uma condição que praticamente o deixa de fora do quadro de cooperados e da possibilidade de gestão do negócio.

5. A ALTERAÇÃO DE SEGURADO ESPECIAL PARA TRABALHADOR RURAL

Diante de tudo o que foi apresentado, o mais correto e equânime a ser feito é possibilitar ao segurado especial a participação ativa em cooperativas formadas por trabalhadores rurais (segurados empregados, contribuintes individuais, trabalhadores avulsos e segurados especiais), conforme se dá no caso de dirigente sindical, nos termos do inciso IV do §10 do art. 12 da Lei nº 8.212/91 c/c art. 42, VIII alínea "f" da IN nº 77/INSS/PRES.

O Legislador, ao permitir que o segurado especial exercesse mandato eletivo de dirigente sindical, asseverou que era *conditio sine qua non* para a manutenção da qualidade de segurado especial que este fosse de organização da categoria de trabalhadores rurais.

Em termos práticos, o caso dos sindicatos apresenta uma desvantagem com relação às cooperativas quando se analisa a questão tributária, pois a entidade sindical fará a retenção de 11% (onze por cento) e recolherá 20% (vinte por cento) da cota patronal do segurado especial que seja seu dirigente, todavia, com relação à produção do segurado especial, será responsabilidade deste, ou de quem receber a sua produção, a contribuição sobre os 2,3% (dois vírgula três por cento) da receita bruta proveniente da comercialização da sua produção.

Outro exemplo que pode ser dado, também comprovando a injusta delimitação, foge do Plano de Custeio e nos leva até o Plano de Benefícios:

> Art. 48. A aposentadoria por idade será devida ao segurado que, cumprida a carência exigida nesta Lei, completar 65 (sessenta e cinco) anos de idade, se homem, e 60 (sessenta), se mulher.
>
> §1º Os limites fixados no *caput* são reduzidos para sessenta e cinquenta e cinco anos no caso de trabalhadores rurais, respectivamente homens e mulheres, referidos na alínea "a" do inciso I, na alínea "g" do inciso V e nos incisos VI e VII do art. 11 (BRASIL, 1991).

Segundo a norma transcrita, a aposentadoria por idade rural é devida aos trabalhadores rurais, sendo estes: a) filiado como segurado empregado, de acordo com alínea "a" do inciso I; b) filiado como contribuinte individual, conforme alínea "g" do inciso V; c) filiado como trabalhador avulso, compatível com o inciso VI; e d) filiado como segurado especial, de acordo com inciso VII[19]. Exatamente o que estamos bradando desde o início do presente artigo.

Portanto, resta mais do que comprovada a necessidade de alteração do inciso V, §10º e do §14, ambos do artigo 12 da Lei nº 8.212/91, para que passem a vigorar sem a condição de que todos os cooperados devam ser segurados especiais.

6. CONSIDERAÇÕES FINAIS

Fazendo uma reanálise de tudo o que foi apresentado, podemos perceber que levar o pequeno produtor rural para o cooperativismo é fomentar o seu crescimento, estimular a melhora do seu padrão financeiro e promover o bem-estar social mediante o trabalho, tal qual objetiva a Ordem Social disposta no artigo 193 da nossa Constituição Federal, *in verbis*: "Art. 193. A ordem social tem como base o primado do trabalho, e como objetivo o bem-estar e a justiça sociais".

---

19 Todos do art. 11 da Lei nº 8.213/91 que dispõe sobre o Plano de Benefícios do Regime Geral de Previdência Social.

Segundo dados retirados do site do Ministério da Agricultura, Pecuária e Abastecimento, as cooperativas do ramo agropecuário são responsáveis por quase 50% (cinquenta por cento) do PIB agrícola, envolvendo mais de um milhão de pessoas[20].

Ainda com base nas informações prestadas pelo Ministério, existem 1.597 (mil quinhentos e noventa e sete) cooperativas agropecuárias, totalizando pouco mais de 180.000 (cento e oitenta mil) produtores cooperados[21].

Manter as características de segurado especial é fundamental para esses trabalhadores da pequena agricultura familiar, pois possibilita o acesso aos benefícios do Regime Geral de Previdência Social (RGPS), mediante a comprovação de atividade nem sempre vinculada ao recolhimento previdenciário.

Ao impedir que os segurados especiais participem de cooperativas formadas por trabalhadores rurais, sem a perda da sua qualidade de segurado especial, estamos ceifando o futuro destes pequenos produtores rurais e acabando com a pequena agricultura, por asfixia.

REFERÊNCIAS BIBLIOGRÁFICAS

AMADO. Frederico Augusto Di Trindade. *Curso de Direito e Processo Previdenciário*. 9.ed.,ver., atual., e ampl. Salvador: JusPODIVM, 2017.

BECHO. Renato Lopes. *Elementos de Direito Cooperativo*. São Paulo: Dialética, 2002.

BRASIL. *Constituição da República Federativa do Brasil de 1988*. Disponível em: <http://www.planalto.gov.br/ccivil_03/constituicao/constituicao.htm>. Acesso em: 17 set. 2017.

______. Decreto nº 3.048/99, de 06 de maio de 1999. *Aprova o Regulamento da Previdência Social, e dá outras providências*. Disponível em: <http://www.planalto.gov.br/ccivil_03/decreto/d3048.htm>. Acesso em 17 set. 2017.

---

20 BRASIL. Ministério da Agricultura, Pecuária e Abastecimento. Disponível em: <http://www.agricultura.gov.br/assuntos/cooperativismo-associativismo/cooperativismo-brasil>. Acesso em: 17/09/2017.

21 BRASIL. Ministério da Agricultura, Pecuária e Abastecimento. Disponível em: < http://www.agricultura.gov.br/assuntos/cooperativismo-associativismo/cooperativismo-brasil>. Acesso em: 17/09/2017.

______. Instrução Normativa INSS/PRES nº 77/15, de 21 de janeiro de 2015. *Estabelece rotinas para agilizar e uniformizar o reconhecimento de direitos dos segurados e beneficiários da Previdência Social, com observância dos princípios estabelecidos no art. 37 da Constituição Federal de 1988.* Disponível em: <http://sislex.previdencia.gov.br/paginas/38/inss-pres/2015/77.htm>. Acesso em 17 set. 2017.

______. Lei Complementar n° 123, de 14 de dezembro de 2006. *Institui o Estatuto Nacional da Microempresa e da Empresa de Pequeno Porte; altera dispositivos das Leis no 8.212 e 8.213, ambas de 24 de julho de 1991, da Consolidação das Leis do Trabalho - CLT, aprovada pelo Decreto-Lei no 5.452, de 1o de maio de 1943, da Lei no 10.189, de 14 de fevereiro de 2001, da Lei Complementar no 63, de 11 de janeiro de 1990; e revoga as Leis no 9.317, de 5 de dezembro de 1996, e 9.841, de 5 de outubro de 1999.* Disponível em: <http://www.planalto.gov.br/ccivil_03/leis/LCP/Lcp123.htm>. Acesso em: 17 set. 2017.

_____. Lei n° 5.889, de 08 de junho de 1973. *Estatui normas reguladoras do trabalho rural.* Disponível em: <http://www.planalto.gov.br/ccivil_03/leis/L5889.htm>. Acesso em 17 set. 2017.

______. Lei nº 8.212/91, de 24 de julho de 1991. *Dispõe sobre a organização da Seguridade Social, institui Plano de Custeio, e dá outras providências.* Disponível em: <http://www.planalto.gov.br/ccivil_03/leis/L8212cons.htm>. Acesso em: 17 set. 2017.

______. Lei nº 8.213/91, de 24 de julho de 1991. *Dispõe sobre os Planos de Benefícios da Previdência Social e dá outras providências.* Disponível em: <http://www.planalto.gov.br/ccivil_03/leis/L8213cons.htm>. Acesso em: 17 set. 2017.

______. Lei n° 10.406, de 10 de janeiro de 2002. *Institui o Código Civil.* Disponível em: <http://www.planalto.gov.br/ccivil_03/leis/2002/L10406.htm>. Acesso em: 17 set. 2017.

______. Lei n° 11.718, de 20 de junho de 2008. *Acrescenta artigo à Lei no 5.889, de 8 de junho de 1973, criando o contrato de trabalhador rural por pequeno prazo; estabelece normas transitórias sobre a aposentadoria do trabalhador rural; prorroga o prazo de contratação de financiamentos rurais de que trata o § 6o do art. 1o da Lei no 11.524, de 24 de setembro de 2007; e altera as Leis nos 8.171, de 17 de janeiro de 1991, 7.102, de 20 de junho de 1993, 9.017, de 30 de março de 1995, e 8.212 e 8.213, ambas de 24 de julho de 1991*. Disponível em: <http://www.planalto.gov.br/ccivil_03/_ato2007-2010/2008/lei/l11718.htm>. Acesso em: 17 set. 2017.

______. Lei n° 12.873, de 24 de outubro de 2013. *Autoriza a Companhia Nacional de Abastecimento a utilizar o Regime Diferenciado de Contratações Públicas [...] e dá outras providências*. Disponível em: <http://www.planalto.gov.br/ccivil_03/_ato2011-2014/2013/lei/l12873.htm>. Acesso em: 17 set. 2017.

______. *Ministério da Agricultura, Pecuária e Abastecimento*. Disponível em: <http://www.agricultura.gov.br/assuntos/cooperativismo-associativismo/cooperativismo-brasil>. Acesso em: 17 set. 2017.

HARADA, Kiyoshi. *Contribuições Sociais: doutrina e prática*. São Paulo: Editora Atlas, 2015.

IBRAHIM, Fábio Zambitte. *Curso de Direito Previdenciário*. 18.ed. Rio de Janeiro: Impetus, 2013.

ASPECTOS CONTROVERTIDOS ACERCA DA (IM) POSSIBILIDADE DE PENHORA DE QUOTAS EM SOCIEDADE COOPERATIVA

GIOVANNI CÂMARA DE MORAIS

Membro da Comissão de Direito Cooperativista da OAB/MG, Conselheiro Efetivo da OAB/MG para o triênio 2016/2018. Pós-graduado em Advocacia Cível pela Fundação Getúlio Vargas. Advogado sócio do escritório "Câmara, Vieira & Raslan Sociedade de Advogados".

LUCIANA CECÍLIA MORATO

Mestranda na Área de Concentração "Direito Processual" e Linha de Pesquisa "O Processo na Construção do Estado Democrático de Direito" junto ao Programa de Pós-Graduação stricto sensu em Direito da PUC Minas. Advogada.

RESUMO

O presente estudo investiga acerca da (im)possibilidade de penhora de quotas em sociedade cooperativa, fazendo, para tanto, incursão histórica do cooperativismo e da sociedade cooperativa, bem como do instituto da penhora. São analisadas, ainda, as teorias a favor da penhorabilidade das quotas em sociedade cooperativa, amparadas em precedentes do Superior Tribunal de Justiça e uma teoria que inadmite tal penhora, sob o fundamento de violação à Lei n° 5.764/71, em consonância com a Interpretação Técnica Geral de 2004 do Conselho Federal de Contabilidade.

Palavras-chave: Sociedade Cooperativa. Penhora. Direito Processual. Direito Cooperativista.

ABSTRACT

The present study investigates the (im)possibility of attachment of quotas in a cooperative society, making, for that, historical incursion of cooperativism and cooperative society, as well as of the attachment institute. Also analyzed are the theories in favor of the seizure of quotas in a cooperative society, supported by precedents of the Superior Court of Justice and a theory that does not allow such attachment, on the grounds of violation of Law No. 5.764/71, in line with the General Technical Interpretation of the 2004 Federal Accounting Council.

Keywords: Cooperative Society. Garnishment. Related searches Cooperative Law.

1. INTRODUÇÃO

O presente artigo objetiva traçar breves linhas acerca da (im)possibilidade da penhora de quotas em sociedade cooperativa.

Devido à atual crise econômico-política que assola o nosso país, a taxa de inadimplência tem crescido exponencialmente, motivo pelo qual a busca por métodos de cumprimento forçado dos compromissos firmados através da via jurisdicional tem sido objeto de grandes estudos e discussões, tanto no âmbito jurídico quanto no econômico.

Neste ínterim, exsurge a polêmica discussão acerca da penhora de quotas em sociedade cooperativa, havendo, infelizmente, através de uma jurisprudência *self service*[1] e frágil regulamentação legislativa, entendimentos para ambos os lados acerca da sua (im)possibilidade.

Dessa forma, para consecução da investigação que aqui se propõe, é feita uma breve incursão histórica acerca do cooperativismo, das origens da sociedade cooperativa e do instituto da penhora.

Passa-se então à investigação acerca da penhora de quotas em sociedade cooperativa, fazendo-se análise de acórdãos paradigmáticos do Superior Tribunal de Justiça que foram de suma importância para que se alcançasse o entendimento hoje firmado pelo Tribunal Cidadão e adotado majoritariamente pelo ordenamento jurídico.

Fez-se ainda detido estudo da Lei do Cooperativismo, Lei nº 5.764/71, para que se chegasse à uma conclusão no que tange a entrada de terceiros não participantes do quadro societário junto à sociedade cooperativa através da penhora de quotas.

---

1 Para mais, vide: https://www.conjur.com.br/2016-jan-14/senso-incomum-enunciado-self-service-feito-workshop-virou-fonte-preventiva.

Ao fim, realizado embate das teorias que reconhecem ora pela possibilidade, ora pela inadmissão da penhora de cotas em sociedade cooperativa, chegou-se à conclusão que ao final será exposta.

2. COOPERATIVISMO E SOCIEDADE COOPERATIVA

Inicialmente, *mister* se faz a conceituação dos vocábulos 'Cooperativismo' e 'Sociedade Cooperativa' que, por sua vez, vêm sendo sinonimizados pela comunidade jurídica, causando, dessa maneira, grandes entraves à compreensão de tais institutos.

Fazendo tal distinção, explana Berenice Sofal Delgado:

> O cooperativismo é a doutrina econômica que visa a melhorias sociais por meio de atividade econômica, na forma de sociedade; a sociedade cooperativa, por sua vez, é sua personificação, enquanto sociedade de pessoas que se organizam sob os princípios do cooperativismo com a finalidade de satisfação dos interesses dos sócios (DELGADO, 2013)

O cooperativismo, portanto, é uma doutrina que considera as cooperativas como forma ideal de organização da humanidade, baseada na democracia e no tratamento paritário quanto aos direitos e deveres iguais para todos os sócios, sem discriminação de qualquer natureza.

O cooperativismo e seus métodos de manifestação são algo muito antigo na história da humanidade, havendo, inclusive, registros sobre a cooperação e a associação solidária desde a Pré-História da civilização, em tribos indígenas ou em antigas civilizações como os Babilônicos.

O início do movimento cooperativista deu-se como uma alternativa ao sistema capitalista, tendo como base a ajuda mútua e a solidariedade, formas de combater as desigualdades sociais e os desequilíbrios econômicos advindos da Revolução Industrial, surgindo, portanto, como uma oposição às truculências capitaneadas pelo capitalismo àquela conjuntura política, econômica e social.

Na época da Revolução Industrial, a mão-de-obra perdeu grande poder de troca, as jornadas de trabalho eram longas e os salários baixos, trazendo inúmeras dificuldades socioeconômicas para a população.

Estes trabalhadores tentaram, inicialmente, formar associações a fim de que tivessem seus direitos garantidos, todavia, tais associações fadaram ao insucesso, surgindo então a ideia de criar uma organização formal chamada de cooperativa, onde regras, normas e princípios próprios seriam praticados com o intuito de respeitar os valores do ser humano.

Baseados nesse pensamento, 28 operários, em sua maioria tecelões, se reuniram para avaliar suas proposições que respeitassem seus costumes e tradições, estabelecendo normas e metas para a organização de uma cooperativa.

Após um ano de trabalho, acumularam um capital de 28 libras e conseguiram abrir as portas de um pequeno armazém cooperativo, no bairro de Rochdale-Manchester, na Inglaterra, nascendo, assim, a primeira sociedade cooperativa do mundo, a *Rochdale Society of Equitable Pioneers* (Sociedade dos Probos de Rochdale), que criou princípios morais e de conduta que são considerados, até hoje, a base do cooperativismo autêntico.

Tamanho foi o sucesso da formação de tal sociedade cooperativa - experiência que contemplou os princípios do cooperativismo em seu estatuto social - que adentrando no século XIX, em 1848, já eram 140 membros na Sociedade dos Probos de *Rochdale* e doze anos depois chegou a 3.450 sócios com um capital de 152 mil libras[2].

Face ao ineditismo e êxito da *Rochdale Society of Equitable Pioneers,* rapidamente o cooperativismo foi disseminado nos demais países europeus.

No entendimento de Berenice Delgado (2013), no Brasil, diferentemente do modelo europeu, *prime facie*, as cooperativas eram mais direcionadas aos interesses e às intervenções estatais, que as viam como instrumento de políticas públicas, e evoluíram como formas de controle social e de intervenção estatal.

A referida autora ainda pondera que, todavia, a Constituição da República Federativa do Brasil de 1988 chancelou o Sistema Cooperativista em que o Estado não interferiria ou representaria qualquer controle ou limitação sobre as cooperativas, trazendo, em seu corpo normativo, diversos dispositivos que demonstram o incentivo ao modelo cooperativista dentro de uma ótica democrática, o que possibilitou que as sociedades cooperativas pudessem crescer e se apresentar como uma alternativa econômico-social para aqueles que bus-

---

2 História do Cooperativismo. Disponível em: <http://www.bahiacooperativo.coop.br/historia-do-cooperativismo>. Acesso em: 10 nov. 17.

cam uma forma de trabalho que, concomitantemente, agrega valor individual ao sujeito participante e valor social ao grupo cooperado e à sociedade na qual estão inseridos.

No Brasil, além de normatização do sistema cooperativista pela Constituição de 1988[3], a matéria é regulada pela Lei nº 5.764/71, pelo Código Civil e por outras leis esparsas, estando em vigor a legislação abaixo colacionada:

- Constituição da República Federativa do Brasil (1988), Capítulo 1: Dos Direitos e Deveres Individuais e Coletivos – art. 5º, item XVIII;
- Decreto nº 979, de 06 de janeiro de 1903: faculta aos profissionais da agricultura e indústrias rurais a organização de sindicatos para defesa de seus interesses – Não consta revogação expressa;
- Decreto nº 1.637, de 05 de janeiro de 1907: cria sindicatos profissionais e sociedades cooperativas. Publicação Original no Diário Oficial de 11/01/1907, página 251;
- Decreto nº 926, de 05 de dezembro de 1938: dispõe sobre a constituição, funcionamento e fiscalização das sociedades cooperativas de seguros. Publicação Original no Diário Oficial da União, Seção 1, em 07/12/1938, Página 24.661 e na Coleção de Leis do Brasil de 1938, v.4, página 253;
- Decreto-Lei nº 1.836, de 05 de dezembro de 1939: permite a admissão de pessoas jurídicas nas Cooperativas de Indústrias Extrativistas. Publicação Original no Diário Oficial da União, Seção 1, em 07/12/1939, página 28.071;
- Decreto nº 6.980, de 19 de março de 1941: aprova o Regulamento para a fiscalização das sociedades cooperativas estabelecidas no Decreto-Lei nº 581, de 1º de agosto de 1938. Republicação no Diário Oficial da União, Seção 1, em 09/04/1941, página 7.124;

3 "Algumas constituições abordaram as cooperativas em seu texto. Vale esclarecer que a primeira foi a Mexicana (1917), a qual se seguiu ex-URSS (1936), Hungria (1949), Polônia (1952), ex-Checoslováquia (1960), Turquia (1961), Bulgária (1971), Romênia, (1974), Yugoslávia (1974), Albânia (1976), Cuba (1976), Egito (1980), e China (1982). Em alguns países latino-americanos, também se pode perceber referências expressas à realidade cooperativa, tais como Venezuela, Bolívia, Panamá, Peru e Equador" (NAMORADO, 2000, p. 132 *apud* DELGADO, Berenice Sofal. *As Sociedades Cooperativas Médicas no Direito Brasileiro*. 2013).

- Decreto-Lei n° 5.154, de 31 de dezembro de 1942: dispõe sobre a intervenção nas sociedades cooperativas. Publicação Original no Diário Oficial da União, Seção 1, em 04/01/1943, página 67;
- Decreto-Lei n° 5.893, de 19 de outubro de 1943: dispõe sobre a organização, funcionamento e fiscalização das cooperativas. Publicação Original no Diário Oficial da União, Seção 1, em 27/10/1943, página 15.905;
- Decreto-Lei n° 6.274, de 14 de fevereiro de 1944: altera disposições do Decreto-lei n° 5.893, de 19 de outubro de 1943. Publicação Original no Diário Oficial da União, Seção 1, em 16/02/1944, página 2.614;
- Lei nº 5.764, de 16 de dezembro de 1971, que define a Política Nacional de Cooperativismo, institui o regime jurídico das sociedades cooperativas e dá outras providências (Revogando expressamente os Decretos nºs 59/1966 e 60.597 /1967);
- Decreto n° 3.017, de 06 de abril de 1999: aprova o Regimento do Serviço Nacional de Aprendizagem do Cooperativismo (SESCOOP). Publicação no Diário Oficial da União de 07 de abril de 1999;
- Lei Complementar n° 130 de 2009: dispõe sobre o Sistema Nacional de Crédito Cooperativo e revoga dispositivos das Leis nºs 4.595, de 31 de dezembro de 1964, e 5.764, de 16 de dezembro de 1971[4].

A sociedade cooperativa, por sua vez, como instrumento de manifestação do modelo cooperativista é para Pedro Barbosa Pereira (1965):

> As cooperativas são sociedades de capital variável com fluxo e defluxo de sócios. Destinam-se elas a prestar serviços e vantagens, tendo, em regra, como seus únicos fregueses, os seus sócios. É para eles e por eles que ela se constitui e opera. Todos os sócios cooperam com o seu capital, no mínimo para que possa ela alcançar o seu objetivo. São cooperadores e cooperados, ao mesmo tempo[5].

Segundo o art. 3º da Lei n° 5.764/91, "celebram contrato de sociedade cooperativa as pessoas que reciprocamente se obrigam a contribuir com bens ou

---

4 Legislação disponível na íntegra em: <http://www2.planalto.gov.br/> e <http://www2.camara.leg.br/>.

5 FRISON, Rafael Santana *apud* PEREIRA, Pedro Barbosa. *Breves apontamentos acerca da sociedade cooperativa*. Disponível em: <https://jus.com.br/artigos/31902/breves-apontamentos-acerca-da-sociedade-cooperativa>. Acesso em: 24 nov. 2017.

serviços para o exercício de uma atividade econômica, de proveito comum, sem objetivo de lucro" (BRASIL, 1971).

Portanto, a sociedade cooperativa, diferentemente de uma empresa mercantil, não visa o lucro e nem o acúmulo do capital. Em verdade, como espécie de manifestação do cooperativismo, objetiva promover o desenvolvimento econômico e bem-estar social, tendo como referências fundamentais a participação democrática, a solidariedade, a independência e a autonomia.

Dentre esses objetivos a que se propõem, existem três espécies de sociedades cooperativas, conforme delineado em artigo do Portal Baiano das Cooperativas, quais sejam:

> Singular ou de 1º grau: tem objetivo de prestar serviços diretos ao associado. É constituída por um mínimo de 20 pessoas físicas. Não é permitida a admissão de pessoas jurídicas com as mesmas ou correlatas atividades econômicas das pessoas físicas que a integram.

Central e federação ou de 2º grau: seu objetivo é organizar em comum e em maior escala os serviços das filiadas, facilitando a utilização recíproca dos serviços. É constituída por, no mínimo, três cooperativas singulares. Excepcionalmente, pode admitir pessoas físicas.

Confederação ou de 3º grau: organiza em comum e em maior escala, os serviços das filiadas. Três cooperativas centrais e ou federações de qualquer ramo são a quantidade mínima para constituir uma Confederação[6].

Quanto ao capital social das sociedades cooperativas e quotas de seus cooperados, explica Cláudia da Silveira (2012):

> Os sócios da cooperativa são titulares de quotas-partes do capital ou, nas que não tiverem capital, são considerados àqueles que preencherem as condições de associação, assegurando-lhes o *status* próprio, isto é, conferindo-lhes o direito de usufruir dos serviços prestados pela cooperativa. O sócio poderá perder o seu lugar mediante pedido de demissão, por prática de infração legal ou estatutária e, a exclusão ocorrerá pela dissolução da pessoa jurídica, morte da pessoa física, incapacidade civil superveniente não suprida, perda dos requisitos previstos no estatuto para ingresso e permanência na cooperativa. O associado possui direito de voto, podendo discutir a política administrativa e os negócios sociais, sendo estes delibera-

6 História do Cooperativismo. Disponível em: <http://www.bahiacooperativo.coop.br/historia-do-cooperativismo>. Acesso em: 10 nov. 17.

dos pela maioria em assembleia. O capital da cooperativa, quando previsto, é formado por bens ou serviços, prestados pelos sócios[7].

Feita pincelagem acerca das sociedades cooperativas, sintetiza-se que tal espécie societária é constituída por pessoas de natureza civil, com forma jurídica própria, não sujeitas à falência, constituídas para prestar serviços aos associados e que se distinguem das demais sociedades pelas seguintes características: capital social variável, adesão voluntária, limitação do número de quotas por sócio, retorno das sobras líquidas do exercício proporcionalmente às operações realizadas pelos associados, *quorum* para funcionamento e deliberação da assembleia geral, tendo como base o número de associados e não o capital, neutralidade política e prestação de assistência aos associados, conforme entendimento de Alexandre Freitas Câmara (2016)[8].

Dessa forma, tendo trazido à tona as principais questões referentes ao cooperativismo e quanto à sociedade cooperativa – esta última como institucionalização daquele primeiro – , far-se-á, em seguida, explanação acerca do instituto da penhora, objetivando esclarecê-lo, para que se possa trabalhar, ainda, os aspectos controvertidos acerca da penhora de quotas em sociedade cooperativa.

3. DO INSTITUTO DA PENHORA

Feitas tais considerações sobre a sociedade cooperativa, e antes de adentrarmos no objeto principal do presente estudo, qual seja, a investigação acerca da (im)penhorabilidade de quotas em sociedade cooperativa, necessária se faz a dissecação conceitual acerca do instituto da penhora, regime este que, com a vigência da Lei n° 13.105/2015, sofreu modificações substanciais.

De acordo com Alexandre Freitas Câmara, penhora é o "ato de apreensão judicial dos bens que serão empregados, direta ou indiretamente, na satisfação

---

7 Os arts. 11 e 12 da Lei nº 5.764/71 dispõem sobre as sociedades cooperativas de responsabilidade limitada e ilimitada. Igualmente, o art. 1.095 do Código Civil também estabelece a responsabilidade dos sócios.

8 SILVEIRA, Claudia. Sociedades Cooperativas. Disponível em: <http://www.conteudojuridico.com.br/artigo,sociedades-cooperativas,39739.html>. Acesso em: 24 nov. 2017.

do crédito exequendo"[9]. Ou seja, é o procedimento jurisdicional que tem como escopo viabilizar a efetivação do recebimento do crédito devido ao exequente através de ato de constrição patrimonial expropriatório.

A expropriação patrimonial do devedor – aqui considerada como técnica processual – dá-se pela subtração dos "bens do patrimônio do executado, independente da vontade deste, concedendo-lhes justo preço, visando a satisfação do crédito exequente", conforme elucida Antônio Mota (2016)[10].

Teresa Arruda Alvim Wambier (2015), por sua vez, elucida que "A expropriação é ato estatal, de natureza coativa, realizado pelo juiz, visando o pagamento do exequente"[11].

Conforme preceitua o art. 825 do Código de Processo Civil de 2015, antigo art. 647 do Código de Processo Civil de 1973, a técnica expropriatória pode se dar através de três métodos: adjudicação, alienação ou apropriação de frutos e rendimentos de empresa ou estabelecimentos e de outros bens.

Alexandre Câmara doutrina que a adjudicação é método direto de expropriação e dá-se "quando o próprio bem apreendido é entregue ao exequente a título de pagamento da dívida".

Na adjudicação, o próprio credor adquire o bem penhorado, bem este que pode ser móvel ou imóvel.

Situação bastante corriqueira quanto à adjudicação é aquela em que o valor do bem adjudicado é superior ao do crédito devido ao exequente, situação em que, nos termos do art. 876, §4º do Código de Processo Civil de 2015, o requerente da adjudicação depositará a diferença, que restará à disposição do executado.

Entretanto, caso ocorra situação inversa e o valor do bem for inferior ao da execução, será adjudicado o bem indicado e o procedimento executivo jurisdicional deverá ter seu regular prosseguimento em relação ao *quantum* remanescente.

---

9 CÂMARA, Alexandre Freitas. *O Novo Processo Civil Brasileiro*. 2.Ed. Belo Horizonte: Atlas, 2016.

10 MOTA, Antônio. In: STRECK, Lênio Luiz; NUNES, Dierle; (orgs.). *Comentários ao Código de Processo Civil*. São Paulo: Saraiva, 2016.

11 ALVIM WAMBIER, Teresa Arruda. Primeiros comentários ao novo Código de Processo Civil: artigo por artigo. 2015.

De acordo com o entendimento do autor Antônio Mota (2016), vale ressaltar ainda que o termo inicial para requerimento de adjudicação é imediatamente após a avaliação do bem e o termo final para tanto é o da assinatura do termo pelo magistrado ou da assinatura do auto de arrematação, nos termos dos arts. 880, §2º e 903 do Código de Processo Civil de 2015.

Já a alienação é método indireto de expropriação e "ocorre nos casos em que o bem penhorado é expropriado e transformado em dinheiro, usando-se esta verba, obtida com a alienação do bem penhorado, para pagar o credor", conforme esclarecimento do autor Alexandre Câmara (2015).

A alienação, nos termos do art. 879 do Código de Processo Civil de 2015, far-se-á por iniciativa particular ou em leilão judicial eletrônico ou presencial.

Esta modalidade por iniciativa particular, regulada pelo art. 880 do *codex* supramencionado, caso não haja adjudicação, pode ser efetivada pela iniciativa do exequente ou por intermédio de corretor ou leiloeiro público credenciado perante o órgão jurisdicional.

Diferentemente, a alienação realizada por leilão judicial ocorrerá caso não haja adjudicação e o exequente não tenha obtido sucesso na alienação por iniciativa privada, nos termos do art. 881 do Código de Processo Civil de 2015.

Importante salientar o entendimento da doutrinadora Teresa Wambier (2015), de que a nova legislação processual cível "eliminou a distinção que se fazia entre praça e leilão, adotando o 'leilão judicial' como única espécie de hasta pública, aplicando para qualquer tipo de bem penhorado, seja ele móvel ou imóvel".

O terceiro método de expropriação patrimonial do devedor consiste na apropriação de frutos e rendimentos de empresa ou de estabelecimentos e de outros bens, "título utilizado pelo CPC/2015 em adequada substituição da expressão usufruto, descrita no art. 647, IV, CPC/73, sendo esta tecnicamente mal utilizada, uma vez que não expressa, com perfeição, o instituto de direito material", conforme explica Antônio Mota (2016).

Sendo assim, esclarece o referido autor que o procedimento expropriatório supracitado que dispõe o art. 825, III, do Código de Processo Civil de 2015, "só pode ser ordenado pelo magistrado se for considerada: mais eficiente para o recebimento do crédito e notadamente, menos gravoso sob o prisma do executado".

Dessa forma, vislumbra-se que o procedimento jurisdicional de expropriação patrimonial do devedor obedece à uma determinada graduação. A primeira é a forma direta, a adjudicação. Restando esta impossível ou frustrada, far-se-á a expropriação pela forma indireta, qual seja: a alienação por iniciativa particular, que prescinde da adjudicação do bem. Caso em que, se não houver adjudicação, tampouco sucesso na alienação através da iniciativa privada, a alienação deve se dar através de leilão judicial.

Há também uma ordem para fins de penhora regulamentada pelo art. 835 do Código de Processo Civil de 2015, que se inicia, em seu inciso I, pelo dinheiro.

Entretanto, as ordens de expropriação que dispõe os arts. 825 e 835 do Código de Processo Civil de 2015 não necessariamente devem ser seguidas a ferro e fogo, sendo apenas ordens de preferência.

Nesse sentido, afirma Teresa Arruda Alvim Wambier (2015):

> A ordem trazida no dispositivo importa e deve, na medida do possível, ser respeitada. Assim, preferencialmente, far-se-á a adjudicação; depois, a alienação e, por último a apropriação de frutos e rendimentos da empresa, estabelecimentos e outros bens do executado. Tal ordem, é bom que se diga, não é absoluta, devendo ser avaliados os princípios da menor onerosidade e o da máxima utilidade da execução, com vistas a uma execução equilibrada (ver art. 805) (WAMBIER, 2015, p. 1172).

E ainda, Antônio Mota (2016):

> Sendo possível, tal ordem de imposição dos meios expropriatórios deve ser respeitada [...] A penhora de dinheiro, todavia, é meio preferencial de satisfação do crédito exequente. Se o dinheiro não for localizado, deve-se continuar buscando a satisfação obrigacional, identificando, assim, bens que integrem o patrimônio do executado, embora, é importante registrar, a adjudicação possa ser requerida pelo exequente, independentemente de tentativa de penhora de dinheiro. Uma vez localizados bens penhoráveis, a expropriação ganha existência e sentido (MOTA, 2016, p.1080-1083).

Sendo assim, considerando que a ordem de penhora disposta nos arts. 825 e 835 do Código de Processo Civil de 2015 não é impositiva, mas sim preferencial, conclui-se que a penhora de ações e quotas de sociedades simples e empresárias, disposta no inciso IX do art. 835 e 861 do CPC, é procedimento jurisdicional expropriatório, passando-se, em seguida, a explanar sobre ele[12].

4. ASPECTOS CONTROVERTIDOS ACERCA DA PENHORA DE QUOTAS EM SOCIEDADE COOPERATIVA

Devido a atual crise econômico-política que assola o nosso país, a taxa de inadimplência tem crescido exponencialmente, motivo pelo qual a busca por métodos de cumprimento forçado dos compromissos firmados através da via jurisdicional têm sido objeto de grandes estudos e discussões, tanto no âmbito jurídico quanto econômico.

Neste ínterim, exsurge a polêmica discussão acerca da (im)possibilidade da penhora de quotas em sociedade cooperativa, havendo, infelizmente, através de uma jurisprudência *self service*[13] e frágil regulamentação legislativa, entendimentos para ambos os lados.

A seguir será feita explanação acerca dos dois posicionamentos atuais a respeito da penhora de quotas em sociedade cooperativa, sendo um que preza pela possibilidade de tal procedimento jurisdicional expropriatório enquanto o outro sustenta a sua inadmissão.

A penhora de quotas sociais para a quitação de dívidas do sócio estava prevista no artigo 655 do CPC/73 desde o ano de 2006, e já gerava controvérsia doutrinária e jurisprudencial acerca de sua (in)aplicabilidade na prática. Porém, o art. 861 do CPC/15 regulamenta a questão da penhora de quotas em sociedade simples ou empresária.

Sobre tal regulamentação, afirma Laura de Almeida Machado (2015):

> Com a vigência do novo CPC, a penhora de quotas passa a possuir uma subseção própria, a qual regulamenta o seu procedimento mesmo que de

---

12 Ainda sobre o instituto da penhora, o mesmo produz efeitos de duas ordens: processuais e materiais. São efeitos processuais da penhora: a garantia do juízo, a individualização dos bens que suportarão a atividade executiva e o surgimento do direito de preferência para o exequente. São efeitos materiais da penhora: a privação do executado da posse direta do bem apreendido e a ineficácia dos atos posteriores à alienação ou oneração do bem. c.f.: CÂMARA, Alexandre Freitas. *O Novo Processo Civil Brasileiro*. São Paulo: Atlas. 2015, p. 379-380.

13 Para mais, vide: <https://www.conjur.com.br/2016-jan-14/senso-incomum-enunciado-self-service-feito-workshop-virou-fonte-preventiva>.

uma maneira genérica e, embora ainda haja lacunas que deverão ser resolvidas pela jurisprudência pátria, esta modalidade de penhora é colocada em evidência, tornando-se uma possibilidade mais tangível a todos os credores[14].

A referida autora relata que o art. 861 do CPC/15 dá à sociedade três possibilidades, que em um prazo não superior a 03 (três) meses: (1) apresente balanço especial; (2) ofereça as quotas ou ações aos demais sócios, observando o direito de preferência legal ou contratual ou (3) proceda à liquidação das quotas ou ações, depositando em dinheiro o valor apurado por meio de depósito judicial.

Para evitar a venda das quotas, a sociedade poderá, ainda, as adquirir sem redução do capital social, utilizando suas reservas. Caso não haja interesse dos sócios ou da sociedade na aquisição das quotas penhoradas, o juiz poderá determinar o leilão judicial delas, podendo então um terceiro adquirir as quotas penhoradas, e ingressar no quadro societário.

De acordo com artigo publicado no portal da Sociedade de Advogados Pabst & Hadlich (2016), verifica-se que, embora não muito detalhada na regulamentação do CPC/15 acerca da penhora de quotas societárias o legislador tentou evitar ao máximo o ingresso de terceiros na sociedade. Até então, apenas os sócios tinham preferência na aquisição das quotas, agora a sociedade também tem essa prerrogativa. A nova previsão, em princípio, só vale para as sociedades limitadas[15].

O Supremo Tribunal de Justiça (STJ), há algum tempo, vem admitindo a penhora de quotas societárias, manifestando-se, inclusive, acerca do ingresso de terceiros na sociedade.

Importante analisar uma decisão que foi paradigmática referente à temática aqui abordada, qual seja, o Recurso Especial (REsp) n° 39.609-3, relatado pelo Min. Sálvio de Figueiredo, julgado em 1995.

O referido REsp afirmou que as quotas são penhoráveis, devendo-se atender aos princípios societários e às possíveis cláusulas no contrato social re-

---

14 Disponível em: <http://www.migalhas.com.br/dePeso/16,MI222337,41046-Da+penhora+de+quotas+sociais+e+dissolucao+parcial+da+sociedade+pelo>.

15 Disponível em: <http://www.phadv.com.br/informativos/69/a-penhora-de-quotas-sociais-no-novo-cpc>.

ferentes à proibição da livre alienação das quotas, a partir da afirmação de que "não havendo limitação no ato constitutivo, nada impede que a cota seja arrematada com inclusão de todos os direitos a ela concernentes, inclusive o status de sócio".

Sobre tal acordão, importante é a observação de Gerson Luiz Carlos Branco e Amanda Lemos Dill (2015), *in verbis:*

> [...] o sistema jurídico recepciona e reconhece no contrato social de uma sociedade limitada a eficácia jurídica para definir os contornos da execução patrimonial, a qual ficam submetidos tanto o credor quanto o próprio Juiz. Ou seja, a circunstância de o contrato social ser reconhecido como ato fundador e constitutivo de uma dada pessoa jurídica, com sua publicidade e eficácia contra terceiros deve ser respeitada mesmo pelos credores e pelo Poder Judiciário. Trata-se de uma eficácia externa do contrato social em relação aos preceitos jurídicos que internamente são estabelecidos para os sócios sobre o modo como se relacionam com a coletividade.

Há de se observar que o referido acórdão abre a possibilidade de inclusão na sociedade de um terceiro, não sócio, sem a realização de uma *due diligence* e sem conhecer passivos ocultos.

Todavia, o entendimento atual do Superior Tribunal de Justiça é o de que é possível a penhora de quotas da sociedade, senão vejamos:

> CIVIL. PROCESSUAL CIVIL. AGRAVO EM RECURSO ESPECIAL. RECURSO MANEJADO SOB A ÉGIDE DO CPC/73. CUMPRIMENTO DE SENTENÇA. COBRANÇA. HONORÁRIOS ADVOCATÍCIOS. TRIBUNAL DE ORIGEM QUE CONCLUIU QUE AS PENHORAS ANTERIORES FORAM INFRUTÍFERAS E AFASTOU O EXCESSO DE EXECUÇÃO. REEXAME DE PROVAS. SÚMULA Nº 7 DO STJ. PENHORA DE COTAS DE SOCIEDADE EM FAVOR DE TERCEIRO ESTRANHO AO QUADRO SOCIETÁRIO. POSSIBILIDADE. DECISÃO RECORRIDA EM CONSONÂNCIA COM O ENTENDIMENTO DESTA CORTE. SÚMULA Nº 83 DO STJ. AGRAVO CONHECIDO. RECURSO ESPECIAL, CONHECIDO E DESPROVIDO (AREsp nº 1009412. Rel. Min. Moura Ribeiro. Publicação: 07/03/2017).
>
> PROCESSUAL CIVIL E DIREITO SOCIETÁRIO. RECURSO ESPECIAL. PENHORA DE COTAS DE SOCIEDADE COOPERATIVA EM FAVOR DE TERCEIRO ESTRANHO AO QUADRO SOCIETÁRIO. POSSIBILIDADE. 1. A penhora de cotas sociais, em geral, não é vedada por lei, *ex vi* da exegese dos arts. 591, 649, I,655, X, e 685-A, §4º, do CPC. Precedentes. 2. É possível a penhora de cotas pertencentes a sócio de cooperativa, por dívida particular deste, pois responde o devedor, para o cumprimento de

suas obrigações, com todos seus bens presentes e futuros (art. 591, CPC). 3. O óbice de transferência a terceiros imposto pelo art. 1.094, inc. IV, do CC/02 e pelo art. 4º, inc. IV, da Lei nº 5.764/71 não impede a penhora pretendida, devendo os efeitos desta serem aplicados em consonância com os princípios societários e características próprias da cooperativa. 4. Dada a restrição de ingresso do credor como sócio e em respeito à *afecctio societatis*, deve-se facultar à sociedade cooperativa, na qualidade de terceira interessada, remir a execução (art. 651, CPC), remir o bem (art. 685-A, §2º, CPC) ou concedê-la e aos demais sócios a preferência na aquisição das cotas (art. 685-A, §4º, CPC), a tanto por tanto, assegurando-se ao credor, não ocorrendo solução satisfatória, o direito de requerer a dissolução parcial da sociedade, com a exclusão do sócio e consequente liquidação da respectiva cota. 5. Em respeito ao art. 1.094, inc. I e II, do CC/02, deve-se avaliar eventual dispensa de integralização de capital, a fim de garantir a liquidez da penhora e, ainda, a persistência do número mínimo de sócios na hipótese de exclusão do sócio-devedor, em quantitativo suficiente à composição da administração da sociedade. 6. Recurso improvido. (REsp n° 1278715/PR, Rel. Min. Nancy Andrighi, Terceira Turma, julgado em 11/06/2013, DJe 18/06/2013).

[...] É possível a penhora de cotas de sociedade limitada, porquanto prevalece o princípio de ordem pública segundo o qual o devedor responde por suas dívidas com todos os seus bens presentes e futuros, não sendo, por isso mesmo, de se acolher a oponibilidade da *affectio societatis*. É que, ainda que o estatuto social proíba ou restrinja a entrada de sócios estranhos ao ajuste originário, é de se facultar à sociedade (pessoa jurídica) remir a execução ou o bem, ou ainda, assegurar a ela e aos demais sócios o direito de preferência na aquisição a tanto por tanto (Supremo Tribunal de Justiça. Sexta Turma. RT 781/197).

AGRAVO REGIMENTAL. AGRAVO EM RECURSO ESPECIAL. PENHORA DE QUOTAS SOCIAIS. POSSIBILIDADE. AUSÊNCIA DE PREQUESTIONAMENTO. SÚMULA 282 E 356/STF.

1. Esta Corte já firmou entendimento que é possível a penhora de quota social, inclusive, a previsão contratual de proibição à livre alienação das quotas de sociedade de responsabilidade limitada não impede a penhora de tais quotas para garantir o pagamento de dívida pessoal de sócio. Isto porque, referida penhora não encontra vedação legal e nem afronta o princípio da *affectio societatis*, já que não enseja, necessariamente, a inclusão de novo sócio [...] (Terceira Turma, AgRg no AREsp 231.266/SP, Rel. Min. Sidnei Beneti, DJe 10/06/2013).

EXECUÇÃO. Penhora. Quotas sociais. Sociedade de responsabilidade limitada. Execução contra sócio. É possível a penhora de quota social por dívida individual do sócio. A cláusula que garante a preferência aos ou-

> tros sócios na alienação não impede a penhora. Recurso não conhecido (Quarta Turma, REsp 327.687/SP, Rel. Min. Ruy Rosado de Aguiar, DJU 15/04/2002).

De acordo com Laura de Almeida Machado (2015),

> Sabe-se que as quotas representam a participação dos sócios nas sociedades – com seus direitos e obrigações. Daí surge a controvérsia da questão proposta, eis que a penhora das quotas implicaria, em uma primeira análise, na penhora da participação dos sócios, trazendo consequências graves principalmente para as sociedades de pessoas, fundadas no *intuitu personae* e *affectio societatis*[16].

Ora, a inclusão de alguém, sem *affectio societatis* e sem conhecimento das finalidades sociais, apenas em função do seu *status* de credor, contraria a própria finalidade do cooperativismo e conceituação de sociedade do art. 981 do CC/2002, que trata do negócio jurídico celebrado entre pessoas que se obrigam a contribuir para atingir fins comuns e respectiva partilha de resultados.

Todavia, no que tange à sociedade cooperativa, há uma tímida – porém arrazoada – corrente que defende a impenhorabilidade das cotas em sociedade cooperativa, trazendo à tona o art. 24, §4º da Lei nº 5.764, de 1971.

O dispositivo supracitado da Lei Cooperativista prevê que

> as quotas [...] deixam de integrar o patrimônio líquido da cooperativa quando se tornar exigível, na forma prevista no estatuto social e na legislação vigente, a restituição do capital integralizado pelo associado, em razão do seu desligamento, por demissão, exclusão ou eliminação (BRASIL, 1971).

Acerca de tal inovação legislativa na Lei Cooperativista, explica Ênio Meinen (2015):

> Ao estipular que as quotas são exigíveis apenas por ocasião da desfiliação, a inovação legislativa provoca dois efeitos inequívocos, a saber:
>
> 1º) elimina de vez, na leitura a *contrario sensu*, a dúvida sobre ser o capital componente do patrimônio líquido enquanto o associado mantiver o vínculo associativo;

16 Disponível em: <http://www.migalhas.com.br/dePeso/16,MI222337,41046-Da+penhora+de+quotas+sociais+e+dissolucao+parcial+da+sociedade+pelo>.

> 2º) torna indisponíveis as quotas-partes, inclusive para fins de penhora judicial em ações contra associados, uma vez que durante o vínculo associativo o capital assume caráter institucional, ou seja, é da cooperativa[17].

Dessa forma, haveria uma indisponibilidade das quotas, tendo, portanto, o cooperado mera expectativa de direito sobre esse valor, não podendo dele dispor senão depois de afastar-se da cooperativa[18].

Portanto, nada assegura que o associado possa dispor dessas quotas no futuro, pois, nos termos dos arts. 11 e 13 da Lei n° 5.764/71, tais quotas podem vir a ser utilizadas para quitar dívidas da cooperativa com terceiros, caso a sociedade cooperativa se torne insolvente antes do desligamento do cooperado.

Conclui Ênio Meinen (2015) que, por tal motivo, é vedado ao cooperado utilizar as quotas sociais como garantia de obrigações que o mesmo tenha com a própria cooperativa. Todavia, como usualmente constante dos estatutos sociais das cooperativas, nada impede a retenção de tais cotas para compensar débitos por ocasião do desligamento do cooperado[19].

Ou seja, o direito do associado de exigir as quotas-partes limita-se, unicamente, à hipótese de desligamento do mesmo, por demissão, exclusão e eliminação, desde que com ele (cooperado) não concorram credores da própria cooperativa, de acordo o autor supra[20].

Capitaneando tal entendimento acerca da impenhorabilidade das quotas em sociedade cooperativa, conclui Ênio Meinen (2015) nos seguintes dizeres:

> [...] as quotas são inexigíveis pelo próprio cooperado enquanto se mantiver nessa condição, elas não podem servir como bens ou direitos (ainda que futuros), na forma do art. 591 do Código de Processo Civil, passíveis de penhora judicial ou ser objeto de garantia – passíveis de expropriação, enfim – em face de obrigações que o cooperado tenha com terceiro. Do contrário, considerando que a cooperativa, agora de forma indiscutível, é a titular real desse capital enquanto o associado não se desvincular, ela (a

---

17 Disponível em: <http://easycoop.com.br/Artigos/539,Impenhorabilidade-das-quotas-partes-de-capital-das-sociedades-cooperativas-diante-do-(novo)-%EF%BF%BD4o-do-art-24-da-Lei-Cooperativista>.

18 Exceção prevista no art. 10 da Lei Complementar 130, de 2009.

19 Disponível em: <http://easycoop.com.br/Artigos/539,Impenhorabilidade-das-quotas-partes-de-capital-das-sociedades-cooperativas-diante-do-(novo)-%EF%BF%BD4o-do-art-24-da-Lei-Cooperativista>.

20 Idem.

> cooperativa) seria colocada na posição de devedora ou garantidora, sem que tivesse assumido qualquer compromisso obrigacional, com evidente prejuízo à coletividade de cooperados.
>
> [...]
>
> Ademais disso, estaria prejudicando seus credores, pois reduziria a sua capacidade de pagamento (lembrando que os associados, no caso do regime de responsabilidade limitada, respondem perante os credores da sociedade até o limite das quotas-partes que subscreverem – arts. 11 e 13 da Lei Cooperativista). Não se pode cogitar de a sociedade cooperativa, na qualidade de terceira interessada (art. 499 do CPC), remir a execução (art. 651, CPC), remir o bem (art. 685-A, §2º, CPC) ou concedê-la, ou mesmo dar aos demais associados a preferência na aquisição das cotas (art.685-A, §4º, CPC), ou, ainda, em situação extrema, facultar-se ao credor a absurda possibilidade (em desprezo ao direito da maioria) de requerer a dissolução parcial da sociedade, forçando a saída de cooperado para "liberar" as suas quotas.

Vale lembrar ainda que, conforme o regime de bens a que se sujeita a relação conjugal, o ex-cônjuge/companheiro teria direito sobre as quotas sociais do outro. Dessa maneira, pelo novo CPC, na hipótese de não querer fazer parte da sociedade, estaria este dotado de legitimidade ativa para ajuizar ação de dissolução parcial da sociedade e os haveres apurados serão pagos à conta da quota social titulada pelo sócio[21].

Nos chama atenção o entendimento de Laura de Almeida Machado (2015) ao afirmar que:

> Desta forma, verifica-se que a ação de dissolução parcial da sociedade tal como prevista no Novo CPC também representa um risco às sociedades, posto que poderão ser dissolvidas parcialmente com o término do casamento, união estável ou convivência de um de seus sócios[22].

Vale trazer à tona, ainda, a afirmação de Ênio Meinen (2015), *in verbis*:

> Vale lembrar que à cooperativa é assegurado o direito processual (conforme Resp nºs 248.417/SP, 30.854/SP e 285.735/MG), e o dever material, de intervir (como 3ª embargante) em demandas que proponham a constrição de quotas-partes para garantir dívida de associado em particular.

---

21 Disponível em: <http://www.migalhas.com.br/dePeso/16,MI222337,41046-Da+penhora+de+quotas+sociais+e+dissolucao+parcial+da+sociedade+pelo>.

22 Idem.

Dessa maneira, denota-se que o Superior Tribunal de Justiça ao ter firmado entendimento no sentido de permitir a penhora de quotas sociais e o CPC/15 ao regulamentar tal questão, desconheceram as peculiaridades inerentes à sociedade cooperativa, em verdadeira colisão frontal com o disposto na Lei n° 5.764/71 ao Código Civil e à Constituição Federal.

Importante consignar ainda o recentíssimo parecer do Conselho Federal de Contabilidade, que modificou a Interpretação do Comitê de Pronunciamento Contábil 14 (ICPC) e aprovou minuta da Interpretação Técnica Geral de 2004 (ITG), que trata de conceitos, regras e formas de escrituração e elaboração das demonstrações contábeis, definindo algumas diretrizes em relação ao patrimônio líquido das cooperativas[23].

A minuta do ITG 14 foi objeto de inúmeras audiências públicas entre os dias 26 de outubro e 26 de novembro de 2015 e havia grande divergência de entendimento no que tange a implantação de normas voltadas às sociedades cooperativas e na classificação das cotas-partes dos cooperados como passivo[24], de acordo com o Conselho Federal de Contabilidade.

Quanto ao patrimônio das sociedades cooperativas, prevê a Interpretação Técnica Geral de 2004, aprovada em 24 de novembro de 2017, abaixo:

> O capital social da entidade cooperativa é formado por quotas-partes, que devem ser registradas de forma individualizada, segregando o capital subscrito e, por dedução, em conta distinta o capital a integralizar, no Patrimônio Líquido, podendo, para tanto, serem utilizados registros auxiliares.
>
> Os valores a restituir aos associados demitidos, eliminados e excluídos devem ser transferidos para contas passivas de capital social a restituir, assim que a entidade cooperativa receber o pedido de demissão ou deliberar pela eliminação ou exclusão do cooperado, conforme disposto no §4º do Art. 24 da Lei nº 5.764/1971.
>
> A conta de Sobras ou Perdas à disposição da Assembleia Geral é uma conta de trânsito do resultado líquido do período, classificada no Patrimônio Líquido da cooperativa.

---

23 Disponível em: <http://www.somoscooperativismo.coop.br/noticia/20953/cfc-afasta-aplicacao-de-norma-prejudicial-a-cooperativas?utm_source=facebook&utm_campaign=sistOCB_ITG2004&utm_medium=social&utm_term=organic&utm_content=24_11>.

24 Disponível em: <http://cfc.org.br/noticias/camara-tecnica-do-cfc-discute-aplicacao-de-norma-das-sociedades-cooperativas/>.

> Havendo disposição estatutária para a distribuição total ou parcial das sobras, o valor deve ser registrado no passivo, no encerramento do exercício social.
>
> O registro do rateio de perdas entre os associados deve ser feito individualmente em contas do Ativo[25].

Em uma das audiências públicas, houve a manifestação da professora Paola Richter Londero, Doutoranda em Controladoria e Contabilidade na USP, afirmando que "Entendemos que a academia também precisa se posicionar sobre essa falta de consenso entre o ICPC 14 e as cooperativas", e ainda "aceitar a norma, da forma como está, é pressupor a descontinuidade da sociedade cooperativa"[26].

Quanto à aprovação da Interpretação Técnica Geral de 2004, o presidente do Sistema Organização das Cooperativas Brasileiras (OCB), Márcio Lopes de Freitas, se manifestou em 24 de novembro de 2017, no sentido de que:

> O convencimento do CFC da inadequação e dos prejuízos que poderiam advir da interpretação de que as quotas de capital social deveriam ser contabilizadas no passivo da cooperativa foi um trabalho "longo e árduo", mas o resultado é uma norma que respeita as especificidades das sociedades cooperativas no Brasil, delineadas pela legislação[27].

Dessa maneira, ainda que as sociedades cooperativas tenham como característica a livre adesão dos sócios e a variabilidade do capital social, o capital somente se torna exigível após o desligamento do cooperado da sociedade, ou seja, os cooperados fazem parte da sociedade, mas as quotas de capital devem ser mantidas no patrimônio líquido[28], conforme entendimento publicado no Portal do Cooperativismo Financeiro (2014).

---

25 Disponível em: <http://cfc.org.br/wp-content/uploads/2016/02/ITG_14_AUD.doc>.

26 Disponível em: <http://cfc.org.br/noticias/camara-tecnica-do-cfc-discute-aplicacao-de-norma-das-sociedades-cooperativas/>.

27 Disponível em: <http://www.somoscooperativismo.coop.br/noticia/20953/cfc-afasta-aplicacao-de-norma-prejudicial-a-cooperativas?utm_source=facebook&utm_campaign=sistOCB_ITG2004&utm_medium=social&utm_term=organic&utm_content=24_11>.

28 Disponível em: <http://cooperativismodecredito.coop.br/2014/08/capital-social-nas-sociedades-cooperativas-passivo-ou-patrimonio-liquido-por-dorly-dickel/>.

O capital social das sociedades cooperativas, mesmo sendo de propriedade individual de cada associado, está a serviço da cooperativa, constituindo-se seu capital próprio, enquanto o associado for parte integrante da sociedade, motivo pelo qual tais quotas não podem ser penhoradas.

Dessa maneira, já caminhando para a conclusão da presente investigação, percebe-se que o entendimento dos nossos Tribunais Estaduais e do Superior Tribunal de Justiça viola frontalmente a Lei nº 5.764/71, assim como o fazia a Interpretação do Comitê de Pronunciamento Contábil 14 (ICPC), agora, retificada pelo entendimento da Interpretação Técnica Geral de 2004, que contabiliza as quotas do capital social como patrimônio líquido da cooperativa.

6. CONCLUSÃO

O cooperativismo é baseado na democracia e no tratamento paritário quanto aos direitos e deveres iguais para todos os sócios, sem discriminação de qualquer natureza.

Dessa maneira, dentro desta ótica ideológica e considerando que vivemos em um Estado Democrático de Direito, não resta outra conclusão senão a de que a penhora de quotas em sociedade cooperativa vai ao desencontro com os valores primordiais do cooperativismo e da própria democracia.

É certo que as obrigações assumidas devem ser cumpridas, entretanto, utilizar-se de um procedimento jurisdicional de expropriação patrimonial em desrespeito a uma vasta legislação que regula o cooperativismo é, no mínimo, temerário.

O STJ, há algum tempo, vem, descriteriosamente, admitindo a penhora de quotas societárias, autorizando, inevitavelmente, o ingresso de terceiros na sociedade.

Entretanto, a inclusão na sociedade de um terceiro, não sócio, sem a realização de uma *due diligence*, sem conhecer passivos ocultos, sem *affectio societatis* e sem conhecimento das finalidades sociais – apenas em função do seu *status* de credor – contraria a própria finalidade do cooperativismo e conceituação de sociedade do art. 981 do CC/2002.

Por esse motivo, o Código de Processo Civil preocupou-se em regulamentar, ainda que de forma tímida e não muito detalhada, o instituto da penhora de quotas societárias.

Percebe-se que o art. 861 do CPC tentou evitar ao máximo o ingresso de terceiros na sociedade. Entretanto, ainda há esta possibilidade, caso não haja interesse dos sócios ou da sociedade na aquisição das quotas penhoradas, o juiz poderá determinar o leilão judicial delas, podendo então um terceiro adquirir as quotas penhoradas e ingressar no quadro societário da cooperativa.

Por essas razões, ratifica-se aqui o entendimento capitaneado por Ênio Meinen, ao fazer interpretação sistêmica do ordenamento jurídico, trazendo à tona o art. 24, §4º da Lei nº 5.764, de 1971.

Nos termos do dispositivo supramencionado, o cooperado possui apenas mera expectativa de direito sobre o valor das quotas sociais, havendo uma indisponibilidade das mesmas e não podendo delas dispor senão depois de afastar-se da cooperativa, hipótese de desligamento do mesmo, seja por demissão, exclusão ou eliminação, desde que com ele (cooperado) não concorram credores da própria cooperativa.

Corrobora ainda com tal entendimento a recentissimamente aprovada minuta da Interpretação Técnica Geral de 2004, que define as quotas de capital social como patrimônio líquido da cooperativa, pondo fim a uma longa discussão sobre o tema e à insegurança que perdurou durante as sucessivas prorrogações do início da vigência do ICPC 14, cujo entendimento passa a não ser adotado no Brasil.

Ora, se o capital social das cooperativas deve ser registrado no patrimônio líquido da sociedade, conforme Lei nº 5.764/71, as quotas sociais não são um instrumento financeiro na forma de empréstimo e sujeito à devolução com prazo estabelecido, mas sim um aporte de recursos que integra o capital próprio, com a finalidade de dar o suporte necessário à realização dos investimentos para a consecução do objeto social da cooperativa, não sendo sujeitas, portanto, ao procedimento jurisdicional expropriatório, qual seja: penhora por terceiros[29].

---

29 Disponível em: <http://cooperativismodecredito.coop.br/2014/08/capital-social-nas-sociedades-cooperativas-passivo-ou-patrimonio-liquido-por-dorly-dickel/>.

Dessa maneira, conclui-se que pela impossibilidade de procedimento jurisdicional de expropriação patrimonial, qual seja: a penhora de quotas em sociedade cooperativa, porquanto tal instituto permite a entrada antidemocrática de terceiros no quadro societário da cooperativa – o que colide frontalmente com os princípios do cooperativismo – invocando-se aqui, como fundamento, a especialidade do art. 24, §4º da Lei nº 5.764, de 1971 e a Interpretação Técnica Geral de 2004 do Conselho Federal de Contabilidade, que afirma serem as quotas-sociais integrantes do patrimônio líquido das sociedades cooperativas, não sendo, portanto, passíveis de penhora.

REFERÊNCIAS BIBLIOGRÁFICAS

BRANCO, Gerson Luiz Carlos; DILL, Amanda Lemos. *Penhora de Quotas de Sociedade Limitada: Limites e Possibilidades Interpretativas do Art. 1.026 do Cc/2002 Segundo o Novo Código de Processo Civil.* Disponível em: <http://www.academia.edu/29683542/PENHORA_DE_QUOTAS_DE_SOCIEDADE_LIMITADA_LIMITES_E_POSSIBILIDADES_INTERPRETATIVAS_DO_ART._1.026_DO_CC_2002_SEGUNDO_O_NOVO_C%C3%93DIGO_DE_PROCESSO_CIVI>. Acesso em: 27 nov. 2017.

BRASIL. Lei n° 13.105, de 16 de março de 2015. *Código de Processo Civil.* Disponível em: <http://www.planalto.gov.br/ccivil_03/_ato2015-2018/2015/lei/l13105.htm>. Acesso em: 27 nov. 2017.

______. Lei n° 5.764, de 16 de dezembro de 1971. *Define a Política Nacional de Cooperativismo, institui o regime jurídico das sociedades cooperativas, e dá outras providências.* Disponível em: <http://www.planalto.gov.br/ccivil_03/leis/L5764.htm>. Acesso em: 27 nov. 2017.

CÂMARA, Alexandre Freitas. *O Novo Processo Civil Brasileiro.* Belo Horizonte: Atlas, 2016.

CONSELHO FEDERAL DE CONTABILIDADE. *Normas Brasileiras de Contabilidade - ITG 14 – Cotas de Cooperados em Entidades Cooperativas e Instrumentos Similares.* Disponível em: <http://cfc.org.br/wp-content/uploads/2016/02/ITG_14_AUD.doc>. Acesso em: 27 nov. 2017.

DELGADO, Berenice Sofal. *As Sociedades Cooperativas Médicas no Direito Brasileiro.* Disponível em: <http://www.biblioteca.pucminas.br/teses/Direito_DelgadoBS_1.pdf>. Acesso em: 24 nov. 2017.

DICKEL, Dorly. *Capital Social nas Sociedades Cooperativas: Passivo ou Patrimônio Líquido.* Disponível em: <http://cooperativismodecredito.coop.br/2014/08/capital-social-nas-sociedades-cooperativas-passivo-ou-patrimonio-liquido-por-dorly-dickel/>. Acesso em: 27 nov. 2017.

FRISON, Rafael Santana. *Breves apontamentos acerca da sociedade cooperativa.* Disponível em: <https://jus.com.br/artigos/31902/breves-apontamentos-acerca-da-sociedade-cooperativa>. Acesso em: 24 nov. 2017.

GIROTTO, Maristela. *Câmara Técnica do CFC discute aplicação de norma das sociedades cooperativas.* Disponível em: <http://cfc.org.br/noticias/camara-tecnica-do-cfc-discute-aplicacao-de-norma-das-sociedades-cooperativas/>. Acesso em: 27 nov. 2017.

MARTINS, Jomar. *Cooperativado pode ter cópia social executada por dívidas sociais.* Disponível em: <https://www.conjur.com.br/2017-jan-29/cooperativado-cota-social-executada-dividas-pessoais>. Acesso em: 24 nov. 2017.

MEINEN, Ênio. *Impenhorabilidade das quotas-partes de capital das sociedades cooperativas diante do (novo) §4º do art. 24 da Lei Cooperativista.* Disponível em: <http://easycoop.com.br/Artigos/539,Impenhorabilidade-das-quotas-partes-de-capital-das-sociedades-cooperativas-diante-do-(novo)-%EF%BF%BD4o-do-art-24-da-Lei-Cooperativista>. Acesso em: 24 nov. 2017.

MOTA, Antônio. In: STRECK, Lênio Luiz; NUNES, Dierle; (orgs.). *Comentários ao Código de Processo Civil.* São Paulo: Saraiva, 2016.

PABST & HADLISH ADVOGADOS ASSOCIADOS. *A Penhora de Quotas Sociais no Novo CPC.* Disponível em: <http://www.phadv.com.br/informativos/69/a-penhora-de-quotas-sociais-no-novo-cpc>. Acesso em: 24 nov. 2017.

PORTAL ÂMBITO JURÍDICO. *Mantida Penhora de Cotas Societárias em Cooperativa.* Disponível em: <http://www.ambito-juridico.com.br/site/index.php?n_link=visualiza_noticia&id_caderno=&id_noticia=132755>. Acesso em: 24 nov. 2017.

PORTAL BAIANO DAS COOPERATIVAS. *História do Cooperativismo*. Disponível em: <http://www.bahiacooperativo.coop.br/historia-do-cooperativismo>. Acesso em: 24 nov. 2017.

SILVEIRA, Claudia. *Sociedades Cooperativas*. Disponível em: <http://www.conteudojuridico.com.br/artigo,sociedades-cooperativas,39739.html:. Acesso em: 24 nov. 2017.

SISTEMA ORGANIZAÇÃO DAS COOPERATIVAS BRASILEIRAS (OCB). *CFC Afasta Aplicação de Norma Prejudicial a Cooperativas*. Disponível em: <http://www.somoscooperativismo.coop.br/noticia/20953/cfc-afasta-aplicacao-de-norma-prejudicial-a cooperativas?utm_source=facebook&utm_campaign=sistOCB_ITG2004&utm_medium=social&utm_term=organic&utm_content=24_11>. Acesso em: 27 nov. 2017.

SISTEMA ORGANIZAÇÃO DAS COOPERATIVAS DO PARANÁ (OCEPAR). *Entendendo o Conceito de Sociedade Cooperativa*. Disponível em: <http://www.paranacooperativo.coop.br/ppc/index.php/sistema-ocepar/2011-12-05-11-29-42/interpretacoes-da-legislacao-cooperativista/90604-entendendo-o-conceito-de-sociedade-cooperativa>. Acesso em: 24 nov. 2017.

STEIN FORTES, André Luís. *Quotas-partes nos diversos tipos de cooperativas*. Disponível em: <https://www.webartigos.com/artigos/quotas-partes-nos-diversos-tipos-de-cooperativas/91617/>. Acesso em: 24. nov. 2017.

STRECK, Lênio Luiz. *Enunciado self service, feito em workshop, virou fonte para preventiva*. Disponível em: <https://www.conjur.com.br/2016-jan-14/senso-incomum-enunciado-self-service-feito-workshop-virou-fonte-preventiva>. Acesso em: 24 nov. 2017.

SUPERIOR TRIBUNAL DE JUSTIÇA. *Agravo em Recurso Especial (AREsp) n° 1.009.412 RJ 2016/0288998-3*. Rel. Min. Moura Ribeiro. DJU 07/03/2017.

______. *Recurso Especial (REsp) n° 1.278.715 – PR*. Rel. Min. Nancy Andrighi. DJ 10/04/2006.

______. *REsp n° 327687-SP (2001/0057873-6)*. Rel. Min. Ruy Rosado de Aguiar. 4ª Turma. DJ 15/04/2002.

SUPREMO TRIBUNAL FEDERAL. *Recurso Especial (REsp) n° 39609-3 SP*. Rel. Min. Sálvio de Figueiredo. Terceira Câmara Cível. DJU 06/02/1995.

WAMBIER, Teresa Arruda Alvim *et al. Primeiros comentários ao novo Código de Processo Civil: artigo por artigo.* São Paulo: Revista dos Tribunais, 2015.

FUNRURAL: HISTÓRIA, MUDANÇAS E REPERCUSSÕES NAS COOPERATIVAS AGROPECUÁRIAS

ISABELA CHENNA PÉREZ

Formada em Direito em 2008 pela Universidade Fumec. Fez duas especializações em Ciências Criminas e Processo Civil e MBA em Gestão de Pessoas, na Fundação Getúlio Vargas (FGV). Em 2016 ministrou aulas na graduação da Faculdade Novos Horizontes sobre a matéria "Constituição de Cooperativas e Organização do Quadro Social (OQS)" e na pós-graduação da PUC Minas Sete Lagoas, disciplina "Licitação e Contratos Administrativos, Controle de Contas Públicas e Responsabilidade Fiscal". Atua pelo Sistema Ocemg (Organização das Cooperativas do Estado de Minas Gerais) desde 2009, onde atuou no setor jurídico e hoje é assessora da diretoria. Representa o Sistema Ocemg em vários órgãos, como na JUCEMG e no SEBRAE Minas.

RESUMO

O artigo em questão tem o objetivo de explanar a história do Funrural (Fundo de Assistência e Previdência do Trabalhador Rural) bem como seu cenário hodierno e suas implicações nas cooperativas brasileiras e seus cooperados.

No presente trabalho, há a nítida demonstração à insegurança jurídica face ao imposto referido, diante do número de mudanças e entendimentos em poucos anos, além dos julgados e mudanças propostas na legislação vigente nos poderes judiciário e legislativo, respectivamente.

A necessidade premente destacada no trabalho diante das incertezas é o mapeamento da situação dos associados às cooperativas, para que ela saiba quais os tipos de cooperados que possui no seu quadro social e se a forma adequada do recolhimento do tributo em questão foi a correta nos últimos anos. Esse estudo financeiro guiará o caminho das diretrizes estratégicas sobre os novos rumos do Funrural.

Palavras-chave: Funrural. Cooperativas Agropecuárias. Cooperados. Segurado Especial .

ABSTRACT

The goal of this article is explain about the history of Funrural (Rural Workers' Assistance and Pension Fund) as well as the current scenario the implications of Brazilian cooperatives and yours coop members.

In the study, there is a clear demonstration of legal uncertainty regarding the referred tax, given the number of changes and understandings in a few years, further judgments and proposed legislation changes in the judicial and legislative branches, respectively.

The pressing necessity highlighted in the work face on uncertainties is performing the map of the situation of cooperatives members, in order to understand what types of cooperative members they have in their membership and whether the appropriate form of the tax payment was correct in the last years. This financial study will lead the steps of the strategic guidelines in the new directions of Funrural.

Keywords: Funrural. Farming Cooperatives. Cooperated. Special Insured.

1. INTRODUÇÃO

A Previdência é questão crítica em todos os países que a possuem. Isso porque, além do viés moral e da complexidade técnica que envolve, ela normalmente é o maior gasto público. No Brasil, com exceção da dívida pública, o gasto previdenciário é de longe o maior.

Por essas razões, no cenário atual brasileiro, em que se discutem as reformas do Estado, a previdenciária é a de maior destaque, por ser a mais importante em termos econômicos e aquela de maior impacto social.

A propósito da discussão, o ponto central a ser debatido é o balanço entre arrecadação e gasto previdenciário. Daí a importância do assunto tratado neste artigo, que versa sobre uma das fontes de custeio previdenciário para o trabalhador rural. Dos gastos com contribuintes da iniciativa privada no Regime Geral de Previdência, 75% do déficit corresponde ao despendido com os trabalhadores rurais.

E no caso do gasto previdenciário rural a questão é ainda mais sensível, pois em todos os países que dispõem de previdência, esta modalidade é deficitária. De acordo com Roberto Guimarães (2008), no Brasil, apenas cerca de 13% do montante pago é arrecadado.

Deste modo, é necessário conhecer a principal fonte de contribuição com o gasto previdenciário rural e, sobretudo, como ela atinge os contribuintes, produtores rurais, dentre eles as cooperativas.

2. ORIGEM DO FUNRURAL E DEFINIÇÃO

Os ambientes urbano e rural possuem peculiaridades que justificaram a adoção de regimes de previdência especiais para cada um. A despeito da unificação da Previdência Social no Brasil, além de decisões políticas e razões econômicas, a diversidade levou à implantação de mecanismos diferentes de custeio da Previdência Social para a cidade e para o campo. Neste artigo, abordaremos o Funrural, abreviação usada para se referir ao Fundo de Assistência e Previdência do Trabalhador Rural, também chamado de Contribuição Social Rural.

De acordo com doutrina de Arnaldo Rizzardo:

> O Funrural é uma contribuição social destinada a custear a seguridade geral (INSS), isto é, um aporte incidente sobre a comercialização da produção rural destinada à seguridade social (RIZZARDO, 2013, p. 402).

Desde logo, cabe destacar que o Funrural, conforme Lei n° 8.540/92 que alterou o art. 25 da Lei n° 8.112/91 tem caráter substitutivo sobre outras formas de custeio da Previdência, tanto para produtores rurais, pessoas físicas ou jurídicas, como para cooperativas e agroindústrias, substituindo a cota patronal previdenciária, cuja alíquota é de 20%, e também a contribuição decorrente da cobertura de riscos ambientais do trabalho, com alíquota de 3% (três por cento). Já para o segurado especial, o Funrural serve propriamente como forma de contribuição dessa categoria com o sistema.

Atualmente, o Funrural é definido pelo art. 25 da Lei n° 8.212/91, que sofreu diversas alterações desde sua promulgação:

> Art. 25. A contribuição do empregador rural pessoa física, em substituição à contribuição de que tratam os incisos I e II do art. 22, e a do segurado especial, referidos, respectivamente, na alínea a do inciso V e no inciso VII do art. 12 desta Lei, destinada à Seguridade Social, é de:
>
> I - 1,2% (um inteiro e dois décimos por cento) da receita bruta proveniente da comercialização da sua produção;

> II - 0,1% da receita bruta proveniente da comercialização da sua produção para financiamento das prestações por acidente do trabalho (BRASIL, 1991).

Em 1963, com intuito de proteger o trabalhador rural, a Lei n° 2.613 instituiu o Fundo do Serviço Social Rural, que deveria receber contribuições das pessoas físicas e jurídicas que atuavam nas atividades agrícola e industrial. Leia-se:

> Art 2°. Constituem patrimônio do S. S. R.:
>
> [...]
>
> II. O produto do recebimento de uma contribuição de 3% (três por cento) e 1% (um por cento) sobre a soma paga mensalmente aos seus empregados pelas pessoas naturais ou jurídicas mencionadas nos arts. 6° e 7° desta lei; [...] (Idem, 1963).

No mesmo ano, o Estatuto do Trabalhador Rural (Lei n° 4.212) previu a figura do Fundo de Assistência e Previdência do Trabalhador, o Funrural, em seu art. 158 (revogado pela Lei n° 5.889/73):

> Art. 158. Fica criado o "Fundo de Assistência e Previdência do Trabalhador Rural", que se constituirá de 1% (um por cento) do valor dos produtos agropecuários colocados e que deverá ser recolhido pelo produtor, quando da primeira operação ao Instituto de Aposentadoria e Pensões dos Industriários, mediante guia própria, até quinze dias daquela colocação (Idem, 1963).

A despeito da disposição legislativa, o Funrural veio a ser propriamente instituído em 1967, com a edição do Decreto-Lei n° 276, que posteriormente passou a prover os recursos do Programa de Assistência ao Trabalhador Rural (Prorural), criado pela Lei Complementar n° 11/71.

Criado e alterado sucessivamente desde o início, a contribuição social que visava proteger o trabalhador rural, com algumas exceções, sempre teve a base de cálculo atrelada ao valor comercial dos produtos rurais.

Ao longo dos anos, o Fundo de Assistência do Trabalhador Rural foi aprimorado. Foram alteradas as regras relacionadas com o momento do recolhimento e outros fatores acessórios que melhoram o funcionamento do mecanismo.

A grande alteração, contudo, veio com a Constituição de 1988. A partir dela, previu-se constitucionalmente a regra da materialidade da incidência tributária e as competências de cada ente federado para a instituição dos seus tributos conforme a atribuição constitucional.

Sendo de competência federal, a contribuição social em questão foi prevista no art. 195 da Constituição Federal, que manteve a sua base de cálculo atrelada à produção rural, seja a remuneração paga a trabalhadores (folha salarial), seja a receita, faturamento ou lucro. E para os contribuintes sem empregados, sujeitos à economia familiar, justamente aquela explorada diretamente, estes deveriam recolher sobre o resultado da comercialização da produção. Veja-se:

> Art. 195. A seguridade social será financiada por toda a sociedade, de forma direta e indireta, nos termos da lei, mediante recursos provenientes dos orçamentos da União, dos Estados, do Distrito Federal e dos Municípios, e das seguintes contribuições sociais:
>
> I - do empregador, [...] incidente sobre a folha de salários, [...] o faturamento e o lucro;
>
> II - do trabalhador [...];
>
> III - sobre a receita de concursos de prognósticos [...].
>
> [...]
>
> §8º O produtor, o parceiro, o meeiro e o arrendatário rurais, o garimpeiro e o pescador artesanal, bem como os respectivos cônjuges, que exerçam suas atividades em regime de economia familiar, sem empregados permanentes, contribuirão para a seguridade social mediante a aplicação de uma alíquota sobre o resultado da comercialização da produção e farão jus aos benefícios nos termos da lei (Idem, 1988).

O dispositivo constitucional foi regulamentado pela Lei nº 8.212/91, o qual estabeleceu que os contribuintes, pessoas físicas e jurídicas recolheriam para a seguridade social, na hipótese de serem empregadores, com base na folha salarial.

Pouco tempo depois de ser estabelecida a regulamentação da constituição no tocante, a Lei nº 8.540/92 alterou o art. 25 da Lei nº 8.112/91. A partir de então, foi estabelecido que a base de cálculo da contribuição do empregador rural pessoa física seria o resultado da comercialização da produção.

Além do empregador rural pessoa física, o sistema previu o segurado especial (art. 12 da Lei nº 8.212/91, com redação dada pela Lei nº 11.718/08). Trata-se da: "pessoa física residente no imóvel rural ou em aglomerado urbano ou rural próximo a ele que, individualmente ou em regime de economia familiar, ainda que com o auxílio eventual de terceiros a título de mútua colaboração [...]" (Idem, 2008).

Para o segurado especial, o Funrural significa a fonte de custeio da sua previdência, que, a propósito, nunca houve discussão sobre a constitucionalidade da sua participação previdenciária.

De fato, a despeito dos questionamentos que são objeto deste artigo, a existência do Funrural como tributo nunca foi questionada. A discussão sempre girou em torno da sua base de cálculo, isto é, se o produtor rural empregado deveria fazer o recolhimento sobre a folha de salário ou sobre o resultado da comercialização da produção.

No caso, a consideração de cada hipótese leva a cenários muito diferentes. Ou o contribuinte faz o recolhimento, aplicada a alíquota de 20% (vinte por cento) sobre a folha salarial, ou, de outra forma, aplica a alíquota de 2% (dois por cento) sobre o resultado da comercialização dos seus produtos.

Prosseguindo no histórico, partindo da premissa do art. 195 da Constituição Federal, que permitia a quem não tinha empregados tributar com base na receita da comercialização da produção, a Lei n° 8.540/92 simplesmente desprezou essa mensagem constitucional e exigiu a contribuição também dos empregadores, com base neste tipo de receita.

Como inovação, outro marco importante sobre o assunto em voga foi a Emenda Constitucional nº 20, de 1998. Ela modificou essencialmente a ideia de que antes só se poderia tributar faturamento, permitindo não só a cobrança por ele, como também pela receita bruta. Sendo assim, ela incluiu a receita bruta como base de cálculo das contribuições no artigo 195 da CF:

> Art. 195. A seguridade social será financiada por toda a sociedade, de forma direta e indireta, nos termos da lei, mediante recursos provenientes dos orçamentos da União, dos Estados, do Distrito Federal e dos Municípios, e das seguintes contribuições sociais:
>
> I - do empregador, da empresa e da entidade a ela equiparada na forma da lei, incidentes sobre:
>
> a) a folha de salários e demais rendimentos do trabalho pagos ou creditados, a qualquer título, à pessoa física que lhe preste serviço, mesmo sem vínculo empregatício;
>
> b) a receita ou o faturamento;

c) o lucro; [...] (Idem, 1998).

Quando a referida Emenda inseriu no texto a expressão "receita ou o faturamento", houve a expansão no campo das contribuições que tinham faturamento por hipótese de incidência.

A inovação trouxe uma outra realidade à incidência da tributação, diferente para o produtor rural sem empregados e com essa demanda. A Constituição Federal passou a permitir a criação de uma lei ordinária para regulamentar a tributação da seguridade social sobre a receita bruta, inclusive para produtores rurais empregadores.

Nesse novo cenário constitucional, surgiu a Lei n° 10.256/2001, sem alterações substanciais na Lei n° 8.540/92, que, no *caput* do art. 25, incluiu novamente a contribuição do empregador rural pessoa física sobre a receita bruta proveniente da comercialização de sua produção.

3. O RECURSO EXTRAORDINÁRIO N° 363.852 – "CASO MATA BOI" E SUA REPERCUSSÃO

No caso abaixo, o Supremo Tribunal Federal (STF) julgou a primeira alteração perpetrada na Lei n° 8.212/91. A discussão foi sobre a possibilidade de lei ordinária versar sobre matéria tributária (exigir um tributo sobre receita do empregador rural), que deveria ser objeto de lei complementar. O assunto tratou da situação anterior à possibilidade inserida pela Emenda Constitucional n° 20 e a edição da Lei n° 10.256/2001. Veja-se a ementa:

> RECURSO EXTRAORDINÁRIO - PRESSUPOSTO ESPECÍFICO - VIOLÊNCIA À CONSTITUIÇÃO - ANÁLISE - CONCLUSÃO. Porque o Supremo, na análise da violência à Constituição, adota entendimento quanto à matéria de fundo do extraordinário, a conclusão a que chega deságua, conforme sempre sustentou a melhor doutrina - José Carlos Barbosa Moreira -, em provimento ou desprovimento do recurso, sendo impróprias as nomenclaturas conhecimento e não conhecimento. CONTRIBUIÇÃO SOCIAL - COMERCIALIZAÇÃO DE BOVINOS - PRODUTORES RURAIS PESSOAS NATURAIS - SUB-ROGAÇÃO - LEI Nº 8.212/91 - ARTIGO 195, INCISO I, DA CARTA FEDERAL - PERÍODO ANTERIOR À EMENDA CONSTITUCIONAL Nº 20/98 - UNICIDADE DE INCIDÊNCIA - EXCEÇÕES - COFINS E CONTRIBUIÇÃO SOCIAL - PRECEDENTE - INEXISTÊNCIA DE LEI COMPLEMENTAR. Ante o texto constitucional, não subsiste a obrigação tributária sub-rogada do adqui-

> rente, presente a venda de bovinos por produtores rurais, pessoas naturais, prevista nos artigos 12, incisos V e VII, 25, incisos I e II, e 30, inciso IV, da Lei nº 8.212/91, com as redações decorrentes das Leis nº 8.540/92 e nº 9.528/97. Aplicação de leis no tempo – considerações (Recurso Extraordinário n° 363.852 MG. Rel. Min. Marco Aurélio. Julgado em 03/02/2010. Publicado em 23/04/2010).

O STF decidiu que a base da receita bruta da comercialização da produção, considerada pelo §8° do art. 195 da CF, só é aplicável ao segurado especial, e não ao produtor rural empregador. A base do tributo desse empregador deve ser umas das previstas no *caput* do art. 195 (folha de salário, faturamento e lucro). Assim, a decisão foi pela inconstitucionalidade do art. 1º da Lei n° 8.540/92, que alterou os arts. 12, incisos V e VII, 25, incisos I e II e 30, inciso IV da Lei n° 8.212/91.

O relator do Recurso Extraordinário em questão, Ministro Marco Aurélio, julgou inconstitucional exclusivamente a mudança legislativa ocorrida na Lei n° 8.212/91 pela Lei n° 8.540/92 até a edição da Lei n° 10.256/01, sem sequer mencionar ou julgar a constitucionalidade da referida Lei de 2001. No final do seu voto, consignou o seguinte:

> Ante esses aspectos, conheço e provejo o recurso, interposto para desobrigar os recorrentes da retenção e do recolhimento da contribuição social ou do seu recolhimento por sub-rogação sobre a "receita bruta proveniente da comercialização da produção rural" de empregadores, pessoas naturais, fornecedores de bovino para abate, declarando a inconstitucionalidade do artigo 1º da Lei 8.540/92, que deu nova redação aos artigos 12, incisos V e VII, 25, incisos I e II, inciso IV, da Lei nº 8.212/91, com redação atualizada até a Lei nº 9.528/97, até legislação nova, arrimada na Emenda Constitucional nº 20/98, venha a instituir a contribuição, tudo na forma do pedido inicial (Idem).

A respeito, convém dizer que a Lei n° 10.256/01 foi construída após edição da Emenda Constitucional n° 20, que alterou o art. 195 da Constituição Federal e autorizou tributar mediante base de cálculo da receita bruta da comercialização da produção, para produtor rural empregador.

Em suma, na decisão do Recurso Extraordinário do 'Frigorífico Mata Boi', foi decidido que o empregador deveria contribuir recolhendo com a base folha de salário. Sendo assim, o produtor rural sem empregado deveria continuar recolhendo da mesma forma, tendo em vista que o julgamento de inconstitucionalidade não o afetou, inclusive como sub-rogação da obrigatoriedade pelo frigorífico.

Outro Recurso Extraordinário que discutiu a constitucionalidade do Funrural, agora já com a repercussão geral, foi o Recurso Especial (RE) n° 596.177, cujo relator foi o Ministro Ricardo Lewandowski. Nele, declarou-se a inconstitucionalidade somente do art. 1º da Lei n° 8.540/92, afetando, assim, a redação dos artigos 12, V e VII, 25 I e II, e 30, IV da Lei n° 8.212/91. A ementa tem o seguinte teor:

> Ementa: CONSTITUCIONAL. TRIBUTÁRIO. CONTRIBUIÇÃO SOCIAL PREVIDENCIÁRIA. EMPREGADOR RURAL PESSOA FÍSICA. INCIDÊNCIA SOBRE A COMERCIALIZAÇÃO DA PRODUÇÃO. ART. 25 DA LEI 8.212/1991, NA REDAÇÃO DADA PELO ART. 1º DA LEI 8.540/1992. INCONSTITUCIONALIDADE.
>
> I - Ofensa ao art. 150, II, da CF em virtude da exigência de dupla contribuição caso o produtor rural seja empregador.
>
> II - Necessidade de lei complementar para a instituição de nova fonte de custeio para a seguridade social.
>
> III - RE conhecido e provido para reconhecer a inconstitucionalidade do art. 1º da Lei 8.540/1992, aplicando-se aos casos semelhantes o disposto no art. 543-B do CPC (RE n° 596.177. Rel. Min. Ricardo Lewandowski. Tribunal Pleno. Julgado em 1°/08/2011. Publicação em 18/11/2013).

No voto do relator, percebe-se que ele não ressaltou que a mudança da legislação face à existência da Lei n° 10.256/01 tornaria a cobrança constitucional, mas, ao mesmo tempo, fez referência ao RE 363.852 durante o voto prolatado.

4. O RECURSO EXTRAORDINÁRIO QUE DECIDIU PELA CONSTITUCIONALIDADE DO FUNRURAL

O Funrural também foi discutido no Recurso Extraordinário n° 718.874-RS, mas com a consideração de um cenário legislativo e linha temporal diferente daqueles que foram tratados no Recurso Extraordinário do 'Frigorífico Mata Boi'.

Veja a ementa do referido Recurso Extraordinário:

> TRIBUTÁRIO. EC 20/98. NOVA REDAÇÃO AO ARTIGO 195, I DA CF. POSSIBILIDADE DE EDIÇÃO DE LEI ORDINÁRIA PARA INSTITUIÇÃO DE CONTRIBUIÇÃO DE EMPREGADORES RURAIS PESSOAS

FÍSICAS INCIDENTE SOBRE A COMERCIALIZAÇÃO DA PRODUÇÃO RURAL. CONSTITUCIONALIDADE DA LEI 10.256/2001. 1.A declaração incidental de inconstitucionalidade no julgamento do RE 596.177 aplica-se, por força do regime de repercussão geral, a todos os casos idênticos para aquela determinada situação, não retirando do ordenamento jurídico, entretanto, o texto legal do artigo 25, que, manteve vigência e eficácia para as demais hipóteses. 2.A Lei 10.256, de 9 de julho de 2001 alterou o artigo 25 da Lei 8.212/91, reintroduziu o empregador rural como sujeito passivo da contribuição, com a alíquota de 2% da receita bruta proveniente da comercialização da sua produção; espécie da base de cálculo receita, autorizada pelo novo texto da EC 20/98. 3. Recurso extraordinário provido, com afirmação de tese segundo a qual é constitucional formal e materialmente a contribuição social do empregador rural pessoa física, instituída pela Lei 10.256/01, incidente sobre a receita bruta obtida com a comercialização de sua produção (RExt nº 718.874-RS. Rel. Min. Alexandre de Moraes. Julgado em 19/08/2013. Publicação em 29/11/2017).

No caso, como se disse haver diferença em relação às discussões anteriores, a constitucionalidade da contribuição do empregador rural pessoa física foi discutida a partir da Lei nº 10.256/2001, que não fora considerada anteriormente. Tal Lei fora publicada na vigência da Emenda Constitucional nº 20/98 e instituiu a cobrança sobre receita ou faturamento, sendo, portanto, constitucional, pois a partir de 1998 passou a existir autorização constitucional para o uso desta base de cálculo.

No ponto, cabe ressaltar que o art. 25 da Lei nº 8.212/91 nunca foi declarado inconstitucional, mas apenas sua alteração pela Lei nº 8.540/92. Assim, o referido artigo tornou-se coerente com alteração dada pela Lei nº 10.256/01, que reinstituiu a cobrança, desta vez abarcada pela emenda constitucional já citada, que previu receita como fonte de custeio de seguridade social.

No recurso em questão, o Ministro Alexandre de Moraes ressaltou no seu voto o seguinte:

> Em relação ao empregador rural, portanto, as alterações da EC nº 20/98 e da Lei 10.256, de 9 de julho de 2001, afastaram o principal e remanescente argumento que levou o Supremo Tribunal Federal a desobrigar os empregadores rurais pessoas físicas da retenção e do recolhimento da contribuição social ou do seu recolhimento por sub-rogação sobre a receita bruta proveniente da comercialização da produção rural, qual seja, a inconstitucionalidade formal, pois a nova redação do inciso I do artigo 195 da CF passou a permitir a edição de lei ordinária para a instituição e cobrança da contribuição com base de cálculo receita. E essa nova lei foi editada. Refi-

> ro-me ao principal e remanescente argumento, pois os outros dois fundamentos utilizados no julgamento do RE 363.853 já haviam sido afastados no julgamento do RE 596.177 (Repercussão Geral): (a) *bis in idem* não autorizado pela Constituição Federal; (b) desrespeito à isonomia (Idem, p.40).

A manifestação do Ministro neste julgado é que uma vez vencido o veículo formal (a constitucionalidade formal), ou seja, a Lei Complementar antes da Emenda Constitucional n° 20/98 e Lei Ordinária pós essa emenda, o novo modelo de tributação de empregador rural não fere a isonomia. Com o advento da referida emenda, bastava uma lei ordinária tributar sobre a receita que essa passaria sobre o crivo da constitucionalidade formal, e a partir de então, ou seja, da Lei n° 10.256/2001, estão todos os contribuintes sub-rogados e obrigados a reter e recolher o Funrural do produtor rural empregador.

Nota-se que os julgados não se configuram conflitantes, tendo em vista que aconteceram por objetos diferentes em espaço de tempo e ambientes constitucionais também diversos.

5. RESOLUÇÃO DO SENADO E CONTROLE DE CONSTITUCIONALIDADE

Em 13 de setembro de 2017, o Senado Federal publicou a Resolução nº 15, com apenas dois artigos, estabelecendo a inconstitucionalidade da cobrança do Funrural, embasada no Recurso Extraordinário julgado pelo STF no caso do 'Frigorífico Mata Boi'. A Resolução prescreveu:

> Art. 1º É suspensa, nos termos do art. 52, inciso X, da Constituição Federal, a execução do inciso VII do art. 12 da **Lei nº 8.212, de 24 de julho de 1991**, e a execução do art. 1º da **Lei nº 8.540, de 22 de dezembro de 1992**, que deu nova redação ao art. 12, inciso V, ao art. 25, incisos I e II, e ao art. 30, inciso IV, da **Lei nº 8.212, de 24 de julho de 1991**, todos com a redação atualizada até a Lei nº 9.528, de 10 de dezembro de 1997, declarados inconstitucionais por decisão definitiva proferida pelo Supremo Tribunal Federal nos autos do Recurso Extraordinário nº 363.852 (SENADO FEDERAL, 2017. Publicação DOU 13/09/2017, grifo nosso).

A respeito, é importante ressaltar que o controle de constitucionalidade é exercido pelo Judiciário, de forma difusa ou concentrada. No controle difuso, a constitucionalidade é declarada de forma incidental, ou seja, de acordo com a demanda, *inter partes*. Assim foi no caso do Frigorífico Mata Boi. Para dar efeito *erga omnes* (o objeto era mais relevante antes do efeito de repercussão geral), após o julgamento, o Senado Federal tem que se pronunciar para dar efetividade à inconstitucionalidade reconhecida pelo Judiciário e externar as suas consequências no ordenamento jurídico.

Como ressalta Alexandre de Moraes, na sua obra de Direito Constitucional:

> O controle difuso caracteriza-se, principalmente, pelo fato de ser exercitável somente perante um caso concreto a ser decidido pelo Poder Judiciário. Assim, posto um litígio em juízo, o Poder Judiciário deverá solucioná-lo e para tanto, incidentalmente, deverá analisar a constitucionalidade ou não da lei ou do ato normativo (MORAES, 2016, p. 478).

Em relação ao julgamento do 'Frigorífico Mata Boi', o Senado Federal, na Resolução nº 15/17, sem analisar o que fora declarado inconstitucional, elencou o referido caso como causa para extirpar a contribuição do Funrural do ordenamento. Além disso, a redação confusa tornou o texto frágil e fez crescer a insegurança jurídica sobre o tema.

Vale ressaltar que o Senado Federal não tem a função de retirar uma norma do ordenamento jurídico por iniciativa própria, e sim, apenas por decisão do judiciário. No caso em questão, o STF não julgou a lei inconstitucional, apenas um trecho da mesma. A tributação sobre o segurado especial não foi declarada inconstitucional. Sendo assim, a iniciativa do Senado acabou por retirar do ordenamento um trecho não declarado inconstitucional pelo Judiciário, o que jamais poderia ter acontecido.

Contudo, se essa 'inovação' vigorar, toda a contribuição tributada para o segurado especial poderá ser recuperada nos últimos cinco anos. É importante ressaltar que o grau de segurança, até o momento, é frágil, considerando o lado político e aniquilando os preceitos constitucionais vigentes.

6. COOPERATIVAS AGROPECUÁRIAS

As cooperativas são definidas pela Lei nº 5.764/71. No seu artigo 4º, trata das sociedades cooperativas:

> Art. 4º. As cooperativas são sociedades de pessoas, com forma e natureza jurídica próprias, de natureza civil, não sujeitas a falência, constituídas para prestar serviços aos associados, [...] (BRASIL, 1971).

A cooperativa é uma sociedade de pessoas, e não de capital, sendo essa uma das maiores diferenças entre a cooperativa e os demais tipos societários. Ela foi inspirada e se rege por princípios basilares: democracia, solidariedade, altruísmo, liberdade, igualdade, identidade, equidade, livre adesão, educação social, entre outros, visando um lugar no espaço econômico e social.

Como ressalta Bulgarelli:

> Por se apresentar como uma nova categoria de sociedade, por ter criado novos tipos de relações jurídicas com seus associados e com terceiros e por operar de forma diferente das sociedades, tanto civis como comerciais, com objetivos próprios e característicos, passou-se a entender que as regras destinadas a reger as cooperativas não constituíam mero apêndice ou prolongamento dos sistemas de Direito Civil, Comercial, Social ou Administrativo, mas sim continham os elementos caracterizadores de um novo ramo do Direito: o Direito Cooperativo (BULGARELLI, 1974, p. 19-20).

No Brasil, esse tipo societário foi bastante incentivado, principalmente no ramo agropecuário, pois a condição de um pequeno agricultor ou pecuarista em se manter no mercado sem se agrupar, tornou-se uma batalha econômica constante.

Guilherme Krueger ressaltou muito bem em sua obra o estímulo e o impulso que o Governo deu para a instituição de cooperativas agropecuárias:

> O cooperativismo, notadamente o agropecuário, foi incentivado pelo Estado mediante estímulos creditícios. Interessou ao Governo organizar a produção agropecuária, fazendo chegar principalmente ao pequeno produtor rural o crédito rural o acesso à assistência técnica, à modernização da agricultura mediante a aquisição de modernos insumos e de instrumentos de mecanização das lavouras, a participação do produtor na comercialização de sua produção. Ao longo das últimas três décadas, o governo tem usado o sistema cooperativo como medida ou instrumento político-instrumental para corrigir deformações estruturais e como instrumento político-social para a melhor distribuição de renda via cooperativas agropecuárias com melhores preços dos produtos obtidos para redução de custos e conquistas de melhores mercados e via cooperativas de consumo, habitação, crédito pela elevação indireta das rendas das unidades domésticas (KRUEGER, 2007, p. 22).

A gestão de uma cooperativa, cujos administradores são eleitos com mandatos pré-definidos entre os cooperados, é fundamental para o bom andamento desta e para a efetivação do objeto social da cooperativa, bem como para o seu progresso no campo social e econômico.

Os seus representantes fazem não só para os cooperados, mas em prol deles mesmos. Uma boa administração deve ser calcada em conhecimentos jurídicos, administrativos e contábeis, não se esquecendo, contudo, das necessidades e interesses de seus cooperados e da aplicação de princípios cooperativistas para que se alcance uma harmonia na relação de cooperados e cooperativa.

Como ressalta Walmor Franke:

> A obtenção de vantagens econômicas em favor das economias associadas é o espaço fundamental das sociedades cooperativas. A realização dos objetivos éticos, que se incluem a integralidade de seus fins, depende, em última instância, da força do substrato econômico e do grau de poder financeiro que, mediante uma administração tecnicamente categorizada, a cooperativa saiba alcançar no mundo dos negócios (FRANKE, 1973, p. 9).

Diante de toda a explanação sobre o Funrural e toda a sua história, cabe ressaltar a redação do art. 15 da Lei n° 8.212/91, que explicita a obrigatoriedade de a cooperativa, por sub-rogação, fiscalizar o recolhimento do tributo em questão:

> Art. 15. Considera-se:
>
> I - empresa - a firma individual ou sociedade que assume o risco de atividade econômica urbana ou rural, com fins lucrativos ou não, bem como os órgãos e entidades da administração pública direta, indireta e fundacional;
>
> [...]
>
> Parágrafo único. Equiparam-se a empresa, para os efeitos desta Lei, o contribuinte individual e a pessoa física na condição de proprietário ou dono de obra de construção civil, em relação a segurado que lhe presta serviço, bem como a cooperativa, a associação ou a entidade de qualquer natureza ou finalidade, a missão diplomática e a repartição consular de carreira estrangeiras (BRASIL, 1991).

Dessa forma, se combinarmos o referido artigo 15 com os artigos 22 e 23, inciso I, da mesma Lei, que descrevem, entre outros, a contribuição de seguridade social, e, em seu art. 30, III, chegamos à certeza de que a cooperativa está sub-rogada pela contribuição de seguridade social realizada pela contribuinte pessoa física do art. 12, V, alínea "a" da Lei n° 8212/91 e pelo segurado especial, como descrito abaixo:

> Art. 30. A arrecadação e o recolhimento das contribuições ou de outras importâncias devidas à Seguridade Social obedecem às seguintes normas, observado o disposto em regulamento: (...) III - a empresa adquirente, consumidora ou consignatária ou a cooperativa são obrigadas a recolher a contribuição de que trata o art. 25 até o dia 20 (vinte) do mês subsequente ao da operação de venda ou consignação da produção, independentemente de essas operações terem sido realizadas diretamente com o produtor ou com intermediário pessoa física, na forma estabelecida em regulamento (Idem).

A questão aqui começa a requerer especificidades, tendo em vista a diferenciação da constitucionalidade dos produtores rurais empregadores e do segurado especial até a Lei n° 10.256/2001. A obrigatoriedade de a cooperativa de reter e recolher a contribuição social do cooperado produtor rural que não tinha empregados foi mantida.

Sendo assim, quando da definição do julgado do caso do 'Frigorífico Mata Boi', deveria acontecer uma diferenciação explícita entre os cooperados contribuintes. De um lado, os cooperados empregados rurais, que deveriam recolher o Funrural sobre a folha salarial, de outro, o produtor rural segurado especial, cujo recolhimento deveria recair sobre o resultado da comercialização da produção rural, sendo ela destinada ao custeio da sua própria previdência.

Neste cenário, algumas cooperativas ajuizaram ação de uma forma geral, ou seja, para todos os produtores, tendo como consequência a decisão de maneira uniforme para as cooperativas, não fazendo essa diferenciação quanto ao segurado especial e ao produtor rural empregador no que tange à tributação do Funrural, obtendo êxito, como demonstra decisão abaixo:

> AGRAVO. SUSPENSÃO DE SENTENÇA EM MANDADO DE SEGURANÇA. GRAVE LESÃO AOS BENS TUTELADOS PELO ART. 15º DA LEI 12.016/09. FUNRURAL. ART. 25 DA LEI Nº 8.212/91. EXISTÊNCIA DE PRECEDENTES RELEVANTES EM FAVOR DA TESE DEFENDIDA PELOS CONTRIBUINTES. AGRAVO PROVIDO PARA INDEFERIR O PEDIDO DE SUSPENSÃO.
>
> A suspensão de ato judicial é dirigida à Presidência dos tribunais e está respaldada no que dispõem as Leis nºs 12.016/09, 8.437/92 e 9.494/97, que tratam da suspensão da execução da decisão concessiva de liminar, de segurança definitiva não transitada em julgado, ou de tutela antecipada.
>
> O pressuposto fundamental para a concessão da medida suspensiva é a preservação do interesse público diante de ameaça de lesão à ordem, à saú-

> de, à segurança e à economia públicas. É deferida nos casos em que determinado direito judicialmente reconhecido pode ter seu exercício suspenso para submeter-se, mesmo que temporariamente, ao interesse público e evitar que grave dano aos bens legalmente tutelados venha a ocorrer.
>
> O STF reconheceu a inconstitucionalidade da contribuição prevista no art. 25 da Lei nº 8.212/91 no julgamento do RE nº 363.852/MG já levando em consideração a existência da Lei nº 10.256/01. E mais, as Turmas que detém competência em matéria tributária albergam esse entendimento e têm decidido a questão em favor da tese defendida pelos contribuintes.
>
> Considerando os relevantes precedentes a respeito do mérito debatido na ação originária, entendo que os argumentos formulados na decisão monocrática, no sentido de demonstrar grave risco de lesão à ordem pública caso seja colocada em prática a decisão proferida pelo juízo de primeiro grau, não mais prevalecem, sendo substanciais o bastante para que se dê provimento a este agravo, pois o risco de lesão ao erário resta esvaziado na medida em que a legalidade da exação debatida nos autos originários não encontra respaldo na jurisprudência pátria (TRF-4ª Região, Corte Especial, agravo em suspensão de sentença em mandado de segurança 0025870-49.2010.404.0000-PR, Des. Federal Vilson Darós, julgado em 28/10/2010, publicação em 05/11/2010).

Diante da discussão judicial posterior ao entendimento do Supremo Tribunal Federal, cabe o questionamento a respeito da possibilidade de que as cooperativas pleiteiem o recolhimento indevido das contribuições arrecadadas.

Já em relação à alteração proposta pela Lei n° 8.540/92, o que se percebe é que foi mantida a obrigatoriedade de a cooperativa continuar a reter e recolher a contribuição do produtor rural sem empregados, estendida à contribuição do empregador pessoa física, pois isso não foi foco de discussão judicial.

De qualquer forma, a cooperativa, como sub-rogada, possui a obrigação (constitucional a partir de 2001) de realizar o recolhimento da contribuição patronal do cooperado empregador pessoa física (tudo que trata de atividade rural pagará sobre receita) ou como adquirente sub-rogada do seu contratante, de acordo com a alíquota e base de cálculo da contribuição patronal (resultado da comercialização da produção): 2,1% da receita bruta proveniente da comercialização de sua produção.

Com o julgado do Recurso Extraordinário n° 718.874-RS, explicitado neste artigo, faz-se importante elencar situações que surgiram com a decisão em questão, originando alguns questionamentos que vêm gerando incerteza nas cooperativas, principalmente naquelas que não retiveram e nem recolheram as contribuições nos últimos cinco anos ou mesmo aquelas cooperativas que se apropriaram do recurso para outros fins, e, ainda, o questionamento acerca da responsabilidade dos dirigentes das cooperativas enquanto responsáveis coobrigados ao pagamento do tributo, pela decisão de suspensão do recolhimento tomada.

Assim, cada contribuinte e cooperativa terá que fazer sua análise prática. Por exemplo: se ajuizou ação ou não e se fez a diferenciação entre o produtor rural empregador e o segurado especial.

Além disso, faz-se importante a análise, em caso de ajuizamento, quando foi que ele ocorreu. Se a cooperativa possui liminar vigente e/ou se transitou em julgado, esse levantamento é essencial para definir o caminho que a cooperativa terá que seguir junto ao Fisco e ao Judiciário.

Outro fator que deve ser elencado é a ponderação a respeito do aproveitamento de eventual decisão favorável à cooperativa, tendo em vista a alteração legislativa. Há que se atentar, por exemplo, se uma decisão transitada em julgado que desobriga a obrigação tributária prevista no art. 156 do Código Tributário Nacional, mesmo sendo declarado posteriormente constitucional, se nesse interstício, a cooperativa poderá usufruir do disposto na Súmula n° 239 do STF, que enuncia que a "Decisão que declara indevida a cobrança do imposto em determinado exercício não faz coisa julgada em relação aos posteriores".

A análise conjunta dos fatores acima será essencial para determinar a decisão nas ações que a cooperativa deverá tomar para que fique em dia com os débitos tributários, de acordo com o que ocorre na atualidade.

7. CONCLUSÃO

Nota-se que a Resolução n ° 15/17 do Senado Federal expôs a inconstitucionalidade, tornando a cobrança do tributo ilegítima, com efeito *erga omnes* e retroativos, confrontando o conteúdo julgado no RE n° 718.874 pelo Supremo Tribunal Federal.

Os últimos acontecimentos trazem uma total insegurança jurídica, diante do cenário que se viu instalado, que envolve até mesmo conflito entre decisão do STF e resolução do Senado Federal. Não se sabe ao certo se haverá a cobrança ou não do Funrural, mas há a necessidade de preencher os dados de parcelamento especial relativos ao débito desse mesmo tributo, em face da cobrança da Receita Federal.

O mais importante no momento é que os dirigentes das cooperativas realizem o estudo dos cooperados e da relação dela enquanto adquirente, juntamente com os departamentos de controladoria e jurídico, para que, mediante os novos acontecimentos, a cooperativa consiga sair dessa celeuma com o menor transtorno financeiro possível.

REFERÊNCIAS BIBLIOGRÁFICAS

BRASIL. *Constituição da República Federativa do Brasil de 1988*. Brasília: Senado, 1988.

______. Decreto-Lei n° 1.146, de 31 de dezembro de 1970. *Consolida os dispositivos sobre as contribuições criadas pela Lei nº 2.613, de 23 de setembro de 1955, e dá outras providências.* Disponível em: <http://www.planalto.gov.br/ccivil_03/decreto-lei/1965-1988/Del1146.htm>. Acesso em: 03 ago. 2011.

______. Lei n° 2.613, de 23 de setembro de 1955. *Autoriza a União a criar uma fundação denominada serviço social rural.* Disponível em: <http://www.planalto.gov.br/ccivil_03/leis/1950-1969/L2613.htm>. Acesso em: 17 nov. 2017.

______. Lei n° 5.764, de 16 de dezembro de 1971. *Define a Política Nacional do Cooperativismo, institui o Regime Jurídico das Sociedades Cooperativas e dá outras providências.* Disponível em: <http://www.planalto.gov.br/ccivil_03/leis/L5764.htm>. Acesso em: 17 nov. 2017.

______. Lei n° 8.212, de 24 de julho de 1991. *Dispõe sobre a organização da Seguridade Social, institui o Plano de Custeio e dá outras providências.* Disponível em: < http://www.planalto.gov.br/ccivil_03/leis/L8212cons.htm>. Acesso em: 17 nov. 2017.

______. Lei n° 8.540, de 22 de dezembro de 1992. *Dispõe sobre a contribuição do empregador rural para a seguridade social e determina outras providências, alterando dispositivos das leis n. 8.212, de 24 de julho de 1991 e 8.315, de 23 de dezembro de 1991.* Disponível em <http://www.planalto.gov.br/ccivil_03/leis/L8540.htm>. Acesso em: 17 nov. 2017.

______. Lei n° 10.256, de 09 de julho de 2001. *Altera a Lei n. 8.212, de 24 de julho de 1991, a Lei n. 8.870, de 15 de abril de 1994, a Lei n. 9.317, de 05 de dezembro de 1996, e a Lei n. 9.528, de 10 de dezembro de 1997.* Disponível em: <http://www.planalto.gov.br/ccivil_03/leis/LEIS_2001/L10256.htm>. Acesso em: 17 nov. 2017.

______. SENADO FEDERAL. Resolução n° 15, de 13 de setembro de 2017. Disponível em: <http://legis.senado.leg.br/legislacao/DetalhaSigen.action?id=17763129>. Acesso em: 17 de nov. 2017.

BULGARELLI, Waldírio. *Regime Tributário das Cooperativas: a luz da nova lei cooperativista n° 5.764, de 16 de dezembro de 1971.* 1.Ed. São Paulo: Saraiva, 1974.

FRANKE, Walmor. *Direito das sociedades cooperativas.* 1.Ed. São Paulo: Editora da Universidade de São Paulo, 1973.

KRUEGER, Guilherme (coord.); MIRANDA, André Branco de (coord.). *Comentários à legislação das sociedades cooperativas tomo I.* 1.Ed. Belo Horizonte: Mandamentos, 2007.

RIZZARDO, Arnaldo. *Curso de Direito Agrário.* 1.Ed. São Paulo: Revista dos Tribunais, 2013.

GUIMARÃES, Roberto Élito dos Reis. *O Trabalhador Rural e a Previdência Social-Evolução História e Aspectos Controvertidos.* Disponível em: <http://www.agu.gov.br/page/download/index/id/580103>. Acesso em: 27 nov. 2017.

MORAES, Alexandre de. *Direito Constitucional.* 32.Ed. Belo Horizonte: Atlas, 2016.

SUPREMO TRIBUNAL FEDERAL. Recurso Extraordinário n° 363.852MG. Pleno. Rel. Min. Marco Aurélio. Disponível em: <http://redir.stf.jus.br/paginadorpub/paginador.jsp?docTP=AC&docID=610212>. Acesso em: 17 nov. 2017.

SUPREMO TRIBUNAL FEDERAL. Recurso Extraordinário n° 596.177 RS. Pleno. Min. Ricardo Lewandowsky. Disponível em: <http://redir.stf.jus.br/paginadorpub/paginador.jsp?docTP=TP&docID=3873291>. Acesso em: 17 nov. 2017.

SUPREMO TRIBUNAL FEDERAL. Recurso Extraordinário nº 718.874 - RS. Pleno. Min. Edson Fachin. Disponível em: <http://www.stf.jus.br/portal/processo/verProcessoDetalhe.asp?incidente=4320595>. Acesso em: 17 nov. 2017.

SUPREMO TRIBUNAL FEDERAL. Súmula nº 239. *Decisão que declara indevida a cobrança do imposto em determinado exercício não faz coisa julgada em relação aos posteriores.* Disponível em: <http://www.stf.jus.br/portal/jurisprudencia/menuSumarioSumulas.asp?sumula=2062>. Acesso em: 17 nov. 2017.

O ADEQUADO TRATAMENTO TRIBUTÁRIO DO ATO COOPERATIVO: PERSPECTIVA SOB A ÓTICA DOS TRIBUNAIS SUPERIORES

KASSIM SCHNEIDER RASLAN

Advogado. Especialista em Imposto de Renda e ICMS pelo Instituto de Altos Estudos em Direito (IAED)/Centro de Direito Internacional (CEDIN) Educacional. Pós-graduado em Advocacia Cível pela Fundação Getúlio Vargas (FGV). Pós-graduado em Direito Civil e Direito Processual Civil pela Faculdade de Direito do Vale do Rio Doce (Fadivale). Graduado pela Universidade Federal de Minas Gerais (UFMG). Sócio do escritório Câmara, Vieira e Raslan Sociedade de Advogados.

E-mail: kassim@cvradvogados.com.br

RODRIGO COELHO DE LIMA

Advogado. Proprietário do escritório Rodrigo Coelho Advocacia. Especialista em Direito de Empresa pela PUC Minas. Presidente da Comissão de Direito Cooperativista, Conselheiro Seccional e Membro Julgador da Primeira Câmara da OAB/MG. Coautor do livro "Sustentabilidade e Cooperativismo: Uma ação conjunta para o século XXI", publicado em Belo Horizonte pela Editora Vorto, 2017. Palestrante e Parecerista sobre o Direito Cooperativo. Ex-assessor jurídico da Cooperativa Central dos Produtores Rurais de Minas Gerais (CCPR/ITAMBÉ). Ex-Gerente Jurídico do Grupo Casa do Rádio.

E-mail: rodrigocoelhoadvocacia@hotmail.com

RESUMO

O presente artigo objetiva conceituar o ato cooperativo e o seu adequado tratamento tributário sob as óticas constitucional, infraconstitucional e doutrinária, conciliando-os com o atual entendimento jurisprudencial dos tribunais superiores.

Palavras-chave: Cooperativa. Ato Cooperativo. Legislação. Constituição. Adequado tratamento tributário. Jurisprudência. Tribunais Superiores.

ABSTRACT

This article aims to conceptualize the cooperative act and its appropriate tax treatment under the constitutional, infraconstitutional and doctrinal optics, reconciling them with the current jurisprudential understanding of the higher courts.

Keywords: Cooperative. Cooperative Act. Legislation. Constitution. Appropriate tax treatment. Jurisprudence. High Courts.

1. A LEGISLAÇÃO COOPERATIVISTA NO BRASIL E O TEXTO CONSTITUCIONAL

Atos normativos do início do século XX iniciaram o tratamento específico das cooperativas no Brasil.

O primeiro deles a ter um capítulo destinado às cooperativas foi o Decreto nº 1.637, de 05 de janeiro de 1907 (Capítulo II, artigos 10 a 26), estabelecendo, no entanto, que elas poderiam configurar-se em sociedades anônimas, em nome coletivo ou em comandita, e seriam regidas pelas leis que regulavam cada uma dessas formas.

As disposições de referido Decreto, na parte referente às sociedades cooperativas, foram reformadas pelo Decreto nº 22.239, de 19 de dezembro de 1932, que começou a dar-lhes a roupagem de hoje, preceituando conceitos bastantes parecidos com os de hoje (vide arts. 1º, parágrafo único, 2º, *caput*).

As expressões "mutuamente se obrigam a combinar seus esforços"; "para lograr fins comuns de ordem econômica"; "sociedade de pessoas e não de capitais" apareceram nesse texto legal, embora ainda permitisse que tivessem natureza civil ou mercantil, porém o feitio atual das cooperativas foi moldado a partir da década de 1960.

A Lei nº 4.380, de 21 de agosto de 1964, criou o Banco Nacional da Habitação (BNH) e, ao instituir o sistema financeiro para aquisição da casa própria, fez referência às cooperativas habitacionais como integrante desse sistema.

O Decreto-Lei nº 59, de 21 de novembro de 1966, definiu a política nacional de cooperativismo. Este, por sua vez, foi regulamentado pelo Decreto nº 60.597, de 19 de abril de 1967, que explicitou pela primeira vez o delineamento conceitual do ato cooperativo, nos seus artigos 105 e 106 das disposições finais e transitórias.

Porém, o grande marco jurídico para o ato cooperativo e para a própria definição específica da natureza jurídica das cooperativas adveio com a Lei nº 5.764, de 16 de dezembro de 1971, que redefiniu a política nacional de cooperativismo e instituiu o regime jurídico das sociedades cooperativas.

Os artigos 3º e 4º do referido diploma legal conceituam sociedade cooperativa[1], enquanto o artigo 79 e o seu parágrafo único[2] definiram, ainda que de forma tímida, o significado de ato cooperativo (assuntos que abordaremos a seguir).

A Lei nº 5.764/71 não se esqueceu de manter os sistemas próprios instituídos para as cooperativas de habitação e as cooperativas de crédito (art. 116); revogou o Decreto-Lei n° 59, de 21 de novembro de 1966, bem como o Decreto n° 60.597, de 19 de abril de 1967.

Dispôs a Lei nº 9.867, de 10 de novembro de 1999, sobre a criação e o funcionamento de cooperativas sociais, visando à integração social dos cidadãos e das pessoas em desvantagem, qualidade que a própria lei conceitua em seu artigo 3º.

As cooperativas de trabalho também mereceram legislação especial (Lei nº 12.690, de 19 de julho de 2012), assim como as cooperativas de crédito, estas regradas pela Lei Complementar (LC) nº 130, de 17 de abril de 2009, alterada

---

1 Da Lei n° 5.764/71:
"Art. 3° Celebram contrato de sociedade cooperativa as pessoas que reciprocamente se obrigam a contribuir com bens ou serviços para o exercício de uma atividade econômica, de proveito comum, sem objetivo de lucro.
Art. 4º As cooperativas são sociedades de pessoas, com forma e natureza jurídica próprias, de natureza civil, não sujeitas a falência, constituídas para prestar serviços aos associados, distinguindo-se das demais sociedades [...]" (BRASIL, 1971)

2 Do Decreto-Lei nº 59/1966:
"Art. 105. As relações econômicas entre a cooperativa e seus associados não poderão ser entendidas como operações de compra e venda, considerando-se as instalações da cooperativa como extensão do estabelecimento cooperado.
Art. 106. A entrega da produção do associado a sua cooperativa significa a outorga de amplos podêres para sua livre disposição, inclusive para gravá-la e dá-la em garantia de operações de crédito realizadas pela sociedade" (Idem, 1966).
Lei nº 5.764/71:
"Art. 79. Denominam-se atos cooperativos os praticados entre as cooperativas e seus associados, entre estes e aquelas e pelas cooperativas entre si quando associados, para a consecução dos objetivos sociais.
Parágrafo único. O ato cooperativo não implica operação de mercado, nem contrato de compra e venda de produto ou mercadoria" (Idem, 1971).

parcialmente pela LC nº 161/2018, para permitir a captação pelas cooperativas de crédito de recursos dos municípios, de seus órgãos ou entidades e das empresas por eles controladas.

O Código Civil cuida dessa forma societária no *caput* e parágrafo único do art. 982, na parte final do art. 983, parágrafo único, e nos arts. 1.093 a 1.096, considerando-a uma sociedade simples, independentemente de seu objeto, e subordinada às normas que lhes são próprias, além daquelas de que trata no mesmo texto civilista.

Essa equiparação à sociedade simples é muito relevante, porquanto o Código Civil faz uma distinção categórica entre ela e a sociedade empresária, isto é, diferenciou esses dois grandes gêneros, que depois se subdividem em diversas espécies societárias, afirmando, *ex vi lege*, ser sociedade empresária aquela que exerce atividade própria de empresário sujeito a inscrição no Registro Público das Empresas Mercantis, e, simples, as demais (arts. 967 e 982).

A atual legislação cível reafirma a dicotomia entre as sociedades empresárias, intimamente ligadas às atividades mercantil, comercial, ou empresária, sempre com vistas ao lucro, e as sociedades simples, de natureza civil, não sujeitas a falência, de cuja roupagem as cooperativas não se dissociam, sejam quais forem os seus objetos.

Nesse passo, embora lacônico no tratamento do cooperativismo, fez bem o legislador civil, porquanto reafirmou a primazia das normas próprias insertas na Lei nº 5.764/71, o que se percebe tanto na parte final do art. 983 ("subordinada às normas que lhes são próprias"), do parágrafo único ("ressalvam-se as disposições concernentes") como na do art. 1.093 ("ressalvada a legislação especial") (Idem, 1971).

Por seu turno, as cooperativas são tratadas em todo o discorrer do texto constitucional, o que demonstra a importância desse tipo societário. Essas menções estão presentes na Constituição da República, seja de forma implícita, seja diretamente.

Desde o título "Dos Princípios Fundamentais" (art. 1º, IV; art. 3º, I a IV), passando pelos "Direitos e Garantias Fundamentais" (art. 5º, XIII, XVII, XVIII, XIX, XX, XXI; art. 6º, *caput*); "Tributação e Orçamento" (art. 146, III, "c") e "Ordem Econômica e Financeira" (art. 170, *caput*; art. 174, §§2º, 3º e 4º); "Da Política Agrícola e Fundiária e da Reforma Agrária (art. 187, VI), além do art.

192, *caput*, e o art. 47, §7º, do Ato das Disposições Constitucionais Transitórias (ADCT), a Constituição brasileira trouxe à tona o assunto cooperativismo, sociedade cooperativa e ato cooperativo.

"Com só a leitura destes dispositivos constitucionais, já estamos percebendo que o constituinte realmente *acreditou* nesta peculiar forma associativista" (CARAZZA, 2005, P. 315), inferindo-se, outrossim, que a Magna Carta, deliberadamente, estabeleceu o *dever jurídico estatal* de apoio, facilitação, estímulo, favorecimento e priorização para a abertura, a organização, o funcionamento e a manutenção do cooperativismo.

Essa consagração constitucional do cooperativismo será objeto de uma análise mais acentuada ainda no decorrer do texto.

2. COOPERAR, COOPERATIVA E ATO COOPERATIVO

"Agir ou trabalhar junto com outro ou outros para um fim comum; colaborar; agir conjuntamente para produzir um efeito; contribuir". Eis o significado de cooperar, expressão que veio do latim *cooperari*, nos Dicionários Michaelis (1998, p. 580).

E quando essa colaboração, contribuição ou trabalho conjuntos visando à um fim comum são realizados sob a forma de uma associação que exerça atividade econômica em benefício dos associados, sem fins lucrativos, teremos a cooperativa.

Vejamos a definição de cooperativa por De Plácido e Silva (1992, p. 222):

> Cooperativa. Derivado do latim *cooperativus*, de *cooperari* (cooperar, colaborar, trabalhar com outros), segundo o próprio sentido etimológico, é aplicado na terminologia jurídica para designar a organização ou sociedade, constituída por várias pessoas, visando melhorar as condições econômicas de seus associados. Na sua composição, a sociedade cooperativa, que, em regra, se diz simplesmente cooperativa, pode adotar natureza civil ou comercial; mas, tecnicamente, possui forma jurídica *sui generis*, e se classifica como sociedade de pessoas e não de capitais.

Essa concepção não se afasta do conceito legal de cooperativa, estabelecido nos artigos 3º e 4º da Lei nº 5.764/71, como se colhe:

> Art. 3° Celebram contrato de sociedade cooperativa as pessoas que reciprocamente se obrigam a contribuir com bens ou serviços para o exercício de uma atividade econômica, de proveito comum, sem objetivo de lucro.

> Art. 4º As cooperativas são sociedades de pessoas, com forma e natureza jurídica próprias, de natureza civil, não sujeitas a falência, constituídas para prestar serviços aos associados, distinguindo-se das demais sociedades pelas seguintes características: (*omissis*) (BRASIL, 1971).

Os objetivos sociais mais utilizados em sociedades cooperativas são: cooperativas de produtores; consumo; crédito; trabalho; habitacionais e sociais.

E o ato cooperativo?

O ato cooperativo, de acordo também com o conceito legal, seja o descrito no revogado Decreto-Lei n° 59/66, seja na Lei nº 5.764/71, é aquele praticado entre as cooperativas e seus associados, entre estes e aquelas, e pelas cooperativas entre si, quando associadas. Ele exterioriza o exercício da atividade econômica, se realizada no âmbito das relações econômicas entre a cooperativa e os associados e vice-versa, sempre em busca da consecução dos objetivos sociais, conforme entende-se dos trechos transcritos da legislação a seguir:

> Decreto-Lei nº 59/1966:
>
> Art. 105. As relações econômicas entre a cooperativa e seus associados não poderão ser entendidas como operações de compra e venda, considerando-se as instalações da cooperativa como extensão do estabelecimento cooperado (Idem, 1966).
>
> Lei nº 5.764/71:
>
> Art. 79. Denominam-se atos cooperativos os praticados entre as cooperativas e seus associados, entre estes e aquelas e pelas cooperativas entre si quando associados, para a consecução dos objetivos sociais.
>
> Parágrafo único. O ato cooperativo não implica operação de mercado, nem contrato de compra e venda de produto ou mercadoria (Idem, 1971).

No entanto, a concepção legal de ato cooperativo não pode ser entendida somente com foco na literal dicção da lei. De acordo com o renomado Carazza:

> De fato, as disposições legais não devem ser interpretadas – ou seja, compreendidas em seu alcance e significado – apenas no estrito e exclusivo entendimento gramatical de seus termos. Fosse assim, e talvez o ensino da Ciência Jurídica pudesse ser desnecessário, posto que a mera alfabetização seria suficiente para converter qualquer cidadão em verdadeiro *expert* na arte de interpretar as leis. A palavra 'exegese' poderia ser substituída por 'leitura', e o termo 'Hermenêutica' deixaria de identificar uma Ciência própria, para constituir-se em sinônimo de 'Gramática' (CARAZZA, 2005, p. 327).

Realmente, a busca pela verdade jurídica passa necessariamente pela interpretação sistemática e racional, a fim de que não tenhamos conclusões equivocadas e até mesmo absurdas, devendo ser afastada a literalidade do art. 79 da Lei nº 5.764/71.

Assim, com vistas à coerência do ordenamento jurídico, as consagradas interpretações sistemática[3] – que busca harmonizar e justapor as diversas normas existentes sobre um mesmo assunto, conjugando-se a legislação infraconstitucional com a constituição – e teleológica[4] – perquirindo utilidade social e a intenção da lei – são as que nos dão um satisfatório entendimento do ato cooperativo, e iluminam o caminho do tratamento tributário adequado da atividade cooperativa.

Certo é que as sociedades cooperativas são apenas uma das espécies associativas da lei brasileira e estão inseridas num complexo sistema de negócios jurídicos e de atividades econômicas, relacionando-se com outras pessoas, naturais ou jurídicas, associadas ou não-associadas e com terceiros atuantes nesse mercado, contribuindo, dessa forma, para a circulação de riquezas típica das economias capitalistas.

Deveras, a atividade econômica das sociedades cooperativas extrapola os seus próprios limites intrínsecos, ultrapassa a relação entre associado e associação, pois elas interagem ora com o associado cooperado, ora com o terceiro, isoladamente, ou com ambos em um mesmo ciclo econômico.

---

3 "Chama-se 'interpretação sistemática' aquela forma de interpretação que tira os seus argumentos do pressuposto de que as normas de um ordenamento, ou, mais exatamente, de uma parte do ordenamento (como o Direito privado, o Direito penal) constituam uma totalidade ordenada (mesmo que depois se deixe um pouco no vazio o que se deva entender com essa expressão), e, portanto, seja lícito esclarecer uma norma obscura ou diretamente integrar uma norma deficiente recorrendo ao chamado 'espírito do sistema', mesmo indo contra aquilo que resultaria de uma interpretação meramente literal" (BOBBIO, 1995. p. 76).

4 "[...], para a Escola Teleológica, o que pressupõe e caracteriza o Direito é uma necessidade ou finalidade socialmente útil, a exigir consagração e proteção. Logo, é a necessidade ou utilidade social que comanda e produz o Direito vigente. E o critério de interpretação aprofunda-se na busca ou pesquisa dessa utilidade, como princípio norteador.
Ao lado da segurança jurídica e da sistematização do Direito, trazidas pela Escola Tradicional, e da evolução histórica e adaptadora do mesmo, introduzida pela Escola Histórica, a Escola Teleológica enriqueceu o Direito e a interpretação com o requisito ou valor da utilidade social" (COSTA, 2012. p. 82).

Ao contrário, se entendêssemos o ato cooperativo com fulcro somente na literalidade isolada do conceito infraconstitucional, e que ele não encamparia a relação da cooperativa com terceiros, concluiríamos que a existência dessas sociedades seria um fim em si mesmas, o que é teleologicamente inconcebível.

O próprio Estatuto faculta-lhes o fornecimento de bens e serviços a terceiros, ao dispor sobre as operações das cooperativas, em especial no art. 86, desde que atendam a seu objetivo social.

Calham a fiveleta as importantes considerações do renomado jurista Marco Aurélio Greco sobre o tema:

> Por um lado, não há maiores discussões quanto ao fato de as sociedades cooperativas – dentro de sua liberdade de atuação – poderem tanto realizar atos cooperativos como atos em relação a terceiros.
>
> Por outro lado, quanto a identificação de um ato cooperativo, não me parece suficiente afirmar que seria apenas o praticado entre cooperativa e cooperados, pois isto instauraria uma tautologia no raciocínio, visto que o ato estaria sendo definido em função da entidade subjetiva (cooperativa), que, por sua vez, seria definida por praticar atos cooperativos (!).
>
> Por isso, parece-me importante ter presente que a expressão 'ato cooperativo' pode e deve buscar seu significado, independente das pessoas que dele participem, pois só assim o dispositivo constitucional passa a ter sentido. Vale dizer, se a hipótese da letra c, do inciso III, do art. 146, da CF/88, refere-se a atos cooperativos praticados por sociedades cooperativas (circunscrevendo o alcance do termo, por qualificá-lo), isto significa que, em tese, podem existir atos cooperativos que não sejam realizados por cooperativas.
>
> O elemento característico deste ato, então, não seria uma qualidade subjetiva, mas sim objetiva, ligada ao seu objeto ou ao seu conteúdo (GRECO *in* KRUEGER, 2004, p. 68).

A doutrina identifica outras ocorrências equiparáveis ao ato cooperativo, denominando-o de negócio corporativo. Renato Lopes Becho (*apud* CARAZZA, *Op cit.*, p. 328) classifica os negócios corporativos em negócio-fim ou principal (que são justamente aqueles previstos no art. 79 da Lei nº 5.764/71); negócio-meio ou essenciais, aqueles imprescindíveis para a realização dos negócios-fim (não estão expressamente previstos no conceito legal de ato cooperativo, mas estes não se realizam sem tais negócios-meio).

Essa distinção vem ao encontro da natureza dúplice da sociedade cooperativa, porque os negócios jurídicos de que ela é figurante têm, em geral, caráter bipartido, conforme entendimento do mestre em Direito Econômico Walmor Franke:

> O negócio interno ou negócio-fim está vinculado a um negócio externo, negócio de mercado ou negócio-meio. Este último condiciona a plena satisfação do primeiro, quando não a própria possibilidade de sua existência (como, por exemplo, nas cooperativas de consumo, em que o *negócio-fim*, ou seja, o fornecimento de artigos domésticos aos associados, não é possível sem que antes esses artigos tenham sido *comprados* no mercado. (FRANKE *In:* CARAZZA. *Op cit.*, p. 329).

Wilson Alves Polonio, servindo-se desses conceitos, juntou o negócio-meio ao negócio-fim, denominando-o de ciclo operacional. Exemplifica que os principais ciclos operacionais seriam resumidamente "aquisição/produção/venda", na cooperativa de produção; "aquisição/venda" na de consumo; "contratação/prestação de serviços", na cooperativa de trabalho e "captação de recursos/concessão de empréstimos" na de crédito, e conclui que "a presença dos associados em um dos polos desses ciclos operacionais, caracterizando o negócio-fim, é de suma importância para a conceituação de determinada atividade como ato cooperativo" (POLONIO, 1999, p. 51).

Diferentemente se dá quando essa sociedade simples com forma especial pratica ato eminentemente não cooperativo, quando, por exemplo, numa cooperativa de trabalho médico é contratado profissional não associado para atender o paciente que com ela mantenha vínculo contratual.

Aí haverá um típico ato não-cooperativo, mas não em virtude da relação da cooperativa ou do cooperado [no caso médicos] com terceiros [paciente], mas porque no seio e extensão da atividade da cooperativa houve relação econômica entre o terceiro e um não-associado, gerando resultado financeiro, e que destoa da causa nascente e do fim social da cooperativa.

Assim, não é o simples fato da cooperativa se relacionar com terceiro que descaracteriza o ato cooperativo, seja ele de fim ou de meio; a descaraterização se dará, como no exemplo citado, quando houver da parte de não-associados o fornecimento de bens e serviços a clientes da cooperativa, desfocando-se o objetivo e as causas da própria constituição da sociedade cooperativa.

Esse parecer mais abrangente do conceito de ato cooperativo é o que adotamos e o seu pleno entendimento é fundamental para a aplicação eficaz do adequado tratamento tributário.

3. ADEQUADO TRATAMENTO TRIBUTÁRIO DO ATO COOPERATIVO

Conforme dito no tópico anterior, a Lei Suprema instituiu o dever jurídico estatal de apoio, facilitação, estímulo, favorecimento e priorização para a abertura, a organização, o funcionamento e a manutenção do cooperativismo.

Vejamos as prescrições diretas à sociedade cooperativa e ao cooperativismo, prescritas na Carta Magna:

> Art. 5º Todos são iguais perante a lei, sem distinção de qualquer natureza, garantindo-se aos brasileiros e aos estrangeiros residentes no País a inviolabilidade do direito à vida, à liberdade, à igualdade, à segurança e à propriedade, nos termos seguintes:
>
> [...]
>
> XVIII - a criação de associações e, na forma da lei, a de cooperativas independem de autorização, sendo vedada a interferência estatal em seu funcionamento;
>
> [...]
>
> Art. 174. Como agente normativo e regulador da atividade econômica, o Estado exercerá, na forma da lei, as funções de fiscalização, incentivo e planejamento, sendo este determinante para o setor público e indicativo para o setor privado.
>
> §1º A lei estabelecerá as diretrizes e bases do planejamento do desenvolvimento nacional equilibrado, o qual incorporará e compatibilizará os planos nacionais e regionais de desenvolvimento.
>
> §2º A lei apoiará e estimulará o cooperativismo e outras formas de associativismo.
>
> §3º O Estado favorecerá a organização da atividade garimpeira em cooperativas, levando em conta a proteção do meio ambiente e a promoção econômico-social dos garimpeiros.
>
> §4º As cooperativas a que se refere o parágrafo anterior terão prioridade na autorização ou concessão para pesquisa e lavra dos recursos e jazidas de minerais garimpáveis, nas áreas onde estejam atuando, e naquelas fixadas de acordo com o art. 21, XXV, na forma da lei (BRASIL, 1988).

A intenção do legislador constituinte originário não poderia ser mais clara: a facilitação e a liberdade na constituição de cooperativas estão elevadas à categoria de direito e garantia fundamental do cidadão, cláusula pétrea.

Igualmente, a função estatal de incentivo e os deveres governamentais de apoio, estímulo, favorecimento, promoção econômico-social e priorização, tais como literalmente expressos na Constituição, constituem-se em princípios gerais da atividade econômica.

Essas normas mencionadas incorporaram valores consagrados no ordenamento jurídico, alçadas a princípios[5] pela própria Constituição Federal (CF/88), e, assim, constituem-se em regras fundamentais, nortes na interpretação e no alcance do sentido da lei e de observância cogente pela Administração pública, especialmente a Fazendária.

Harmonizam-se com o nosso pensamento as oportunas ponderações do professor Renato Lopes Becho:

> Semelhantes em vários aspectos aproximativos com as microempresas, com as sociedades filantrópicas e com as organizações não-governamentais, as cooperativas fazem jus a tratamento diferenciado em relação às sociedades sem fins lucrativos. O constituinte originário quis, no que nem sempre é respeitado pelos governos, que as leis de organização da ordem econômico financeira apoiassem e incentivassem o cooperativismo (BECHO, 1999, p. 25, *apud* CARAZZA, *op cit,* p. 317).

A Constituição visou, sem dúvida, a proteger essa forma associativa.

---

5 Afirma-se que os princípios são 'as normas fundantes e nucleares de um sistema' (...); que são instrumentos de colmatação de lacunas, nos termos do artigo 4º da Lei de Introdução às Normas do Direito Brasileiro; (...) que são 'normas de normas'; que representam um 'fechamento interpretativo limitador da discricionariedade judicial', etc. (OLIVEIRA, Rafael Tomaz de. **Proposta metodológica para a análise do conceito de princípio no Direito**. Revista Consultor Jurídico, 14 de novembro de 2015, 8h00. Disponível em: https://www.conjur.com.br/2015-nov-14/diario-classe-proposta-metodologica-analise-conceito-principio-direito#_ftn2). Acesso em: 14 de jan. de 18.
Cf. Celso Antônio Bandeira de Mello, o princípio jurídico é o 'mandamento nuclear de um sistema que, verdadeiro alicerce dele, disposição fundamental que se irradia sobre diferentes normas, compondo-lhes o espírito e servindo de critério para a sua exata compreensão e inteligência, exatamente por definir a lógica e a racionalidade do sistema normativo, no que lhe confere a tônica e lhe dá sentido harmônico' (In: **Curso de Direito Administrativo**, pp. 450 e 451. *Apud* SILVA, Afonso José da. Curso de Direito Constitucional Positivo – 13. ed. – São Paulo: Malheiros, 1997, p. 93.

No julgamento da Ação Direta de Inconstitucionalidade (ADI) n° 3.045, ao tratar do inciso XVII do art. 5º, nossa Corte Suprema consagrou essa proteção constitucional contra eventual atuação administrativa ou legislativa arbitrárias.

Colhe-se do voto do decano Min. Celso de Mello:

> Cabe enfatizar, neste ponto, que as normas inscritas no art. 5º, XVII a XXI, da atual CF protegem as associações, inclusive as sociedades, da atuação eventualmente arbitrária do legislador e do administrador, eis que somente o Poder Judiciário, por meio de processo regular, poderá decretar a suspensão ou a dissolução compulsória das associações. Mesmo a atuação judicial encontra uma limitação constitucional: apenas as associações que persigam fins ilícitos poderão ser compulsoriamente dissolvidas ou suspensas. Atos emanados do Executivo ou do Legislativo, que provoquem a compulsória suspensão ou dissolução de associações, mesmo as que possuam fins ilícitos, serão inconstitucionais (ADI 3.045, voto do Min. Celso de Mello, julgamento em 10/08/2005, *DJ* de 1º/06/2007).

Insistimos, porque para parametrizar a operacionalização da incidência tributária sobre o ato cooperativo, alcançando-lhe o adequado tratamento tributário, imperioso convencer-se do enfoque diferenciado e especial com o qual a Constituição brasileira cuidou da sociedade cooperativa e do cooperativismo.

A relevantíssima dicção do art. 146, *caput*, III e letras a, b e c da Carta Cidadã, na Seção I "Dos Princípios Gerais", do Capítulo I "Do Sistema Tributário Nacional", complementa a ideia trazida com os princípios constitucionais acima mencionados. Vejamos:

> Art. 146. Cabe à lei complementar:
>
> [...]
>
> III - estabelecer normas gerais em matéria de legislação tributária, especialmente sobre:
>
> a) definição de tributos e de suas espécies, bem como, em relação aos impostos discriminados nesta Constituição, a dos respectivos fatos geradores, bases de cálculo e contribuintes;
>
> b) obrigação, lançamento, crédito, prescrição e decadência tributários;
>
> c) adequado tratamento tributário ao ato cooperativo praticado pelas sociedades cooperativas (BRASIL, 1988).

Com efeito, essa regra – conjugada com as outras normas do ordenamento constitucional aqui mencionadas – traduz o reconhecimento de que as cooperativas somente reúnem condições de sobreviver se receberem especial amparo.

A Lei Maior não está dando um mero conselho ao Poder Público, haja vista que a referida norma consubstancia "um valor que o Estado é obrigado a perseguir" (CARRAZA, *op. cit.*, p. 317).

Assim, a Administração Pública deve reconhecer as peculiaridades do ato cooperativo e, ao fazê-lo, eximi-lo, o quanto possível da tributação.

Para o renomado Marco Aurélio Greco essa dicção "Trata-se de uma diretriz positiva a ser seguida nos momentos de criação e da aplicação do ordenamento tributário positivo que prestigia um valor básico do relacionamento em sociedade (a cooperação) [...]" (GRECO *In:* KRUEGER, *op. cit.*, p. 73).

Outros autores enxergam na prescrição do art. 146, III, "c", uma outorga de isenções tributárias ou benefícios fiscais imprescindíveis assegurados às cooperativas, conforme entendimento dos autores Celso Bastos e Renato Lopes Becho, respectivamente.

No entanto, a expressão "adequado tratamento tributário" não é juridicamente precisa ou clara no sentido de prescrever isenções ou imunidades tributárias às cooperativas; quisesse dizer isso, o constituinte originário poderia ter sido mais claro e mais direto.

Maria Inês Murgel e Fábio Junqueira de Carvalho trazem a ideia de que o adequado tratamento tributário compreenderia que à norma tributária seria vedado instituir tratamento prejudicial ao ato cooperativo, principalmente comparado ao ato não cooperativo, conforme citado por GRECO *in* KRUEGER (2004, p. 79).

Com efeito, o dispositivo constitucional não concede imunidade nem isenção fiscal, mas como o próprio termo se faz entender, o ato cooperativo não pode sofrer tributação prejudicial se compararmos a situação de um agente agindo isoladamente ou em reunião cooperativista.

Nas palavras de Carazza (2005), a tributação das cooperativas deve ser feita com mão avara, sempre levando em conta o seu direito fundamental de receberem adequado tratamento tributário.

Assim, a reunião em cooperativa e o exercício de suas atividades em busca do seu objetivo social, inseridas no ciclo operacional próprio delas, quando age e interage com e para seus associados, não pode gerar incidências tributárias semelhantes aos atos comerciais ou negociais das outras espécies societárias, até porque o tratamento tributário diferenciado determinado pelo ordenamento jurídico não pode se tornar genérico.

Portanto, as normas tributárias devem ser interpretadas e aplicadas de tal modo que as cooperativas sofram um mínimo de tributação em relação às suas atividades essenciais na busca do seu objetivo social e assentes na conceituação mais alargada e apropriada do ato cooperativo.

Essa é a premissa e a conclusão que damos ao adequado tratamento tributário do ato cooperativo.

4. LEI COMPLEMENTAR E TRIBUTAÇÃO

Pois bem, já dissemos que o marco legislativo sobre o ato cooperativo no Brasil adveio com a promulgação da Lei nº 5.764/71 e que as leis posteriores que trataram das cooperativas sempre frisaram a especificidade e a primazia da referida norma como aquela que encampa o microssistema e o arcabouço legal das cooperativas.

Lembre-se que o Código Civil (Lei nº 10.406, de 10 de janeiro de 2002) dispôs genericamente sobre as sociedades cooperativas e ressalvou a importância da norma especial na regência dessa forma associativa equiparada civilmente à sociedade simples, tratada nos artigos 983 e 1.093.

A consolidação do sistema de cooperativismo no Brasil se estabilizou com a Lei ordinária nº 5.764/71, que conceituou e estabilizou o ato cooperativo – mesmo que de forma insuficiente como já explanamos –, e contém as normas gerais sobre as sociedades cooperativas.

A especificidade e primazia da norma acima está também referenciada expressamente no Decreto nº 3.000, de 26 de março de 1999 – também conhecido como Regulamento do Imposto de Renda de 1999 ou RIR/99 –, que regulamenta a tributação, fiscalização, arrecadação e administração do Imposto sobre a Renda e Proventos de Qualquer Natureza (vide art. 182).

No entanto, a referida norma cuidou mais da política nacional, do sistema, dos requisitos para constituição e da forma societária das cooperativas, do que, propriamente, da tributação específica incidente sobre o ato cooperativo.

Por óbvio que foi recepcionada pela Constituição Federal em tudo aquilo que não a contraria, mas restam fortes dúvidas se ela tem ou não *status* de lei complementar, pelo menos em sentido tributário, mesmo que verse em alguns pontos sobre tema materialmente de lei complementar (quando conceitua o ato cooperativo e, portanto, dá a sua extensão para o âmbito de incidência tributária, por exemplo).

Incontestável que a lei complementar programada na letra c do art. 146, III, da CF não adveio ainda, mas indubitável também que a falta dessa lei complementar não tem o condão de esvaziar o sistema jurídico a ponto de não conseguirmos aplicar precisamente o conceito de adequado tratamento tributário.

Nesse aspecto, comungamos das ideias sobre a unicidade e completude do ordenamento jurídico, ou unidade lógica da ordem jurídica, e a consequente inexistência de lacunas, como ensinam os renomados pensadores Hans Kelsen (1994) e Norberto Bobbio (1995).

Uma passagem importante para essa reflexão é o que se extrai do acórdão proferido pelo Superior Tribunal de Justiça:

> Não obstante existir a mencionada exigência constitucional, a Lei Complementar em questão ainda não foi elaborada, pelo que o especial e adequado tratamento tributário do ato cooperativo praticado pelas sociedades cooperativas continua sendo regido pela legislação ordinária nascida em período anterior à Carta Magna por ela recepcionada. (EREsp no 169.411/SP, Rel. Ministro José Delgado, Primeira Seção, DJ 27 set. 1999).

Ainda no início dessa celeuma, o Supremo Tribunal Federal já havia convalidado esse posicionamento e ainda expressou a possibilidade da recepção de legislação constituinte estadual, dentro do limite da competência tributária concorrente, e enquanto ausente a lei complementar, conforme transcrito a seguir:

> Na falta de lei complementar da União que regulamente o adequado tratamento tributário do ato cooperativo praticado pelas sociedades cooperativas (CF, art. 146, III, "c"), o regramento da matéria pelo legislador constituinte estadual não excede os lindes da competência tributária concorrente que lhe é atribuída pela Lei Maior (CF, art. 24, §3º) (ADI 429-MC, Rel.

Min. Célio Borja, julgamento em 04/04/1991, DJ de 19/02/1993. In: Supremo Tribunal Federal. *Op. cit.* p. 1032).

Seja como for, com ou sem *status*, sendo ou não lei materialmente complementar, grande parte dos doutrinadores entendem que a derrogação das normas ou conceitos tributários concebidos pela Lei nº 5764/71 só podem ser feitas por lei complementar. Pode-se comparar o entendimento de trechos extraídos de vários autores:

> Não é o momento de um profundo exame da Lei nº 5.764/71. Cumpre, porém, fixar o critério a ser seguido na análise dos seus dispositivos: aquelas normas que dêem o perfil do ato cooperativo e seu tratamento tributário – e que, materialmente, não contrariarem a CF/88 – foram por ela recebidas e implementam o preceito da alínea c do item III, do art. 146, só podendo ser modificadas por lei complementar. (GRECO, Marco Aurélio. *In:* KRUEGER, Guilherme. *op. cit.*, p. 75).
>
> [...]. As leis ordinárias que possuam normas tributárias sobre as cooperativas, adequadas à nova Constituição, passaram a ter força de leis complementares. Isso só pode chocar o leitor menos avisado, porque foi exatamente o que aconteceu com o Código Tributário Nacional.
>
> [...]
>
> Dizendo as mesmas coisas em outras palavras, temos que uma lei ordinária (de competência municipal, estadual, distrital ou mesmo nacional) versando tema que antes era próprio deste tipo de veículo introdutor de normas jurídicas, recebendo de uma nova ordem constitucional a determinação de que esse assunto passa a ser próprio de lei nacional (lei complementar de competência do Congresso Nacional), continua a ser lei ordinária, versando tema materialmente de lei complementar e, por isso, só podendo a ser alterada por lei complementar.
>
> [...]
>
> Pois bem, dito isso, transportaremos esses dados para a Lei das Cooperativas. A Lei das Cooperativas, como estamos sustentando desde nossa defesa de mestrado, possui normas tributárias relativas a, por exemplo, ICMS (art. 79, parágrafo único) e IR (art. 111 e suas remissões). Essa lei continua sendo lei ordinária federal, veiculando normas gerais (v.g. as que refletem no ICMS) e específicas (que tratam de tributos federais). Após a Carta de 1988, com a exigência de lei complementar que veicule norma que ajustem a tributação das cooperativas às suas características próprias, as alterações em tais normas (as da Lei das Cooperativas que veiculam normas tributárias) só poderão ser validamente alteradas por lei complementar e para realizar os ajustes determinados pela Constituição Federal (art. 146, III, "c").

> [...]
>
> Após a Constituição Federal de 1988, por força de seu artigo 146, as normas que tratam da tributação das cooperativas passaram a ser reservadas à lei complementar. (BECHO, 1999, p. 119-121).

De modo que, independentemente da qualificação que se dá à Lei das Cooperativas, o adequado tratamento tributário do ato cooperativo pode ser enxergado pela integração das normas gerais e especiais do cooperativismo, conjugadas com os princípios do Direito Tributário e os princípios constitucionais que irradiam seus efeitos para a integração e unificação do ordenamento jurídico.

Por outro lado, é cediço que a instituição dos tributos decorre de lei e a sua cobrança se faz em atividade administrativa plenamente vinculada (CRF/88, art. 150, I; CTN, art. 3º).

Compete privativamente à autoridade administrativa constituir o crédito tributário pelo lançamento – atividade plenamente vinculada e obrigatória – consubstanciado no procedimento administrativo tendente a verificar a ocorrência do fato gerador (ou a situação definida em lei como necessária e suficiente à sua ocorrência), a determinar a matéria tributável, calcular o montante devido e identificar o sujeito passivo, conforme previsto nos arts. 114 e 142, parágrafo único do Código Tributário Nacional (CTN).

Em outras palavras, a cobrança de tributos depende da ocorrência do fato gerador da obrigação descrita abstratamente na hipótese de incidência, segundo doutrinam Hugo de Brito Machado e Nilton Latorraca:

> A expressão hipótese de incidência designa com maior propriedade a descrição, contida na lei, da situação necessária e suficiente ao nascimento da obrigação tributária, enquanto a expressão fato gerador diz da ocorrência, no mundo dos fatos, daquilo que é descrito na lei. A hipótese é simples descrição, é simples previsão, enquanto o fato é a concretização da hipótese, é o acontecimento do que fora previsto (MACHADO, 2000, p. 106).
>
> A hipótese é a descrição legal de um fato (ato, fato, estado, ou acontecimento) formulada com abstração de qualquer fato concreto. A ocorrência concreta do fato descrito conceitualmente – fato imponível – determina o nascimento da obrigação tributária. A hipótese de incidência é conceito: abstrato e genérico. O fato imponível é fato; sendo concreto e individualizado, localiza-se no espaço e tempo (LATORRACA, 2000, p. 93).

Assim, quando a situação prevista na lei, abstrata e hipoteticamente, se concretiza no mundo dos fatos, realiza-se o fato gerador.

A contrário senso, e segundo explicam Osmar Reis Azevedo e Sílvio Helder Lencioni Senne a "não-incidência" é a ausência (falta) de projeção (incidência) de regra jurídica sobre determinado fato e poderiam ocorrer em razão de quatro causas diferentes.

Seriam elas, ainda de acordo com os mencionados autores, a) a falta de previsão constitucional para a incidência (instituição ou criação do tributo) em relação a determinado fato (não incidência pura e simples); b) vedação (ou proibição) constitucional à instituição (ou criação) do tributo sobre certos fatos, normalmente tributáveis; c) falta de instituição (ou criação) do tributo [pelos entes constituídos das respectivas competências tributárias], nos casos em que a incidência se acha constitucionalmente autorizada ou d) exclusão de incidência, de certos fatos específicos por outra regra jurídica infraconstitucional.

Então, quais seriam os negócios jurídicos cooperativos que se subsumiriam a hipótese de incidência tributária ou em que haveria a não-incidência? Seria correta a descrição abstrata e genérica da obrigação tributária principal nas diversas normas legais e que culminaria na tributação do ato cooperativo? As leis instituidoras, ou que majoram tributos, estariam respeitando o conceito de ato cooperativo e o princípio constitucional que impõe o seu adequado tratamento tributário?

Essas questões serão analisadas a seguir – dentro das limitações de largueza de um artigo jurídico – especialmente com vistas ao enfrentamento do assunto pelos nossos Tribunais Superiores.

5. ATO COOPERATIVO E TRIBUTAÇÃO NOS TRIBUNAIS SUPERIORES

Conquanto o que foi aqui explanado sobre o entendimento do ato cooperativo em sua forma mais abrangente, no sentido de que a legislação tributária visualizasse o caráter multifacetário do negócio jurídico cooperativo e a sua subdivisão principal em negócio-fim e negócio-meio, não é bem isso o que vem norteando o legislador.

A produção de leis novidadeiras, seja para majorar os tributos incidentes sobre a atividade cooperativista, seja para revogar isenções e benefícios fiscais anteriormente conquistados, cresceu significativamente nos últimos anos, e o enfrentamento desses casos pelo Poder Judiciário em muitas oportunidades não têm sido favoráveis ao contribuinte.

Embora cada caso tenha as suas particularidades que lhes são próprias, iremos avaliar aquelas matérias relevantes e em voga que se encontram vertentes para resolução do Poder Judiciário (ou já resolvidas e pacificadas), mas que possuam uma interseção, um denominador comum com a maioria dos casos envolvendo demandas tributárias das sociedades cooperativas.

6. IMPOSTO DE RENDA

É cediço que compete à União instituir o imposto sobre a renda e proventos de qualquer natureza (CF, art. 153, III), compreendido o sentido de renda e proventos como as disponibilidades de riqueza nova dos contribuintes, apuradas após o confronto de entradas e saídas verificadas em seus patrimônios.

Por sua vez, o imposto sobre a renda de pessoa jurídica incide sobre o lucro que se constitui no acréscimo do capital efetivo ou na variação patrimonial positiva em um determinado exercício financeiro. O ingresso de recurso que não importe em aumento de riqueza não serve de base de cálculo para o imposto de renda.

Conclui-se, assim, que sobre o ingresso pecuniário de que não deriva lucro é defeso incidir Imposto de Renda (IR), ante a ausência de fato gerador.

As sociedades cooperativas (incluindo as agropecuárias, de crédito e mistas) não se sujeitam a incidência do IR sobre suas atividades econômicas, de proveito comum, sem objetivo de lucro, desde que obedeçam às prescrições da legislação específica (art. 182, *caput*, do Regulamento do Imposto de Renda, Decreto nº 3.000/1999).

É o óbvio ululante.

No entanto, a regra geral de não-incidência do imposto de renda sobre o ato cooperativo foi excepcionada no art. 184 do RIR/99, fulcrado no art. 69 da Lei nº 9.532/97. Ele prevê que as cooperativas de consumo, que tenham por objeto a compra e fornecimento de bens aos consumidores, sujeitam-se às mesmas normas de incidência dos impostos e contribuições federais aplicáveis às demais pessoas jurídicas.

Esse mesmo decreto dispõe, ainda, no *caput* do art. 183, que as sociedades cooperativas, mesmo que obedecendo à legislação específica, pagarão o imposto de renda sobre as atividades estranhas à sua finalidade, calculado sobre os resultados positivos das operações, e terminantemente mencionam os exemplos dos arts. 85, 86, 88 e 111, da Lei nº 5.764/71 e arts. 1º e 2º da Lei nº 9.430, de 1996.

Destaca, ainda, nos incisos I e II do art. 183, os atos considerados não cooperativos e sujeitos à tributação da renda, que seriam: a comercialização ou industrialização, pelas cooperativas agropecuárias ou de pesca, de produtos adquiridos de não associados, agricultores, pecuaristas ou pescadores, para completar lotes destinados ao cumprimento de contratos ou para suprir capacidade ociosa de suas instalações industriais e o fornecimento de bens ou serviços a não associados, para atender aos objetivos sociais.

Concordamos com a incidência tributária no caso do inciso I, porque ao adquirir bens de não associados para complementar os lotes dos quais os associados não conseguiram preencher, e transferi-los a terceiros em cumprimento de contratos, quebrou-se o ciclo operacional sustentado pelo binômio negócio-fim/negócio-meio.

Lembre-se que o adequado tratamento tributário ao ato cooperativo não consiste em isenção ou imunidade perpétua a todas as atividades cooperativas, pois que, sem divergência, elas também praticam atos não-cooperativos.

Com efeito, essa hipótese não importa em ato cooperativo propriamente dito, forjado na interação da cooperativa com o cooperado e vice-versa, e daí eventualmente com um terceiro em benefício do cooperado, como meio de exercer as suas atividades.

O cenário do inciso I cuida, realmente, de um ato não cooperativo, porque no seio e extensão da atividade da cooperativa houve relação econômica entre o terceiro e um não-associado, gerando resultado financeiro, e que destoa da causa nascente e do fim social da cooperativa; houve um contrato com um não associado e os bens adquiridos dela foram alienados a terceiro.

O resultado positivo desse ato não cooperativo será levado à conta do FATES (Fundo de Assistência Técnica, Educacional e Social), e contabilizado em separado para a incidência de tributos, no caso, imposto de renda.

Dessa forma, os lucros obtidos do ato não-cooperativo não reverterão aos associados e deverão ser utilizados pela cooperativa em funções típicas de Estado: educação, apoio técnico e estímulo social.

Já a prescrição do inciso II do art. 183 do RIR não se compatibiliza com os princípios gerais do cooperativismo e não congraça com o mandamento constitucional do adequado tratamento do ato cooperativo.

O próprio Estatuto das Cooperativas (Lei n° 5.764/71) prevê, em seu artigo 86, ao qualificar as operações das cooperativas, que elas podem fornecer bens ou serviços a não-associados, desde que atendam aos seus objetivos sociais.

Ora, a prestação (fornecimento) de serviços pelos cooperados a terceiros não-associados em uma cooperativa de trabalho trata-se de ato cooperativo típico, e, portanto, isento de tributação; até porque essa atividade ou negócio-meio é um dos pressupostos da própria existência desse tipo de cooperativa.

Da mesma forma, a destinação ou fornecimento de bens nas cooperativas de produção pesqueira e agropecuária a terceiros não-associados, desde que esses bens tenham sido antes adquiridos pelas cooperativas dos seus respectivos associados, também teremos típico ato cooperativo isento de tributação.

Diferentemente, como já dissemos acima e está previsto no inciso I, quando nesse ciclo operacional exemplificado acima, os bens a serem destinados a terceiro tenham partido de aquisição a não-cooperado.

A hipótese generalizada, pois, do inciso II do art. 183 do RIR/99, não se conforma com o ordenamento jurídico e a sua aplicação deve ser extirpada pelos nossos tribunais.

A solução de consulta nº 51, de 20 de abril de 2001, da 10ª RF da Receita Federal do Brasil, ficou assim ementada:

> COOPERATIVA DE TRABALHO. Ao ofertar os serviços de segurança no trabalho a não associados, serviços estes prestados pelos associados, a cooperativa de trabalho age também como prestadora de serviços aos associados e atende, sob este aspecto, as condições para o não recolhimento de IRPJ sobre o resultado decorrente (MINISTÉRIO DA FAZENDA, 2001).

Ocorre, porém, que no âmbito dos Tribunais Superiores ficou superado esse entendimento, pois que o Superior Tribunal de Justiça, em julgamento pelo rito dos recursos repetitivos, decidiu que o fornecimento de bens e serviços a não-associados, qualquer que seja a roupagem das cooperativas, consubstancia ato não-cooperativo, e sujeito, portanto, a incidência do imposto de renda.

No referido julgamento firmou-se que

> [...] as operações realizadas com terceiros não associados (ainda que, indiretamente, em busca da consecução do objeto social da cooperativa), consubstanciam 'atos não-cooperativos', cujos resultados positivos devem integrar a base de cálculo do imposto de renda (cf. REsp. n. 58.265 / SP, Primeira Seção, Rel. Min. Luiz Fux, julgado em 09/12/2009).

Posteriormente, essa compreensão se sedimentou.

Em julgamento que decidira a incidência de PIS e COFINS sobre atividades econômicas das cooperativas, o Tribunal da Cidadania usou os mesmos fundamentos válidos para aqueloutro que cuidara da incidência de IRPJ sobre o ciclo operacional cooperativo e decretou: "O fornecimento de serviços a terceiros não cooperados e o fornecimento de serviços a terceiros não associados inviabiliza a configuração como atos cooperativos, devendo ser tributados normalmente" (AgRg no REsp 786.612/RS, Rel. Ministro Mauro Campbell Marques, Segunda Turma, julgado em 17/10/2013, DJe 24/10/2013).

A ementa do acórdão supramencionado especifica inúmeros precedentes no mesmo sentido.

Portanto, na seara do STJ, parece estar concretizada a ideia – semelhante à da criticada literalidade da conceituação legal – de que atos cooperativos se limitam somente aos negócios jurídicos entre as cooperativas e seus associados, entre eles e elas e delas com outras cooperativas, excluindo-se do alcance de ato cooperativo "as operações realizadas com terceiros não associados (ainda que, indiretamente, em busca da consecução do objeto social da cooperativa)" (Idem).

Numa palavra, para essa Corte superior os atos que envolvam terceiros não associados serão sempre atos não-cooperativos sujeitos a tributação aplicáveis às demais pessoas jurídicas.

Entretanto, esse cenário ainda pode ser revertido, eis que se encontram no Supremo Tribunal Federal, pendentes de julgamentos, três casos que ultrapassam os interesses subjetivos das pessoas envolvidas na lide, afetados pela repercussão geral.

São os seguintes temas: Tema 536 - Incidência de COFINS, PIS e CSLL sobre o produto de ato cooperado ou cooperativo; Tema 323 - Incidência do PIS sobre os atos cooperativos próprios e Tema 177 - Revogação, por medida provisória, da isenção da contribuição para o PIS e para a COFINS concedida às sociedades cooperativas.

Uma vez que o Tema 536 discute a "violação dos conceitos constitucionais de 'ato cooperado', 'receita da atividade cooperativa' e 'cooperado'", o firmamento dessa futura decisão é continente em relação a todos os demais casos de tributação sobre atos cooperativos.

Ademais, os outros dois temas também decidirão sobre "atos cooperativos próprios" e sobre a constitucionalidade da revogação, por medida provisória, da isenção de COFINS que fora concedida por lei complementar, também são de suma importância para a mudança de rumos do que a Justiça brasileira terá por adequado tratamento tributário do ato cooperativo.

7. PIS E COFINS

O Programa de Integração Social (PIS) foi instituído pela Lei Complementar nº 7, de 07 de setembro de 1970.

Essa contribuição social, originalmente, incidia sobre "o faturamento das empresas", conforme prescrição do art. 3°, "b", da LC n° 07/70, em alíquotas crescentes anualmente nos percentuais de 0,15% a 0,50% (de 1971 a 1974), acrescidos de 0,125% em 1975 e de 0,25% no exercício de 1976, alcançando, portanto, um percentual de 0,65% sobre o faturamento.

A Constituição Federal reafirmou a qualidade de contribuição social dessa espécie de tributo ao estabelecer as bases para o financiamento da seguridade social, dispondo no art. 195, I, que a empresa e a entidade equiparada sujeitam-se a contribuições incidentes sobre a folha de salários (letra a), a receita ou o faturamento (letra b) e o lucro (c).

A Lei nº 9.715, de 25 de novembro de 1998, no §1º do art. 2º, obrigou as sociedades cooperativas ao pagamento da contribuição calculada na forma do inciso I (com base no faturamento do mês), em relação às receitas decorrentes de operações praticadas com não associados (atos não típicos ou não cooperativos), sob a alíquota de 0,65%, e também sobre a folha de salários, sobre o percentual de 1% (art. 8º, I e II).

A contrário senso, os atos cooperativos típicos, próprios, negócios-fins, não estavam sujeitos à tributação do PIS. Embora, mais uma vez, a lei deixou de conceituar o campo de abrangência da expressão "operações praticadas com não associados", querendo fazer crer que todos os negócios com terceiros (mesmo os negócios-meio) são não-cooperativistas.

Seja como for, na esteira do art. 195 da Constituição Federal, foi promulgada a Lei Complementar nº 70, de 30 de dezembro de 1991, e sem prejuízo da cobrança das contribuições para o PIS, instituiu a contribuição social para financiamento da Seguridade Social (COFINS), devida pelas pessoas jurídicas, inclusive às a elas equiparadas pela legislação do imposto de renda, destinadas exclusivamente às despesas com atividades-fim das áreas de saúde, previdência e assistência social.

Essa contribuição incide sobre o faturamento mensal, que a própria lei considera como a receita bruta das vendas de mercadorias, de mercadorias e serviços e de serviço de qualquer natureza.

Assim como a lei complementar anterior, isentara taxativamente as cooperativas do pagamento da COFINS em relação aos seus "atos cooperativos próprios de suas finalidades" (art. 6º, I).

Evidentes as isenções, pois que o ato cooperativo típico não se insere no rol tributável advindo do fato gerador de vender mercadorias e serviços de qualquer natureza, pois atos cooperativos não implicam operação de mercado, tampouco contrato de compra e venda de produto ou mercadoria, conforme previsão da Lei nº 5.764/71.

Editou-se a Lei nº 9.718, de 27 de novembro de 1998, infirmando que tanto as contribuições para o PIS/PASEP quanto a COFINS, devidas pelas pessoas jurídicas de direito privado fossem calculadas com base no seu faturamento, compreendido pela receita bruta.

Mas, abruptamente, a Medida Provisória nº 2.158-35, de 24 de agosto de 2001, no art. 93, II, "a", revogou o art. 6º, I, da LC nº 70/91, que concedera isenção tributária da COFINS sobre os atos tipicamente cooperativos.

Ora, o exercício jurídico de convencer o legislador e a Justiça de que a isenção tributária do ato cooperativo também alcançaria negócio-meio quando incorporado na acepção mais apropriada de ato cooperativo típico (inserto no ciclo operacional), mesmo quando se tratasse de "atos praticados com terceiros não-associados", já se demonstrara tarefa bastante difícil, especialmente com fins de brecar o furor arrecadatório estatal.

Com a revogação da isenção tributária sobre o ato cooperativo típico propriamente dito, as cooperativas focaram esforços hercúleos para ao menos extirpar do mundo jurídico a exigência de tributo sobre o ato cooperativo típico, posto que geraria uma desconfiança sobre a própria permanência, crescimento e sobrevivência do cooperativismo no Brasil.

Naturalmente, o episódio legal gerou inúmeras reclamações judiciais, sendo primeiramente enfrentado o assunto pelo Superior Tribunal de Justiça (STJ).

O Tribunal da Cidadania, finalmente, em julgamento sob o efeito dos recursos repetitivos, reestabeleceu a isenção tributária sobre o ato tipicamente cooperativo, fixando-se a tese: não incide a contribuição destinada ao PIS/COFINS sobre os atos cooperativos típicos realizados pelas cooperativas como pode-se verificar no REsp 1164716 / MG e REsp 1141667 / RS).

No entanto, essa matéria ainda não foi julgada no Excelso Pretório, fazendo parte diretamente dos Temas 323 e 177 acometidos pela repercussão geral.

Permanece inconclusa, também na esfera da Corte Suprema, a definição sobre a extensão da isenção tributária e seu alcance aos atos cooperativos considerados negócios-meio, encampando-se assim todo o ciclo operacional da essência da atividade econômica da cooperativa, de acordo com ementa a seguir transcrita:

> EMENTA: TRIBUTÁRIO. INCIDÊNCIA DA COFINS, DA CONTRIBUIÇÃO AO PROGRAMA DE INTEGRAÇÃO SOCIAL E DA CONTRIBUIÇÃO SOBRE O LUCRO LÍQUIDO SOBRE O PRODUTO DE ATO COOPERADO OU COOPERATIVO. DISTINÇÃO ENTRE "ATO COOPERADO TÍPICO" E "ATO COOPERADO ATÍPICO". CONCEI-

> TOS CONSTITUCIONAIS DE "ATO COOPERATIVO", "RECEITA DE ATIVIDADE COOPERATIVA" E "COOPERADO". COOPERATIVA DE SERVIÇOS MÉDICOS. VALORES PAGOS POR TERCEIROS À COOPERATIVA POR SERVIÇOS PRESTADOS PELOS COOPERADOS. LEIS N^{OS} 5.764/1971, 7.689/1988, 9.718/1998 E 10.833/2003. ARTS. 146, III, "c", 194, parágrafo único, V, 195, *caput* e I, "a", "b" e "c" e §7º e 239 DA CONSTITUIÇÃO. Tem repercussão geral a discussão sobre a incidência da Cofins, do PIS e da CSLL sobre o produto de ato cooperativo, por violação dos conceitos constitucionais de "ato cooperado", "receita da atividade cooperativa" e "cooperado". Discussão que se dá sem prejuízo do exame da constitucionalidade da revogação, por lei ordinária ou medida provisória, de isenção, concedida por lei complementar (RE 598.085-RG), bem como da "possibilidade da incidência da contribuição para o PIS sobre os atos cooperativos, tendo em vista o disposto na Medida Provisória nº 2.158-33, originariamente editada sob o nº 1.858-6, e nas Leis n.º 9.715 e 9.718, ambas de 1998" (RE 599.362-RJ, rel. min. Dias Toffoli). (RE 672215 RG, Relator(a): Min. JOAQUIM BARBOSA, julgado em 29/03/2012, ACÓRDÃO ELETRÔNICO DJe-083 DIVULG 27/04/2012 PUBLIC 30-04-2012).

O resultado desse julgamento tem o condão de fazer surgir uma revisão completa, uma reformulação necessária e salutar para o microssistema tributário do ato cooperativo, quiçá emanado da programática lei complementar tão almejada.

8. COOPERATIVAS DE TRABALHO (MÉDICO) E O ISSQN

A competência para instituir e cobrar o Imposto sobre serviços de qualquer natureza (ISSQN) compete aos municípios e ao Distrito Federal, por força do art. 156, III, §3º, da CF/88 e art. 1º da Lei Complementar nº 116, de 31 de julho de 2003.

A base de cálculo desse tributo, definida pela Lei Complementar, é o preço do serviço (art. 7º). O contribuinte, por sua vez, é o prestador dos serviços (art. 5º), que realiza o respectivo fato gerador.

Logo, não há como escapar da clareza da lei complementar, que deixa expresso ser a base de cálculo do ISSQN o preço do serviço, isto é, a riqueza proveniente dos serviços prestados pelo contribuinte, definindo ainda o fato gerador e a pessoa que o concretiza.

Desse modo, e como a própria LC nº 116/2003 não prevê outra base de cálculo, delimita o fato gerador e especifica o contribuinte, não há espaço para o legislador citadino criar outras hipóteses de incidência.

Situação peculiar aflui para o caso específico da prestação de serviços por profissionais liberais cujos ofícios sejam legalmente regulamentados. Isso porque o artigo 10 da referida Lei Complementar nº 116/2003 revogou expressamente os arts. 8º, 10, 11 e 12 do Decreto-Lei nº 406, de 31 de dezembro de 1968 – que fora recepcionado com *status* de lei complementar e continha o regramento e a tabela de serviços do ISSQN – mas manteve a vigência do §1º, do art. 9º, do referido Decreto-Lei nº 406/68, seja porque não o derrogou expressamente, e porquanto não regulou inteiramente a matéria de que tratava a lei anterior [a LC 116/2003 não cuida especificamente da tributação dos serviços prestados pelas sociedades de profissionais liberais com profissão regulamentada em lei] (vide art. 2º, §1º, da Lei de Introdução às Normas do Direito Brasileiro (LINDB)).

Assim, quando se tratar de prestação de serviços sob a forma de trabalho pessoal do próprio contribuinte, o imposto será calculado por meio de alíquotas fixas ou variáveis, em função da natureza do serviço ou de outros fatores pertinentes, nestes não compreendida a importância paga a título de remuneração do próprio trabalho (§1º do art. 9º do Decreto-Lei nº 406/68).

Por sua vez, a medicina é profissão legalmente regulamentada (Lei nº 12.842, de 10 de julho de 2013) e o ofício médico, tal qual o do advogado, do engenheiro e do arquiteto, se enquadra naquela atividade intelectual, de responsabilidade individual, cujo serviço é prestado sob a forma personalíssima, ou seja, "sob a forma de trabalho pessoal do próprio contribuinte", determinando a lei que o médico deve agir com máximo de zelo e com o melhor de sua capacidade profissional.

Assim estabelecido, deflui-se que a prestação do serviço médico é individual, e ele, letrado em medicina, é o contribuinte do Imposto sobre Serviços de Qualquer Natureza (ISSQN), calculado sob alíquotas fixas, haja vista a base de cálculo exceptiva do decreto-lei mencionado.

Ocorre, porém, que surgira um movimento dos municípios para desconfigurar as sociedades simples uniprofissionais (formadas por profissionais liberais do mesmo grau) que visou a aumentar a arrecadação, forjando a aplicação da base de cálculo geral sobre o preço dos serviços ou sobre as receitas auferidas por esses profissionais, afastando o emprego do cálculo do imposto por alíquotas fixas, nelas "não compreendida a importância paga a título de remuneração do próprio trabalho".

Em suma, era mais vantajoso para os fiscos municipais arrecadar sobre o produto pecuniário auferido por esses profissionais (sobre a receita dos honorários médicos, diga-se) do que mediante alíquotas fixas, que eram indiferentes ao faturamento das sociedades uniprofissionais.

O mesmo desenrolou-se com as cooperativas médicas, que foram alvos da fiscalização e da autuação generalizadas das autoridades municipais, no intuito de desfocar o conceito de ato cooperativo e considerar tributável o repasse dos honorários médicos pelas cooperativas aos seus associados, modificando também a hipótese de incidência prevista em lei.

Melhor dizendo, a autoridade fazendária municipal buscou, rejeitando que o trato entre o médico e a cooperativa médica estivesse adstrito ao conceito de ato cooperativo típico, convencer que o fato gerador do ISSQN se materializava, também, com o repasse dos honorários médicos ao prestador do serviço, calculando o imposto mediante a aplicação de alíquotas sobre esses valores.

Mas a cooperativa não presta serviço médico, eis que ele é individual e personalissimamente prestado. Consequentemente, a cooperativa não é contribuinte, mas sim o profissional de medicina, e por fim, a reunião em cooperativa para a prestação dos serviços médicos individualmente a terceiros constitui ato cooperativo, isento de imposto.

O Superior Tribunal de Justiça, refreando a sanha arrecadatória governamental, pacificou o entendimento de que atos cooperados consistentes no exercício de suas atividades em benefício dos seus associados que prestam serviços médicos a terceiros, por serem típicos atos cooperados, na expressão do art. 79, da Lei n° 5.764, de 16 de dezembro de 1971, estão isentos de tributação.

> Configura-se ato cooperado o repasse de verbas recebidas dos pacientes pela cooperativa aos seus cooperados pelos serviços médicos por ele prestados, nos termos do art. 79 da Lei n° 5.769/71.
>
> Portanto, tais valores não estão sujeitos à incidência do ISS, o que não afasta a obrigação do profissional autônomo de recolher o tributo na forma do art. 9º do Decreto-Lei n° 406/68.

Hipótese que se distingue daquela em que a cooperativa pratica ato negocial quando vende planos de saúde (REsp 819.242/PR, Rel. Ministra ELIANA CALMON, SEGUNDA TURMA, julgado em 19/02/2009, DJe 27/04/2009).

Em contrapartida, os atos não cooperados de serviços de administração a terceiros que adquiram seus planos de saúde, sofre a incidência de tributos. Há, pois, incidência do ISS sobre os valores recebidos pelas cooperativas médicas de terceiros, não associados, que optam por adesão aos seus planos de saúde.

9. CONCLUSÃO

De acordo com a Aliança Cooperativa Internacional (ACI) uma em cada sete pessoas do planeta está ligada, direta ou indiretamente, a alguma cooperativa.

Esse dado, *de per si*, denota a importância dessa configuração associativa, sem que precisemos apelar para outros aspectos históricos e econômicos, não menos importantes.

Os atos normativos brasileiros, a respeito das cooperativas, desde o início do século XX se sucederam até desembocarem na Lei nº 5.764/71, cujos princípios gerais se encontram sedimentados na nossa ordem jurídica.

A Constituição da República de 1988 realçou a importância delas, haja vista o tratamento constitucional que lhes dispensou por todo o seu texto.

O acertamento da compreensão do ato cooperativo em conjugação com a nova ordem constitucional, em especial a concepção de "adequado tratamento tributário", requer a efetivação da norma programática prevista na letra c, inc. III, do art. 146 da Lei Suprema, com a consecução de uma lei complementar sobre o assunto.

Não obstante a ausência dessa almejada lei complementar, o exercício da hermenêutica aliado às teorias da coerência e da unidade lógica do ordenamento jurídico permite-nos conceituar, ainda que por um caminho mais árduo, o sentido de ato cooperativo e de seu adequado tratamento tributário previsto na Constituição.

É salutar transmitir de forma clara e didática a ideia do ciclo operacional da cooperativa para que os julgamentos administrativos e judiciais alcancem o sentido amplo do ato cooperativo, deixando de tributar as operações genuinamente cooperativas.

No entanto, o legislador e a Justiça parecem não ter renunciado à cômoda interpretação gramatical do conceito legal de ato cooperativo, sem escusa da inaptidão da doutrina, tampouco dos operadores do Direito em convencê-los acerca da verdadeira extensão, completude e alcance (tributário) do ato cooperativo.

Ausente a vontade política, enquanto a lei complementar não é editada, perdura a insegurança jurídica, deixando as cooperativas à mercê das instâncias administrativas e judiciais para obter o adequado tratamento tributário.

A par de tudo isso, aguardam ansiosas os julgamentos dos temas de repercussão geral estacionados no Excelso Pretório, de cujas decifrações podem efluir o incentivo para uma revisão completa, uma reformulação necessária e salutar, do microssistema tributário do ato cooperativo.

REFERÊNCIAS BIBLIOGRÁFICAS

ALIANÇA COOPERATIVA INTERNACIONAL. Disponível em: <www.ocb.org.br/aci>. Acesso em: 26 jan. 2018.

AZEVEDO, Osmar Reis. *Obrigações fiscais das sociedades cooperativas e entidades sem fins lucrativos*. 5ªEd. São Paulo: IOB Folhamatic EBS – SAGE, 2015.

BASTOS, Celso; MARTINS, Ives Gandra. *Comentários à Constituição do Brasil*. São Paulo: Saraiva, 1990.

BECHO, Renato Lopes. *A Lei das Cooperativas e a natureza de suas normas tributárias: matéria de lei complementar*. São Paulo: Dialética, 1999.

______. *Direito Constitucional aplicado às cooperativas*. Revista da USP. São Paulo: Superintendência de Comunicação Social da Universidade de São Paulo, 1999.

______. *Tributação das cooperativas*. São Paulo: Dialética, 1997.

BOBBIO, Norberto. *Teoria do ordenamento jurídico.* Brasília: Editora Universidade de Brasília, 6ªEd., 1995.

BRASIL, Lei nº 9.867, de 10 de novembro de 1999. *Dispõe sobre a criação e o funcionamento de Cooperativas Sociais, visando à integração social dos cidadãos, conforme especifica.* Disponível em: <http://www.planalto.gov.br/ccivil_03/leis/l9867.htm>. Acesso em: 26 jan. 2018.

______. *Constituição da República Federativa do Brasil de 1988.* Disponível em: <http://www.planalto.gov.br/ccivil_03/constituicao/constituicaocompilado.htm>. Acesso em: 26 jan. 2018.

______. Decreto-Lei nº 59, de 21 de novembro de 1966. *Define a política nacional de cooperativismo, cria o Conselho Nacional do Cooperativismo e dá outras Providências.* Disponível em: <http://www.planalto.gov.br/ccivil_03/decreto-lei/1965-1988/Del0059.htm>. Acesso em: 26 jan. 2018.

______. Lei Complementar nº 70, de 30 de dezembro de 1991. *Institui contribuição para financiamento da Seguridade Social, eleva a alíquota da contribuição social sobre o lucro das instituições financeiras e dá outras providências.* Disponível em: <http://www.planalto.gov.br/ccivil_03/leis/lcp/lcp70.htm>. Acesso em: 26 jan. 2018.

______. Lei nº 10.406, de 10 de janeiro de 2002. *Institui o Código Civil.* Disponível em: <http://www.planalto.gov.br/CCivil_03/leis/2002/L10406.htm>. Acesso em: 26 jan. 2018.

______. Lei nº 5.764/71, de 16 de dezembro de 1971. *Define a Política Nacional de Cooperativismo, institui o regime jurídico das sociedades cooperativas, e dá outras providências.* Disponível em: <http://www.planalto.gov.br/CCivil_03/leis/L5764.htm>. Acesso em: 26 jan. 2018.

CARAZZA, Roque Antônio. *Imposto sobre a renda (perfil constitucional e temas específicos).* São Paulo: Malheiros, 2005.

COSTA, Dilvanir José da. *Curso de hermenêutica jurídica: doutrina e jurisprudência.* 3ªEd. Rio de Janeiro: GZ Editora, 2012.

FRANKE, Walmor. *Direito das Sociedades Cooperativas (Direito Cooperativo) In:* CARAZZA, Antônio Roque. São Paulo: Saraiva, 1973,

GRECO, Marco Aurélio. *Adequado tratamento tributário do ato cooperativo. In:* KRUEGER, Guilherme (coordenador). Ato Cooperativo e seu adequado tratamento tributário. Belo Horizonte: Mandamentos, 2004.

KELSEN, Hans. *Teoria Pura do Direito.* 4ªEd. São Paulo: Martins Fontes, 1994.

LATORRACA, Nilton. *Direito Tributário.* 15ªEd. São Paulo: Atlas S/A, 2000.

MACHADO, Hugo de Brito. *Curso de Direito Tributário.* 18ªEd. São Paulo: Malheiros, 2000.

MICHAELIS. *Moderno Dicionário da Língua Portuguesa.* São Paulo: Companhia Melhoramentos, 1998.

MINISTÉRIO DA FAZENDA. *Solução de consulta n° 51, de 20 de abril de 2001.* Disponível em: <http://decisoes.fazenda.gov.br/netacgi/nph=-brs?10s=&9s-NAO+DRJ/$.SIGL.&n=-DTPE&d=DECW&p=2&u=/netahtml/decisoes/decw/pesquisaSOL.htm&r=27&f=G&l=20&s1=SRRF/10%AA+RF+OU+Disit+10+OU+Diana+10&s6=SC+OU+DE&s3=51&s4=&s5=&s8=&s7>. Acesso em: 18 jan. 2018.

POLONIO, Wilson Alves. *Manual das sociedades cooperativas.* 2ªEd. São Paulo: Atlas, 1999.

SILVA, de Plácido e. *Vocabulário Jurídico.* 15ªEd. Rio de Janeiro: Forense, 1999.

SUPERIOR TRIBUNAL DE JUSTIÇA. EREsp n° 169.411/SP, Rel. Ministro José Delgado, Primeira Seção, DJ 27/09/1999.

______. *REsp. n° 58.265 / SP, Primeira Seção, Rel. Min. Luiz Fux,* julg. 09/12/2009. Disponível em: <https://stj.jusbrasil.com.br/jurisprudencia/8614036/recurso-especial-resp-58265-sp-1994-0040059-4/inteiro-teor-13678312>. Acesso em: 26 jan. 2018.

SUPREMO TRIBUNAL FEDERAL. ADI 3.045, voto do Min. Celso de Mello, julg. 10/08/2005, DJ 1º/06/2007 *In: A Constituição e o Supremo.* 2ªEd. Brasília: Supremo Tribunal Federal, 2009,

______. *ADI n° 429-MC,* Rel. Min. Célio Borja, julg. 04/04/1991, DJ 19/02/1993. *In:* Supremo Tribunal Federal. Disponível em: <http://redir.stf.jus.br/paginadorpub/paginador.jsp?docTP=AC&docID=346378>. Acesso em: 26 jan. 2018.

ASPECTOS JURÍDICOS DA CONSTITUIÇÃO E REFORMA DO ESTATUTO SOCIAL DE COOPERATIVAS DE CRÉDITO À LUZ DA LEI COMPLEMENTAR Nº 130/2009

LOUIZE PEREIRA OLIVEIRA

Advogada. Especialista em Direito Empresarial pela Fundação Getúlio Vargas. Membro da Comissão de Direito Cooperativista da OAB/MG. Experiência de nove anos atuando em cooperativas de crédito.

RESUMO

O presente trabalho aborda sobre os aspectos jurídicos para constituição e reforma do Estatuto Social de Cooperativas de Crédito, bem como dos consequentes atos para instauração de Assembleia Geral Extraordinária, processo de homologação do Estatuto Social pelo Banco Central do Brasil e respectivo registro na Junta Comercial. Tal estudo visa discorrer sobre os processos práticos para constituição e reforma do Estatuto Social de Cooperativas de Crédito, considerando a Lei n° 5.764 de 16 de dezembro de 1971 e a Lei Complementar n°130 de 17 de abril de 2009.

Palavras-chave: Estatuto Social. Cooperativas de Crédito.

ABSTRACT

The current work contains the juridical aspects of the constitution and the reformation of the Estatuto Social de Cooperativas de Crédito. It also approaches the consequent deeds for the instauration of the Assembleia Geral Extraordinária, the homologation of the Estatuto Social by the Banco Central do Brasil and the registry within the Junta Comercial. This work also aims to reason about the practical procedures for the constitution and reformation of the Estatuto Social de Cooperativas de Crédito, taking into account the Law 5.764 (December 16, 1971) and the Complimentary Law 130 (April 17, 2009).

Keywords: Social Statute. Credit Co-op.

1. INTRODUÇÃO

Antes de adentrar nas particularidades do Estatuto Social das Cooperativas de Crédito no Brasil, convém discorrer resumidamente sobre a definição de cooperativismo, cooperação, cooperativa e seus respectivos princípios reguladores. Nesse mesmo sentido, Albino Gawlak e Fabianne Allage Y Ratzke dizem que:

> Cooperativismo origina-se da palavra cooperação. É uma doutrina cultural e socioeconômica fundamentada na liberdade humana e nos princípios cooperativistas. A doutrina cultural busca desenvolver a capacidade intelectual das pessoas de forma criativa, inteligente, justa e harmônica, visando a sua melhoria contínua. A doutrina socioeconômica busca, através do resultado econômico, o desenvolvimento social. Em suma: a qualidade de vida (GAWLAK; RATZKE, 2001, p. 21).

Essa ideia de cooperativismo relacionado a uma melhor qualidade de vida representa a essência do cooperativismo, que vai além de oferecer produtos e serviços aos seus associados, pois também busca desempenhar um importante papel socioeconômico e cultural, a fim de corroborar para o desenvolvimento sustentável da sociedade onde atua.

É sabido que a Lei n° 5.764, de 16 de dezembro de 1971, define o regime jurídico das sociedades cooperativas, bem como que a Lei Complementar n° 130, de 17 de abril de 2009, trata sobre as particularidades do Sistema Nacional de Crédito Cooperativo. Nesse sentido, o presente artigo irá abordar detalhadamente alguns aspectos essenciais das normas citadas.

No que tange ao conceito e essência do cooperativismo e, por consequência, a constituição de uma cooperativa, é importante destacar o artigo 3º e 4º da Lei n° 5.764/1971:

> Art. 3°. Celebram contrato de sociedade cooperativa as pessoas que reciprocamente se obrigam a contribuir com bens ou serviços para o exercício de uma atividade econômica, de proveito comum, sem objetivo de lucro.
>
> Art. 4º. As cooperativas são sociedades de pessoas, com forma e natureza jurídica próprias, de natureza civil, não sujeitas a falência, constituídas para prestar serviços aos associados, distinguindo-se das demais sociedades pelas seguintes características:
>
> I. Adesão voluntária, com número ilimitado de associados, salvo impossibilidade técnica de prestação de serviços;

> II. Variabilidade do capital social representado por quotas-partes;
>
> III. Limitação do número de quotas-partes do capital para cada associado, facultado, porém, o estabelecimento de critérios de proporcionalidade, se assim for mais adequado para o cumprimento dos objetivos sociais;
>
> IV. Inacessibilidade das quotas-partes do capital a terceiros, estranhos à sociedade;
>
> V. Singularidade de voto, podendo as cooperativas centrais, federações e confederações de cooperativas, com exceção das que exerçam atividade de crédito, optar pelo critério da proporcionalidade;
>
> VI. Quórum para o funcionamento e deliberação da Assembleia Geral baseado no número de associados e não no capital;
>
> VII. Retorno das sobras líquidas do exercício, proporcionalmente às operações realizadas pelo associado, salvo deliberação em contrário da Assembleia Geral;
>
> VIII. Indivisibilidade dos fundos de Reserva e de Assistência Técnica Educacional e Social;
>
> IX. Neutralidade política e indiscriminação religiosa, racial e social;
>
> X. Prestação de assistência aos associados, e, quando previsto nos estatutos, aos empregados da cooperativa;
>
> XI. Área de admissão de associados limitada às possibilidades de reunião, controle, operações e prestação de serviços (BRASIL, 1971).

Em sequência ao que se espera da legislação que regula as sociedades cooperativas, vale destacar o comentário de Túlio Rosembuj, que diz:

> A legislação para cooperativas deve ser uma legislação também cooperativa, respeitando sua especificidade e sua particularidade no mundo jurídico. Além disso, a cooperativa solicita um órgão normativo que, pelo menos, a equipare, em direitos e obrigações, aos demais formulários legais, sem prejuízo de sua natureza especial (ROSEMBUJ, 1982, p. 106, tradução livre).

No entanto, para que seja possível entender e preservar as particularidades de uma sociedade cooperativa, também se faz necessário adentrar, mesmo que brevemente, nos princípios cooperativistas, traduzidos da seguinte forma: adesão livre e voluntária; gestão democrática; participação econômica; autonomia e independência; educação, formação e informação; intercooperação e interesse pela comunidade.

A seguir, adentraremos em cada um dos tópicos supracitados.

1.1. Adesão livre e voluntária

Dentre todos os princípios cooperativistas, convém destacar o princípio da adesão livre e voluntária, também previsto no artigo 29 da Lei n° 5.764/1971:

> **Art. 29.** O ingresso nas cooperativas é livre a todos que desejarem utilizar os serviços prestados pela sociedade, desde que adiram aos propósitos sociais e preencham as condições estabelecidas no estatuto [...]:
>
> **§1°**. A admissão dos associados poderá ser restrita, a critério do órgão normativo respectivo, às pessoas que exerçam determinada atividade ou profissão, ou estejam vinculadas a determinada entidade.
>
> **§2°**. Poderão ingressar nas cooperativas de pesca e nas constituídas por produtores rurais ou extrativistas, as pessoas jurídicas que pratiquem as mesmas atividades econômicas das pessoas físicas associadas.
>
> **§3°**. Nas cooperativas de eletrificação, irrigação e telecomunicações, poderão ingressar as pessoas jurídicas que se localizem na respectiva área de operações.
>
> **§4°**. Não poderão ingressar no quadro das cooperativas os agendes de comércio e empresários que operem no mesmo campo econômico da sociedade (BRASIL, 1971).

Esse princípio foi conceituado por Cátia Denise Gress Krüger, que o intitulou de 'princípio das portas abertas', conforme citado abaixo:

> O princípio das portas abertas é, portanto, mais um desdobramento do direito à liberdade do ser humano, possibilitando ao cidadão a livre escolha em aderir ou não aderir à sociedade cooperativa e dela se retirar, conforme seu arbítrio, sempre respeitando os direitos oriundos das liberdades de seus iguais (KRÜGER, 2005, p. 87).

Diante do exposto, cabe ressaltar que o referido princípio deve ser considerado tanto para a associação na cooperativa quanto para o pedido de demissão da cooperativa, o que também fica evidente no artigo 32 da Lei n° 5.764/1971, ao citar que o processo de demissão do associado ocorre unicamente a seu pedido.

Ou seja, o associado tem a liberdade de ingressar e se retirar da cooperativa em qualquer momento, com observância aos limites legais para aprovação das contas da cooperativa em Assembleia Geral Ordinária, bem como condições que ensejam a eliminação ou exclusão do associado, o que será abordado em breve.

O princípio da adesão livre e voluntária dá ao associado a chance de escolher uma cooperativa que mais se adapte ao seu modelo de negócio, formando uma sociedade, onde cada associado possui uma conduta fundamental em sua gestão – nas palavras da autora Cátia Denise Gress Krüger, "todo indivíduo, como célula de uma sociedade, tem papel vital a se desempenhar" (*Idem*, p. 87).

E, dando sequência ao importante papel do associado na gestão da cooperativa, passa-se ao princípio da gestão democrática pelos sócios.

1.2. Gestão democrática

Por meio desse princípio,

> estão as cooperativas adstritas ao mecanismo de administração aberta aos associados cooperativistas. Em vista disso, confere-se ao associado cooperativista o poder de avaliar os negócios da cooperativa e, inclusive, de participar das decisões da sociedade, nelas influenciando diretamente (KRUEGER, 2002, p. 105).

O associado não precisa demonstrar considerável importe de capital integralizado junto à sociedade cooperativa e nem participar diretamente do quadro de gestores da aludida sociedade, basta comprovar a qualidade de associado em pleno gozo de seus direitos e deveres que o mesmo poderá fiscalizar e apor suas ponderações em momentos específicos, o que, mormente, lhe é assegurado no próprio Estatuto Social.

Ou seja, o associado não possui a qualidade de mero cliente ou acionista, porém acumula essas duas figuras, adaptadas ao contexto do cooperativismo, cujas decisões são compartilhadas em Assembleias Gerais compostas por seus associados, com poderes de voto e deliberação acerca das contas e administração da cooperativa.

1.3. Participação econômica

Os associados contribuem ativamente para o capital das cooperativas nas quais se associam e controlam democraticamente.

Além disso, os associados participam do resultado financeiro da cooperativa. Se o resultado for positivo, o mesmo poderá ser destinado para fundos voltados para o desenvolvimento da cooperativa, eventualmente por meio da criação de reservas, para benefícios aos associados, na proporção de suas transações com a cooperativa e apoio a outras atividades aprovadas pelos associados em assembleia geral, etc.

É possível perceber que os princípios cooperativistas possuem total coerência uns com os outros, cabendo sua interpretação de forma concomitante.

1.4. Autonomia e independência

Tal princípio prevê que as cooperativas são organizações autônomas e independentes, de ajuda mútua, constituídas e geridas democraticamente por seus membros.

1.5. Educação, formação e informação

Considerando que a cooperativa é constituída e gerida democraticamente por seus membros, é coerente que a sociedade seja organizada para fornecer educação, formação e informação cooperativista aos seus associados de forma eficiente, e que assegure o desenvolvimento solidificado da própria sociedade cooperativa.

Assim, o respeito ao princípio da educação, formação e informação cooperativista é de suma importância para essas sociedades, uma vez que a aplicabilidade deste princípio está diretamente relacionada ao futuro da própria sociedade.

1.6. Intercooperação

Conforme previsto no artigo 3º da Lei nº 5.764/1971, as cooperativas exercem atividade econômica, de proveito comum, sem objetivo de lucro.

Sabendo do interesse do proveito comum, ajuda mútua e do conceito brevemente abordado anteriormente sobre cooperativismo e cooperação, é congruente pensar que a cooperação também deva ocorrer entre sociedades cooperativas, e não apenas entre seus associados. A adequada interpretação deste princípio e sua aplicabilidade nos dias atuais faz com que as cooperativas se tornem competitivas frente ao mercado de atuação, assegurando sua sobrevivência e proporcionando agregação de valor aos produtos e serviços ofertados aos seus associados.

1.7. Interesse pela comunidade

Ao se analisar a essência dos princípios cooperativistas, conjuntamente com a legislação vigente, pode se pensar que todos os demais coibiram especialmente para o princípio do interesse pela comunidade.

Tal princípio orienta que as cooperativas trabalhem de forma a contribuir para o desenvolvimento da comunidade, o que converge diretamente a todos os demais princípios, bem como ao intuito do cooperativismo, que vale repetir sua previsão no artigo 3º da Lei nº 5.764/1971, no sentido de exercer atividade econômica, de proveito comum, sem objetivo de lucro.

Os princípios cooperativistas devidamente aplicados proporcionam às sociedades cooperativas uma frente econômica diferenciada, considerando que as referidas sociedades não possuem finalidade de lucro, mas, como explica Walmor Franke, as sociedades cooperativas visam "a promoção da defesa ou fomento da economia dos cooperados, mediante prestação de serviços" (FRANKE, 1973, p. 22).

Os princípios cooperativistas são tão importantes para compreensão do conceito de cooperativismo, que seria praticamente impossível discorrer sobre qualquer aspecto de uma sociedade cooperativa sem o conhecimento de sua real essência.

Veja como Waldirio Bulgarelli conceitua uma sociedade cooperativa com base em seus princípios:

> Trata-se de empresa cuja conformação e procedimentos estão influenciados pelos princípios doutrinários do sistema de que é instrumento. Não constitui a cooperativa uma categoria econômica, em si, autônoma, destinada como as sociedades capitalistas apenas à obtenção de lucro; ao substituir a economia lucrativa pela economia de sérvio e, portanto, de custos, ela se subordina a ser instrumento de execução desse novo objetivo (BULGARELLI, 2000, p. 21).

Assim, tendo por base o conceito de cooperativismo e os princípios que norteiam as sociedades cooperativas no âmbito geral, é possível evoluir acerca da constituição e reforma do Estatuto Social, especialmente das cooperativas de crédito brasileiras.

2. DA CONSTITUIÇÃO E REFORMA DO ESTATUTO SOCIAL NAS COOPERATIVAS DE CRÉDITO BRASILEIRAS

2.1. Do Estatuto Social

Em primeiro momento, deve-se salientar que a cooperativa não é constituída pelo seu estatuto, mas a partir de sua ata de constituição, que cria a cooperativa e aprova o estatuto em Assembleia Geral. São momentos distintos que convergem interesses simultâneos, gerando valor jurídico de forma solidária.

Assim, prevê o artigo 14 da Lei nº 5.764/1971 onde cita que "a sociedade cooperativa constitui-se por deliberação da Assembleia Geral dos fundadores, constantes da respectiva ata ou por instrumento público" (BRASIL, 1971).

Na sequência, o artigo 15 da aludida Lei cita que num único momento, qual seja, o momento de constituição da sociedade cooperativa, deverá ocorrer a formalização de sua constituição, bem como a definição das diretrizes da referida sociedade, que ocorre por meio do estatuto social, inclusive sob pena de nulidade do primeiro ato.

> Art. 15. O ato constitutivo, sob pena de nulidade, deverá declarar: I - a denominação da entidade, sede e objeto de funcionamento; II - o nome, nacionalidade, idade, estado civil, profissão e residência dos associados, fundadores que o assinaram, bem como o valor e número da quota-parte de cada um; III - aprovação do estatuto da sociedade; IV - o nome, nacionalidade, estado civil, profissão e residência dos associados eleitos para os órgãos de administração, fiscalização e outros (*Idem*, 1971).

Sobre o estatuto social da sociedade cooperativa, cita o artigo 21:

> Art. 21. O estatuto da cooperativa [...] deverá indicar: I - a denominação, sede, prazo de duração, área de ação, objeto da sociedade, fixação do exercício social e da data do levantamento do balanço geral; II - os direitos e deveres dos associados, natureza de suas responsabilidades e as condições de admissão, demissão, eliminação e exclusão e as normas para sua representação nas assembleias gerais; III - o capital mínimo, o valor da quota-parte, o mínimo de quotas-partes a ser subscrito pelo associado, o modo de integralização das quotas-partes, bem como as condições de sua retirada nos casos de demissão, eliminação ou de exclusão do associado; IV - a forma de devolução das sobras registradas aos associados, ou do rateio das perdas apuradas por insuficiência de contribuição para cobertura das despesas da sociedade; V - o modo de administração e fiscalização, estabelecendo os respectivos órgãos, com definição de suas atribuições, poderes e funcio-

namento, a representação ativa e passiva da sociedade em juízo ou fora dele, o prazo do mandato, bem como o processo de substituição dos administradores e conselheiros fiscais; VI - as formalidades de convocação das assembleias gerais e a maioria requerida para a sua instalação e validade de suas deliberações, vedado o direito de voto aos que nelas tiverem interesse particular sem privá-los da participação nos debates; VII - os casos de dissolução voluntária da sociedade; VIII - o modo e o processo de alienação ou oneração de bens imóveis da sociedade; IX – o modo de reformar o estatuto; X - o número mínimo de associados (*Idem).*

O inciso primeiro do citado artigo trata sobre as exigências formais que deverão estar presentes no estatuto social, quais sejam: a denominação, sede, prazo de duração, área de ação, objeto da sociedade, fixação do exercício social e da data do levantamento do balanço geral. Quanto à denominação da sociedade cooperativa, é importante salientar que a mesma deverá conter o termo 'cooperativa' em sua razão social.

Em relação ao associado, é importante que o estatuto conste de forma detalhada o processo de admissão, demissão, eliminação e exclusão dos cooperados.

É certo que o princípio da adesão livre e voluntária permite ao sócio o ingresso na sociedade cooperativa de forma 'aberta', como já mencionado anteriormente. No entanto, também se faz importante abordar acerca das formas de retirada do associado. A primeira forma de retirada é através do pedido de demissão realizado pelo próprio sócio, com precedente no artigo 32 da Lei n° 5.764/1971. Outra forma de retirada é através da eliminação do associado, que está prevista no artigo 33 da aludida Lei: "a eliminação é aplicada em virtude de infração legal ou estatutária, ou por fato especial que deverá estar previsto no estatuto, mediante termo firmado por quem de direito no Livro de Matrícula, com os motivos que a determinaram" (*Idem*). E por fim, também é possível que a retirada do associado ocorra por meio da exclusão, prevista no artigo 35 da mesma Lei:

> Art. 35. A exclusão do associado será feita:
>
> I - por dissolução da pessoa jurídica;
>
> II - por morte da pessoa física;
>
> III - por incapacidade civil não suprida;
>
> IV - por deixar de atender aos requisitos estatutários de ingresso ou permanência na cooperativa (*Idem*, 1971).

Quanto ao processo de admissão do associado numa cooperativa de crédito, é importante salientar que o mesmo deverá providenciar integralização de capital junto à sociedade cooperativa, cujos valores mínimos deverão constar expressamente no estatuto social, preservando os limites legais e orientações do órgão regulador.

Em relação ao capital integrado pelo associado outrora admitido numa cooperativa de crédito, também é importante destacar alguns fatores que carecem de previsão expressa no estatuto social, quais sejam: a forma de retorno do capital e a remuneração ao capital integralizado.

Considerando que os associados respondem pelas sobras e prejuízos do exercício da cooperativa, é plausível que o reembolso do capital deva carecer de aprovação das contas da cooperativa previamente, feito em Assembleia Geral, uma vez que somente após aprovação das contas do exercício, saber-se-á sobre a possibilidade de reaver valor equivalente ao capital integralizado pelo associado.

Também é importante registrar as condições para retorno do capital, que ocorrerá mediante a retirada do associado da cooperativa de crédito ou mediante resgate eventual de capital. Nesta segunda opção, o associado não perde a qualidade de associado/cooperado, mas somente realiza resgate proporcional de capital, respeitando os limites previstos no estatuto social e legislação vigente.

Em complemento, prevê o artigo 10 da Lei Complementar n° 130/2009 que:

> Art. 10. A restituição de quotas de capital depende, inclusive, da observância dos limites de patrimônio exigíveis na forma da regulamentação vigente, sendo a devolução parcial condicionada, ainda, à autorização específica do conselho de administração ou, na sua ausência, da diretoria (BRASIL, 2009).

Quanto à remuneração ao capital integralizado em cooperativas de crédito, o artigo 7° da aludida Lei Complementar cita que:

"Art. 7°. É vedado distribuir qualquer espécie de benefício às quotas-parte do capital, excetuando-se remuneração anual limitada ao valor da taxa referencial do Sistema Especial de Liquidação e de Custódia - Selic para títulos federais" (*Idem*).

E ainda, no que diz respeito a participação econômica dos associados, a cooperativa de crédito deve prever em seu estatuto social "a forma de devolução das sobras registradas aos associados, ou do rateio das perdas apuradas por insuficiência de contribuição para cobertura das despesas da sociedade", conforme previsto na Lei n° 5.764/71.

Ou seja, o associado, no momento de sua admissão na cooperativa, deve conhecer as condições e limites de participação no resultado financeiro da cooperativa de crédito, bem como seus direitos e deveres, que também devem constar de forma detalhada no estatuto social da instituição.

É importante que o estatuto social da cooperativa de crédito também seja específico ao estabelecer seus órgãos de administração e fiscalização, bem como em prever a forma de administração da sociedade, as atribuições e competências básicas de seus administradores, bem como do processo de substituição dos administradores e conselheiros fiscais, quando for o caso.

No que diz respeito às Assembleias Gerais, órgão máximo deliberativo das sociedades cooperativas, é necessário prever no próprio estatuto "as formalidades de convocação das assembleias gerais e a maioria requerida para a sua instalação e validade de suas deliberações, vedado o direito de voto aos que nelas tiverem interesse particular sem privá-los da participação nos debates", em observância com o que já dispõe a legislação vigente acerca do assunto.

Por exemplo, o artigo 38 da Lei n° 5.764/1971 prevê em seu parágrafo primeiro que:

> Assembleias Gerais serão convocadas com antecedência mínima de 10 (dez) dias, em primeira convocação, mediante editais afixados em locais apropriados das dependências comumente mais frequentadas pelos associados, publicação em jornal e comunicação aos associados por intermédio de circulares (BRASIL, 1971).

A Lei n° 5.764/1971 é contundente ao descrever sobre as Assembleias Gerais e sua importância e representatividade na sociedade cooperativa:

> Art. 38. A Assembleia Geral dos associados é o órgão supremo da sociedade, dentro dos limites legais e estatutários, tendo poderes para decidir os negócios relativos ao objeto da sociedade e tomar as resoluções convenientes ao desenvolvimento e defesa desta, e suas deliberações vinculam a todos, ainda que ausentes ou discordantes.
>
> §1°. As Assembleias Gerais serão convocadas com antecedência mínima

> de 10 (dez) dias, em primeira convocação, mediante editais afixados em locais apropriados das dependências comumente mais frequentadas pelos associados, publicação em jornal e comunicação aos associados por intermédio de circulares. Não havendo no horário estabelecido, quórum de instalação, as assembleias poderão ser realizadas em segunda ou terceira convocações desde que assim permitam os estatutos e conste do respectivo edital, quando então será observado o intervalo mínimo de 1 (uma) hora entre a realização por uma ou outra convocação.
>
> §2º. A convocação será feita pelo Presidente, ou por qualquer dos órgãos de administração, pelo Conselho Fiscal, ou após solicitação não atendida, por 1/5 (um quinto) dos associados em pleno gozo dos seus direitos.
>
> §3°. As deliberações nas Assembleias Gerais serão tomadas por maioria de votos dos associados presentes com direito de votar.
>
> Art. 39. É da competência das Assembleias Gerais, ordinárias ou extraordinárias, a destituição dos membros dos órgãos de administração ou fiscalização.
>
> Parágrafo único. Ocorrendo destituição que possa afetar a regularidade da administração ou fiscalização da entidade, poderá a Assembleia designar administradores e conselheiros provisórios, até a posse dos novos, cuja eleição se efetuará no prazo máximo de 30 (trinta) dias (*Idem,* 1971).

Ainda com base no princípio da gestão democrática pelos associados, torna-se importante a definição de uma ordem do dia mínima para realização das Assembleias Gerais, que deverá ser previamente publicada para conhecimento do associado juntamente ao edital de convocação, bem como a definição em estatuto social do quórum para instalação e votação dos assuntos em pauta, o que também consta previsto no artigo 40 da referida Lei:

> Art. 40. Nas Assembleias Gerais o quórum de instalação será o seguinte: I - 2/3 (dois terços) do número de associados, em primeira convocação; II - metade mais 1 (um) dos associados em segunda convocação; II - mínimo de 10 (dez) associados na terceira convocação ressalvado o caso de cooperativas centrais e federações e confederações de cooperativas, que se instalarão com qualquer número (*Idem*, 1971).

Percebe-se que todos os temas necessários de forma expressa no estatuto social de uma sociedade cooperativa possui inter-relação com os princípios cooperativistas e, entendendo a essência do cooperativismo, é mais simples entender seu processo de constituição, bem como a definição e reforma de seu estatuto social.

Ainda em relação às Assembleias Gerais, a Lei Complementar n° 130/2009 trata algumas particularidades das cooperativas de crédito, dentre as quais vale destacar:

> Art. 4º. O quadro social das cooperativas de crédito, composto de pessoas físicas e jurídicas, é definido pela assembleia geral, com previsão no estatuto social.
>
> [...]
>
> Art. 8º. Compete à assembleia geral das cooperativas de crédito estabelecer a fórmula de cálculo a ser aplicada na distribuição de sobras e no rateio de perdas, com base nas operações de cada associado realizadas ou mantidas durante o exercício, observado o disposto no art. 7º desta Lei Complementar.
>
> Art. 9º. É facultado às cooperativas de crédito, mediante decisão da assembleia geral, compensar, por meio de sobras dos exercícios seguintes, o saldo remanescente das perdas verificadas no exercício findo.
>
> [...]
>
> Art. 17. A assembleia geral ordinária das cooperativas de crédito realizar-se-á anualmente, nos 4 (quatro) primeiros meses do exercício social (BRASIL, 2009).

Notadamente, percebe-se que a norma específica, qual seja a Lei Complementar n° 130/2009, apresenta um prazo diferente daquele previsto na Lei n° 5.764/1971 para realização da assembleia geral ordinária nas cooperativas de crédito, sendo que a mesma deverá ser realizada nos quatro primeiros meses do exercício social posterior ao exercício cujas contas serão submetidas para aprovação em assembleia, o que também se recomenda constar no estatuto social da cooperativa de crédito, prevalecendo o prazo previsto em norma específica àquele previsto na aludida Lei n° 5.764/1971.

Ainda em relação às assembleias gerais, existem algumas particularidades para sua convocação, que, especificamente, nos casos das cooperativas de crédito, estão previstas na Lei Complementar n° 130/2009 e, mormente, transcritas para o estatuto social da cooperativa, inclusive quanto à competência do Banco Central do Brasil para convocar Assembleia Geral Extraordinária nos limites da legislação vigente.

> Art. 12. O CMN, no exercício das competências que lhe são atribuídas pela legislação que rege o SFN, poderá dispor, inclusive, sobre as seguintes matérias:

> [...]
>
> §2º O Banco Central do Brasil, no exercício de sua competência de fiscalização das cooperativas de crédito, assim como a entidade que realizar, nos termos da regulamentação do CMN, atividades de supervisão local podem convocar assembleia geral extraordinária de instituição supervisionada, à qual poderão enviar representantes com direito a voz.
>
> [...]
>
> Art. 16. As cooperativas de crédito podem ser assistidas, em caráter temporário, mediante administração em regime de cogestão, pela respectiva cooperativa central ou confederação de centrais para sanar irregularidades ou em caso de risco para a solidez da própria sociedade, devendo ser observadas as seguintes condições:
>
> I - existência de cláusula específica no estatuto da cooperativa assistida, contendo previsão da possibilidade de implantação desse regime e da celebração do convênio de que trata o inciso II do *caput* deste artigo;
>
> II - celebração de convênio entre a cooperativa a ser assistida e a eventual cogestora, a ser referendado pela assembleia geral, estabelecendo, pelo menos, a caracterização das situações consideradas de risco que justifiquem a implantação do regime de cogestão, o rito dessa implantação por iniciativa da entidade cogestora e o regimento a ser observado durante a cogestão; e
>
> **III - realização, no prazo de até 1 (um) ano da implantação da cogestão, de assembleia geral extraordinária para deliberar sobre a manutenção desse regime e da adoção de outras medidas julgadas necessárias** (BRASIL, 2009, grifo nosso).

Portanto, além das competências para convocação de assembleias gerais previstas no artigo 38 da Lei n° 5.764/1971, conforme citado anteriormente, existem algumas particularidades acerca das cooperativas de crédito devido ao seu ramo de atuação e regulamentação especial, previstas na Lei Complementar n° 130/2009, que carecem de observação e previsão no próprio estatuto social da cooperativa, sendo este um tema interessante para um estudo mais aprofundado.

Dando sequência às matérias que carecem de previsão estatutária, é necessário tratar sobre o processo de dissolução voluntária da cooperativa.

A Lei n° 5.764/1971 denota certa preocupação do legislador em garantir aos associados uma segurança jurídica, ao prever condições específicas, tais como um número mínimo de associados para vigência da cooperativa e um prazo máximo para a cooperativa operar com perdas.

É competência exclusiva da Assembleia Geral Extraordinária a dissolução voluntária da sociedade e nomeação de liquidantes, conforme prevê o artigo 46 da Lei n° 5.764/1971.

No que tange às cooperativas de crédito, a Resolução n° 4.434, de 05 de agosto de 2015, emitida pelo Banco Central do Brasil, em especial, prevê algumas particularidades quanto ao processo de dissolução da cooperativa:

> Art. 47. A dissolução da cooperativa de crédito implica o cancelamento da respectiva autorização para funcionamento.
>
> Art. 48. São requisitos indispensáveis para o cancelamento, a pedido, da autorização para funcionamento da cooperativa de crédito: I - deliberação em assembleia geral; e II - instrução do respectivo processo junto ao BCB nos termos e condições por ele estabelecidos.
>
> Art. 49. O BCB poderá cancelar a autorização para funcionamento da cooperativa de crédito quando constatada, a qualquer tempo, uma ou mais das seguintes situações: I - falta de prática habitual de operações consideradas essenciais, nos termos das normas aplicáveis; II - inatividade operacional, sem justa causa; III - não localização da instituição no endereço informado; IV - interrupção, por mais de quatro meses, sem justa causa, do envio de demonstrações contábeis e demais informações exigidas pela regulamentação em vigor; V - não cumprimento do prazo para início de funcionamento previsto no processo de autorização, observado o disposto no §1° do art. 10; VI - não cumprimento do compromisso de filiação previsto no plano de negócios; e VII - não cumprimento das condições adicionais estabelecidas no parágrafo único do art. 12. §1° O BCB, previamente ao cancelamento de que trata o *caput*, deverá: I - considerar os riscos do cancelamento para a estabilidade do Sistema Financeiro Nacional, para a poupança popular e para os credores operacionais da instituição; II - instaurar processo administrativo, notificando a instituição no endereço fornecido ao BCB para manifestação sobre a intenção de cancelamento; e III - divulgar ao público, pelo meio que julgar mais adequado, a intenção de cancelar a autorização de que se trata, com vistas à eventual apresentação de objeções no prazo de trinta dias. §2° Na hipótese do inciso III do *caput*, ou não sendo encontrado o interessado, a notificação de que trata o inciso II do §1° será realizada por meio de edital. §3° Efetivado o cancelamento de que trata o *caput*, o BCB o comunicará ao órgão de registro competente (BANCO CENTRAL DO BRASIL, 2015).

Por fim, o artigo 21 da Lei nº 5.764/1971 ainda prevê que o estatuto social deverá constar a forma de alienação de bens imóveis da cooperativa e as condições para reforma do estatuto social.

Quanto aos bens imóveis da cooperativa, trata-se de segurança para o próprio associado que as condições para sua alienação ou oneração estejam previstas no estatuto social, a fim de garantir que os administrados eleitos, no gozo de suas atribuições, preservem os interesses dos associados, ora manifestados no próprio estatuto acerca da alienação e oneração de bens imóveis de propriedade da cooperativa, que, de fato, estende-se aos seus associados, nos limites da legislação vigente e suas particularidades.

Em relação à reforma do estatuto social, a Lei nº 5.764/1971 dispõe em seu artigo 46 que a reforma estatutária é competência exclusiva da Assembleia Geral Extraordinária, assim como a dissolução voluntária da sociedade:

> Art. 46. É da competência exclusiva da Assembleia Geral Extraordinária deliberar sobre os seguintes assuntos: I - reforma do estatuto; II - fusão, incorporação ou desmembramento; III - mudança do objeto da sociedade; IV - dissolução voluntária da sociedade e nomeação de liquidantes; e V - contas do liquidante.
>
> Parágrafo único. São necessários os votos de 2/3 (dois terços) dos associados presentes, para tornar válidas as deliberações de que trata este artigo (BRASIL, 1971).

Quanto às cooperativas de crédito, a reforma do estatuto social carece de expressa autorização do Banco Central do Brasil, conforme previsto no artigo 10 da Lei nº 4.595/1964:

> Art. 10. Compete privativamente ao Banco Central da República do Brasil
>
> [...]
>
> X - Conceder autorização às instituições financeiras, a fim de que possam: a) funcionar no País; b) instalar ou transferir suas sedes, ou dependências, inclusive no exterior; c) ser transformadas, fundidas, incorporadas ou encampadas; d) praticar operações de câmbio, crédito real e venda habitual de títulos da dívida pública federal, estadual ou municipal, ações Debêntures, letras hipotecárias e outros títulos de crédito ou mobiliários; e) ter prorrogados os prazos concedidos para funcionamento; f) alterar seus estatutos e/ou g) alienar ou, por qualquer outra forma, transferir o seu controle acionário (BRASIL, 1964).

Nesse sentido, o Banco Central do Brasil dispõe o 'Manual de Organização do Sistema Financeiro' que orienta, especificamente, em relação às cooperativas de crédito no que tange ao processo de reforma estatutária, com observância aos limites da legislação vigente.

Ainda do processo de reforma do estatuto social, que deverá conservar os critérios já abordados acerca da constituição do referido instrumento, é importante salientar algumas particularidades no processo de reforma estatutária de cooperativas de crédito e sua respectiva aprovação pelo Banco Central do Brasil, determinada pela Resolução nº 4.434/2012 daquele órgão:

"O Banco Central do Brasil pode solicitar documentos e informações adicionais que julgar necessários à decisão do pleito" (BANCO CENTRAL DO BRASIL, 2012).

Aquela Instituição ainda determina, em seu 'Manual de Organização do Sistema Financeiro', que:

> A formalização do pedido de aprovação do ato de alteração estatutária deve ser feita no prazo de trinta dias, contado do recebimento da comunicação da manifestação favorável ao projeto. O objeto da reforma estatutária deve estar claramente explicitado no edital de convocação e na ata da assembleia. Em se tratando de assuntos relevantes, é recomendável que tais documentos não se limitem a citar os artigos a serem alterados, e sim que a natureza da reforma pretendida seja destacada. Exemplos de assuntos relevantes são: alterações nas condições de associação e/ou da área de atuação, mudanças na estrutura organizacional, mudança de denominação social, transferência de sede, e outras que possam trazer alteração significativa na relação do associado com a instituição (BANCO CENTRAL DO BRASIL, 2017).

Sabendo sobre o processo de constituição e reforma do estatuto social das cooperativas de crédito e a essência do cooperativismo traduzida em seus princípios abordados inicialmente, passa-se aos procedimentos para registro do estatuto social da cooperativa de crédito junto aos órgãos competentes para tal.

2.2. Da homologação do Estatuto Social pelo Banco Central do Brasil e registro na Junta Comercial

A Lei Complementar nº 130/2009 é precisa ao prever que:

> Art. 1°. As instituições financeiras constituídas sob a forma de cooperativas de crédito submetem-se a esta Lei Complementar, bem como à legislação do Sistema Financeiro Nacional - SFN e das sociedades cooperativas.
>
> §1°. As competências legais do Conselho Monetário Nacional - CMN e do Banco Central do Brasil em relação às instituições financeiras aplicam-se às cooperativas de crédito.
>
> §2°. É vedada a constituição de cooperativa mista com seção de crédito (BRASIL, 2009).

Dito isso, ainda vale observar as condições previstas na Resolução do Banco Central do Brasil n° 4.434, de 05 de agosto de 2015, que dispõe essencialmente sobre a constituição, a autorização para funcionamento, o funcionamento, as alterações estatutárias e o cancelamento de autorização para funcionamento das cooperativas de crédito.

Especialmente, acerca da homologação do estatuto social pelo Banco Central do Brasil, o artigo 13 da aludida Resolução diz que:

> Art. 13. A cooperativa de crédito, na constituição de entidade não financeira de qualquer natureza destinada a prestar serviços a cooperativas de crédito, deve comunicar o fato ao Banco Central do Brasil, nos termos da legislação em vigor, mantendo à sua disposição os respectivos estatutos ou contrato social, podendo essa autarquia requerer as alterações julgadas necessárias em vista do desempenho de suas atribuições legais, conforme art. 12, inciso V e §1º, da Lei Complementar nº 130, de 17 de abril de 2009 (BANCO CENTRAL DO BRASIL, 2015).

Assim, além de observados os critérios para constituição do estatuto social da cooperativa de crédito e sua aprovação em Assembleia Geral Extraordinária, nos limites da legislação vigente, o referido instrumento carece de homologação pela entidade reguladora, conforme elucidado acima para que siga em seus efeitos legais.

Após a homologação do estatuto social da cooperativa de crédito, o mesmo ainda deve ser submetido para registro na Junta Comercial, nos moldes da Lei n° 5.764/1971:

> Art. 17. A cooperativa constituída na forma da legislação vigente apresentará ao respectivo órgão executivo federal de controle, no Distrito Federal, Estados ou Territórios, ou ao órgão local para isso credenciado, dentro de 30 (trinta) dias da data da constituição, para fins de autorização, requerimento acompanhado de 4 (quatro) vias do ato constitutivo, estatuto e lista

nominativa, além de outros documentos considerados necessários.

Art. 18. Verificada, no prazo máximo de 60 (sessenta) dias, a contar da data de entrada em seu protocolo, pelo respectivo órgão executivo federal de controle ou órgão local para isso credenciado, a existência de condições de funcionamento da cooperativa em constituição, bem como a regularidade da documentação apresentada, o órgão controlador devolverá, devidamente autenticadas, 2 (duas) vias à cooperativa, acompanhadas de documento dirigido à Junta Comercial do Estado, onde a entidade estiver sediada, comunicando a aprovação do ato constitutivo da requerente.

§1°. Dentro desse prazo, o órgão controlador, quando julgar conveniente, no interesse do fortalecimento do sistema, poderá ouvir o Conselho Nacional de Cooperativismo, caso em que não se verificará a aprovação automática prevista no parágrafo seguinte.

§2º. A falta de manifestação do órgão controlador no prazo a que se refere este artigo implicará a aprovação do ato constitutivo e o seu subsequente arquivamento na Junta Comercial respectiva.

§3º. Se qualquer das condições citadas neste artigo não for atendida satisfatoriamente, o órgão ao qual compete conceder a autorização dará ciência ao requerente, indicando as exigências a serem cumpridas no prazo de 60 (sessenta) dias, findos os quais, se não atendidas, o pedido será automaticamente arquivado.

§4°. À parte é facultado interpor da decisão proferida pelo órgão controlador, nos Estados, Distrito Federal ou Territórios, recurso para a respectiva administração central, dentro do prazo de 30 (trinta) dias contado da data do recebimento da comunicação e, em segunda e última instância, ao Conselho Nacional de Cooperativismo, também no prazo de 30 (trinta) dias, exceção feita às cooperativas de crédito, às seções de crédito das cooperativas agrícolas mistas, e às cooperativas habitacionais, hipótese em que o recurso será apreciado pelo Conselho Monetário Nacional, no tocante às duas primeiras, e pelo Banco Nacional de Habitação em relação às últimas.

§5º. Cumpridas as exigências, deverá o despacho do deferimento ou indeferimento da autorização ser exarado dentro de 60 (sessenta) dias, findos os quais, na ausência de decisão, o requerimento será considerado deferido. Quando a autorização depender de dois ou mais órgãos do Poder Público, cada um deles terá o prazo de 60 (sessenta) dias para se manifestar.

§6º. Arquivados os documentos na Junta Comercial e feita a respectiva publicação, a cooperativa adquire personalidade jurídica, tornando-se apta a funcionar.

§7º. A autorização caducará, independentemente de qualquer despacho, se a cooperativa não entrar em atividade dentro do prazo de 90 (noventa)

> dias contados da data em que forem arquivados os documentos na Junta Comercial.
>
> §8º. Cancelada a autorização, o órgão de controle expedirá comunicação à respectiva Junta Comercial, que dará baixa nos documentos arquivados.
>
> §9º. A autorização para funcionamento das cooperativas de habitação, das de crédito e das seções de crédito das cooperativas agrícolas mistas subordina-se ainda, à política dos respectivos órgãos normativos.
>
> Art. 19. A cooperativa escolar não estará sujeita ao arquivamento dos documentos de constituição, bastando remetê-los ao Instituto Nacional de Colonização e Reforma Agrária, ou respectivo órgão local de controle, devidamente autenticados pelo diretor do estabelecimento de ensino ou a maior autoridade escolar do município, quando a cooperativa congregar associações de mais de um estabelecimento de ensino.
>
> Art. 20. A reforma de estatutos obedecerá, no que couber, ao disposto nos artigos anteriores, observadas as prescrições dos órgãos normativos (BRASIL, 1971).

Percebe-se ainda que, tanto a constituição do estatuto social da cooperativa de crédito quanto a reforma do referido instrumento, carecem de homologação junto ao Banco Central do Brasil e registro na Junta Comercial.

3. CONCLUSÃO

É notório que as particularidades definidas pela legislação vigente abrangem as sociedades cooperativas numa grande escala, cabendo às normas complementares, em especial àquelas instituídas pelo Banco Central do Brasil para adequada formalização do estatuto social de uma cooperativa de crédito.

Ademais, é fundamental o conhecimento profundo acerca dos princípios que norteiam as sociedades cooperativas, pois, em que pese a qualificação da cooperativa de crédito como uma instituição financeira e a extensão da complexidade de suas transações, que devem ser regulamentadas e auditadas diretamente pelo Banco Central do Brasil e sua participação no Sistema Financeiro Nacional, ainda possui extrema diferença quanto à essência do serviço prestado, que, diferente de outras instituições financeiras, a cooperativa de crédito, conforme expresso no artigo 2º da Lei Complementar nº 130/2009, objetiva prover, por meio da mutualidade, a prestação de serviços financeiros aos seus associados, sem a finalidade de lucro, mas compartilhando de suas 'sobras' com todos os associados, nos limites da legislação vigente, fazendo valer os princípios do cooperativismo e a essência de uma forma justa e adequada de intermediação financeira.

REFERÊNCIAS BIBLIOGRÁFICAS

BANCO CENTRAL DO BRASIL. *Manual de organização do sistema financeiro*. Disponível em: <https://www3.bcb.gov.br/sisorf_externo>. Acesso em: 16 nov. 2017.

_______. Resolução n° 4.434, de 05 de agosto de 2015. *Dispõe sobre a constituição, a autorização para funcionamento, o funcionamento, as alterações estatutárias e o cancelamento de autorização para funcionamento das cooperativas de crédito e dá outras providências.* Disponível em: <http://www.bcb.gov.br/pre/normativos/busca/downloadNormativo.asp?arquivo=/Lists/Normativos/Attachments/48507/Res_4434_v2_L.pdf>. Acesso em: 11 nov. 2017.

BRASIL. Lei Complementar n° 130, de 17 de abril de 2009. *Dispõe sobre o Sistema Nacional de Crédito Cooperativo e revoga dispositivos das Leis nos 4.595, de 31 de dezembro de 1964, e 5.764, de 16 de dezembro de 1971.* Disponível em: <http://www.planalto.gov.br/ccivil_03/leis/lcp/Lcp130.htm>. Acesso em: 02 nov. 2017.

_______. Lei n° 4.595, de 31 de dezembro de 1964. *Dispõe sobre a Política e as Instituições Monetárias, Bancárias e Creditícias, Cria o Conselho Monetário Nacional e dá outras providências.* Disponível em: <http://www.planalto.gov.br/ccivil_03/leis/L4595.htm>. Acesso em 15 nov. 2017

_______. Lei n° 5.764, de 16 de dezembro de 1971. *Define a Política Nacional de Cooperativismo, institui o regime jurídico das sociedades cooperativas, e dá outras providências.* Disponível em: < http://www.planalto.gov.br/ccivil_03/leis/L5764.htm>. Acesso em: 1° nov. 2017.

BULGARELLI, Waldirio. *As sociedades cooperativas e a sua disciplina jurídica.* 2.ed. Rio de Janeiro: Renovar, 2000.

FRANKE, Walmor. *Direito das sociedades cooperativas: direito cooperativo.* São Paulo: Saraiva, 1973.

GAWLAK, Albino; RATZKE, Fabianne Allage Y. *Cooperativismo: Filosofia de Vida para um Mundo Melhor*. 2.ed. Curitiba: SESCOOP/PR e OCEPAR, 2001.

KRUEGER, Guilherme. *A disciplina das cooperativas no Novo Código Civil - a ressalva da lei 5.764/71. In BECHO, Renato Lopes. Problemas atuais do Direito Cooperativo*. São Paulo: Dialética, 2002.

KRÜGER, Cátia Denise Gress. *O Princípio das Portas Abertas in. KRUEGER, Guilherme. Coord. Cooperativismo e o Novo Código Civil.* 2.ed. Atual. Belo Horizonte: Mandamentos, 2005.

ROSEMBUJ, Túlio. *La empresa cooperativa*. Barcelona: CEAC, 1982.

A INDEPENDÊNCIA E A AUTONOMIA DAS COOPERATIVAS DE CRÉDITO E SEUS IMPACTOS NO ÂMBITO DA RESPONSABILIDADE CIVIL

MARIA RACHEL RIBEIRO DE OLIVEIRA BARBOSA

Graduada em Direito pela Faculdade de Direito da UFMG. Pós-graduada lato sensu em Gestão Jurídica e de Contencioso pelo IBMEC e em Direito de Empresa pela PUC Minas. Participante de missão de estudos para dirigentes e funcionários do Sicoob Crediminas em Montabaur, na Alemanha, com o tema "Sistema de Crédito Cooperativo na Alemanha". Assessora Jurídica do SICOOB CENTRAL CREDIMINAS. Membro do Comitê Jurídico Estratégico da Câmara Americana de Comércio para o Brasil (AMCHAM). Membro da Comissão de Direito Cooperativista da OAB/MG.

RESUMO

Com este artigo propõe-se uma reflexão sobre a estrutura e a essência das sociedades cooperativas, seus propósitos e o natural impacto na relação entre estas sociedades e seus associados ou cooperados. É feita uma análise das principais características das cooperativas, notadamente daquelas que as diferenciam dos demais tipos societários. Traz uma breve retrospectiva histórica do cooperativismo, passando pela Inglaterra, Alemanha, Itália e Canadá, finalizando no Brasil. A partir da Lei n° 5.674/1971, aprofunda-se nas características que são caras ao segmento cooperativo, a começar pela natureza secundária do capital em prol da prevalência da pessoa do cooperado enquanto indivíduo que se une ao grupo para melhor acesso ao mercado. Analisa-se também a Lei Complementar n° 130/2009 como grande marco em termos de governança nas sociedades cooperativas, contribuindo para a evolução do segmento de crédito cooperativo. É feita também uma análise comparativa do vínculo existente entre uma cooperativa e seu cooperado e entre um banco e seu cliente, destacando-se que o grande diferencial está na convergência do propósito de união dos cooperados. Daí emergem todas as demais características deste vínculo cooperativo, com ênfase para a dupla qualificação dos cooperados: o de cliente e de proprietário. Assim, as decisões estratégicas neste tipo societário se pautam na participação coletiva e no interesse deste grupo. E são estas características que impactam de forma determinante a atribuição de responsabilidades no âmbito do segmento de crédito cooperativo, reafirmando a já mencionada dupla qualificação do cooperado. Portanto, a postura ativa e participativa do cooperado é premissa inarredável deste tipo societário. Boa leitura!

Palavras-chave: Cooperativas de Crédito. Estrutura de Governança. Características. Responsabilidades. Associados.

ABSTRACT

This article proposes a reflection upon the essence and structure of the cooperative societies, their purposes and the natural impact on the relationship between these societies and its associates/cooperators. It also analyzes the main features of the cooperatives, notably those that distinguish them from other corporate types. Furthermore, it brings a brief historical retrospective of the cooperativism, (starting) in England, (then) Germany, Italy, Canada, and finally Brazil (or until its advent in Brazil). Through the Law no. 5.674/1971, it pursues the features that concern the cooperative segment, starting by the secondary nature of the capital in favor of the prevalence of the cooperator as an individual that joins the group for a better access to the market. In addition, it appraises the complementary Law no. 130/2009 as milestone in terms of governance in the cooperative societies, contributing to the evolution of the cooperative credit segment. Plus, it conducts a comparative analysis, highlighting that the great differential is the convergence of purposes among the cooperators association, which leads to their unity. Thence, all the other features of this cooperative association emerge, emphasizing the dual skilling of the cooperators: the one of the client and the one of the owner. Therefore, the strategic decisions in this corporate type are guided by the collective participation and interest of this group. These features are exactly what impacts the attribution of responsibility in the scope of the cooperative credit segment, reaffirming the dual skilling previously mentioned. Thus, the active and engaged behavior of the cooperator is an absolute premise. Enjoy your reading.

Keywords: Credit Unions. Governance Structure. Features. Responsabilities. Associates.

1. INTRODUÇÃO

As cooperativas de crédito representam uma das formas mais genuínas da união de esforços em prol de um bem comum. Trata-se da verdadeira cooperação, representando o trabalho em comum para realização do objeto da sociedade cooperativa. Seu nascimento está diretamente relacionado à busca pela inserção no mercado em melhores condições e geração de renda, proporcionando assim uma vida digna aos respectivos cooperados. Esses fatores justificam o surgimento das cooperativas ainda no século XIX.

Como é sabido, o cooperativismo com o formato que hoje conhecemos surgiu em 1844, na cidade inglesa de Rochdale, quando vinte e oito tecelões se uniram e constituíram uma cooperativa de consumo. A primeira cooperativa de crédito tipicamente rural surgiria vinte anos depois, idealizada a partir da associação de apoio para a população rural criada em 1847 por Wilhelm Raiffeisen. A singularidade de votos, independentemente do número de quotas, já prevalecia neste modelo. As cooperativas de crédito urbano nasceram a partir de 1856, fundadas por Herman Schulze e eram conhecidas como sendo do tipo *Schulze-Delitzsch* (correspondem hoje aos bancos populares na Alemanha). Ao contrário das cooperativas do tipo *Raiffeisen*, nas cooperativas tipo *Schulze-Delitzsch* havia o retorno das sobras líquidas, o que acontecia de forma proporcional ao capital. Em 1865, Luigi Luzzatti organizou em Milão a primeira cooperativa do tipo *Luzzatti*, cuja principal característica era a não exigência de vínculo/condição específica para associação, ressalvado o limite geográfico. Prosseguindo, já em 1900, Alphonse Desjardins criou a primeira cooperativa de crédito (mútuo) no Canadá, sendo sua característica a existência de algum tipo de vínculo comum entre os sócios. Acredita-se que no Brasil a primeira sociedade a usar a expressão 'cooperativa' foi a Sociedade Cooperativa Econômica dos Funcionários Públicos de Ouro Preto, fundada em 27 e outubro de 1889. A primeira cooperativa de crédito brasileira foi constituída em 1902, no município de Nova Petrópolis, no Estado do Rio Grande do Sul.

2. LEIS ESPECÍFICAS DO COOPERATIVISMO

Em vigor desde 1971, a Lei n° 5.764 instituiu o regime jurídico das sociedades cooperativas, determinando tratar-se de uma sociedade de pessoas constituída para prestar serviços aos associados.

Nos termos do artigo 3° da referida Lei, "celebram contrato de sociedade cooperativa as pessoas que reciprocamente se obrigam a contribuir com bens ou serviços para o exercício de uma atividade econômica, de proveito comum, sem objetivo de lucro" (BRASIL, 1971).

Dentre as suas características, previstas também no Código Civil Brasileiro, destacamos a singularidade de voto – cada associado um voto, independentemente do número de quotas que detém – e quórum para deliberação da assembleia, baseado no número de associados e não no capital, retorno das sobras líquidas proporcionalmente às operações realizadas pelo associado. Reforçando o caráter secundário do capital social que cada cooperado tem e a prevalência do cooperado enquanto pessoa que se une aos demais cooperados num esforço comum para melhor acesso aos serviços financeiros, a Lei Complementar n° 130, de 17 de abril de 2009, veda a distribuição de qualquer espécie de benefício às quotas-partes do capital, excetuada a remuneração anual limitada ao valor da taxa referencial do Sistema Especial de Liquidação e de Custódia (Selic) para títulos federais.

A Lei n° 5.764/1971 define as seguintes características das sociedades cooperativas:

> Art. 4º. As cooperativas são sociedades de pessoas, com forma e natureza jurídica próprias, de natureza civil, não sujeitas a falência, constituídas para prestar serviços aos associados, distinguindo-se das demais sociedades pelas seguintes características:
>
> I – adesão voluntária, com número ilimitado de associados, salvo impossibilidade técnica de prestação de serviços;
>
> II – variabilidade do capital social representado por quotas-partes;
>
> III – limitação do número de quotas-partes do capital para cada associado, facultado, porém, o estabelecimento de critérios de proporcionalidade, se assim for mais adequado para o cumprimento dos objetivos sociais;
>
> IV – inacessibilidade das quotas-partes do capital a terceiros, estranhos à sociedade;
>
> V – singularidade de voto, podendo as cooperativas centrais, federações e confederações de cooperativas, com exceção das que exerçam atividade de crédito, optar pelo critério da proporcionalidade;
>
> VI – quorum para o funcionamento e deliberação da Assembleia Geral baseado no número de associados e não no capital;
>
> VII – retorno das sobras líquidas do exercício, proporcionalmente às ope-

> rações realizadas pelo associado, salvo deliberação em contrário da Assembleia Geral;
>
> VIII - indivisibilidade dos fundos de Reserva e de Assistência Técnica Educacional e Social;
>
> IX - neutralidade política e indiscriminação religiosa, racial e social;
>
> X - prestação de assistência aos associados, e, quando previsto nos estatutos, aos empregados da cooperativa;
>
> XI - área de admissão de associados limitada às possibilidades de reunião, controle, operações e prestação de serviços (BRASIL, 1971).

Também no campo normativo, merece destaque a seguinte previsão da referida Lei:

> Art. 103. As cooperativas permanecerão subordinadas, na parte normativa, ao Conselho Nacional de Cooperativismo, **com exceção das de crédito**, das seções de crédito das agrícolas mistas e das de habitação, **cujas normas continuarão a ser baixadas pelo Conselho Monetário Nacional**, relativamente às duas primeiras, e Banco Nacional de Habitação, com relação à última, observado o disposto no artigo 92 desta Lei [...] (BRASIL, 1971, grifo nosso).

Outro ponto de destaque na Lei n° 5.764/1971, que diferencia as sociedades cooperativas de outras sociedades, em convergência à sua essência, é o art. 37, que prevê:

> Art. 37. **A cooperativa assegurará a igualdade de direitos dos associados sendo-lhe defeso:**
>
> I - remunerar a quem agencie novos associados;
>
> II - cobrar prêmios ou ágio pela entrada de novos associados ainda a título de compensação das reservas;
>
> **III - estabelecer restrições de qualquer espécie ao livre exercício dos direitos sociais.** (BRASIL, 1971, grifo nosso).

Assim, enquanto os bancos podem estabelecer tratamento diferenciado ao seu usuário com base em critérios não isonômicos, de acordo com a conveniência do momento, as cooperativas de crédito devem estabelecer em suas políticas critérios lineares aplicáveis a qualquer associado que se enquadre naqueles critérios. As decisões nas cooperativas de crédito devem considerar, por isso, inclusive a geração de precedente. Isso porque a mesma condição deve ser proporcionada a todos aqueles que estejam em igual condição.

3. CLASSIFICAÇÃO E ESTRUTURA DE GOVERNANÇA DAS COOPERATIVAS

A Lei Complementar n° 130/2009, norma aplicável ao segmento de crédito cooperativo, representou um marco em termos de evolução na estrutura de governança ao permitir, nas cooperativas com Conselho de Administração, a criação da Diretoria Executiva a ele subordinada, na qualidade de órgão estatutário composto por pessoas físicas associadas ou não, sempre, contudo, eleitas por aquele Conselho.

Não é difícil constatar que o vínculo existente entre o cooperado e a sua cooperativa, repita-se, sua cooperativa, é completamente diverso do relacionamento, por exemplo, de um usuário de serviços bancários com o respectivo banco no qual mantém suas operações ativas e passivas. Isso porque, considerando o seu propósito de constituição e as características que lhe diferenciam profundamente das demais sociedades, o cooperado assume dupla qualificação: a de cliente e de proprietário. Aliás, é vedado às cooperativas o uso da expressão 'banco', *ex vi* do Parágrafo Único do Art. 5º da Lei n° 5.764/1971.

Sobre o assunto, a Terceira Turma do Superior Tribunal de Justiça assim decidiu no Recurso Especial nº 1.535.888-MG (2015/0130964-4), de relatoria da Ministra Nancy Andrighi:

> Na hipótese sob julgamento, é preciso atentar que os recorridos não são propriamente terceiros de boa-fé envolvidos em uma relação de consumo da qual não tinham o menor conhecimento. Conforme fl. 9 (e-STJ), os recorridos são associados da CREDITEC e, **da maneira peculiar do sistema cooperativista, assumem simultaneamente uma dupla qualificação: a de clientes e de proprietários.** Nesse sentido, a doutrina especializada esclarece que:
>
> [...] o associado cooperativista de crédito é parte integrante de uma comunidade. Não há mera constituição de estrutura societária para exploração de uma atividade econômica, mas sim há comunhão de esforços para que a própria comunidade otimize seus resultados, por meio da utilização dos recursos das pessoas que a compõem, ampliando assim os resultados dos próprios associados. [...] Para tanto, como já se ressaltou, precisam estar em permanente estado de cooperação, também entendido como ajuda mútua, no qual prestam serviços a si próprios. Nessa relação são donos e clientes, e detêm a propriedade comum do que se denomina cooperativa que, por sua vez, é a personificação jurídica da comunidade que integram. [...] **Não deve haver categorização como apenas um cliente ou proprietário, mas**

> **sim, e ao mesmo tempo, deve haver o entendimento da condição de dupla qualificação em ser as duas figuras.** (ANDRIGHI, REsp nº 1.535.888/MG, 3ª Turma *apud* KALUF in LEITE; SENRA, 2005, p. 253-24).

Na mesma linha, PONTES DE MIRANDA (1964, p. 429) esclarece que a cooperativa "é sociedade em que a pessoa do sócio passa à frente do elemento econômico e as consequências da pessoalidade da participação são profundos, a ponto de torná-las uma espécie de sociedade".

Em termos de estrutura, a Lei nº 5.764/1971 e a Lei Complementar nº 130/2009 dividem o segmento de crédito cooperativo em três níveis, a saber:

a) Cooperativas de crédito singulares (primeiro grau): constituídas por pessoas físicas e jurídicas, conforme definido pela assembleia geral, com previsão no estatuto social. As cooperativas singulares se caracterizam pela prestação direta de serviços aos associados. Assim, destinam-se precipuamente a prover, por meio da mutualidade, a prestação de serviços financeiros a seus associados, sendo-lhes assegurado o acesso aos instrumentos do mercado financeiro. A captação de recursos e a concessão de créditos e garantias são restritas aos associados. Elimina-se, assim, o intermediário – instituição financeira bancária – entre a captação de recursos e a concessão de empréstimos. Sendo objetivo dos bancos a geração de lucro, a eliminação deste intermediário impacta diretamente na redução dos custos da cadeia produtiva. Interessante mencionar que, inobstante as cooperativas de crédito não tenham por finalidade o lucro, a geração de sobras é uma realidade dada a impossibilidade prática de se definir o custo exato da operação. Assim, sendo as sobras o excedente do ato cooperativo, assim entendido, de forma muito resumida, o que o associado pagou a mais em uma operação de crédito e/ou recebeu a menos em uma aplicação financeira, estas sobras retornam aos cooperados ao final de exercício na exata proporção daquilo que ele contribuiu para sua geração ao operar ativa e passivamente com a sua cooperativa. Para delimitar a amplitude destas operações, buscamos socorro no Art. 79 da Lei nº 5.764/71:

> Art. 79. Denominam-se atos cooperativos os praticados entre as cooperativas e seus associados, entre estes e aquelas e pelas cooperativas entre si quando associados, para a consecução dos objetivos sociais.

> Parágrafo Único. O ato cooperativo não implica operação de mercado, nem contrato de compra e venda de produto ou mercadoria (BRASIL, 1971).

Essa sistemática é totalmente convergente com a ausência da finalidade lucrativa e o esforço comum em prol das atividades desenvolvidas pelos associados. Ou seja, além do custo das operações oferecidas pelas cooperativas de crédito ser nitidamente inferior se comparadas às mesmas soluções oferecidas pelos bancos, aquilo que exceder ao custo da operação retorna para o associado. O foco é a desoneração do associado, contribuindo assim para o melhor desenvolvimento de sua atividade produtiva e inserção no mercado.

b) Cooperativas centrais de crédito (segundo grau): constituídas de, no mínimo, três singulares. Têm por objetivo organizar, em comum acordo e em maior escala, os serviços econômicos e assistenciais de interesse das filiadas, integrando e orientando suas atividades, bem como facilitando a utilização recíproca dos serviços.

c) Confederações de cooperativas (terceiro grau): constituídas, pelo menos, de três federações de cooperativas ou cooperativas centrais, da mesma ou de diferentes modalidades. Têm por objetivo orientar, coordenar e executar atividades das cooperativas centrais nos casos em que o vulto dos empreendimentos e a natureza das atividades transcenderem o âmbito de capacidade ou a conveniência de atuação das associadas.

Passando agora para uma análise da estrutura de governança em uma cooperativa, cabe-nos abordar preliminarmente as assembleias gerais. Trata-se do órgão supremo em uma sociedade cooperativa, cujos limites são as normas legais e regulamentares do respectivo segmento econômico. Naturalmente, o estatuto social é também um limite, lembrando da possibilidade de sua alteração por deliberação de pelo menos dois terços dos associados presentes em uma assembleia geral extraordinária convocada para esta finalidade (reforma estatutária). As assembleias gerais têm por escopo avaliar e decidir sobre as questões de interesse social, cujo impacto na sociedade é visivelmente mais relevante. Afinal, são os donos desta sociedade cooperativa, reunidos em assembleia, que definirão seus rumos e que, em última instância, responderão pelas perdas eventualmente geradas por uma estratégia malsucedida. As decisões assembleares vinculam os ausentes e discordantes, reforçando ainda mais a proposta para este tipo societário, que requer uma participação ativa e consciente do quadro social.

O Art. 38 da Lei n° 5.764/1971 trata do assunto:

> Art. 38. A Assembleia Geral dos associados é o órgão supremo da sociedade, dentro dos limites legais e estatutários, tendo poderes para decidir os negócios relativos ao objeto da sociedade e tomar as resoluções convenientes ao desenvolvimento e defesa desta, e suas deliberações vinculam a todos, ainda que ausentes ou discordantes.
>
> [...]
>
> §3°. As deliberações nas Assembleias Gerais serão tomadas por maioria de votos dos associados presentes com direito de votar (BRASIL, 1971).

Além disso, vejam o Art. 44 da aludida Lei:

Art. 44. A Assembleia Geral Ordinária, que se realizará anualmente nos 3 (três) primeiros meses após o término do exercício social, deliberará sobre os seguintes assuntos que deverão constar da ordem do dia:

> I - prestação de contas dos órgãos de administração acompanhada de parecer do Conselho Fiscal, compreendendo:
>
> a) relatório da gestão;
>
> b) balanço;
>
> c) demonstrativo das sobras apuradas ou das perdas decorrentes da insuficiência das contribuições para cobertura das despesas da sociedade e o parecer do Conselho Fiscal.
>
> II - destinação das sobras apuradas ou rateio das perdas decorrentes da insuficiência das contribuições para cobertura das despesas da sociedade, deduzindo-se, no primeiro caso as parcelas para os Fundos Obrigatórios;
>
> III - eleição dos componentes dos órgãos de administração, do Conselho Fiscal e de outros, quando for o caso;
>
> IV - quando previsto, a fixação do valor dos honorários, gratificações e cédula de presença dos membros do Conselho de Administração ou da Diretoria e do Conselho Fiscal;
>
> V - quaisquer assuntos de interesse social, excluídos os enumerados no artigo 46.
>
> §1°. Os membros dos órgãos de administração e fiscalização não poderão participar da votação das matérias referidas nos itens I e IV deste artigo.
>
> §2°. À exceção das cooperativas de crédito e das agrícolas mistas com seção

> de crédito, a aprovação do relatório, balanço e contas dos órgãos de administração, desonera seus componentes de responsabilidade, ressalvados os casos de erro, dolo, fraude ou simulação, bem como a infração da lei ou do estatuto (*Idem*, 1971).

As assembleias podem ser ordinárias ou extraordinárias, sendo normalmente convocadas pelo Presidente do Conselho de Administração, após deliberação deste órgão para tanto, inclusive quanto à respectiva pauta. A assembleia geral ordinária é o principal evento no calendário de qualquer cooperativa. Nesta oportunidade, a Alta Administração da sociedade presta contas do exercício anterior, cabendo aos cooperados deliberarem pela sua aprovação ou não. Além disso, é também decidida a destinação das sobras apuradas, após deduzidas as parcelas dos fundos obrigatórios, notadamente do Fundo de Reserva e do Fundo de Assistência Técnica, Educacional e Social (FATES) ou o rateio das perdas verificadas no exercício findo, sendo o Fundo de Reserva insuficiente para cobri-las.

Outra decisão de suma importância e que ordinariamente é típica desta ocasião é a eleição dos membros dos Conselhos de Administração e Fiscal. Somente a assembleia pode eleger ou destituir os membros de ambos os Conselhos, os quais necessariamente são cooperados. Por fim, cabe a esta assembleia também a deliberação sobre a remuneração dos membros dos órgãos estatutários (Conselhos de Administração e Fiscal e Diretoria Executiva).

As assembleias gerais ordinárias, no caso do segmento de crédito cooperativo, devem ser realizadas nos quatro primeiros meses de cada ano; para os demais ramos de cooperativa, sua realização deve se dar até 31 de março de cada ano. Contudo, ainda que realizadas além deste prazo, serão sempre nominadas como assembleias gerais ordinárias.

Em termos de governança cooperativa, como visto acima, cada cooperativa (confederação, central ou singular), possui autonomia administrativa própria e independente. Ou seja, cada uma tem seu próprio Conselho de Administração e/ou Diretoria Executiva, bem como seu Conselho Fiscal. Cada sociedade cooperativa é administrada conforme previsto no artigo 47, da Lei nº 5.764/71:

> Art. 47. A sociedade será administrada por uma diretoria ou Conselho de Administração, composto exclusivamente de associados eleitos pela assembleia geral, com mandato nunca superior a 4 (quatro) anos, sendo

> obrigatória a renovação de, no mínimo, um terço do Conselho de Administração (*Idem*, 1971).

Repita-se: cada cooperativa possui um Conselho de Administração, uma Diretoria Executiva e um Conselho Fiscal que são independentes, segundo a própria Lei nº 5.764/71 e respectivo estatuto social, órgãos estes que são eleitos pelos cooperados e somente por eles podem ser destituídos, conforme podemos verificar transcrito a seguir:

> Art. 39. É da competência das Assembleias Gerais, ordinárias ou extraordinárias, a destituição dos membros dos órgãos de administração ou fiscalização.
>
> Parágrafo único. Ocorrendo destituição que possa afetar a regularidade da administração ou fiscalização da entidade, poderá a Assembleia designar administradores e conselheiros provisórios, até a posse dos novos, cuja eleição se efetuará no prazo máximo de 30 (trinta) dias (*Idem*, 1971).

À assembleia geral extraordinária, por sua vez, compete, de forma exclusiva, deliberar sobre: i) reforma do estatuto social; ii) fusão, incorporação ou desmembramento; iii) mudança do objeto social; iv) dissolução voluntária da sociedade e nomeação de liquidantes; e v) prestação de contas do liquidante. A validade das deliberações destes cinco itens requer o voto de 2/3 (dois terços) dos associados presentes com direito de votar. As assembleias gerais extraordinárias não têm periodicidade pré-determinada, realizando-se sempre que necessário (inclusive por força de determinação da autoridade governamental responsável pela fiscalização do respectivo segmento).

Naturalmente, outros assuntos podem ser pautados para as assembleias gerais ordinárias e extraordinárias, dentre os quais destacamos o regimento eleitoral. Por sinal, pela natureza do assunto, nada mais adequado que levá-lo à deliberação assemblear, considerando o patente conflito de interesses na hipótese de sua deliberação pelos órgãos de administração. Outro assunto de grande relevância para a cooperativa e que, no caso das cooperativas de crédito deve ser aprovado em assembleia por força da Resolução nº 4.434/2015, do Conselho Monetário Nacional (CMN), é a política de governança corporativa. Esta política deve abordar os aspectos de representatividade e participação, direção estratégica, gestão executiva e fiscalização e controle, devendo ainda contemplar a aplicação dos princípios de segregação de funções na administração, remuneração dos membros dos órgãos estatutários, transparência, equidade, ética, educação cooperativista, responsabilidade corporativa e prestação de contas.

Finalizando a análise das assembleias gerais, cumpre registrar que estes eventos nas cooperativas centrais de crédito ocorrem com a presença dos representantes legais de suas cooperativas singulares filiadas, em geral o Presidente dos respectivos Conselhos de Administração. Portanto, os Presidentes das cooperativas singulares de crédito são aqueles que apreciam os assuntos e votam nas assembleias gerais das cooperativas centrais de crédito (inclusive elegem, dentre as pessoas oriundas das referidas filiadas, os membros dos Conselhos de Administração e Fiscal da cooperativa central de crédito). Fica então cristalino o poder de total influência exercido pelas cooperativas singulares filiadas junto à respectiva cooperativa central de crédito.

4. ÓRGÃOS ESTATUTÁRIOS DE ADMINISTRAÇÃO DE UMA COOPERATIVA

Passando agora à análise dos órgãos estatutários de administração e seu papel igualmente decisivo para a perenidade da cooperativa, começaremos pelo Conselho de Administração. Lembrando que, como já dito, seus membros são eleitos em assembleia geral pelos e dentre os associados. Este Conselho tem atribuições estratégicas, orientadoras, eletivas e supervisoras, não abrangendo funções operações ou executivas, as quais estão a cargo da Diretoria Executiva.

O Art. 28 da Resolução CMN n° 4.434/2015 define algumas competências do Conselho de Administração:

> Art. 28. Compete ao conselho de administração, como órgão de deliberação colegiada, no caso de cooperativas de crédito que adotem estrutura administrativa segregada nos termos do art. 27, entre outras funções estratégicas:
>
> I – fixar a orientação geral dos negócios da cooperativa de crédito;
>
> II – indicar e destituir os diretores e fixar-lhes as atribuições, observadas as disposições contidas no estatuto;
>
> III – fiscalizar a gestão dos diretores;
>
> IV – examinar, a qualquer tempo, os livros e papéis da cooperativa de crédito;
>
> V – solicitar informações sobre contratos celebrados ou em via de celebração, e quaisquer outros atos;

> VI – convocar a assembleia geral;
>
> VII – manifestar-se sobre o relatório da administração e as contas da diretoria;
>
> VIII – manifestar-se previamente sobre atos ou contratos, quando o estatuto assim o exigir;
>
> IX – autorizar, se o estatuto não dispuser em contrário, a alienação de bens do ativo circulante e a constituição de ônus reais; e
>
> X – escolher e destituir os auditores externos (CMN, 2015).

Além das atribuições já declinadas acima, é importante destacar também algumas atribuições que geralmente são previstas em estatuto social ou no regimento interno do Conselho de Administração, a saber:

a) Acompanhamento e avaliação mensal da execução da orientação geral e estratégica fixadas pelo referido Conselho;

b) Acompanhamento do estado econômico-financeiro da Cooperativa;

c) Aprovação das políticas, ressalvadas a política de governança corporativa e a política de sucessão de administradores, cuja competência é da Assembleia Geral. Dentre as políticas sob responsabilidade do Conselho, destaca-se a Política de Crédito, que trata de um dos pontos cruciais em uma cooperativa de crédito: diretrizes, orientações e critérios para o processo de concessão e controle de crédito. Uma política adequada deve convergir para os princípios da seletividade, garantia, liquidez e diversificação de crédito, todos previstos na Resolução CMN n° 1559/1988. Historicamente, excluídas as fraudes perpetradas, o insucesso de uma cooperativa de crédito passa necessariamente por má gestão na concessão do crédito. Lembrando que cabe à Diretoria Executiva cumprir a Política de Crédito aprovada, sendo sua atuação também vinculada, dentre outros, à mencionada Resolução do CMN.

d) Acompanhamento e determinação de providências para saneamento dos apontamentos feitos pelas áreas de auditoria e controles internos, além daqueles feitos pela respectiva cooperativa central de crédito, bem como acompanhamento e apuração de eventuais irregularidades praticadas no âmbito da cooperativa. Portanto, são as ações corretivas que devem ser definidas e acompanhadas pelo Conselho.

e) Garantia de que as operações de crédito e garantias concedidas aos membros de órgãos estatutários, bem como as pessoas físicas e jurídicas que com eles mantenham relação de parentesco ou de negócios, possam observar procedimentos de aprovação e controle idênticos aos dispensados às demais operações de crédito. Ressaltando que a Assembleia Geral poderá, à luz da Lei Complementar n° 130/2009, fixar critérios mais rigorosos para tanto, o que deverá ser igualmente acompanhado.

À Diretoria Executiva, como já dito, cabe a execução da estratégia fixada pelo Conselho de Administração, cabendo-lhe implementar medidas que mitiguem os riscos inerentes à atividade da cooperativa. Dentre as boas práticas de governança focadas na mitigação do conflito de interesses, está a vedação, por força de Resolução do CMN, do Diretor responsável pelo gerenciamento de riscos participar dos comitês de crédito das cooperativas. Além disso, a atribuição das responsabilidades aos Diretores é medida que se impõe, por exemplo, diretor responsável pela contabilidade, por assuntos relacionados à Política de Prevenção à Lavagem de Dinheiro e ao Financiamento do Terrorismo (PLD/FT), pela concessão de crédito, etc..

Sobre a capacidade técnica dos membros do Conselho de Administração e da Diretoria Executiva, importante mencionar o Art. 5° do Anexo II da Resolução CMN n° 4122/2012:

> Art. 5°. É também para o exercício dos cargos de membros do conselho de administração, de diretor ou de sócio-administrador das instituições referidas no art. 1° possuir capacitação técnica compatível com as atribuições do cargo para o qual foi eleito ou nomeado.
>
> §1°. A capacitação técnica de que trata o **caput** deve ser comprovada com base na formação acadêmica, experiência profissional ou em outros quesitos julgados relevantes, por intermédio de documentos e declaração firmada pelas instituições referidas no art. 1°, submetidas à avaliação do Banco Central do Brasil concomitantemente à documentação prevista no art. 4°. [...] (CMN, 2012).

Ou seja, havendo inclusive a homologação pela Autoridade Monetária – neste caso, o Banco Central do Brasil (BCB) – do eleito para o Conselho de Administração e para a Diretoria Executiva, pressupõe-se o necessário preparo técnico para gerir a cooperativa de crédito. Ainda sobre este assunto, merece destaque a Resolução CMN 4538/2016, que determina às instituições financeiras, inclusive cooperativas de crédito, a adoção de uma política de sucessão de administradores aplicável aos cargos da Alta Administração destas instituições. Trata-se de mais uma norma voltada para perenidade das organizações, notadamente focada na preparação de novas lideranças, medida absolutamente convergente com as boas práticas de governança corporativa ou cooperativa.

O Conselho Fiscal, por sua vez, é o órgão responsável por fiscalizar assídua e minuciosamente a gestão da cooperativa. Nos termos do Art. 31 da Resolução CMN n° 4434/2015, cabe-lhe:

a) fiscalizar, por qualquer de seus membros, os atos dos administradores e verificar o cumprimento dos seus deveres legais e estatutários;

b) opinar sobre as propostas dos órgãos de administração, a serem submetidas à assembleia geral, relativas à incorporação, à fusão ou ao desmembramento da cooperativa;

c) analisar as demonstrações contábeis elaboradas periodicamente pela cooperativa;

d) opinar sobre a regularidade das contas da administração e as demonstrações contábeis do exercício social, elaborando o respectivo parecer, que conterá, se for o caso, os votos dissidentes;

e) convocar os auditores internos e externos, sempre que preciso, para prestar informações necessárias ao desempenho de suas funções;

f) convocar assembleia geral, por deliberação da maioria de seus membros, sempre que ocorrerem motivos graves ou urgentes; e

g) comunicar, por meio de seus membros, aos órgãos de administração, à assembleia geral e ao BCB, os erros materiais, fraudes ou crimes de que tomem ciência, bem como a negativa da administração em fornecer-lhes informação ou documento (*Idem*, 2015).

5. O PAPEL DAS COOPERATIVAS CENTRAIS DE CRÉDITO

Demonstradas de forma cabal a independência e a autonomia de cada cooperativa de crédito, cumpre-nos agora analisar o papel das cooperativas centrais de crédito enquanto entidade de segundo grau no segmento de crédito cooperativo.

Como já dito, a legislação em vigor determina que é objetivo das cooperativas centrais de crédito organizar, em comum acordo e em maior escala, os serviços econômicos e assistenciais de interesse das filiadas, integrando e orientando suas atividades, bem como facilitando a utilização recíproca dos serviços. Com base neste objetivo, cooperativas centrais de crédito foram se estruturando para viabilizar cada vez mais a integração e orientação sistêmicas, tendo por premissa a aderência às mais diversas normas aplicáveis. Além disso, e a partir da mesma premissa, foram criando estruturas internas para centralização de rotinas operacionais, como por exemplo a contabilidade, folha centralizada, etc., liberando assim as suas cooperativas singulares filiadas para atuação com foco no negócio em si. A medida, ao conferir um tratamento sistêmico para os mais diversos assuntos e de forma aderente à regulamentação, proporciona um nível de segurança diferenciado para todos que operam com as respectivas cooperativas singulares envolvidas.

Adicionalmente ao exposto acima, a Resolução CMN nº 4434/2015, repetindo outras anteriores, fixou em seu Capítulo VIII atribuições especiais para as cooperativas centrais de crédito também com foco no *compliance*, conduzindo assim a uma maior segurança sistêmica. Para desempenho de suas atribuições, o Art. 35 desta Resolução sistematiza as seguintes funções:

> Art. 35. Para o cumprimento das atribuições de que trata este capítulo, a cooperativa central de crédito, ou a confederação, deve desempenhar as seguintes funções, com relação às cooperativas filiadas, conforme as disposições estatutárias adotadas em função dos arts. 32 e 33:
>
> I - supervisionar o funcionamento, verificando o cumprimento da legislação e regulamentação em vigor e das normas próprias do sistema cooperativo;
>
> II - adotar medidas para assegurar o cumprimento das normas em vigor referentes à implementação de sistemas de controles internos e à certificação de empregados;
>
> III - promover a formação e a capacitação permanente dos membros de órgãos estatutários, gerentes e associados, bem como dos integrantes da equipe técnica da cooperativa central e da confederação; e
>
> IV - recomendar e adotar medidas visando ao restabelecimento da normalidade do funcionamento, em face de situações de inobservância da regu-

lamentação aplicável ou que acarretem risco imediato ou futuro [...] (*Idem*, 2015).

Observa-se nitidamente uma preocupação com a adequada supervisão do sistema local pela cooperativa central de crédito, sendo-lhe assim atribuídas diversas funções, principalmente com foco na aderência à norma. E, a partir da Resolução CMN n° 4434/2015, e também das resoluções anteriores a ela, o CMN e o Banco Central do Brasil editaram outras normas com o detalhamento das ações para implementação das funções acima.

Paralelamente, as cooperativas centrais de crédito foram, ao longo do tempo, estruturando regras sistêmicas de relacionamento com as suas cooperativas filiadas, e algumas mais organizadas foram constituindo fundos garantidores de depósitos semelhantes ao Fundo Garantidor de Crédito (FGC) do sistema bancário, do qual as cooperativas não podem participar[1]. É de se notar que, em consonância com a essência das cooperativas, todas estas regras sistêmicas e criação de fundos garantidores são objeto de deliberação assemblear e/ou deliberação do Conselho de Administração. Tudo isso demonstra mais uma vez a ampla e efetiva participação dos associados na fixação da estratégia e dos rumos das cooperativas. As medidas conduzem, sem dúvida, a um satisfatório nível de segurança para aqueles que operam com o segmento de crédito cooperativo.

Todos estes fatos foram um grande estímulo à integração das cooperativas singulares em sistemas organizados, sistemas estes que têm apresentado um relevante crescimento ao longo dos anos.

6. RESPONSABILIDADE DAS COOPERATIVAS

No entanto, a atuação e os poderes regulamentares das cooperativas centrais de crédito em relação às suas cooperativas singulares filiadas não é ilimitado (e nem o poderia ser). Como amplamente exposto no início deste artigo, cada cooperativa tem sua administração e seu órgão de fiscalização, além, é

---

1 Para o segmento de crédito cooperativo, o CMN autorizou, por meio da Resolução n° 4150/2012, a constituição de um fundo garantidor. Foi então constituído o Fundo Garantidor do Cooperativismo de Crédito (FGCOOP). No entanto, antes mesmo de sua criação, alguns sistemas mais organizados já proporcionavam esta segurança para seus associados.

claro, da sua assembleia geral – cada um com suas funções e responsabilidades. Portanto, cada cooperativa singular tem seu próprio Conselho de Administração, seu próprio Conselho Fiscal e sua própria Diretoria Executiva, além da sua própria assembleia geral.

Assim, identificado algo que não está em consonância com as normas ou que represente algum risco que comprometa o regular funcionamento da cooperativa singular filiada, cabe à cooperativa central de crédito promover o reporte aos órgãos de administração e fiscalização da respectiva filiada para que eles, detentores de poderes para tanto, adotem efetivamente as ações corretivas.

Além disso, a cooperativa central de crédito deve também comunicar o fato ao Banco Central do Brasil, nos termos da Resolução CMN nº 4.434/2015 (e das resoluções a ela antecessoras):

> Art. 36. A cooperativa central ou a confederação, conforme o caso, deve comunicar ao BCB:
>
> [...]
>
> II - irregularidades ou situações de exposição anormal a riscos, identificadas em decorrência do desempenho das atribuições de que trata este capítulo, inclusive medidas tomadas ou recomendadas e eventuais obstáculos para sua implementação, destacando as ocorrências que indiquem possibilidade de futuro desligamento; [...] (*Idem, 2015).*

Adicionalmente, há também a previsão da Carta-Circular BCB nº 3.337/2008:

> 2. No relatório elaborado pela cooperativa central de crédito, relativo às inspeções diretas periódicas realizadas nas respectivas cooperativas singulares filiadas, na forma do art. 4º, inciso II, da Circular 3.400, de 2008, além do determinado no item 1, deve ser destacada a ocorrência de impropriedades, de irregularidades, de deficiências de controles internos, de anormalidades ou de fatos relevantes, incluídos:
>
> I - dificuldades oferecidas pelas cooperativas singulares filiadas em relação às inspeções efetuadas pela cooperativa central;
>
> II - descumprimento das normas legais, regulamentares ou internas ao sistema, bem como de determinações da cooperativa central;
>
> III - falta de aderência da situação observada nas cooperativas singulares filiadas aos planos de regularização, aos estudos de viabilidade econômico-financeira e aos planos de negócios apresentados ao Banco Central do Brasil;

IV - existência ou evidência de erros ou de fraudes, conforme definição do art. 23 do Regulamento anexo à Resolução 3.198, de 27 de maio de 2004, ou outras situações irregulares apontadas nos relatórios de auditorias externas executadas nas cooperativas singulares filiadas;

V - situações apontadas em auditoria interna, caso essa tenha sido efetuada por unidade da própria cooperativa singular, ou por auditor independente, com base no art. 2º, § 3º, Carta-Circular nº 3.337, de 27 de agosto de 2008 3 da Resolução 2.554, de 24 de setembro de 1998, com a redação que lhe foi dada pela Resolução 3.056, de 19 de dezembro de 2002;

VI - atos entendidos como de má gestão praticados por órgãos de administração;

VII - denúncias recebidas sobre fraudes em filiadas;

VIII - situações que possam colocar em risco a continuidade da cooperativa;

IX - concentração de operações de empréstimos;

X - crise ou situação que evidencie problemas de liquidez;

XI - inclusões e exclusões de filiadas (BCB, 2008).

A partir daí, a cooperativa central deve promover o monitoramento das medidas corretivas adotadas pela cooperativa de crédito singular filiada, realizando, se necessário, novos reportes e, em uma situação extrema de negativa pela cooperativa singular filiada, adoção das medidas corretivas necessárias visando a aderência às normas e o restabelecimento da normalidade, deliberando inclusive pela desfiliação desta, evitando assim a contaminação do sistema como um todo.

Importante notar que, apesar de serem atribuídas algumas relevantes funções às cooperativas centrais de crédito, a elas não é dado o direito de substituir a administração da cooperativa de crédito singular filiada.

Eventual destituição dos membros do Conselho de Administração e da Diretoria Executiva de uma cooperativa de crédito somente ocorre por deliberação de seus associados, seja diretamente em uma Assembleia Geral, no caso do Conselho de Administração, seja pelos associados integrantes deste Conselho quando a eleição dos Diretores ocorrer por este Conselho. Sendo por Assembleia Geral, caberá então aos associados, reunidos em assembleia para tanto, deliberarem a respeito.

A outra opção é a implementação do regime de administração especial temporária (RAET) pelo Banco Central. De acordo com o Decreto-Lei nº 2.321, de 25 de fevereiro de 1987, o RAET poderá ser decretado nas seguintes hipóteses:

a) prática reiterada de operações contrárias às diretrizes de política econômica ou financeira traçadas em lei federal;

b) existência de passivo a descoberto;

c) descumprimento das normas referentes à conta de Reservas Bancárias mantida no Banco Central do Brasil;

d) gestão temerária ou fraudulenta de seus administradores;

e) ocorrência de qualquer das situações descritas no artigo 2º da Lei nº 6.024, de 13 de março de 1974 (BCB, 1987).

Implantado este regime, ocorre a automática perda dos mandatos em curso dos administradores e membros do Conselho Fiscal da cooperativa de crédito singular e nomeação pelo Banco Central de um conselho diretor:

> Art. 2º A decretação da administração especial temporária não afetará o curso regular dos negócios da entidade nem seu normal funcionamento e produzirá, de imediato, a perda do mandato dos administradores e membros do Conselho Fiscal da instituição.
>
> Art. 3º A administração especial temporária será executada por um conselho diretor, nomeado pelo Banco Central do Brasil, com plenos poderes de gestão, constituído de tantos membros quantos julgados necessários para a condução dos negócios sociais.
>
> §1º. Ao conselho diretor competirá, com exclusividade, a convocação da assembleia geral.
>
> §2º. Os membros do conselho diretor poderão ser destituídos a qualquer tempo pelo Banco Central do Brasil.
>
> §3º. Dependerão de prévia e expressa autorização do Banco Central do Brasil os atos que, não caracterizados como de gestão ordinária, impliquem disposição ou oneração do patrimônio da sociedade.
>
> Art. 4º. Os membros do conselho diretor assumirão, de imediato, as respectivas funções, independentemente da publicação do ato de nomeação, mediante termo lavrado no livro de atas da Diretoria, com a transcrição do ato que houver decretado o regime de administração especial temporária e do que os tenha nomeado (BCB, 1987).

Além do RAET, existe também a possibilidade de intervenção ou liquidação de uma cooperativa de crédito singular, quando então igualmente é feita a substituição dos seus administradores por interventores/liquidantes nomeados pelo Banco Central, nos exatos termos da Lei n° 6.024/1974:

> Art. 5º A intervenção será executada por interventor nomeado pelo Banco Central do Brasil, com plenos poderes de gestão.
>
> [...]
>
> Art. 16. A liquidação extrajudicial será executada por liquidante nomeado pelo Banco Central do Brasil, com amplos poderes de administração e liquidação, especialmente os de verificação e classificação dos créditos, podendo nomear e demitir funcionários, fixando-lhes os vencimentos, outorgar e cassar mandatos, propor ações e representar a massa em Juízo ou fora dele (BRASIL, 1974).

Portanto, se existe poder para uma atuação efetiva de troca de gestão visando o saneamento de uma cooperativa de crédito singular, este poder é exclusivo do seu quadro de associados e/ou do próprio Banco Central do Brasil. A cooperativa central de crédito atua como uma entidade de supervisão auxiliar, que reporta o resultado dos seus trabalhos à própria Cooperativa e ao Banco Central, os quais detêm efetivos poderes para adoção das ações corretivas ou mesmo trocar a administração.

Repita-se, a cooperativa central de crédito tem sua atuação limitada, o que indubitavelmente deve servir como fronteira no âmbito da responsabilidade civil, administrativa e penal.

Pensar diferente levaria necessariamente o Banco Central do Brasil, como Autarquia responsável pela supervisão do Sistema Financeiro Nacional, a ser, em um grau muito maior e antes mesmo da cooperativa central de crédito, responsabilizado pelo insucesso de uma cooperativa de crédito singular, considerando todo o seu escopo de atuação conforme visto acima.

Contudo, o Judiciário não acata tal posição, conforme entendimento do Superior Tribunal de Justiça (STJ) em caso envolvendo a empresa Coroa-Brastel e o Banco Central do Brasil. Senão, vejamos:

> ADMINISTRATIVO – RESPONSABILIDADE CIVIL DO BANCO CENTRAL (BACEN) – COROA-BRASTEL – PREJUÍZO CAUSADO A INVESTIDORES - PRETENDIDO RECONHECIMENTO DE OMISSÃO E NEGLIGÊNCIA DO BACEN, ANTE A FALTA DE FISCALIZAÇÃO

(ART. 159 DO CC) - LIQÜIDAÇÃO EXTRAJUDICIAL E ULTERIOR FALÊNCIA - RECURSO ESPECIAL - AFRONTA AOS ARTIGOS 18, 39, 40 E 45 DA LEI N. 6.024/74 - ALEGADO DISSENSO PRETORIANO.

- Não é pela liquidação e ulterior falência, *per se* consideradas, que passou a União a ser responsável pelos prejuízos dos investidores. Essa responsabilidade insere-se no campo no nexo causal. Nessa linha de raciocínio, a União apenas deverá responder pelos danos causados aos investidores, desde que estabelecida a sua responsabilidade, de sorte que essa questão é subsequente e não antecedente do exame de mérito.

- Fiscalizar, per se, não significa atuar. A mera omissão na fiscalização, ainda que existente, não levaria ao infeliz, mas não imprevisível desate do Grupo Coroa-Brastel, dado o alto risco especulativo com que atuava. Há necessidade de nexo de causalidade eficaz entre a ação ou omissão do Estado e o dano sofrido pelo lesado.

- Há necessidade de nexo de causalidade eficaz entre a ação ou omissão do Estado e o dano sofrido pelo lesado. Segundo conceituados administrativistas, para que haja responsabilidade objetiva do Estado, forçoso reconhecer que os atos lesivos devem ser praticados por agentes públicos, por comissão. Se houve omissão, sua responsabilidade será por culpa subjetiva (cf. Lúcia Valle Figueiredo, in Curso de Direito Administrativo, Malheiros Editores, 4ª ed., p. 255). É incisiva a lição de Hely Lopes Meirelles, ao afirmar que "na exigência do elemento subjetivo culpa não há qualquer afronta ao princípio objetivo da responsabilidade sem culpa, estabelecido no art. 37, §6º, da CF, porque o dispositivo constitucional só abrange a atuação funcional dos servidores públicos, e não os atos de terceiros e os fatos da Natureza. Para situações diversas, fundamentos diversos" (cf. Direito Administrativo Brasileiro, Malheiros Editores, 24ª ed., ps. 590/591). No mesmo diapasão, da necessidade de apuração da responsabilidade subjetiva no caso de atos omissivos, mas sempre ligada diretamente ao funcionamento do serviço público, é a dissertação de Celso Antônio Bandeira de Mello (cf. Curso de Direito Administrativo, Malheiros Editores, 9ª ed., p. 631).

- A pretensão de mérito dos investidores, têm sido sistematicamente repelida por esta Corte Superior, consoante incontáveis precedentes.

- Acolhida a pretensão deduzida pelo Banco Central (BACEN), por configurada a vulneração a dispositivos legais, a teor do art. 105, inciso III, "a", CF/88.

- Recurso especial conhecido e provido. Decisão por maioria (REsp 44.500/MG, Rel. Min. Eliana Calmon, Rel. Rel. p/acórdão Min. Franciulli Netto, DJU de 9.9.2002).

> PROCESSUAL CIVIL E ADMINISTRATIVO. LIQUIDAÇÃO EXTRAJUDICIAL. GRUPO COROA ADMINISTRAÇÃO E PARTICIPAÇÃO LTDA. PREJUÍZOS CAUSADOS A INVESTIDORES. FISCALIZAÇÃO DO BANCO CENTRAL DO BRASIL. NEXO CAUSAL. RESPONSABILIDADE CIVIL.
>
> A responsabilidade civil extracontratual do BACEN decorrente de comportamento omissivo frente a ato de sua atribuição é subjetiva. Logo, tal responsabilidade somente ocorre no caso de o ente público atuar de forma omissa, quando a lei lhe imponha o dever de impedir o evento lesivo.
>
> Em se tratando de responsabilidade subjetiva, há necessidade de causa determinante do dano, ou seja, nexo causal entre a conduta e o resultado. Na espécie, a eventual falta de fiscalização do Banco Central do Brasil não teria o condão de levar o Grupo Coroa à bancarrota ou evitar os prejuízos causados a seus investidores.
>
> A obtenção de altos lucros decorrentes do pagamento de taxas de juros especulativas pressupõe riscos também elevados. Assim, o investidor que elege tais aplicações corre, de fato, o risco de perdas, não sendo razoável atribuir ao ente público a responsabilidade por prejuízos financeiros advindos da culpa *in eligendo* do investidor.
>
> Recurso especial conhecido e não provido (REsp 242.513/RS, Rel. Min. João Otávio de Noronha, DJU de 1.7.2005).

Neste sentido, aplicando analogicamente o entendimento do STJ, importante frisar que a supervisão exercida pelas cooperativas centrais de crédito, *de per si*, não leva à responsabilidade; caso contrário, como dito, teríamos também a responsabilização do Banco Central do Brasil por qualquer insucesso de instituição integrante do Sistema Financeiro Nacional, o que não ocorre, conforme visto pelo acórdão do STJ acima transcrito. Este converge para a jurisprudência pacífica do STJ sobre o assunto.

A jurisprudência pátria corrobora o exposto acima, afastando a responsabilidade das cooperativas centrais de crédito por insucesso de uma cooperativa singular filiada caso aquela tenha atuado a contento no âmbito de seus deveres. Mais recentemente, o Superior Tribunal de Justiça assim se manifestou:

> EMENTA PROCESSUAL CIVIL E CONSUMIDOR. SISTEMA NACIONAL DE COOPERATIVAS DE CRÉDITO. RESPONSABILIDADE DAS COOPERATIVAS CENTRAIS E DOS BANCOS COOPERATIVOS. INDEPENDÊNCIA E AUTONOMIA. AUSÊNCIA DE PREVISÃO DE RESPONSABILIDADE SOLIDÁRIA. RESPONSABILIDADE CONFORME ATRIBUIÇÕES LEGAIS E REGULAMENTARES. TEORIA DA APA-

RÊNCIA. INAPLICÁVEL. MERO CUMPRIMENTO DE DEVER NORMATIVO. TEORIA DA CAUSALIDADE ADEQUADA. AUSÊNCIA DE RELAÇÃO. CADEIA DE SERVIÇO. NÃO COMPOSIÇÃO. 1. Ação ajuizada em 22/07/2002. Recursos especiais interpostos em 02/07/2014 e 16/07/2014. Atribuídos a este Gabinete 25/08/2016. **2. O sistema cooperativo de crédito tem como maior finalidade permitir acesso ao crédito e a realização de determinadas operações financeiras no âmbito de uma cooperativa, a fim de beneficiar seus associados. Ao longo de sua evolução normativa, privilegiam-se a independência e autonomia de cada um de seus três níveis (cooperativas singulares, centrais e confederações), incluindo os bancos cooperativos. 3. Nos termos da regulamentação vigente, as cooperativas centrais do sistema cooperativo de crédito devem, entre outras funções, supervisionar o funcionamento das cooperativas singulares, em especial o cumprimento das normas que regem esse sistema. No entanto, sua atuação encontra um limite máximo, que é a impossibilidade de substituir a administração da cooperativa de crédito singular que apresenta problemas de gestão. 4. Não há na legislação em vigor referente às cooperativas de crédito dispositivo que atribua responsabilidade solidária entre os diferentes órgãos que compõem o sistema cooperativo. Eventuais responsabilidades de cooperativas centrais e de bancos cooperativos devem ser apuradas nos limites de suas atribuições legais e regulamentares.** 5. Na controvérsia em julgamento, a cooperativa central adotou todas as providências cabíveis, sendo impossível atribuir-lhe responsabilidade pela insolvência da cooperativa singular. 6. Não há solidariedade passiva entre banco cooperativo e cooperativa de crédito quanto às operações bancárias por esta realizadas com seus cooperados, uma vez que o sistema de crédito cooperativo funciona de molde a preservar a autonomia e independência – e consequente responsabilidade – de cada um dos órgãos que o compõem. Precedentes. 7. A obrigação do recorrente BANCOOB de fazer constar, por força normativa, sua logomarca nos cheques fornecidos pela cooperativa singular de crédito CREDITEC, afasta aplicação da teoria da aparência para sua responsabilização. 8. No âmbito das relações de consumo, aplicando-se a teoria da causalidade adequada e do dano direto imediato, somente há responsabilidade civil por fato do produto ou serviço quando houver defeito e se isso for a causa dos danos sofridos pelo consumidor. 9. Na hipótese sob julgamento, nenhuma das causas da insolvência da cooperativa singular pode ser atribuída ao recorrente BANCOOB, o qual atuava como simples prestador de serviços do sistema de crédito cooperativo, nos termos da regulamentação das autoridades competentes. 10. Não há como reconhecer a responsabilidade solidária prevista nos arts. 7º, parágrafo único, 20 e 25 do CDC, pois o recorrente BANCOOB não forma a cadeia de fornecimento do serviço em discussão na controvérsia em julgamento. 11. Recursos especiais conhecidos e providos. (REsp nº 1.535.888-MG (2015/0130964-4). 7ª Turma. Ministra Relatora Nancy Andrighi, grifo nosso).

7. CONSIDERAÇÕES FINAIS

Por todo o exposto, conclui-se que qualquer responsabilização de uma cooperativa central de crédito deve necessariamente ser restrita e correlata aos seus deveres de atuação. Ou seja, desempenhando suas atribuições e funções de forma diligente, adequada e tempestivamente, não há, absolutamente, que se atribuir qualquer responsabilidade às cooperativas centrais de crédito pelo insucesso de uma cooperativa singular filiada. Extrapolar tal limite implicaria em desconstruir de forma absurda e casuísta o Princípio da Legalidade, tão caro a um Estado de Direito!

REFERÊNCIAS BIBLIOGRÁFICAS

BANCO CENTRAL DO BRASIL. Carta-Circular BCB n° 3.337/2008. *Divulga procedimentos mínimos necessários para o desempenho do estabelecido pela Circular 3.400, de 2008, no cumprimento das atribuições especiais das cooperativas centrais de crédito previstas no Capítulo IV da Resolução 3.442, de 2007.* Disponível em: <https://www.bcb.gov.br/pre/normativos/busca/downloadNormativo.asp?arquivo=/Lists/Normativos/Attachments/47845/C_Circ_3337_v1_O.pdf>. Acesso em: 22 nov. 2017.

BRASIL. Decreto-Lei n° 2.321, de 25 de fevereiro de 1987. *Institui, em defesa das finanças públicas, regime de administração especial temporária, nas instituições financeiras privadas e públicas não federais, e dá outras providências.* Disponível em: <http://www.planalto.gov.br/ccivil_03/decreto-lei/Del2321.htm>. Acesso em: 22 nov. 2017.

______. Lei Complementar n° 130, de 17 de abril de 2009. *Dispõe sobre o Sistema Nacional de Crédito Cooperativo e revoga dispositivos das Leis nos 4.595, de 31 de dezembro de 1964, e 5.764, de 16 de dezembro de 1971.* Disponível em: <http://www.planalto.gov.br/ccivil_03/leis/lcp/Lcp130.htm>. Acesso em: 22 nov. 2017.

______. Lei n° 5.764, de 16 de dezembro de 1971. *Define a Política Nacional de Cooperativismo, institui o regime jurídico das sociedades cooperativas, e dá outras providências.* <Disponível em: http://www.planalto.gov.br/ccivil_03/leis/L5764.htm>. Acesso em: 22 nov. 2017.

______. Lei n° 6.024, de 13 de março de 1974. *Dispõe sobre a intervenção e a liquidação extrajudicial de instituições financeiras, e dá outras providências.* Disponível em: <http://www.planalto.gov.br/ccivil_03/leis/L6024.htm>. Acesso em: 22 nov. 2017.

______. Lei n° 10.406, de 10 de janeiro de 2002. *Institui o Código Civil.* Disponível em: <http://www.planalto.gov.br/ccivil_03/leis/2002/L10406.htm>. Acesso em: 22 nov. 2017.

CONSELHO MONETÁRIO NACIONAL. Resolução n° 1.559, de 22 de dezembro de 1988. Disponível em: <https://www.bcb.gov.br/pre/normativos/busca/downloadNormativo.asp?arquivo=/Lists/Normativos/Attachments/42089/Res_1559_v6_L.pdf>. Acesso em: 22 nov. 2017.

______. Resolução n° 4.122, de 02 de agosto de 2012. *Estabelece requisitos e procedimentos para constituição, autorização para funcionamento, cancelamento de autorização, alterações de controle, reorganizações societárias e condições para o exercício de cargos em órgãos estatutários ou contratuais das instituições que especifica.* Disponível em: <http://www.bcb.gov.br/pre/normativos/busca/downloadNormativo.asp?arquivo=/Lists/Normativos/Attachments/49128/Res_4122_v4_P.pdf>. Acesso em: 22 nov. 2017.

______. Resolução n° 4.150, de 30 de outubro de 2012. *Estabelece os requisitos e as características mínimas do fundo garantidor de créditos das cooperativas singulares de crédito e dos bancos cooperativos integrantes do Sistema Nacional de Crédito Cooperativo (SNCC).* Disponível em: <https://www.bcb.gov.br/pre/normativos/busca/downloadNormativo.asp?arquivo=/Lists/Normativos/Attachments/49088/Res_4150_v2_P.pdf>. Acesso em: 22 nov. 2017.

______. Resolução n° 4434, de 05 de agosto de 2015. *Dispõe sobre a constituição, a autorização para funcionamento, o funcionamento, as alterações estatutárias e o cancelamento de autorização para funcionamento das cooperativas de crédito e dá outras providências.* Disponível em: <https://www.bcb.gov.br/pre/normativos/busca/downloadNormativo.asp?arquivo=/Lists/Normativos/Attachments/48507/Res_4434_v2_L.pdf>. Acesso em 22 nov. 2017.

______. Resolução n° 4.538, de 24 de novembro de 2016. *Dispõe sobre a política de sucessão de administradores das instituições financeiras e demais insti-*

tuições autorizadas a funcionar pelo Banco Central do Brasil. Disponível em: <https://www.bcb.gov.br/pre/normativos/busca/downloadNormativo.asp?arquivo=/Lists/Normativos/Attachments/50292/Res_4538_v1_O.pdf>. Acesso em 22 nov. 2017.

LEITE, Jacqueline, R.F.; *SENRA*, Ricardo, B.F. *Aspectos Jurídicos das Cooperativas de Crédito. Belo Horizonte: Mandamentos, 2005.*

PONTES DE MIRANDA, Francisco Cavalcante. *Tratado de Direito Privado.* Rio de Janeiro: Bardoi, 1964.

SUPERIOR TRIBUNAL DE JUSTIÇA. *Recurso Especial nº 1.535.888-MG (2015/0130964-4).* Relatora Ministra Nancy Andrighi. 3ª Turma. DJe 26/05/2017.

______. *REsp n° 44.500/MG.* Rel. Min. Eliana Calmon, Rel. p/acórdão Min. Franciulli Netto, DJU 09/09/2002.

______. *REsp n° 242.513/RS.* Rel. Min. João Otávio de Noronha. DJU 01/07/2005.

COOPERATIVAS DE CRÉDITO – O DESAFIO DA NOVA GOVERNANÇA

PAULO ROBERTO CARDOSO BRAGA

Especialista em Direito de Empresa pelo Instituto de Educação Continuada - PUC/MG, Graduado pela Faculdade de Direito da Universidade Federal de Minas Gerais (turma de 1989), Advogado atuante, sócio titular da Paulo Braga Advogados Associados, referência em direito cooperativo. Agraciado com a medalha Ministro Roberto Rodrigues pela Organização das Cooperativas Brasileiras (OCB), por ocasião do XIII Congresso Brasileiro do Cooperativismo, em 2010. Coautor dos livros: "Aspectos Jurídicos das Cooperativas de Crédito" - Série Cooperativismo - Editora Mandamentos; "Comentários à Legislação das Sociedades Cooperativas" - Editora Mandamentos; "Tributação das Cooperativas" - Editora MP; "Sustentabilidade e cooperativismo: uma filosofia para o amanhã - Anais do I Congresso Internacional do Instituto Brasileiro de Pesquisas e Estudos Ambientais e Cooperativo" - Editora Fórum. Autor de diversos artigos publicados em periódicos de cunho jurídico. Professor convidado de cursos de MBA direcionados para o setor cooperativo e empresarial. Membro da Comissão de Direito Cooperativista da OAB/MG; Grupo de Trabalho Institucional da Confederação Nacional das Cooperativas (CNCOOP) - Grupo de Trabalho/Convenção Coletiva de Trabalho Nacional (GT/CCT NACIONAL); Comitê jurídico do sistema UNICRED, Comitê jurídico da Federação dos Sindicatos das Cooperativas dos Estados de Alagoas, Bahia, Espírito Santo, Minas Gerais e Santa Catarina (FECOOP-SULENE).

E-mail: paulobraga@paulobragaadvogados.com.br

RESUMO

Neste artigo, abordamos a natureza jurídica das sociedades cooperativas de crédito, a cronologia legal da estrutura de governança nas cooperativas de crédito, fazemos uma comparação entre governança corporativa e governança cooperativa para concluir ao final que as sociedades cooperativas de crédito devem adotar as melhores práticas de governança e de capacitação dos membros dos órgãos estatutários e dos associados, já que os associados de hoje serão os conselheiros e diretores (poderão ser) de amanhã.

Palavras-chave: Cooperativa de Crédito. Governança. Estrutura Legal. Natureza Jurídica. Princípios Cooperativos.

ABSTRACT

In this article, we discuss the legal nature of credit union societies, the legal chronology of governance structure in credit cooperatives, and make a comparison between corporate governance and cooperative governance to conclude at the end that credit union should adopt best governance and training of members of statutory bodies and associates, since the members of today will be the directors and directors (may be) of tomorrow.

Keywords: Credit Union. Governance. Legal Structure. Legal Nature. Cooperative Principles.

1. INTRODUÇÃO: NATUREZA JURÍDICA DAS SOCIEDADES COOPERATIVAS DE CRÉDITO

> Entidades de portas abertas, na qual a adesão e a retirada acontecem com ampla liberdade. As cooperativas de crédito trazem a marca da democracia na sua gestão. As decisões administrativas são tomadas em assembleias gerais e, nelas, é cláusula pétrea o princípio 'um associado, um voto' (VIDIGAL, 2005, prefácio)[1].

O presente trabalho pretende analisar, sob a ótica do direito cooperativo e normas infra legais, questão que envolve a governança das cooperativas de crédito, notadamente em face às particularidades destas sociedades, que têm como objetivo e finalidade proporcionar, pela mutualidade, assistência financeira aos associados através de suas atividades específicas, prestar serviços inerentes às atividades específicas de sua modalidade social e promover o aprimoramento técnico, educacional e social de seus dirigentes, associados, empregados e respectivos familiares, podendo praticar todas as operações típicas de sua modalidade social.

Sempre que se debate acerca do cooperativismo, deve-se iniciar discutindo a natureza jurídica da sociedade cooperativa, em particular de crédito, fixando conceitos e princípios que facilitam a compreensão das particularidades e peculiaridades inerentes ao cooperativismo, muitas vezes relegadas a segundo plano, favorecendo interpretações equivocadas de situações.

---

1 VIDIGAL, Edson. *Aspectos Jurídicos das Cooperativas de Crédito*. Belo Horizonte: Mandamentos, 2005, prefácio.

Iniciamos por destacar a expressão 'cooperativas de crédito' e não como está em voga, querer denominá-las como cooperativas financeiras, pois inexiste na legislação vigente tal expressão, mesmo que pareça ser a segunda mais abrangente que a primeira – seja na Lei de regência do cooperativismo, a Lei nº 5.764/71[2], em seus artigos 4º, V; 6º, §2º; 18, §§4º e 9º; 27, §1º; 30; 44, §2º; 47, §2º; 49; 57, §3º; 78; 92, I;. 97, §único; 103 e 116, ou na dicção da Lei Complementar nº 130/2009[3], que dispõe sobre o Sistema Nacional de Crédito Cooperativo (SNCC).

A citada Lei Complementar nº 130/2009, verdadeiro marco regulatório do cooperativismo de crédito, na esteira do artigo 192 da Constituição Federal de 1988[4], com a redação da Ementa Constitucional (EC) n° 40/2003[5], é, até a presente data, a única Lei Complementar que regulou um dos ramos do sistema financeiro nacional. Fica o registro!

Destacamos que o primitivo inciso VIII do artigo 192, revogado pela EC n° 40/2003, determinava que Lei Complementar deveria dispor sobre o funcionamento das cooperativas de crédito, bem como os requisitos para que possam ter condições de operacionalidade e estruturação próprias das instituições financeiras, conforme a diretriz preservada na citada Lei Complementar nº 130/2009.

A partir da promulgação da citada Lei Complementar nº 130/2009, permitiu-se um avanço enorme na operacionalidade das cooperativas de crédito

---

2 BRASIL, Lei n° 5.764, de 16 de dezembro de 1971. *Define a Política Nacional de Cooperativismo, institui o regime jurídico das sociedades cooperativas, e dá outras providências.*

3 BRASIL, Lei Complementar n° 130, de 17 de abril de 2009. *Dispõe sobre o Sistema Nacional de Crédito Cooperativo e revoga dispositivos das Leis nos 4.595, de 31 de dezembro de 1964, e 5.764, de 16 de dezembro de 1971.*

4 "Art. 192. O sistema financeiro nacional, estruturado de forma a promover o desenvolvimento equilibrado do País e a servir aos interesses da coletividade, em todas as partes que o compõem, abrangendo as cooperativas de crédito, será regulado por leis complementares que disporão, inclusive, sobre a participação do capital estrangeiro nas instituições que o integram. (Redação dada pela Emenda Constitucional nº 40, de 2003)" (BRASIL, *Constituição da República Federativa do Brasil de 1988*. Promulgada em 5 de outubro de 1988).

5 Ementa Constitucional n° 40, de 29 de maio de 2003. *Altera o inciso V do art. 163 e o art. 192 da Constituição Federal, e o caput do art. 52 do Ato das Disposições Constitucionais Transitórias.*

que, certamente, culminou com as novas regras de governança que serão debatidas adiante neste artigo.

Portanto, inexiste no ordenamento jurídico pátrio a cooperativa financeira, porque é da essência do cooperativismo de crédito a prática de operações ativas, passivas e acessórias com associados (as três) e com terceiros não associados, chamadas acessórias, com enfoque no crédito, origem de todo o movimento que culminou, hoje, com a consolidação deste movimento social e econômico, pujante no seio da sociedade.

Feita esta pontual observação a respeito do correto enquadramento nominal do ramo crédito, iremos abordar a natureza jurídica do cooperativismo, essencial para entender sua operacionalidade, especialmente neste momento de profundas mudanças na representação política e institucional do cooperativismo de crédito fruto da nova governança em implantação a guisa do disposto na Resolução do Conselho Monetário Nacional (CMN) nº 4.434/2015[6].

A nova realidade do Direito Cooperativo não pode deixar de lado as mutações econômicas e financeiras pelas quais passa todo o mundo, especialmente o Brasil, adaptando as diretrizes da Lei Cooperativista de 1971 aos mandamentos constitucionais de 1988 e às necessidades dos cooperados e da sociedade, que clama por crédito mais fácil e barato.

Diversos dispositivos da Constituição Federal ofertam tratamento diferencial às cooperativas, tais como os artigos 5º, XVIII; 21, XXV; 174, §§2º, 3º e 4º; 146, III, "c"; 187, VI; 192, VIII e 199, §1º.

Neste sentido, Pinto Ferreira[7], comentando o parágrafo segundo do artigo 174[8] da Constituição Federal, conclui que:

---

6 BANCO CENTRAL DO BRASIL. Resolução nº 4.434, de 05 de agosto de 2015. *Dispõe sobre a constituição, a autorização para funcionamento, o funcionamento, as alterações estatutárias e o cancelamento de autorização para funcionamento das cooperativas de crédito e dá outras providências.*

7 FERREIRA, Luiz Pinto. *Comentários à Constituição Brasileira.* 6.vol. São Paulo: Saraiva, 1994, p. 359.

8 Art. 174. Como agente normativo e regulador da atividade econômica, o Estado exercerá, na forma da lei, as funções de fiscalização, incentivo e planejamento, sendo este determinante para o setor público e indicativo para o setor privado.
[...]
§2º A lei apoiará e estimulará o cooperativismo e outras formas de associativismo (BRASIL. *Constituição da República Federativa do Brasil).*

> O cooperativismo constitui uma forma de ajuda mútua dos seus integrantes, a fim de evitar custos de consumo, produção e crédito em favor de pessoas estranhas aos associados. Objetiva valorizar o homem, bem como aumentar a produtividade econômica, como um acelerador e multiplicador do desenvolvimento econômico. Objetiva ainda suprir de bens e serviços os seus membros, bem como promover uma programação social e educativa. (FERREIRA, 1994, p. 359)

A juíza Mônica Sette Lopes, em palestra proferida no Superior Tribunal de Justiça (STJ), em 19 de maio de 2006, assim se manifestou: "No entanto, a vida do cooperativismo não está dissociada nem dos fatores conjunturais, de ordem econômica, social ou histórica, nem daqueles que se referem à dinâmica interpretativa do sistema jurídico".

Assim, deve ser entendida a sociedade cooperativa como uma sinergia entre os preceitos oriundos dos pioneiros de Rochdale e o caráter empresarial que as suas atividades devem ter, a fim de atender aos anseios dos cooperados.

Esta situação enquadra-se, precisamente, na constatação de que a natureza dos interesses que lastreiam a criação da cooperativa não desconstitui o *status* de empresa, como anuncia Agudo[9], reportando-se a Fauquet:

> Característico das cooperativas é serem simultaneamente associações e empresas [...]. A cooperativa não é um agrupamento impessoal de capital: é, no sentido pleno do termo, uma associação de pessoas; e uma associação democrática onde vigora a regra 'um homem, um voto'. Por outro lado, a empresa cooperativa é criada e gerida para satisfazer diretamente às necessidades dos associados utentes: é uma 'empresa de serviço', não uma 'empresa de relação', como a capitalista, gerida em função da soma de lucros a retirar, e em que a satisfação das necessidades dos utentes é condição e não é um fim (AGUDO, 1980).

Os princípios basilares que norteiam o cooperativismo foram idealizados pelos precursores de Rochdale, nos idos de 1844, visando constituir uma sociedade baseada na valorização do ser humano, na solidariedade, na busca do bem comum e na adesão voluntária, sem objetivo de lucro, de acordo com o artigo 3º da Lei nº 5.764/71.

As sociedades cooperativas, ninguém desconhece, têm peculiaridades que as diferenciam das demais sociedades.

---

9 AGUDO, José Dias. *Cooperativas de Consumo*. Lisboa: Livros Horizonte, 1980.

Basta que se veja, a breve passo, alguns dispositivos da Lei nº 5.764, de 16 de dezembro de 1971, pela qual foi definida a política nacional de cooperativismo e criado o regime jurídico das sociedades cooperativas, a começar pelos artigos 3º e 4º, segundo os quais as cooperativas são sociedades de pessoas civis, sem objetivo de lucro, com forma e natureza jurídica próprias, não sujeitas a falência, criadas para prestar serviços aos associados nas quais realce especialmente o espírito da mutualidade, equivalente, e, segundo os doutrinadores, à reciprocidade das prestações entre a cooperativa e o cooperado, em oposição ao cunho eminentemente empresarial das demais sociedades.

Distingue-se das demais sociedades por diversas características, dentre as quais a de não distribuírem lucros ou dividendos, mas, sim, de retornarem aos cooperados as sobras líquidas do exercício, proporcionalmente às operações por eles realizadas (inciso VII do artigo 4º da referida Lei).

Daí porque Pontes de Miranda já ter prelecionado que "a sociedade cooperativa é sociedade em que a pessoa do sócio passa à frente do elemento econômico e as consequ*ências da pessoalidade da participação são profundas a ponto de torná-la espécie de sociedade*" (PONTES DE MIRANDA, 1954, p. 429).

O fim primordial das sociedades cooperativas é a prestação de serviços aos cooperados. Desta forma, não auferem receitas e tampouco possuem despesas, já que em conformidade com as disposições do artigo 80 da Lei n º 5.764/71, "as despesas da sociedade serão cobertas pelos associados mediante rateio na proporção direta da fruição de serviços" (BRASIL, 1971).

A cooperativa é também um instituto armado pela força tipificadora da norma jurídica.

Quando se fixa o seu significado pode-se buscar em autores tradicionais, como João Eunápio Borges, a afirmação taxativa de que as sociedades-cooperativas não são comerciais. Sua obra, de 1967, parte, portanto, do sentido fundante do cooperativismo a que se referiu e da constatação de que nela não se dá a operacionalidade pelo lucro ou pelo proveito do capital.

Todas as sobras auferidas por uma sociedade cooperativa são colocadas, anualmente, por ocasião da Assembleia Geral Ordinária, à disposição de seus associados, nos termos da Lei de regência do cooperativismo, a fim de que os mesmos destinem as mesmas da maneira que lhes convier.

Mesmo quando atua no mundo administrativo ou judicial, a cooperativa o faz em nome de seus cooperados, não em nome da sociedade. Atua como uma *longa manus* de seus cooperados.

Por tudo isso, o autor Renato Lopes Becho[10] primeiro conceitua as cooperativas como "sociedades de pessoas, de cunho econômico, sem fins lucrativos, criadas para prestar serviços aos sócios de acordo com princípios jurídicos próprios e mantendo seus traços distintivos intactos", e depois, ao falar do objetivo da cooperação, diz que quando se fala em cooperação "tem-se em mente a união de pessoas com desejos semelhantes, buscando facilitar uma tarefa, à consecução de uma meta mais facilmente etc.", e que em sede de cooperativa, "uma das formas de cooperação, o objetivo imediato é a união de pessoas para obter uma vantagem econômica para todos os membros do grupo que se uniu" (BECHO, 1999, p. 80).

E continua:

Essa vantagem econômica advém da eliminação de um ou mais intermediários do processo produtivo, fazendo com que a riqueza que esta alcançava, muitas vezes maior do que a do produtor, venha a compor o patrimônio pessoal do cooperado (BECHO, 1999, p. 80 e 81).

Não resta dúvida de que nas sociedades cooperativas o elemento humano está à frente do elemento econômico, já que a sociedade é constituída pelo e para o elemento humano, buscando o desenvolvimento do ente e não da empresa, como sói acontecer com todo empreendimento cujo fim primordial é o lucro.

A autonomia da vontade do associado consubstanciada na participação efetiva nos rumos da sociedade cooperativa se dá através das discussões e deliberações que são tomadas nas Assembleias Gerais realizadas anualmente.

Nas Assembleias Gerais, o associado, dono da cooperativa, delibera acerca do resultado, elege os cooperados que irão dirigir o negócio e elege os cooperados que irão fiscalizar a gestão; enfim, pratica os principais atos da sociedade cooperativa, atento ao princípio de uma pessoa, um voto.

Como dizia o saudoso presidente Tancredo Neves: "A cooperativa é a sociedade mais democrática que existe".

---

10 BECHO, Renato Lopes. *Tributação das Cooperativas*. 2ed. São Paulo: Dialética, 1999, p. 80 e 81.

A Lei nº 5.764/71 fez constar o diferencial necessário às sociedades cooperativas, focando o aspecto socioeconômico da vida coletiva, alçada na mutualidade e reciprocidade da troca de interesses.

As sociedades cooperativas, portanto, foram erigidas como um meio juridicamente viável de alavancar o resultado econômico dos cooperados, visando se obter uma presença mais efetiva da pessoa física na vida econômica.

A verdade é que a sociedade cooperativa é apenas mandatária de seus associados, pois atua em nome, por conta e em benefício daqueles, fato este já percebido pelo Judiciário há mais de quatro décadas, conforme acórdão proferido pelo Supremo Tribunal Federal, no Recurso Especial n° 71840/SP, tendo como relator o Ministro Djaci Falcão.

A cooperativa é a representação societária de uma atividade econômica *sui generis*, de proveito comum e exclusivo de seus associados. As relações entre a cooperativa e cooperado são ditadas pelo próprio associado, que, enquanto cooperado, está aderente às decisões de sua cooperativa, dentro do princípio que rege tal tipo de associação, nos termos do prescrito no art. 38, *caput*, da Lei nº 5.764/71.

Georges Ripert assinalou, com inteira procedência, "que os cooperados são, ao mesmo tempo, os sócios da cooperativa e os destinatários de sua atividade, ou seja, ao mesmo tempo, associados e clientes[11]" (RIPERT, 1644, p. 964).

Em palestra por mim proferida no IV Fórum "Aspectos Legais do Cooperativismo", evento realizado em 2005, em São Paulo, pelo sistema do Serviço Nacional de Aprendizagem do Cooperativismo e Organização das Cooperativas do Estado de São Paulo (SESCOOP/OCESP), manifestei-me da seguinte forma:

> Neste ponto da diferenciação contratual é imperioso termos em mente o conceito da sociedade cooperativa, a sua operacionalização. A sociedade cooperativa é representante, a mandatária do cooperado. Como dito alhures é a longa manus do cooperado na busca por um crédito mais justo. O cooperado na cooperativa é o dono e o usuário dos serviços ao mesmo tempo.

11 RIPERT, Georges. *Traité Élémentarie de Droit Commercial.* 9ed. França: *Librairie générale de droit et de jurisprudence*,1644, p. 964

> Por si ou através de representante por ele eleito em assembleia geral é definido o conteúdo do ato cooperativo, o alcance do contrato cooperativo, suas cláusulas principais, taxas de juros, prazos, encargos, garantias etc.
>
> O resultado do contrato lhe é imputado, seja positivo (sobras) ou negativo (perdas), concorrerá com ele na medida de sua participação, já que a sociedade não aufere receita e nem despesa, a sociedade somente age em seu nome para atingir um fim que não era possível ser atingido de forma individual.
>
> A sociedade cooperativa é criada pelo cooperado, é dirigida por ele ou por alguém que o mesmo elegeu. Suas regras, normas, estatuto social são aprovadas pelos cooperados, diretamente em assembleia geral quando a lei e o estatuto assim determinam (e consequentemente com a participação de todos os associados) ou indiretamente pelos órgãos de administração (cujos membros são cooperados eleitos pelos cooperados dentre os cooperados) (BRAGA, 2005).

Portanto, estreme de dúvidas de que a correta compreensão da natureza jurídica da cooperativa de crédito é fator primordial para aplicar os princípios pertinentes a nova governança e a política de sucessão, visando satisfazer os requisitos legais sem perder o foco na essência do cooperativismo: desenvolvimento social e econômico dos associados.

2. CRONOLOGIA LEGAL DA ESTRUTURA DE GOVERNANÇA NAS COOPERATIVAS DE CRÉDITO

Muito antes da definição normativa do tema governança corporativa constar da legislação infralegal (lembrando que a mesma iniciou-se com a Resolução n° 4.434/2015), a Lei Cooperativista já delineava contornos gerais acerca do tema, basicamente criando três estruturas de poder com atribuições distintas na organização cooperativa.

O presente tema pode ser dividido em estágios, de acordo com a promulgação de leis, conforme se segue.

2.1 Primeiro estágio: promulgação da Lei Cooperativista (Lei n° 5.764/71)

Nesta Lei, são delineadas as premissas da assembleia geral, órgão supremo e soberano da sociedade cooperativa, composto por todos associados aptos a votar, cujas decisões se vinculam a todos, mesmo que ausentes ou discordantes, na forma prevista no artigo 38 da Lei n° 5.764/71[12]. A Lei Cooperativista prevê dois tipos de Assembleia Geral: ordinária e extraordinária, cada uma com sua competência e diferentes quóruns para deliberação.

Define-se também a assembleia geral ordinária, ou comum, aquela que a sociedade cooperativa deve realizar aos quatro primeiros meses do exercício social, prevista no artigo 17 da Lei Complementar n° 130/2009[13], que modificou o artigo 44 da Lei n° 5.764/71, somente para as cooperativas de crédito, visando discutir as contas, aprovar o balanço, destinar o resultado e eleger membros para os órgãos estatutários (Conselho de Administração, Diretoria e Conselho Fiscal).

Já a assembleia geral extraordinária, prevista nos artigos 45 e 46 da Lei n° 5.764/71[14], pode e deve ser realizada quando houver a necessidade. Nela, pode-se deliberar sobre qualquer assunto, tendo competência específica para deliberar sobre reforma do estatuto social; fusão, incorporação ou desmembramento; mudança do objeto da sociedade; dissolução voluntária, nomeação de liquidantes e deliberação sobre as contas do liquidante.

No escopo da governança, a Lei Cooperativista determina que a sociedade seja administrada por um Conselho de Administração ou Diretoria (previsto

---

12 Art. 38. A Assembleia Geral dos associados é o órgão supremo da sociedade, dentro dos limites legais e estatutários, tendo poderes para decidir os negócios relativos ao objeto da sociedade e tomar as resoluções convenientes ao desenvolvimento e defesa desta, e suas deliberações vinculam a todos, ainda que ausentes ou discordantes (BRASIL, *Lei n° 5.764* de 16 de dezembro de 1971).

13 "Art. 17. A assembleia geral ordinária das cooperativas de crédito realizar-se-á anualmente, nos 4 (quatro) primeiros meses do exercício social" (BRASIL, *Lei Complementar n° 130*, de 17 de abril de 2009. *Dispõe sobre o Sistema Nacional de Crédito Cooperativo e revoga dispositivos das Leis nos 4.595, de 31 de dezembro de 1964, e 5.764, de 16 de dezembro de 1971*).

14 "Art. 45. A Assembleia Geral Extraordinária realizar-se-á sempre que necessário e poderá deliberar sobre qualquer assunto de interesse da sociedade, desde que mencionado no edital de convocação.

Art. 46. É da competência exclusiva da Assembleia Geral Extraordinária deliberar sobre os seguintes assuntos: I - reforma do estatuto; II - fusão, incorporação ou desmembramento; III - mudança do objeto da sociedade; IV - dissolução voluntária da sociedade e nomeação de liquidantes; V - contas do liquidante" (BRASIL, 1971) no artigo 47[15]), podendo o estatuto social criar outros órgãos necessários à administração.

Determina também que a sociedade seja fiscalizada por um Conselho Fiscal, em seu artigo 56[16].

Constituído o tripé regulador da sociedade tem-se: assembleia geral para tratar sobre os grandes temas, conselho de administração ou diretoria para gerir os negócios sociais e conselho fiscal para fiscalizar os atos cooperativos.

Destacando que, sob a égide da Lei n° 5.764/71, não se permitia a participação nos órgãos de administração de não associados, fato que contribuiu para represar o desenvolvimento organizacional das sociedades cooperativas de crédito, não obstante poderem contratar profissionais de mercado para cargos de gerência e superintendência.

Essa forma de governar a sociedade cooperativa de crédito vigeu de 1971 a 2009, produzindo bons resultados, mas o grande desenvolvimento dos negócios cooperativos e financeiros, somado ao avanço da tecnologia, novas diretrizes de combates a lavagem de dinheiro e ações contra atos de terrorismo determinaram que as sociedades cooperativas devem ter uma governança mais robusta e completa, visando proteger os interesses dos associados e da sociedade como um todo.

2.2 Segundo estágio: promulgação da Lei Complementar n° 130/2009

Com a promulgação da Lei Complementar n° 130, em 17 de abril de 2009, um novo ciclo de desenvolvimento organizacional, social, financeiro e econômico se iniciou para as cooperativas de crédito.

Fruto de trabalho conjunto do Poder Executivo Federal, Banco Central do Brasil e lideranças cooperativas, coordenadas pela Organização das Coo-

15 "Art. 47. A sociedade será administrada por uma Diretoria ou Conselho de Administração, composto exclusivamente de associados eleitos pela Assembleia Geral, com mandato nunca superior a 4 (quatro) anos, sendo obrigatória a renovação de, no mínimo, 1/3 (um terço) do Conselho de Administração" (BRASIL, 1971).

16 "Art. 56. A administração da sociedade será fiscalizada, assídua e minuciosamente, por um Conselho Fiscal, constituído de 3 (três) membros efetivos e 3 (três) suplentes, todos associados eleitos anualmente pela Assembleia Geral, sendo permitida apenas a reeleição de 1/3 (um terço) dos seus componentes" (BRASIL, 1971).

perativas Brasileiras (OCB), a Lei Complementar n° 130/2009 regulamenta o Sistema Nacional de Crédito Cooperativo, disposto na Constituição Federal de 1988, e que dá forma jurídica ao modelo cooperativista existente no Brasil.

As diretrizes constantes da Lei Complementar nº 130/2009 abordam várias questões importantes às cooperativas de crédito, dentre as principais destacam-se a estrutura do conselho de administração, mandatos dos conselhos de administração e fiscal, sistemática para o tratamento de perdas de exercícios, acesso às informações das cooperativas pelas centrais, remuneração do capital social pela variação da taxa do Sistema Especial de Liquidação e de Custódia (SELIC), compensação de eventuais perdas com sobras futuras, realização de assembleia geral ordinária nos primeiros quatro meses do exercício, definição do quadro social pela assembleia geral, tratamento especial do sigilo entre entes componentes do Serviço Nacional de Consultas Cadastrais (SNCC) e do regime de cogestão.

O SNCC é composto pelas confederações centrais, pelos sistemas cooperativos, pelas cooperativas singulares filiadas a centrais, pelas instituições financeiras controladas por cooperativas de crédito e demais entidades referidas no art. 54 da Resolução nº 4.434[17], de 05 de agosto de 2015.

As cooperativas de crédito podem se organizar em sistemas de segundo nível, denominadas centrais ou de terceiro nível, chamadas confederações.

Esses sistemas propiciam economia de escala sob uma estrutura piramidal, em que as cooperativas singulares (primeiro grau) ocupam a base, as cooperativas centrais (segundo grau) ocupam a zona intermediária e a confederação (terceiro grau) fica no topo. Estas são organizadas de acordo com a sua finalidade:

a) cooperativa singular ou de 1º grau: tem objetivo de prestar serviços diretos ao associado;

b) central ou cooperativa de 2º grau: seu objetivo é organizar, em maior escala, os serviços das filiadas, facilitando a utilização recíproca dos serviços. É constituída por, no mínimo, três cooperativas singulares; e,

---

17 BANCO CENTRAL DO BRASIL. Resolução n° 4.434, de 05 de agosto de 2015. *Dispõe sobre a constituição, a autorização para funcionamento, o funcionamento, as alterações estatutárias e o cancelamento de autorização para funcionamento das cooperativas de crédito e dá outras providências.*

c) confederação ou cooperativa de 3º grau, constituída por no mínimo três cooperativas centrais, tem por objetivo orientar e coordenar as atividades das filiadas, nos casos em que o vulto dos empreendimentos transcender o âmbito de capacidade ou conveniência de atuação das centrais.

No tocante especificamente ao tema objeto deste trabalho, governança, destacamos as seguintes inovações, muito bem-vindas:

a) Artigo 2º, §3º: dispõe os mesmos critérios para concessão de créditos e garantias para operações praticadas entre cooperativa e membros de órgãos estatutários;

b) Artigo 5º: determina que as cooperativas de crédito com conselho de administração podem criar diretoria executiva a ele subordinada, na qualidade de órgão estatutário composto por pessoas físicas associadas ou não, indicadas por aquele conselho;

c) Art. 6º: dispõe que o mandato dos membros do conselho fiscal das cooperativas de crédito terá duração de até 3 (três) anos, observada a renovação de, ao menos, 2 (dois) membros a cada eleição, sendo 1 (um) efetivo e 1 (um) suplente.

d) Art. 16: prevê regime de cogestão entre os entes que compõem o SNCC; e,

e) Art. 17: determina que a assembleia geral ordinária das cooperativas de crédito realizar-se-á anualmente, nos 4 (quatro) primeiros meses do exercício social.

Destacamos acima cinco grandes inovações no tocante a governança da sociedade cooperativa de crédito, especialmente a possibilidade da participação na diretoria executiva de pessoas que não sejam associadas da cooperativa (artigo 5º) e a ampliação do mandato dos membros do Conselho Fiscal para até 03 (três) anos.

Ao se permitir que terceiros não associados possam exercer cargos de direção, tendo seus nomes submetidos à homologação do Banco Central do Brasil (BCB) (portanto, sujeitos de deveres e direitos inerentes aos exercentes de cargos eletivos na cooperativa de crédito), ampliou-se o leque de profissionais que podem contribuir para o desenvolvimento da entidade, especialmente oriundos do próprio mercado financeiro, contribuindo para a execução das diretrizes sistêmicas, o fortalecimento e o crescimento do segmento dentro do sistema financeiro nacional, como sói acontecer desde a década de 1990.

A Diretoria, como órgão executor das diretrizes emanadas do Conselho de Administração, deve possuir disponibilidade de tempo, conhecimentos técnicos apropriados ao exercício do cargo e reputação ilibada. É um órgão executivo, tendo atribuições colegiadas e individuais, todas definidas no estatuto social.

Aqui cabe uma reflexão acerca do regime de contratação dos diretores executivos: CLT ou sem vínculo de emprego? A resposta não é fácil, já que irá demandar a investigação da situação operacional de cada diretor nomeado. Neste sentido, tomamos a liberdade de transcrever parecer de nossa autoria, datado de 18/01/2017, nos seguintes termos:

"Segundo a Resolução do Conselho Monetário Nacional (CMN) n° 4434/2015, é permitida a contratação de diretores que não sejam associados ou mesmo que associados não sejam oriundos do Conselho de Administração da cooperativa".

Assim, a compatibilidade ou não entre a figura do diretor e a do empregado tem sido objeto de razoável controvérsia no contexto do Direito Trabalhista.

A própria LC nº 130/2009 reza por seu artigo 5º que "as cooperativas de crédito com conselho de administração podem criar diretoria executiva **a ele subordinada**, na qualidade de órgão estatutário composto por pessoas físicas associadas ou não, **indicadas** por aquele conselho" (BRASIL, 2009, grifo nosso).

Dessa forma, partindo do pressuposto que funcionários, ou mesmo cooperados, serão ou foram eleitos/indicados para compor a diretoria executiva, *a priori* não seriam considerados empregados celetistas à luz, sobretudo do disposto na Súmula 269 do Tribunal Superior do Trabalho (TST), quanto ao primeiro caso.

Isso entendemos, desde que estes empregados obviamente tenham poder de mando e representação. Ocupantes do cargo de 'simples gerente', por exemplo, não se enquadrariam nessa situação, mormente quando presente os requisitos dos artigos 2º e 3º da Consolidação das Leis do Trabalho (CLT)[18].

---

18 "Art. 2º - Considera-se empregador a empresa, individual ou coletiva, que, assumindo os riscos da atividade econômica, admite, assalaria e dirige a prestação pessoal de serviço.

Veja abaixo, decisão do TST nesse sentido:

> AGRAVO DE INSTRUMENTO. RECURSO DE REVISTA - DESCABIMENTO. CONTRATO DE TRABALHO. SUSPENSÃO. DIRETOR ELEITO. EXCEÇÃO DA SÚMULA 269/TST. DECISÃO MOLDADA À JURISPRUDÊNCIA UNIFORMIZADA DO TST. **O empregado eleito para ocupar cargo de diretor tem o respectivo contrato de trabalho suspenso**, não se computando o tempo de serviço desse período, **salvo se permanecer a subordinação jurídica inerente à relação de emprego** (Súmula 269/TST). **Confirmada pelo Regional a permanência da subordinação jurídica, não há suspensão do vínculo empregatício.** Agravo de instrumento conhecido e desprovido (AIRR nº 3378-73.2010.5.15.0000, 3ª Turma do TST, Rel. Alberto Luiz Bresciani de Fontan Pereira, unânime, DEJT 09.12.2010, grifo nosso).

Quer seja, a ausência de subordinação deverá estar muito bem demonstrada, comprovada e imune de dúvidas, sob pena de caracterizar-se vínculo empregatício, à guisa do próprio normativo dizer que essa diretoria estará subordinada ao Conselho de Administração, o que, sob o aspecto trabalhista, poderá ensejar forte tese do diretor no sentido do reconhecimento do vínculo de emprego.

Lado outro, esses diretores devem possuir inquestionável e estatutária soma de poderes de mando e gestão, e que as situações jurídicas de natureza diretiva e de natureza subordinada sejam reciprocamente excludentes.

Dessa forma, seria inviável acatar relação de emprego nesses casos, pois não poderiam, ao mesmo tempo, dirigir, representar e subordinar-se a si mesmos, o que seria até mesmo um contrassenso.

De maneira que, aliado a essa ideia de que serão diretores com vínculos estatutários, todos deveriam ter os mesmos direitos e deveres, sem obviamente subordinação na seara trabalhista. E assim, para diagnosticar se empregado celetista ou não, deverá ser analisada toda a conjuntura da situação concreta.

A nosso ver, existe grande possibilidade de configuração do vínculo trabalhista, pois um terceiro que possuir qualquer relação de sociedade com a cooperativa, a partir de então será seu diretor.

Art. 3º - Considera-se empregado toda pessoa física que prestar serviços de natureza não eventual a empregador, sob a dependência deste e mediante salário" (BRASIL. Decreto-Lei nº 5.452, de 1º de maio de 1943. *Aprova a Consolidação das Leis do Trabalho*).

Assim, considerando essa mudança ocorrida no Conselho de Administração e Diretoria Executiva, nas quais estão sendo aplicados princípios de boa governança a efetiva separação dos poderes destes órgãos, deve qualquer orientação nesse sentido ser criteriosa e bem avaliada.

Pelo exposto, em se tratando de empregado, fala-se de salário, com pagamento de todos os direitos inerentes. Do contrário, a remuneração será a título de pró-labore.

Diante das explanações feitas nos itens anteriores e em face a resposta da cooperativa de que um dos diretores antes de ser nomeado para o citado cargo era empregado da cooperativa e os outros dois não, entendemos existir risco jurídico na eventual discussão de vínculo de emprego, especialmente para o diretor oriundo do quadro de empregados, logicamente que se demonstrado pleno exercício do cargo de diretor, sem subordinação e com ampla autonomia, a probabilidade de reconhecimento do vínculo trabalhista e eventuais direitos daí decorrentes é mínima.

No tocante aos diretores contratados que nunca prestaram serviços à cooperativa como empregados, o risco jurídico é mínimo, desde que também exerçam suas atribuições com autonomia e sem subordinação, na forma prevista no estatuto social e legislação infralegal vigente.

Sempre temos recomendado que o diretor nomeado, oriundo do quadro de empregados da cooperativa, seja contratado como CLT, a fim de evitar eventuais discussões, notadamente porque o tema é recente nas relações cooperativas, sem jurisprudência formada.

Considerando que grande parte das cooperativas de crédito aderiram, recentemente, à nova governança, o tema ainda carece de um debate mais aprofundado, pelo que nos próximos anos iremos observar a atualização da jurisprudência sobre o debate que certamente irá acontecer.

Também ao permitir que o mandato dos membros do Conselho Fiscal seja de até 03 (três) anos, conforme dispuser o estatuto social da cooperativa de crédito, alargou o horizonte de aprendizado destes membros que compõem um dos três pilares da governança cooperativa. Mais tempo no cargo significa mais preparo para o desenvolvimento de suas atividades com segurança e critérios de desempenho.

A função do Conselho Fiscal é muito importante para o correto funcionamento da cooperativa, verificando todas as contas da sociedade, emitindo parecer para assembleia geral e, eventualmente, na necessidade e ocorrência de motivos relevantes, relatando fatos para a autoridade competente, para os órgãos de administração e direção, tudo com a finalidade de contribuir para o regular funcionamento da cooperativa de crédito.

Adiante, ao examinarmos o último estágio da governança, disciplinado pela Resolução n° 3.445/2017[19], do Banco Central do Brasil, e normas correlatas (especialmente a Resolução n° 4.538/2016[20]), vamos vislumbrar a importância da permissão da composição da diretoria executiva por associados ou não.

O Portal Brasil Cooperativo (2016), ao abordar sobre a Lei Complementar nº 130/2009, afirma que "A Lei veio assegurar, às cooperativas, isonomia de condições operacionais com o sistema bancário tradicional, outorgando-lhes a plenitude de portfólio e aperfeiçoando o seu regime de governança" (PORTAL BRASIL COOPERATIVO, 2016).

2.3 Atual estágio: promulgação da Resolução n° 4.434/2015

Complementando as modificações e inovações legislativas, temos que abordar a Resolução n° 4.434/2015, do Banco Central do Brasil, que, em âmbito infralegal dentro da competência do Conselho Monetário Nacional, disciplinou as inovações previstas na Lei Complementar n° 130/2009.

A Resolução n° 4.434/2015 é a evolução da Resolução n° 3.859/2010[21], que já determinava para as cooperativas de tipo societário *livre admissão de empresários, de pequenos empresários, microempresários e microempreendedores e às constituídas ao amparo do inciso I do §3º do art. 12 adotarem* **estrutura administrativa integrada por conselho de administração e por diretoria executiva** *a ele subordinada, cujos membros sejam eleitos pelo referido conselho, entre pessoas físicas associadas ou não associadas, nos termos do art. 5º da Lei*

---

19 BANCO CENTRAL DO BRASIL. Resolução n° 4.434, de 05 de agosto de 2015.

20 BANCO CENTRAL DO BRASIL. Resolução n° 4.538, de 24 de novembro de 2016. *Dispõe sobre a política de sucessão de administradores das instituições financeiras e demais instituições autorizadas a funcionar pelo Banco Central do Brasil.*

21 BANCO CENTRAL DO BRASIL. Resolução n° 3.859, de 31 de maio de 2010. *Altera e consolida as normas relativas à constituição e ao funcionamento de cooperativas de crédito.*

Complementar nº 130, de 2009, admitida a acumulação de cargos entre os dois órgãos para, no máximo, um dos membros do conselho, e vedada a acumulação das presidências.

Observamos que já em 2010, certos tipos societários de cooperativas de crédito deveriam adotar uma estrutura de governança mais robusta, com maior segregação de funções e com pessoas distintas a ocupar os cargos no conselho de administração e na diretoria, permitindo ainda, à época, a acumulação de, no máximo, um cargo na administração e na diretoria pela mesma pessoa, porém proibida a acumulação das presidências.

Assim vigeu de 2010 a 2015, ainda que trata-se de regra transitória, mas de fundamental importância para a consolidação da nova governança corporativa nas cooperativas de crédito, aplicando parcialmente as diretrizes estabelecidas pela Lei Complementar n° 130/2009.

Porém, em 2015, a atual Resolução n° 4.434/2015, além de mudar a classificação das cooperativas de crédito pela composição do quadro social (artigo 15) para tipo operacional (plena, clássica e capital de empréstimo), vinculando limites mínimos, em relação ao capital integralizado e ao Patrimônio Líquido (PL) para operar, o Conselho Monetário Nacional determinou que as cooperativas de crédito devem observar a política de governança corporativa aprovada pela assembleia geral.

Manteve-se o tripé assembleia geral, conselho de administração/diretoria e conselho fiscal como pilares da vida societária e operacional das cooperativas de crédito, determinando a segregação de funções entre os órgãos de administração e de direção, sendo que a diretoria será indicada pelo conselho de administração, ficando, portanto, subordinada ao mesmo.

A política de governança deve abordar os aspectos de representatividade, participação, direção estratégica, gestão executiva, fiscalização e controle, bem como contemplar a aplicação dos princípios de segregação de funções na administração, remuneração dos membros dos órgãos estatutários, transparência, equidade, ética, educação cooperativista, responsabilidade corporativa e prestação de contas.

Os membros da diretoria executiva devem ser indicados pelo conselho de administração entre pessoas naturais associadas ou não associadas, nos termos do art. 5º da Lei Complementar nº 130, de 2009, sendo vedado o exercício simultâneo de cargos no conselho de administração e na diretoria executiva.

A Diretoria possui atribuições que devem constar do estatuto social, de forma individual para cada diretor e de forma coletiva para o órgão 'diretoria'. Diretores com mandato fixado no estatuto social, podendo ser reconduzidos, com prazo de mandato de no máximo 04 (quatro) anos.

O artigo 28 da Resolução nº 4.434/2015, pela primeira vez em normativos oficiais, elencou rol de atribuições e competências do Conselho de Administração, enfatizando seu caráter de órgão de administração estratégica, vejamos:

> Art. 28. Compete ao conselho de administração, como órgão de deliberação colegiada, no caso de cooperativas de crédito que adotem estrutura administrativa segregada nos termos do art. 27, entre outras funções estratégicas:
>
> I - fixar a orientação geral dos negócios da cooperativa de crédito;
>
> II - indicar e destituir os diretores e fixar-lhes as atribuições, observadas as disposições contidas no estatuto;
>
> III - fiscalizar a gestão dos diretores;
>
> IV - examinar, a qualquer tempo, os livros e papéis da cooperativa de crédito;
>
> V - solicitar informações sobre contratos celebrados ou em via de celebração, e quaisquer outros atos;
>
> VI - convocar a assembleia geral;
>
> VII - manifestar-se sobre o relatório da administração e as contas da diretoria;
>
> VIII - manifestar-se previamente sobre atos ou contratos, quando o estatuto assim o exigir;
>
> IX- autorizar, se o estatuto não dispuser em contrário, a alienação de bens do ativo não circulante e a constituição de ônus reais; e
>
> X- escolher e destituir os auditores externos (BANCO CENTRAL DO BRASIL, 2015).

No tocante ao Conselho Fiscal, também, pela primeira vez, fez constar atribuições e competências mínimas para o citado órgão, na forma prevista no artigo 31, abaixo transcrito:

> Art. 31. Compete ao conselho fiscal, entre outras atribuições estabelecidas no estatuto social:
>
> I - fiscalizar, por qualquer de seus membros, os atos dos administradores e verificar o cumprimento dos seus deveres legais e estatutários;
>
> II - opinar sobre as propostas dos órgãos de administração, a serem submetidas à assembleia geral, relativas à incorporação, à fusão ou ao desmembramento da cooperativa;
>
> III - analisar as demonstrações contábeis elaboradas periodicamente pela cooperativa;
>
> IV - opinar sobre a regularidade das contas da administração e as demonstrações contábeis do exercício social, elaborando o respectivo parecer, que conterá, se for o caso, os votos dissidentes;
>
> V - convocar os auditores internos e externos, sempre que preciso, para prestar informações necessárias ao desempenho de suas funções;
>
> VI - convocar assembleia geral, por deliberação da maioria de seus membros, sempre que ocorrerem motivos graves ou urgentes; e
>
> VII - comunicar, por meio qualquer de seus membros, aos órgãos de administração, à assembleia geral e ao BCB, os erros materiais, fraudes ou crimes de que tomarem ciência, bem como a negativa da administração em fornecer-lhes informação ou documento (BANCO CENTRAL DO BRASIL, 2015).

Importante destacar que, sendo os diretores nomeados pelo Conselho de Administração e tendo seus nomes homologados pelo Banco Central do Brasil, na forma regulamentar vigente, passam a ter deveres e responsabilidades inerentes a todos aqueles que exercem cargos em instituições financeiras, como previsto no artigo 44 da Lei n° 4.595/64[22] (administrativa perante o Banco Central do Brasil (BCB) e Conselho de Recursos do Sistema Financeiro Nacional (CRSFN), da Lei n° 7.492/86[23] (criminal) e eventualmente civil, visando ressarcir prejuízos causados pela má execução das competências.

---

22 "Art. 44. As infrações aos dispositivos desta lei sujeitam as instituições financeiras, seus diretores, membros de conselhos administrativos, fiscais e semelhantes, e gerentes, às seguintes penalidades, sem prejuízo de outras estabelecidas na legislação vigente (Revogado pela Lei nº 13.506, de 2017)" (BRASIL. Lei n° 4.595, de 31 de dezembro de 1964. *Dispõe sobre a Política e as Instituições Monetárias, Bancárias e Creditícias, Cria o Conselho Monetário Nacional e dá outras providências*).

23 BRASIL. Lei n° 7.492, de 16 de junho de 1986. *Define os crimes contra o sistema financeiro nacional, e dá outras providências.*

Este torna-se um diferencial muito importante, pois até a permissão da Lei Complementar n° 130/2009, os eventuais diretores eram contratados como empregados, não tendo seus nomes submetidos ao crivo do BCB, portanto, não exerciam cargos estatutários e seus atos não eram alcançados pela legislação citada anteriormente.

Os diretores executivos, ao terem maior responsabilidade, logicamente, terão maior cuidado no trato da coisa comum, gerindo e administrando a sociedade na forma apropriada, não permitindo a ingerência indevida nos negócios sociais. Verdadeiro e necessário avanço na governança das sociedades cooperativas de crédito.

Desta forma, as diretrizes emanadas desde os primórdios da cooperação, com os pioneiros de Rochdale que se consubstanciaram nos princípios cooperativos em nossa legislação, previstos no artigo 4º da Lei n° 5.764/71, se solidificaram visando o crescimento da organização cooperativa com a aplicação da denominada governança corporativa ao segmento crédito, por imposição do Conselho Monetário Nacional e, sobretudo, pela evolução do cooperativismo de crédito no cenário econômico nacional, estando presente em todas as regiões, com grande rede de atendimento e, em muitas localidades, a única opção de serviços financeiros.

Com a abertura do quadro social, a constituição de bancos cooperativos e empresas financeiras controladas pelo segmento cooperativo, não restaria outra alternativa às sociedades cooperativas de crédito, a não ser a busca incessante da profissionalização e transparência, visando a melhor prestação de serviços aos associados e às comunidades atendidas.

2.4 Resolução n° 4.538/2016

Dando continuidade ao aperfeiçoamento das normas relativas à governança das cooperativas de crédito, o Conselho Monetário Nacional (CMN) editou a Resolução em destaque, que estabelece a obrigatoriedade de implementação e manutenção de política de sucessão de administradores para os cargos da alta administração das cooperativas de crédito.

A política de sucessão deve ser implementada de forma compatível com a natureza, o porte, a complexidade, a estrutura, o perfil de risco e o modelo de negócio da instituição, de forma a assegurar que os ocupantes dos cargos da alta administração tenham as competências necessárias para o desempenho de suas funções.

Nas palavras do próprio BCB:

> A medida se insere no escopo de fortalecimento da governança corporativa nas instituições reguladas, de forma a assegurar a solidez e eficiência do Sistema Financeiro Nacional (SFN), em consonância com as melhores práticas internacionais, inclusive as recomendadas pelo Comitê de Supervisão Bancária de Basileia (BANCO CENTRAL DO BRASIL, 2016).

A política de sucessão de administradores das cooperativas de crédito deve ser aprovada pela assembleia geral, ao contrário das demais instituições cuja competência para aprovação é do Conselho de Administração ou da Diretoria.

Existe lógica em exigir aprovação da assembleia geral dos cooperados, dado que compete ao citado órgão maior da sociedade cooperativa a deliberação sobre os temas de maior destaque e relevância na vida social, notadamente por disciplinar, mesmo que indiretamente, o processo eletivo, já que as regras da sucessão podem indicar o rumo a ser observado em pleitos futuros. Aqui se aplicou corretamente o conceito de isonomia, qual seja: tratar os iguais de forma igual e os desiguais de forma desigual.

Infelizmente, às vezes o legislador não aplica com a costumeira atenção o princípio da isonomia nas situações vivenciadas pelas cooperativas de crédito, o que acarreta tratamento desigual e inconstitucional à guisa do disposto no parágrafo segundo do artigo 174[24] da Constituição Federal, que determina que a lei deve apoiar e estimular o cooperativismo.

3. GOVERNANÇA CORPORATIVA X GOVERNANÇA COOPERATIVA

Quem não se lembra do lamentável episódio envolvendo a companhia de aviação americana *United* e o passageiro retirado à força da cabine de um

---

24 "Art. 174. Como agente normativo e regulador da atividade econômica, o Estado exercerá, na forma da lei, as funções de fiscalização, incentivo e planejamento, sendo este determinante para o setor público e indicativo para o setor privado.
[...]
§ 2º A lei apoiará e estimulará o cooperativismo e outras formas de associativismo" (BRASIL, Constituição da República Federativa do Brasil de 1988).

avião? Segundo estimativas do mercado, a *United* perdeu um bilhão de dólares de valor de mercado em um único dia.

Que lições tirar do episódio? Qual a relação entre o citado fato e a governança nas empresas e nas cooperativas?

O tema governança como é tratado atualmente nos manuais e na legislação, no segmento do cooperativismo de crédito, é recente, ainda em aplicação nas cooperativas que estão a reformar seu estatuto social, visando adequar à norma.

O Instituto Brasileiro de Governança Corporativa (IBGC) conceitua governança cooperativa da seguinte forma:

> Governança corporativa é o sistema pelo qual as empresas e demais organizações são dirigidas, monitoradas e incentivadas, envolvendo os relacionamentos entre sócios, conselho de administração, diretoria, órgãos de fiscalização e controle e demais partes interessadas.
>
> As boas práticas de governança corporativa convertem princípios básicos em recomendações objetivas, alinhando interesses com a finalidade de preservar e otimizar o valor econômico de longo prazo da organização, facilitando seu acesso a recursos e contribuindo para a qualidade da gestão da organização, sua longevidade e o bem comum (INSTITUTO BRASILEIRO DE GOVERNANÇA CORPORATIVA. Disponível em <http://www.ibgc.org.br/index.php/governanca/governanca-corporativa>).

Já a Organização das Cooperativas Brasileiras (OCB), nos apresenta o seguinte conceito:

> Trata-se de um modelo de direção estratégica, fundamentado nos valores e princípios cooperativistas, que estabelece práticas éticas visando garantir a consecução dos objetivos sociais e assegurar a gestão da cooperativa de modo sustentável em consonância com os interesses dos cooperados.
>
> A adoção da boa prática de Governança na cooperativa garante a aplicação da autogestão no Sistema Cooperativista Nacional e tem por finalidades:
>
> a) Ampliar a transparência da administração da sociedade cooperativa;
>
> b) Facilitar o desenvolvimento e a competitividade das cooperativas;
>
> c) Contribuir para a sustentabilidade e perenidade do modelo cooperativista;
>
> d) Aprimorar a participação do cooperado no processo decisório;
>
> e) Obter melhores resultados econômico-financeiros;

> f) Incentivar a inovação e proporcionar a melhoria da qualidade dos serviços ao quadro social; e,
>
> g) Aplicar a responsabilidade social como integração da cooperativa com a sociedade civil (ORGANIZAÇÃO DAS COOPERATIVAS BRASILEIRAS, 2014. Disponível em: <http://www.ocb.org.br/arquivos/Publicacoes/Manual_Boas-Praticas.pdf>.

Por fim, o Banco Central do Brasil assim a conceitua:

> A denominação governança corporativa representa a tradução literal do termo original em inglês, *corporate governance*, usado para se referir aos arranjos institucionais que regem as relações entre acionistas (ou outros grupos) e a administração das empresas (LETHBRIDGE, 1997). Dessa forma, sempre que um investidor, proprietário ou financiador procura mais influência sobre a atuação das empresas nas quais tem participação, o que faz é orientar as políticas de governança corporativa da empresa, de modo que se assegure de que os agentes (executivos) atendam àquilo que dela esperam esses investidores.
>
> Governança corporativa trata do governo estratégico da empresa, da articulação e da distribuição do poder entre as partes com direitos de propriedade e os responsáveis pela gestão. Não se limita a questões de verificação de procedimentos contábeis, a auditorias ou a remuneração dos gestores, mas aborda o efetivo exercício da propriedade. Nas corporações, direciona a questões que envolvem as relações entre controladores, acionistas minoritários, gestores, mercado de capitais e financiadores em geral, assim como entre diversos grupos influenciados pela ação da empresa (*stakeholders*), tais como empregados, clientes, fornecedores, órgãos reguladores e sociedade.
>
> Em uma das definições mais difundidas de governança corporativa, Shleifer e Vishny (1996) afirmam que ela trata da maneira pela qual os fornecedores de recursos financeiros às corporações se asseguram de que obterão retorno por seus investimentos (BANCO CENTRAL DO BRASIL, 2009. Disponível em: <http://www.bcb.gov.br/Pre/microFinancas/coopcar/pdf/livro_governanca_cooperativa_internet.pdf>, p. 32.

Inexiste a expressão 'governança cooperativa', bem como poucos estudos jurídicos ou técnicos a respeito do tema, especialmente no tocante as sociedades cooperativas.

O professor José Carlos de Assunção, em excelente artigo publicado no portal Linkedln, em 23 de março de 2016, assim se posicionou acerca da correta nomenclatura:

> Seja sistema ou modelo de direção, o posicionamento da governança na esfera estratégica é imprescindível, já que trata da atuação interativa entre assembleia geral, conselho de administração, conselho fiscal e diretoria executiva, além obviamente dos componentes organizacionais a esses órgãos relacionados. Há quem inclusive defenda que o termo deveria ser administração corporativa ou, consequentemente, administração cooperativa, com o que eu concordo, já que governança não é um termo comumente aplicado às empresas no Brasil, como lembra, ao citar F. G. Carneiro, Leonardo Boesche em sua recente dissertação de mestrado intitulada Relação entre Autogestão e Governança em Cooperativas Agropecuárias do Paraná.
>
> É importante que não se perca um detalhe de suma importância que está contido no conceito do Sistema OCB: "fundamentado nos valores e princípios cooperativistas". É esse componente que diferencia uma cooperativa da empresa comum, portanto governança em cooperativas traz um tempero adicional que precisa ser muito bem administrado (ASSUNÇÃO, José.Carlos, 2016).

Concordamos com o nobre professor, pois as cooperativas de crédito têm particularidades e peculiaridades que os demais segmentos empresariais não têm. Sendo sociedades de pessoas, sem fins lucrativos, porém com escopo de desenvolvimento econômico com ampla participação associativa nos grandes temas societários, devemos ter cuidado em aplicar conceitos e práticas de outros segmentos, a fim de não se descaracterizar o tipo societário.

Preferimos a definição da OCB, por englobar dois pontos cardeais no tocante a governança nas sociedades cooperativas, em sintonia com os princípios que regem o cooperativismo: estratégia e objetivos sociais e econômicos dos associados.

Como já examinamos no item pertinente a natureza jurídica das cooperativas de crédito, as particularidades e peculiaridades do tipo societário devem ser consideradas na aplicação do conceito de governança, pois não resta dúvida da transparência dos atos cooperativos e da responsabilidade social inata ao cooperativismo, verdadeiro fim de qualquer cooperativa: prestar serviços aos associados, desenvolvendo economicamente os mesmos e suas comunidades.

Sendo sociedade de pessoas e sendo imperioso que os ocupantes de cargos sociais sejam oriundos do quadro societário, não resta dúvida que a governança praticada no seio do cooperativismo seja mais humana, porém, sempre profissional, notadamente a partir da diretriz traçada pela Lei Complementar nº 130/2009, que veio permitir a participação de não associados nos cargos de direção.

Não podemos deixar de relatar a determinação normativa do Conselho Monetário Nacional em diversas resoluções, a hodiernamente vigente Resolução nº 4.122/2012[25], anexo II, para que somente pessoas capacitadas exerçam cargos de administração, direção e fiscalização nas sociedades.

Em decorrência das normas pertinentes, o cooperativismo de crédito com apoio incondicional das bases e do SESCOOP vem promovendo, ao longo dos anos, treinamentos de capacitação em todas as esferas, inclusive com cursos de MBA e pós-graduação destinados a este público específico.

A norma determina que o associado, eleito ou nomeado, deve possuir capacitação técnica compatível com as atribuições do cargo para o qual pretende concorrer em pleito, realizado na forma e no prazo previsto no estatuto social e regras internas que disciplinam o processo eleitoral da sociedade.

Por fim, fator preponderante para o sucesso da nova governança nas cooperativas de crédito é a mudança de paradigma da administração, até então desenvolvida unicamente por associados, para uma gestão compartilhada entre associados (no conselho de administração) e associados ou não, porém profissionais (na diretoria), executando as diretrizes traçadas.

Quando estes órgãos tiverem total sintonia de atuação, não resta dúvida de que o resultado será um ganho enorme de segurança, transparência, produtividade e eficiência operacional, financeira e econômica para a cooperativa de crédito, seus associados e a comunidade em geral.

Bons ventos sopram do Sul.

4. CONCLUSÕES

Por todo o exposto, podemos concluir que as sociedades cooperativas de crédito devem adotar as melhores práticas de governança e de capacitação dos

---

25 BANCO CENTRAL DO BRASIL. Resolução nº 4.122, de 02 de agosto de 2012. *Estabelece requisitos e procedimentos para constituição, autorização para funcionamento, cancelamento de autorização, alterações de controle, reorganizações societárias e condições para o exercício de cargos em órgãos estatutários ou contratuais das instituições que especifica.*

membros dos órgãos estatutários e dos associados, já que os associados de hoje serão, ou poderão ser, os conselheiros e diretores de amanhã.

A segregação de funções, já prevista na Lei de regência do cooperativismo, foi aprimorada pela Lei Complementar n° 130/2009, ao permitir que terceiros não associados possam compor a diretoria executiva.

Não nos esqueçamos da permissão de mandato de até três anos para os ocupantes de cargos de conselheiros fiscais, que importou em um aumento significativo da participação deste importante órgão na vida societária, prevenindo situações de anormalidade.

Em sede de normas infralegais, o Conselho Monetário Nacional e o BCB, juntamente com as lideranças cooperativas, promoveram ajustes nas regras, visando disciplinar o regramento do artigo 5º da Lei Complementar n° 130/2009, ao determinar através da Resolução n° 4.434/2015 a total segregação de funções entre o Conselho de Administração e a Diretoria, ficando patente o caráter estrategista do Conselho de Administração e de executor o da Diretoria.

Desta forma, o tripé inicial da lei cooperativista: assembleia geral, conselho de administração e conselho fiscal, hoje se completa com a presença da diretoria executiva, ainda que na lei cooperativista exista a previsão de que se possa criar outros órgãos de administração; estes, se criados, não tinham o condão de ter atribuições típicas de um órgão como a diretoria, prevista na Lei Complementar n° 130/2009.

Certamente, em breve as cooperativas de crédito alcançarão os números americanos e europeus de participação no mercado financeiro nacional, fruto da melhor governança e capacitação técnica de seus membros, mas sobretudo fruto da aplicação correta dos princípios cooperativos, que conseguiram moldar os interesses sociais e econômicos em uma só entidade, verdadeira terceira via para nós cooperativistas, única via de crescimento sustentável com respeito ao ser humano e à natureza.

Caminhamos rumo aos dois dígitos de participação econômica no PIB financeiro nacional, governando com sabedoria, imparcialidade, neutralidade política e partidária, forte no apelo social e econômico de toda a comunidade.

REFERÊNCIAS BIBLIOGRÁFICAS

AGUDO, José Dias. *Cooperativas de Consumo*. Lisboa: Livros Horizonte, imp. 1980.

ASSUNÇÃO, José Carlos. *Postagem no portal Linkedin no ano de 2016*. Disponível em: <https://br.linkedin.com/in/msc-jos%C3%A9-carlos-de-assun%C3%A7%C3%A3o-94977117>. Acesso em: 16 nov. 2017.

BANCO CENTRAL DO BRASIL. *Governança Corporativa: Diretrizes e mecanismos para fortalecimento da governança em cooperativas de crédito*. Disponível em: <http://www.bcb.gov.br/Pre/microFinancas/coopcar/pdf/livro_governanca_cooperativa_internet.pdf>. Acesso em: 16 nov. 2017.

_________. *Notícia CMN - Votos do Banco Central - Reunião de 24/11/2016*. Disponível em: <http://www.bcb.gov.br/pt-br/#!/c/notas/16019>. Acesso em 16 nov. 2017.

_________. Resolução n° 3.859, de 31 de maio de 2010. *Altera e consolida as normas relativas à constituição e ao funcionamento de cooperativas de crédito*. Disponível em: <https://www.bcb.gov.br/pre/normativos/busca/downloadNormativo.asp?arquivo=/Lists/Normativos/Attachments/49615/Res_3859_v7_P.pdf>. Acesso em: 16 nov. 2017.

_________. Resolução n° 4.122, de 02 de agosto de 2012. *Estabelece requisitos e procedimentos para constituição, autorização para funcionamento, cancelamento de autorização, alterações de controle, reorganizações societárias e condições para o exercício de cargos em órgãos estatutários ou contratuais das instituições que especifica*. Disponível em: <http://www.bcb.gov.br/pre/normativos/busca/downloadNormativo.asp?arquivo=/Lists/Normativos/Attachments/49128/Res_4122_v4_P.pdf>. Acesso em 16 nov. 2017.

_________. Resolução n° 4.434, de 05 de agosto de 2015. *Dispõe sobre a constituição, a autorização para funcionamento, o funcionamento, as alterações estatutárias e o cancelamento de autorização para funcionamento das cooperativas de crédito e dá outras providências*. Disponível em: <https://www.bcb.gov.br/pre/normativos/busca/downloadNormativo.asp?arquivo=/Lists/Normativos/Attachments/48507/Res_4434_v1_O.pdf>. Acesso em: 16 nov. 2017.

_________. Resolução n° 4.538, de 24 de novembro de 2016. *Dispõe sobre a política de sucessão de administradores das instituições financeiras e demais instituições autorizadas a funcionar pelo Banco Central do Brasil.* Disponível em: <https://www.bcb.gov.br/pre/normativos/busca/downloadNormativo.asp?arquivo=/Lists/Normativos/Attachments/50292/Res_4538_v1_O.pdf>. Acesso em 16 nov. 2017.

BECHO, Renato Lopes. *Tributação das Cooperativas.* 2ªed. São Paulo: Dialética, 1999.

BRASIL, *Constituição da República Federativa do Brasil de 1988.* Promulgada em 5 de outubro de 1988. Disponível em: <http://www.planalto.gov.br/ccivil_03/constituicao/constituicao.htm>. Acesso em: 16 nov. 2017.

_________. Decreto-Lei n° 5.452, de 1° de maio de 1943. *Aprova a Consolidação das Leis do Trabalho.* Disponível em: <http://www.planalto.gov.br/ccivil_03/decreto-lei/Del5452.htm>. Acesso em: 16 nov. 2017.

_________, Ementa Constitucional n° 40, de 29 de maio de 2003. *Altera o inciso V do art. 163 e o art. 192 da Constituição Federal, e o caput do art. 52 do Ato das Disposições Constitucionais Transitórias.* Disponível em: <http://www.planalto.gov.br/ccivil_03/constituicao/emendas/emc/emc40.htm>. Acesso em: 16 nov. 2017.

_________, Lei Complementar n° 130, de 17 de abril de 2009. *Dispõe sobre o Sistema Nacional de Crédito Cooperativo e revoga dispositivos das Leis nos 4.595, de 31 de dezembro de 1964, e 5.764, de 16 de dezembro de 1971.* Disponível em: <http://www.planalto.gov.br/ccivil_03/leis/lcp/Lcp130.htm>. Acesso em: 16 nov. 2017.

_________. Lei n° 4.595, de 31 de dezembro de 1964. *Dispõe sobre a Política e as Instituições Monetárias, Bancárias e Creditícias, Cria o Conselho Monetário Nacional e dá outras providências.* Disponível em: <http://www.planalto.gov.br/ccivil_03/leis/L4595.htm>. Acesso em: 16 nov. 2017.

_________, Lei n° 5.764, de 16 de dezembro de 1971. *Define a Política Nacional de Cooperativismo, institui o regime jurídico das sociedades cooperativas, e dá outras providências.* Disponível em: <http://www.planalto.gov.br/ccivil_03/leis/L5764.htm>. Acesso em: 16 nov. 2017.

_________. Lei nº 7.492, de 16 de junho de 1986. *Define os crimes contra o sistema financeiro nacional, e dá outras providências.* Disponível em: <http://www.planalto.gov.br/ccivil_03/leis/L7492.htm>. Acesso em: 16 nov. 2017.

FERREIRA, Luiz Pinto. *Comentários à Constituição Brasileira.* 6ºvol. São Paulo: Saraiva, 1994.

INSTITUTO BRASILEIRO DE GOVERNANÇA CORPORATIVA. Disponível em <http://www.ibgc.org.br/index.php/governanca/governanca-corporativa>. Acesso em: 16 nov. 2017.

ORGANIZAÇÃO DAS COOPERATIVAS BRASILEIRAS. *Manual das Boas Práticas de Governança Corporativa*, 2014. Disponível em: <http://www.ocb.org.br/arquivos/Publicacoes/Manual_Boas-Praticas.pdf>. Acesso em: 16 nov. 2017.

PORTAL BRASIL COOPERATIVO. Disponível em: <http://www.somoscooperativismo.coop.br/>. Acesso em: 16 nov. 2017.

RIPERT, Georges. *Traité Élémentarie de Droit Commercial.* 9ªed. França: *Librairie générale de droit et de jurisprudence*,1644.

VIDIGAL, Edson. *Aspectos Jurídicos das Cooperativas de Crédito.* Belo Horizonte: Mandamentos, 2005.

RESPONSABILIZAÇÃO PENAL DOS DIRETORES E GERENTES DE COOPERATIVAS

RICARDO SILVEIRA FERREIRA DE MELO

Advogado criminalista. Especialista em Direito Penal Econômico e Europeu pela Faculdade de Coimbra, Instituto de Direito Penal Econômico Europeu e pelo Instituto Brasileiro de Ciências Criminais (IBCCRIM).

SARA CARVALHO MATANZAZ

Advogada criminalista. Mestre em Ciências Jurídico-Forenses pela Universidade de Coimbra.

RESUMO

O objetivo deste trabalho é investigar a responsabilização penal dos dirigentes de cooperativas, nas hipóteses em que a pessoa jurídica incorrer em infração penal. A fim de se apurar tal responsabilidade, inicialmente analisou-se a própria atividade desenvolvida pelas cooperativas, a partir de incursão no avanço histórico do cooperativismo no Brasil. Lado outro, investigou-se a ampliação da atuação do Direito Penal, especificamente nos delitos econômicos. Expostos estes panoramas, passou-se a analise quanto à possibilidade de as cooperativas incidirem nas condutas típicas previstas nessa nova esfera de criminalidade, para finalmente se identificar os sujeitos responsáveis pelos ilícitos, pessoas físicas capazes de culpabilidade e com poder de decidir em nome da cooperativa. Apurou-se assim a responsabilidade dos diretores e gerentes de cooperativas, que agindo com dolo e culpa, em nome da pessoa jurídica, praticam condutas ilícitas.

Palavras-chave: Cooperativas. Direito Penal Econômico. Gerentes. Diretores. Responsabilidade Subjetiva.

ABSTRACT

The objective of this work is to investigate the criminal responsibility of the cooperative leaders, in the hypotheses in which the firm incurs a criminal infraction. In order to identify this responsibility, the activity developed by the cooperatives was initially analyzed, based on the historical advance of cooperativism in Brazil. On the other hand, the investigation of the expansion of the Criminal Law was specifically investigated, especially in the economic delicts. Once these scenarios were exposed, it was analyzed the possibility of cooperatives commit this new type of criminality, in order to finally identify the individuals responsible for this illicit, individuals who are guilty and have the power to decide on behalf of the cooperative. The responsibility of the directors and managers of cooperatives was thus established, who, acting with deceit and guilt, in the name of the legal entity, engage in illicit conduct.

Keywords: Cooperatives. Economic Criminal Law. Managers. Directors. Subjective Liability.

1. INTRODUÇÃO

No atual panorama de investigação de crimes políticos e financeiros amplamente divulgados pela mídia, volta-se a atenção para a criminalidade econômica. Nesse sentido, o Direito Penal tem sido invocado como resposta às mais diversas insatisfações sociais, tido por vezes como primeiro instrumento para solução de conflitos. Neste contexto indispensável retomar o questionamento acerca do avanço do Direito Penal, principalmente nas atividades empresariais, bem como sua função de última esfera de proteção (*ultima ratio*), que visa proteger as lesões mais graves aos bens jurídicos de maior relevância.

Com base neste panorama, o presente estudo tem por escopo investigar a responsabilização penal dos dirigentes de cooperativa, uma vez que essas sociedades poderão incorrer em condutas ilícitas das mais variadas naturezas, considerando as atuais figuras típicas, que abrangem bens jurídicos bastante difusos.

A fim de se identificar não só a responsabilidade penal no âmbito das cooperativas, como investigar a imputação dos seus representantes, o presente trabalho fará breve análise acerca da atividade cooperativa, seu desenvolvimento histórico e ampliação de suas funções na sociedade. A sucinta evolução histórica considerará as origens do cooperativismo no plano internacional, bem como sua consolidação na sociedade brasileira. Superada a exposição histórica, passa-se para pontuais esclarecimentos acerca da gestão cooperativa, com a intenção de permitir posterior enquadramento da responsabilidade penal.

Após as considerações gerais quanto às cooperativas e sua gestão, ingressa-se na análise penal das possibilidades de imputação dessas associações. Neste ponto, fazem-se esclarecimentos acerca do avanço do Direito Penal Econômico e a desvinculação da imputação penal apenas de bens jurídicos, tais como a vida e a integridade física, para criminalização de condutas praticadas pelas sociedades, especialmente no âmbito de suas atividades empresariais. Analisa-se ainda a possibilidade de imputação da pessoa jurídica, bem como a necessidade de vinculação a uma conduta humana, passível de culpabilidade.

Finalmente, o estudo se concentra na conduta dos representantes das cooperativas, passível de responsabilidade penal quando praticado ato típico e ilícito em nome da sociedade, por deliberação livre e consciente de seus gestores. Nesta seara, aponta-se para a hipótese de imputação de crimes contra o sistema financeiro às cooperativas de crédito, bem como a responsabilização de seus diretores e gerentes.

Ante aos elementos propostos, poder-se-á identificar a responsabilização de diretores e gerentes de cooperativas quando as mesmas incidirem em ilícitos penais durante o exercício de suas atividades.

2. DAS COOPERATIVAS

Atualmente, as sociedades cooperativas são caracterizadas pela adesão voluntária e livre de indivíduos, com gestão democrática e participação econômica e decisória de seus membros, tendo a autonomia e a independência como princípios basilares de sua gestão. Todavia, importante que se analise brevemente o desenvolvimento histórico dessas associações, a fim de perceber suas peculiaridades. Apenas com base nesse substrato histórico é que se compreenderá a gestão dessas sociedades e posteriores implicações na responsabilidade penal de seus dirigentes.

2.1 Desenvolvimento Histórico

No embrião das cooperativas estão as entidades associativas vivenciadas em diversos períodos históricos, como as unidades coletivas agrícolas da Babilônia, as associações artesanais do antigo Egito, Grécia e Roma, as sociedades de crédito da antiga China, as guildas medievais, os celeiros coletivos japoneses e as associações pré-colombianas na América do Sul, como doutrina o professor Gromoslav Mladenatz (1969).

A despeito das cooperativas serem verificadas desde a antiguidade, o fenômeno cooperativo moderno emerge na Revolução Industrial na Inglaterra do século XIX, como pode ser verificado na obra de Purificación Morgado Panadero (2006). De acordo com o mestre português Rui Namorado (2013), sob este novo contexto social o movimento cooperativo experimentado no avanço industrial tinha como escopo amenizar os efeitos mais penalizantes do capitalismo para os trabalhadores. Ante a situação degradante de trabalho e as famigeradas condições de sobrevivência, os trabalhadores começaram a se unir na reinvindicação de direitos e interesses, identificando-se como classe através das cooperativas.

Ao longo do tempo, a estrutura das cooperativas foi se desenvolvendo e seus princípios se consolidando, se desvinculando dos modelos da reinvindicação de direitos sociais e trabalhistas da Revolução Industrial e passando a atuar em diversos segmentos da sociedade. Ainda no século XIX, na Alemanha, Franz-Hermann Schulze Delitzsch e Friedrich Wilhelm Raiffeisen desenvolveram novo modelo de cooperativas, até então carente de estruturação, consubstanciado nas cooperativas de crédito. Esta nova modalidade de associação ganhou força e passou a se desenvolver sob os modelos alemães em cooperativas de todo o mundo, relatado na obra de Marden Soares e Abelardo Sobrinho (2007).

No Brasil, as primeiras experiências do cooperativismo, ainda no final do século XIX, são representadas pela Associação Cooperativa dos Empregados, na cidade de Limeira/SP, e pela Cooperativa de Consumo de Camaragibe, no Estado de Pernambuco. De acordo com a Organização das Cooperativas Brasileiras (1996), no início do século seguinte verificou-se o surgimento das primeiras caixas rurais do modelo Raiffeisen, no Rio Grande do Sul e de cooperativas agropecuárias no Estado de Minas Gerais.

Extrapolando este desenvolvimento embrionário, a década de 30 do século passado foi marcada pelo florescimento da prática cooperativa brasileira, tanto em razão do estímulo do Poder Público ao cooperativismo, que passou a considerar as cooperativas como instrumento de reestruturação das atividades agrícolas, como pela promulgação da Lei básica do cooperativismo brasileiro, de 1932, passando a definir melhor as especificidades daquele movimento diante de outras formas de associação, conforme doutrina Diva Pinho (1996).

Visando a regulamentação da crescente forma associativa, em 1971 foi promulgada a Lei nº 5.764, que estabelece as atuais bases normativas para as cooperativas no país. A norma até hoje vigente é composta por 117 artigos, divididos em 18 capítulos, que tratam de toda a estruturação desta forma de sociedade. Do ponto de vista conceitual, o art. 4º define as cooperativas como "sociedades de pessoas, com forma e natureza jurídica próprias, de natureza civil, não sujeitas à falência, constituídas para prestar serviços aos associados [...]"; e o art. 79 estabelece que os atos cooperativos são aqueles "praticados entre as cooperativas e seus associados, entre estes e aqueles e pelas cooperativas entre si quando associados, para a consecução dos objetivos sociais".

A Lei nº 5.764/71 foi alvo de diversas críticas por padecer de limitações à autonomia das cooperativas, estabelecendo regras como a exigência de número mínimo de 20 sócios para sua constituição e a representatividade oficial através da Organização das Cooperativas Brasileiras (OCB), em nível nacional, e da Organização Estadual de Cooperativas (OCE), em nível de cada Unidade da Federação. Não só vinculadas a órgãos de fiscalização obrigatórios, as cooperativas dependiam de autorização prévia da Organização das Cooperativas Brasileiras para sua criação.

Com a Constituição de 1988, entretanto, nova interpretação foi dada à norma, ante a salvaguarda de ditames como o da livre associação e a livre iniciativa privada, que eram incompatíveis com o modelo legal vigente. Sendo assim, entende-se não ser possível, à luz do texto constitucional, o condicionamento da criação de associações à autorização de organização representativa, nem mesmo a intervenção estatal nas atividades daquela sociedade.

2.2 Gestão das Cooperativas

Compreendido o desenvolvimento da estrutura das cooperativas, verificou-se historicamente a consolidação de modelo de associação fulcrado em três características básicas, consistentes na propriedade cooperativa, na repartição cooperativa e na gestão cooperativa.

Do ponto de vista da propriedade, o ponto central é o de que as cooperativas são associações de pessoas, e não de capital. Sendo assim, a propriedade será atribuída aos associados, sem qualquer vínculo às contribuições financeiras individuais que deram origem àquela sociedade. A repartição cooperativa, partindo dos mesmos pressupostos, aponta para a distribuição financeira ao final de cada ano, que não seguirá as regras das sociedades de capital de lucros e dividendos, e sim de sobras líquidas oriundas do trabalho direto dos próprios associados. Finalmente, acerca da gestão, tem-se que o poder de decisão será da assembleia de associados, representada pelos respectivos órgãos sociais.

Analisando a atual disposição normativa acerca das cooperativas verifica-se a divisão em três níveis de sociedades: as cooperativas singulares ou de 1º grau, as cooperativas centrais ou federações de 2º grau, constituídas pelas de 1º grau, e as confederações, de 3º grau, constituídas pelas de 2º grau. No que se refere aos órgãos sociais, são eles a assembleia geral, com funções deliberativas, o conselho de administração e/ou diretoria executiva, com funções estratégicas e/ou executivas e, o conselho fiscal, órgão fiscalizador.

Afirma-se, quanto à gestão, que a Lei nº 5.764/1971 adotou o modelo tradicional, em que todos os membros dos órgãos sociais são associados eleitos pela assembleia geral. A diretoria executiva, por sua vez, quando existente, integra o conselho de administração, estando em muitos casos sobrepostas as atribuições, já que exercidas pelos mesmos administradores.

Especificamente quanto às cooperativas de crédito, a Lei Complementar nº 130/2009 adotou o modelo eclético, permitindo a opção por um conselho de administração, eleito em assembleia geral, e por uma diretoria executiva subordinada, composta ou não por associados. Nesse modelo, é possível que se garanta a gestão democrática pelo conselho de administração e ao mesmo tempo se consolide uma gestão executiva técnica por parte dos diretores, conforme identificado por Abelardo Melo Sobrinho, Alexandre Bastos e Joaquim Fontes Filho (2009). Outra característica peculiar das cooperativas de crédito refere-se à operacionalidade de suas funções. Seguindo o modelo das instituições financeiras comerciais, as cooperativas adotaram a figura do gerente, profissional responsável por abrir contas, atender clientes, orientar sobre planos de investimento, autorizar operações dentro de sua alçada, intermediando as relações entre clientes e instituição. No caso das cooperativas de crédito, há de se considerar que os gerentes não atenderão aos planos de metas comuns às instituições comerciais, em que se busca o maior acúmulo de capital. O gerente, nas cooperativas, apesar de exercerem atividades bastante similares à dos gerentes bancários, estarão submetidos à assembleia geral e/ou diretoria, tendo como objetivo gerar benefícios aos cooperados e à comunidade.

3. DIREITO PENAL E ATIVIDADE DAS COOPERATIVAS

Esclarecido o desenvolvimento histórico e normatização das cooperativas, bem como a função de seus órgãos sociais, passaremos à análise da criminalização das condutas praticadas no âmbito das cooperativas, a fim de posteriormente se identificar a responsabilidade penal de seus representantes.

A estruturação das normas pertinentes às cooperativas, bem como o aumento de sua representatividade em diversos setores sociais fez com que as mesmas se expandissem nos mais distintos ramos de atividade. Atualmente afirma-se haver 13 ramos cooperativos no Brasil, a saber: cooperativas agropecuárias, de consumo, de crédito, educacionais, habitacionais, de infraestrutura, de mineração, de produção, de saúde, sociais, de trabalho, de transporte e de turismo e lazer.

Diante deste avanço em variados segmentos da sociedade, as condutas praticadas no âmbito das cooperativas poderão implicar nas mais diversificadas hipóteses de responsabilidade administrativa, civil, trabalhista e criminal.

Especificamente do ponto de vista penal, verificou-se nos ordenamentos modernos a ampliação dos bens jurídicos tutelados, o que implica em uma maior criminalização de condutas. Se originalmente o Direito Penal era acionado apenas nas hipóteses de violações mais graves a bens jurídicos como a vida, privacidade, liberdade e integridade física, atualmente inúmeras condutas, inclusive de relevância trabalhista, tributária e econômica são criminalizadas. Este avanço verificou-se principalmente do ponto de vista do denominado Direito Penal Econômico, abrangido por tipos presentes nos códigos penais e também através de leis esparsas, muitas vezes em paralelo com sanções administrativas para as mesmas condutas. Portanto, em sua atividade, as cooperativas poderão incidir em condutas que sejam tipificadas como crimes contra organização do trabalho, crimes ambientais, tributários e previdenciários, crimes contra o consumidor e contra o sistema financeiro. A fim de se identificar as possibilidades de responsabilização, cumpre realizar breve histórico acerca dessa nova criminalização.

3.1 Avanço do Direito Penal Econômico

O Direito Penal, como ramo do Direito Público que visa à proteção por meio da pena de bens juridicamente tutelados, só pode ser compreendido face ao modelo de Estado em que se insere, conforme doutrina Peter-Alexis Albrecht (2000). De acordo com Jorge Figueiredo Dias (2007), o próprio conceito de bem jurídico vai depender daquilo que cada sociedade considera como valor, sendo que o resguardo desse pelo Direito Penal é matéria de política criminal, diretamente influenciada pela estrutura estatal adotada.

Nas origens do atual Estado Democrático de Direito está o pensamento iluminista, o qual buscou a estruturação da Administração por meio do modelo de tripartição de poderes, hoje consolidado na maior parte dos países democráticos, conforme constatado por Marcello Caetano (2007). Tal movimento visava o combate do Estado de Polícia da segunda fase do absolutismo, no qual o monarca se impunha acima do Estado e do Direito.

Foi a Revolução Francesa de 1789 que trouxe os parâmetros do Estado Formal, submetendo a Administração à legalidade constitucional. Esta modificação visava o retorno da preocupação do Estado para a proteção antecipada de perigo, além de trazer à tona o resguardo aos direitos subjetivos, conforme identificado pelo doutrinador Jorge Figueiredo Dias. Relata José Gomes Canotilho (2000), que o Estado Liberal, a partir de então instituído, fruto da ascensão capitalista, buscava um afastamento da Administração face à economia, sendo que, ao particular, deveria ser garantida a livre atuação no mercado, visando o acúmulo de capital[1].

Nesse contexto, o direito penal tinha como bens jurídicos exclusivamente aqueles voltados à proteção do indivíduo, de suas liberdades e garantias, e de seu patrimônio.

---

1 "O termo liberalismo engloba o liberalismo político, ao qual estão associadas as doutrinas dos direitos humanos e da divisão de poderes, e o liberalismo econômico, centrado sobre uma economia de mercado livre (capitalista). Se a sociedade burguesa fornecia o substrato sociológico ao Estado constitucional, este, por sua vez, criava condições políticas favoráveis ao desenvolvimento do liberalismo econômico" (CANOTILHO, J.J. Gomes. *Direito constitucional e teoria da constituição.* Coimbra: Livraria Almedina, 2000. p.109).

João Ricardo Catarino (2009) expõe que o ápice desse sistema se deu com a Revolução Industrial, a qual, por um lado, permitia um amplo avanço tecnológico e produtivo, mas, por outro, agravava as condições da grande massa trabalhadora que passou a ver-se desamparada pelo Estado constituído.

Face às disputas de mercado em escala global emerge a Primeira Guerra (1914-1918), dela resultando uma profunda alteração na intervenção do Estado sob a esfera econômica e consequente alargamento da atuação do Direito Penal.

A esse passo, doutrina Jorge Bacelar Gouvêa (2009), é importante salientar a influência da Revolução Russa de 1917, da qual emergiu o modelo socialista, cuja construção histórica é marcada pela constante luta contra a criminalidade econômica. Enquanto no capitalismo a intervenção penal sobre a economia era esporádica - apenas em casos específicos de delinquência que pudesse causar problemas gravíssimos a toda sociedade –, no socialismo, o Estado valeu-se sempre da pena para garantir seu domínio econômico, conforme relatam os professores Manuel da Costa Andrade e Jorge Figueiredo Dias (2000).

Com o advento da Primeira Guerra e a expansão do socialismo no leste europeu, o Estado capitalista teve de quebrar o modelo liberal e intervir na economia, nela atuando de forma regulamentar e sancionadora.

De acordo com Larry Greenway, Charles Milner e Sanjaya Lall (1995), o surgimento do Estado Social, com a ampliação da atuação administrativa e a busca de direitos e garantias coletivos, era a alternativa ao capitalismo selvagem e à criticada democracia liberal burguesa. Por sua vez, o professor Jorge Dias (2000) relata que verificou-se, assim, um alargamento da criminalização, fazendo surgir, ao lado dos tipos tradicionais, um Direito Penal especial, acessório e secundário, disposto majoritariamente em legislação extravagante à codificação iluminista.

É certo que, desde o Direito Romano já havia previsão de crimes de caráter econômico, mas no contexto do Estado Social, o Direito Penal Econômico ganhou força, inserindo-se de uma vez por todas na política criminológica ocidental, conforme identificado pelos autores Jorge Figueiredo Dias e Manuel da Costa Andrade (2000).

Uma das primeiras tentativas de definir o Delito Penal Econômico se deu através de definição do sociólogo Edwin Sutherland no conceito de *White-*

-*collar crime*, até hoje considerado por muitos como elemento definidor desses tipos delitivos. A publicação do sociólogo, em 1939, na *American Sociological Association*, abalou a então difundida teoria criminológica de justificação social do autor do delito, via de regra marginalizado pela sociedade. Ao contrário, o conceito de *white-collar crime*, centrando nas características sociológicas do agente, trouxe à cena do crime o empresário bem-sucedido, a quem os olhos do Direito Penal, até então, só via na posição de vítima.

Não restam dúvidas de que o modelo de Direito Penal Econômico trazido por Sutherland estava limitado às características do agente, sendo definido como o conjunto de delitos cometidos no âmbito de uma profissão por uma pessoa de respeitabilidade e elevado estatuto social, conforme identificado pela autora Cláudia Cruz Santos (2000). A autora ainda ressalta que, ainda que criticável sob o ponto de vista conceitual, é inegável a importância daquele trabalho sob o aspecto criminológico, a apontar para uma área de impunidade, dada a omissão tanto dos estudiosos do crime quanto dos aplicadores da lei, sendo que tais condutas eram tratadas apenas no âmbito civil.

Na década de 70, Herbert Edelhertz, membro do *National Institute of Law Enforcement and Criminal Justice*, passou a questionar a definição de Sutherland, por considerá-la demasiado restritiva, sendo eficaz apenas para apontar à danosidade social dos delitos de caráter econômico. Visando suprir a falha axiológica, Edelhertz considerou crime de colarinho branco:

> todo ato ilegal ou série de atos ilegais, praticados através de meios não físicos e com dissimulação ou engano, para obter dinheiro ou bens, para evitar o pagamento ou perda de dinheiro ou bens, ou para obter vantagens negociais ou pessoais (SANTOS *apud* EDELHERTZ, 2000).

Enquanto no contexto histórico de Sutherlander a essencial que se demonstrasse que os poderosos também eram sujeitos ativos no Direito Penal, no cenário de Edelhertz era necessário se delimitar a conduta, a fim de se tratar igualitariamente todos os agentes.

Para isso, tais crimes passam a ser definidos em razão da violação da confiança das relações econômicas, tornando notória a necessidade de se delinear o bem jurídico tutelado.

Nesse sentido, J. Baumann (2000) conceitua o Direito Penal Econômico como o conjunto de normas jurídico-penais que regulam a vida e as atividades econômicas, e de preceitos que, de alguma forma, se relacionam com a produção e distribuição dos bens econômicos.

Esse conceito é, entretanto, muito amplo, permitindo nele incluir toda a intervenção estatal sobre a economia. Tal amplitude é, todavia, restringida quando pensamos no Direito Penal Econômico como Direito Penal secundário, à luz de todo o trajeto histórico dessa criminalização, o qual permite delimitar sua conceituação através do bem jurídico tutelado, conforme identifica o autor Manuel da Costa Andrade (2000).

Apesar de ser difícil uma definição precisa do Direito Penal Econômico, se tomarmos o conceito genérico trazido por José Faria Costa, de "conjunto de princípios jurídicos, cristalizados em normas mais ou menos específicas ou particulares" (COSTA, 2000, p. 137), perceberemos o avanço dessa normatização em grande parte dos ordenamentos ocidentais.

Note-se que o Direito Penal Econômico não é um corpo unitário de princípios e regras, sendo que por um lado está abrangido por tipos presentes nos códigos penais e, por outro, avança através de leis espaças, sem que se possa esquecer ainda da previsão em paralelo de sanções administrativas para as mesmas condutas.

3.2. Responsabilidade das Pessoas Jurídicas

O Direito Penal moderno, mormente em Estados democráticos, é o denominado Direito Penal do fato, estando repelido pela maioria dos ordenamentos jurídicos o Direito Penal do autor Fernando Antônio Nogueira Galvão da Rocha:

> O objeto do juízo de valor, a partir do qual se constrói a norma jurídico-penal, tem sido sempre a conduta humana, que representa o exercício de uma atividade finalística. A conduta é pressuposto indispensável a todos os elementos constitutivos da noção jurídica de crime e, como observa Eduardo Correia, sua consideração deve ocorrer antes da doutrina da tipicidade e mesmo fora dela, embora já na construção conceitual de delito (ROCHA, 2003, p. 45).

O conceito de conduta volta-se a ação ou omissão humanas, reguladas pela voluntariedade. Em um de seus conceitos mais elaborados, o finalista, há, inclusive, referência à capacidade humana de "prever, dentro de certos limites, as consequências possíveis de sua atividade, conforme um plano endereçado à realização desses fins" (PRADO, 2004, p. 251).

Além disso, o Direito Penal, ao menos se pensa-se na doutrina clássica, trabalha com finalidades da pena, quais sejam as finalidades de prevenção (geral e especial, positiva e negativa), retribuição e ressocialização, o que seria incompatível com a pessoa jurídica.

Não há dúvidas, portanto, que a Teoria do Delito e a Teoria da Pena foram criadas e têm suas bases voltadas à punição do ser humano individualmente considerado:

> [...] a noção de tipo, introduzida por Beling, deu o impulso inicial para a formulação dos conceitos analíticos do delito, sendo que todas as elaborações posteriores ao sistema casualista tomaram como ponto de partida a consideração de que o delito deve ser analisado sob o enfoque da conduta humana. O tipo como ponto de referência para os juízos de ilicitude e culpabilidade, na realidade, representa importante suporte para a função de garantia da lei penal, na medida em que define com clareza o comportamento juridicamente proibido (ROCHA, 2003, p. 41-42).

Nesse escopo, ainda que o avanço da criminalização tenha como alvo condutas praticadas por empresas, o sujeito ativo dos delitos será uma pessoa humana, que age na representação do ente coletivo.

Visando ampliar as possibilidades de responsabilização penal da pessoa jurídica, e não apenas de seus gestores, a Constituição de 1988 previu expressamente hipóteses em que, excepcionalmente, as sociedades serão sujeitos ativos de condutas criminais. Tal é o que ocorre no art. 225, §3º, quanto aos crimes ambientais, e no art. 173, §5º, acerca dos crimes contra a ordem econômica e financeira.

A interpretação da previsão constitucional de responsabilidade penal do ente moral, consoante ao princípio da culpabilidade, se fazia através da teoria da dupla imputação, ou seja, a ação penal deverá ser proposta contra todos os envolvidos, figurando concomitantemente no polo passivo a pessoa jurídica e a pessoa natural que agiu em benefício daquela:

> [...] independentemente de ser ou não "penal" a natureza específica da responsabilidade da pessoa jurídica prevista na lei ambiental, emerge como absolutamente inevitável a incidência da teoria da dupla imputação (ou da imputação paralela), leia-se, jamais pode a pessoa jurídica isoladamente

aparecer no polo passivo da ação penal (sempre será necessário descobrir quem dentro da empresa praticou o ato criminoso em seu nome e em seu benefício). Desse modo, devem ser processadas (obrigatoriamente) a pessoa que praticou o crime e a pessoa jurídica (quando esta tenha sido beneficiada com o ato) (GOMES, 2008).

O Supremo Tribunal Federal, quando do julgamento do RE **nº 548.181**, superou a teoria da dupla imputação e passou a admitir a responsabilização isolada da pessoa jurídica[2].

Aquele Tribunal **não adotou imediatamente tal posição, mas alterou seu entendimento a partir do julgamento do** Mandado de Segurança (MS)nº 39.173[3], afastando a imprescindibilidade da dupla imputação.

---

2 EMENTA RECURSO EXTRAORDINÁRIO. DIREITO PENAL. CRIME AMBIENTAL. RESPONSABILIDADE PENAL DA PESSOA JURÍDICA. CONDICIONAMENTO DA AÇÃO PENAL À IDENTIFICAÇÃO E À PERSECUÇÃO CONCOMITANTE DA PESSOA FÍSICA QUE NÃO ENCONTRA AMPARO NA CONSTITUIÇÃO DA REPÚBLICA. 1. O art. 225, §3º, da Constituição Federal não condiciona a responsabilização penal da pessoa jurídica por crimes ambientais à simultânea persecução penal da pessoa física em tese responsável no âmbito da empresa. A norma constitucional não impõe a necessária dupla imputação. 2. As organizações corporativas complexas da atualidade se caracterizam pela descentralização e distribuição de atribuições e responsabilidades, sendo inerentes, a esta realidade, as dificuldades para imputar o fato ilícito a uma pessoa concreta. 3. Condicionar a aplicação do art. 225, §3º, da Carta Política a uma concreta imputação também a pessoa física implica indevida restrição da norma constitucional, expressa a intenção do constituinte originário não apenas de ampliar o alcance das sanções penais, mas também de evitar a impunidade pelos crimes ambientais frente às imensas dificuldades de individualização dos responsáveis internamente às corporações, além de reforçar a tutela do bem jurídico ambiental. 4. A identificação dos setores e agentes internos da empresa determinantes da produção do fato ilícito tem relevância e deve ser buscada no caso concreto como forma de esclarecer se esses indivíduos ou órgãos atuaram ou deliberaram no exercício regular de suas atribuições internas à sociedade, e ainda para verificar se a atuação se deu no interesse ou em benefício da entidade coletiva. Tal esclarecimento, relevante para fins de imputar determinado delito à pessoa jurídica, não se confunde, todavia, com subordinar a responsabilização da pessoa jurídica à responsabilização conjunta e cumulativa das pessoas físicas envolvidas. Em não raras oportunidades, as responsabilidades internas pelo fato estarão diluídas ou parcializadas de tal modo que não permitirão a imputação de responsabilidade penal individual. 5. Recurso Extraordinário parcialmente conhecido e, na parte conhecida, provido (RE 548181, Relator(a):Min. ROSA WEBER, Primeira Turma, julgado em 06/08/2013, ACÓRDÃO ELETRÔNICO DJe-213 DIVULG 29/10/2014, PUBLIC 30/10/2014).

3 PENAL E PROCESSUAL PENAL. RECURSO EM MANDADO DE SEGURANÇA. RESPONSABILIDADE PENAL DA PESSOA JURÍDICA POR CRIME AMBIENTAL: DESNECESSIDADE DE DUPLA IMPUTAÇÃO CONCOMITANTE À PESSOA FÍSICA E À PESSOA JURÍDICA.
1. Conforme orientação da 1ª Turma do STF, "O art. 225, §3º, da Constituição Federal não condiciona a responsabilização penal da pessoa jurídica por crimes ambientais à simultânea persecução penal da pessoa física em tese responsável no âmbito da empresa. A

De toda sorte, a análise das condutas típicas imputadas a empresas dependerá não só da verificação de uma infração à norma penal por uma sociedade, como na identificação da pessoa física que agiu em nome do ente coletivo e praticou conduta dotada de culpabilidade. Sendo assim, no caso das cooperativas, indispensável que se identifique a responsabilidade de seus gestores para fins criminais, uma vez que os diversos delitos em que pode eventualmente incidir à sociedade serão atribuídos aos seus representantes, membros dos órgãos deliberativos e com poder para atuar em nome da associação.

4. RESPONSABILIDADE PENAL DOS DIRETORES E GERENTES DE COOPERATIVAS

Nos termos do que se demonstrou, a definição analítica do delito como ação típica, ilícita e culpável, está imbuída nas concepções de dolo e culpa. Fundamentados em tais pilares, todos os institutos do processo e da execução penal foram idealizados com base na noção de pessoa natural. As cooperativas, em seus mais diversificados ramos de atividade, são entes fictícios, se determinando através dos atos subjetivamente emanados de seus representantes.

Relembre-se que as cooperativas atuam para atender os interesses de seus associados, sendo que as decisões são exaradas da assembleia geral por eles formada. Entretanto, não são todos os associados que responderão por eventuais práticas ilícitas da cooperativa, uma vez que são designados órgãos representativos para atuar em nome daquela sociedade.

Na estrutura das cooperativas poderão ser responsabilizados os diretores, membros do conselho de administração ou da diretoria executiva, quando praticadas figuras típicas em nome do ente coletivo.

---

norma constitucional não impõe a necessária dupla imputação." (RE 548181, Relatora Min. ROSA WEBER, Primeira Turma, julgado em 6/8/2013, acórdão eletrônico DJe-213, divulg. 29/10/2014, public. 30/10/2014).
2. Tem-se, assim, que é possível a responsabilização penal da pessoa jurídica por delitos ambientais independentemente da responsabilização concomitante da pessoa física que agia em seu nome. Precedentes desta Corte.
3. A personalidade fictícia atribuída à pessoa jurídica não pode servir de artifício para a prática de condutas espúrias por parte das pessoas naturais responsáveis pela sua condução.
4. Recurso ordinário a que se nega provimento (RMS 39.173/BA, Rel. Ministro REYNALDO SOARES DA FONSECA, Quinta Turma, julgado em 06/08/2015, DJe 13/08/2015).

Especificamente com relação às cooperativas de crédito, a Lei nº 7.942/86 previu crimes contra o sistema financeiro, enumerando condutas típicas que poderão ser praticadas por instituições financeiras, o que abrange as atividades dessa espécie de cooperativas[4]. O art. 25 da norma prevê os sujeitos ativos dos delitos nela inscritos:

> Art. 25. São penalmente responsáveis, nos termos desta lei, o controlador e os administradores de instituição financeira, assim considerados os diretores, gerentes.
>
> §1º. Equiparam-se aos administradores de instituição financeira o interventor, o liquidante ou o síndico.
>
> §2º. Nos crimes previstos nesta Lei, cometidos em quadrilha ou coautoria, o coautor ou partícipe que através de confissão espontânea revelar à autoridade policial ou judicial toda a trama delituosa terá a sua pena reduzida de um a dois terços (BRASIL, 1986).

Cumpre notar que ao determinar os gestores, vale-se o diploma legal dos termos 'diretores' e 'gerentes', seguindo nomenclatura comumente utilizada na hierarquia das instituições bancárias. Lembre-se que no âmbito das cooperativas de crédito, aquilo que se denomina diretoria poderá ser tanto o conselho de administração como a diretoria executiva, composta ou não por associados. Já o gerente será aquele que atua diretamente na intermediação entre o cliente e a cooperativa de crédito, considerando os princípios próprios desta sociedade.

Apesar de o dispositivo delimitar quem serão os responsáveis pelas condutas praticadas nas cooperativas de crédito, o mero fato de ser integrante do conselho de administração ou da diretoria executiva não significa que poderá aquele diretor ser responsabilizado pelas condutas ilícitas praticadas pela sociedade. Não é raro que nas estruturas cooperativas, assim como nas sociedades comerciais, existam pessoas que ocupem nominalmente determinadas

---

4 Art. 1º Considera-se instituição financeira, para efeito desta lei, a pessoa jurídica de direito público ou privado, que tenha como atividade principal ou acessória, cumulativamente ou não, a captação, intermediação ou aplicação de recursos financeiros de terceiros, em moeda nacional ou estrangeira, ou a custódia, emissão, distribuição, negociação, intermediação ou administração de valores mobiliários.
Parágrafo único. Equipara-se à instituição financeira:
I - a pessoa jurídica que capte ou administre seguros, câmbio, consórcio, capitalização ou qualquer tipo de poupança, ou recursos de terceiros;
II - a pessoa natural que exerça quaisquer das atividades referidas neste artigo, ainda que de forma eventual (BRASIL, 1986).

funções sem que na prática exerçam verdadeiramente a gestão da sociedade. Indispensável, portanto, que se delimite a efetiva atividade daquele diretor, bem como seu poder de decisão acerca da conduta tida como ilícita. Nesse sentido, valorosa a lição de Costa Júnior:

> Importa observar que somente poderá ser responsabilizado penalmente como administrador aquele que exercer poder de gestão na instituição financeira, direcionando e organizando a sua vida social, sob algum aspecto. Assim, não é o fato de ocupar cargo de diretor ou gerente que gerará a responsabilidade penal. Primeiro, será necessário aferir se efetivamente havia poder de gestão e mando sobre a instituição financeira. Ou seja, não se trata de ocupar cargo meramente 'figurativo'. Depois, mister que se verifique se aquele administrador, no exercício do cargo, contribuiu ou não para a infração penal (COSTA JUNIOR, 2000, p. 152).

Isso porque ser diretor de cooperativa de crédito não é crime, sendo que nem todas as atividades praticadas pela sociedade serão fruto da deliberação, ou mesmo do conhecimento de todos os integrantes de sua administração.

Resta claro, portanto, que os diretores das cooperativas de crédito poderão ser responsabilizados criminalmente por condutas praticadas em detrimento do Sistema Financeiro Nacional. Entretanto, para que haja imputação de delito, necessário se demonstrar a efetiva conduta do administrador, o qual com dolo, vontade livre e consciente de agir em contrariedade à norma, praticou a conduta descrita no tipo penal.

Assim como o mero cargo de diretor não implica em responsabilidade penal, o simples fato de ser alguém denominado gerente no contrato laboral firmado entre as partes, não é suficiente para dar-lhe legitimidade passiva em crimes contra o sistema financeiro:

> Importa observar que somente poderá ser responsabilizado penalmente como administrador aquele que exercer poder de gestão na instituição financeira, direcionando e organizando a sua vida social, sob algum aspecto. Assim, não é o fato de ocupar cargo de diretor ou gerente que gerará a responsabilidade penal. Primeiro, será necessário aferir se efetivamente havia poder de gestão e mando sobre a instituição financeira. Ou seja, não se trata de ocupar cargo meramente 'figurativo'. Depois, mister que se verifique se aquele administrador, no exercício do cargo, contribuiu ou não para a infração penal (PITOMBO, 2000, p. 74-75).

O gerente das cooperativas de crédito tem por função intermediar as relações entre os clientes e a cooperativa de crédito, abrindo contas, analisando documentação, autorizando operações de crédito, dentre outras atividades. Nesse escopo poderá ser que tenha poder deliberativo e aja em contrariedade à norma, incidindo em conduta típica, da qual poderá ser responsabilizado, ou poderá ser mero aplicador das condutas deliberadas pela diretoria.

Nas hipóteses em que se tratar de delitos referentes à gestão da cooperativa de crédito como um todo, não se poderá atribuir a responsabilidade aos gerentes. Isso porque, a despeito da nomenclatura, não é plausível que tantas pessoas possuam poder de efetiva e completa gestão sob a instituição, ou mesmo autonomia funcional, o que geraria um enorme conflito no comando da pessoa jurídica.

Assim é que, apesar de haverem diversos gerentes, para a própria viabilidade de controle do negócio, não possuem estes funcionários plena capacidade decisória, devendo se subordinar aos ditames instituídos pela diretoria. Sérgio Marcos de Moraes Pitombo (2000) ressalta que por estes profissionais não possuírem comando sobre a instituição, não praticarão as condutas típicas que dependerem da gestão da sociedade como um todo.

Por outro lado, em diversas condutas, dentro de sua alçada, será justamente o gerente o responsável por decidir em nome da cooperativa de crédito. Tal é o caso da deliberação quanto à viabilidade de determinado financiamento ou operação de crédito, ou ainda quanto à análise da documentação oferecida pelos clientes para fins de verificar as garantias de determinada transação. Tais decisões, quando incidirem nas condutas típicas da Lei nº 7.492/86, ensejarão a responsabilidade penal do gerente. Caso o assunto tenha sido levado à deliberação da diretoria, e esta, de forma dolosa, tenha decidido por infringir a norma, serão coautores gerentes e diretores. Entretanto, se for omitida da diretoria, ou prestadas informações inverídicas, a responsabilidade será exclusiva do gerente que optou por agir em desconformidade com o preceito legal.

Os preceitos alhures mencionados são aplicáveis não só às cooperativas de crédito, mas também àquelas que atuam nos outros 12 segmentos cooperativistas.

Logo, seja no âmbito das cooperativas de crédito, seja em qualquer outra atividade desenvolvida por essas associações, será sujeito ativo dos delitos eventualmente praticados em nome destas, aquele que tenha poder de decisão acerca da conduta tida como ilícita. A ação penal, portanto, precisará demonstrar a vinculação do sujeito aos fatos imputados, bem como que tenha agido com dolo ou culpa em nome da cooperativa. Do contrário se teria a hipótese de responsabilização por fato de terceiro, o que é refutado pela nossa sistemática penal, conforme decisão do Ministro Luiz Fux na Ação Penal n° 953, data de publicação 27/04/2017[5].

---

5 Ementa: AÇÃO PENAL. DENÚNCIA MANIFESTAMENTE INEPTA QUANTO AO PARLAMENTAR FEDERAL. AUSENTE IMPUTAÇÃO DE ATO OU OMISSÃO PELA QUAL O RÉU TENHA CONTRIBUÍDO PARA A PRÁTICA DO FATO CRIMINOSO. RESPONSABILIDADE OBJETIVA: INADMISSIBILIDADE. JURISPRUDÊNCIA DO SUPREMO TRIBUNAL FEDERAL. MANIFESTAÇÃO DO PROCURADOR-GERAL DA REPÚBLICA PELO TRANCAMENTO DA AÇÃO PENAL QUANTO AO DETENTOR DA PRERROGATIVA DE FORO. PRECEDENTE. CONCESSÃO DE WRIT. 1. A instauração da ação penal requer, para sua configuração legítima, que a peça acusatória preencha os requisitos do art. 41 do Código de Processo Penal. 2. A denúncia que deixa de estabelecer a necessária vinculação da conduta individual de cada agente aos eventos delituosos qualifica-se como denúncia inepta (HC 88.875, Rel. Min. Celso de Mello, DJE 09/03/2012). 3. A responsabilidade penal é sempre subjetiva, por isso que é absolutamente inadmissível a atribuição, em sede penal, de responsabilidade objetiva pela prática criminosa, consistente na atribuição de um resultado danoso a um indivíduo, unicamente em razão do cargo por ele exercido. 4. A jurisprudência do Supremo Tribunal Federal sedimentou a compreensão de que "A circunstância objetiva de alguém ser meramente sócio ou de exercer cargo de direção ou de administração em sociedade empresária não se revela suficiente, só por si, para autorizar qualquer presunção de culpa [...]. Prevalece, sempre, em sede criminal, como princípio dominante do sistema normativo, o dogma da responsabilidade com culpa ("*nullum crimen sine culpa*"), absolutamente incompatível com a velha concepção medieval do "*versari in re illicita*", banida do domínio do direito penal da culpa" (HC 88.875, Segunda Turma, Rel. Min. Celso de Mello, unânime, j. 07/12/2010, DJE 09/03/2012, Public. 12/03/2012). 5. *In casu*, embora a acusação tenha narrado a produção de um dano ambiental decorrente de obras da Prefeitura, este resultado foi imputado ao então Prefeito unicamente em razão do cargo que ocupava à época dos fatos. Deveras, nenhum dos relatórios produzidos pelos órgãos ambientais, tampouco os depoimentos testemunhais sobre os quais a denúncia se apoia, menciona o nome do réu e sua contribuição para a prática do delito. 6. O Procurador-Geral da República, *dominus litis*, manifestou-se no sentido da concessão de habeas corpus para determinar o trancamento da presente ação penal quanto ao parlamentar federal. 7. O caso *sub examine* assemelha-se ao recente precedente da Primeira Turma deste Supremo Tribunal Federal, que concedeu habeas corpus para trancamento da AP 905, à compreensão de que "3. Não demonstrado pela acusação o dolo do acusado na autorização da despesa e incluído no polo passivo exclusivamente em razão de sua posição hierárquica, fica evidenciada a ausência de justa causa para o prosseguimento da ação penal. 4. Habeas corpus concedido de ofício" (AP 905-QO, Primeira Turma, Rel. Min. Roberto Barroso, j. 23/02/2016). 8. Concessão de habeas corpus para trancamento do feito relativamente ao parlamentar federal. 9. Remessa dos autos ao juízo de origem, para que decida como entender de direito relativamente ao Município denunciado. (AP 953, Relator(a): Min. LUIZ FUX, Primeira Turma, julgado em 06/09/2016, ACÓRDÃO ELETRÔNICO DJe-087 DIVULG 26-04-2017 PUBLIC 27-04-2017)

5. CONCLUSÃO

A exposição realizada neste trabalho teve como escopo analisar a responsabilização penal dos diretores e gerentes de cooperativas. Verificou-se o avanço do cooperativismo, especificamente no Brasil, bem como sua inserção em vários ramos de atividade, extrapolando as cooperativas de trabalho ou agrícola e passando para segmentos especializados, como o educacional, de saúde e lazer, ou mesmo para atividades mais complexas como é o caso das cooperativas de crédito.

Se por um lado ampliaram-se as atividades desenvolvidas pelas cooperativas, inegável que em paralelo o Direito Penal também veio ampliando sua atuação, deixando de se preocupar apenas com os crimes pessoais e de violência e voltando seus olhos para as atividades empresariais, punindo ilícitos tributários, trabalhistas, ambientais e financeiros.

Ante tal panorama passou-se a analisar a possibilidade de as cooperativas incidirem em condutas típicas, bem como a necessidade de identificação dos sujeitos responsáveis pelos ilícitos, pessoas físicas capazes de culpabilidade e com poder de decidir em nome da cooperativa. A necessidade de conduta eivada de dolo ou culpa para fins de responsabilidade penal implicará na identificação não só dos órgãos deliberativos ou dos cargos sociais, mas na efetiva decisão no sentido de violar a norma por aquele que pode representar a cooperativa.

Destarte, sempre que se pensar na responsabilidade penal dos diretores e gerentes de cooperativas, ter-se-á que identificar uma conduta típica e ilícita praticada por aquela sociedade, através da livre e consciente deliberação do seu gestor, dotado de culpabilidade, no sentido de violar a norma.

Isso porque, repise-se, o simples fato de ocupar determinado cargo não conduz à automática responsabilidade penal, sendo imprescindível a demonstração de liame subjetivo mínimo entre o fato concreto e a ação desempenhada pelo imputado.

REFERÊNCIAS BIBLIOGRÁFICAS

ALBRECHT, Peter-Alexis. *El derecho penal en la intervención de la política populista. La insostentable situación del derecho penal.* Granada: Editorial Comares, 2000.

ANDRADE, Manuel da Costa; DIAS, Jorge Figueiredo. *Problemática geral das infrações contra a economia nacional. Temas de Direito Penal Economico.* In PODVAL, Roberto (org). São Paulo: Revista dos Tribunais, 2000.

BRASIL. *Constituição da República Federativa do Brasil de 1988.* Disponível em: <http://www.planalto.gov.br/ccivil_03/constituicao/constituicaocompilado.htm>. Acesso em: 1° nov. 2017.

______. Lei Complementar n° 130, de 17 de abril de 2009. *Dispõe sobre o Sistema Nacional de Crédito Cooperativo e revoga dispositivos das Leis nos 4.595, de 31 de dezembro de 1964, e 5.764, de 16 de dezembro de 1971.* Disponível em: <http://www.planalto.gov.br/ccivil_03/constituicao/constituicaocompilado.htm>. Acesso em: 1° nov. 2017.

______. Lei n° 5.764, de 16 de dezembro de 1971. *Define a Política Nacional de Cooperativismo, institui o regime jurídico das sociedades cooperativas, e dá outras providências.* Disponível em: <http://www.planalto.gov.br/ccivil_03/leis/L5764.htm>.Acesso em: 1° nov. 2017.

______. Lei n° 7.942, de 19 de junho de 1986. *Define os crimes contra o sistema financeiro nacional, e dá outras providências.* Disponível em: <http://www.planalto.gov.br/ccivil_03/leis/L7492.htm>. Acesso em: 1° nov. 2017.

CAETANO, Marcello. *Manual de Ciência Política e Direito constitucional – tomo 1.* Coimbra: Livraria Almedina, 2003.

CANOTILHO, J.J. Gomes. *Direito Constitucional e Teoria da Constituição.* Coimbra: Livraria Almedina, 2000.

CATARINO, João Ricardo. *O liberalismo em questão – justiça, valores e distribuição social.* Lisboa: Instituto Superior de ciências Sociais da Universidade de Lisboa, 2009.

COSTA, José Faria. O *direito penal econômico e as causas implícitas de exclusão da ilicitude. Temas de Direito Penal Econômico.* In PODVAL, Roberto (org). São Paulo: Revista dos Tribunais, 2000.

COSTA JUNIOR, Paulo José da. MACHADO, Charles Marcildes; QUEIJO, Maria Elizabeth. *Crimes do colarinho branco.* São Paulo: Saraiva, 2000.

DIAS, Jorge de Figueiredo. *Direito Penal - Parte Geral.* Coimbra: Coimbra editora, 2007.

______. *Para uma dogmática do Direito Penal secundário. Um contributo para reforma do direito penal econômico e social português.* In PODVAL, Roberto (org). Tema*s de Direito Penal Econômico.* São Paulo: Revista dos Tribunais, 2000.

EDELHERTZ, Herbert. *The nature, impact, and prosecution of white-collar crime.* Washington: National Institute of Law Enforcement and Criminal Justice, 1970.

GOMES, Luiz Flávio. *Responsabilidade "penal" da pessoa jurídica. In Paraná on line Direito e Justiça.*Disponível em: <http://ww3.lfg.com.br/public_html/article.php?story=20091109181540269>. Acesso em: 1° nov. 2017.

GOUVEIA, Jorge Bacelar. *Manual de Direito Constitucional.* v.I, 3.Ed. Coimbra: Livraria Almedina, 2009.

GREENWAY, Larry D.; MILNER, Charles; LALL, Sanjaya. *Dossier Politica de empleo y mundialización.* Revista Internacional del Trabajo, OIT, V.14, nºs 4-5, 1995.

MELO SOBRINHO, Abelardo Duarte; BASTOS, Alexandre Martins; FONTES FILHO, Joaquim Rubens. *Direção estratégica. In: VENTURA, Elvira Cruvinel Ferreira (coord.). Governança cooperativa: diretrizes e mecanismos para fortalecimento em cooperativas de crédito.* Brasília: BCB, 2009.

MLADENATZ, Gromoslav. *História de las doctrinas cooperativas.* Buenos Aires: Intercoop, 1969.

MORGADO PANADERO, Purificación. *La economía social e su marco legal. In MORGADO PANADERO, Purificación. (dir.) e BURGOS ROSADO, Lourdes (coord.), Economía Social y Cooperativismo.* Salamanca: Lex Nova, 2006.

NAMORADO, Rui. *O mistério do cooperativismo. Da cooperação ao movimento cooperativo*. Coimbra: Almedina, 2013.

ORGANIZAÇÃO DAS COOPERATIVAS BRASILEIRAS (OCB). *O cooperativismo no Brasil.* Brasília: OCB, 1996.

PINHO, Diva B. *Lineamento da legislação cooperativa brasileira.* Manual de Cooperativismo, v.3. São Paulo: CNPq, 1996.

PITOMBO, Sérgio Marcos de Moraes. *Crimes contra o sistema financeiro nacional (nótulas à Lei 7.492) in BETTI, Francisco de Assis. Aspectos dos crimes contra o sistema financeiro no Brasil.* Belo Horizonte: Del Rey, 2000.

PODVAL, Roberto [org]. *Temas de Direito Penal Econômico*, São Paulo: Revista dos Tribunais, 2000.

PRADO, Luiz Régis. *Curso de Direito Penal brasileiro*, v.1: parte geral. 3.Ed. São Paulo: Revista dos Tribunais, 2004.

ROCHA, Fernando A. N. Galvão da. *Responsabilidade penal da pessoa jurídica.* Belo Horizonte: Del Rey, 2003.

SANTOS, Cláudia Cruz. *O crime de colarinho branco, a (des)igualdade e o problema dos modelos de controlo. Temas de Direito Penal Econômico. In PODVAL, Roberto (org).* São Paulo: Revista dos Tribunais, 2000.

SOARES, Marden Marques; SOBRINHO, Abelardo Duarte de Melo. *Microfinanças – O Papel do Banco Central do Brasil e a Importância do Cooperativismo de Crédito.* Brasília: Banco Central do Brasil, 2007.

SUPREMO TRIBUNAL FEDERAL. STF. *Recurso em Mandato de Segurança n° 39.173/BA*. Rel. Min. Reynaldo Soares Da Fonseca, 5ª Turma. Julgado em 06/08/2015, DJe 13/08/2015.

______. *Recurso Especial n° 548181*. Rel. Min. Rosa Weber, 1ª Turma. Julgado em 06/08/2013, DJU 30/10/2014.

SUTHERLAND, Edwin. *White-collar crime may be defined approximately as a crime commited by a person of respectability and high social status in the course of his occupation – White-Collar Crime – The Uncut Version.*Yale: Yale University Press, 1983.

COOPERATIVAS DE TRANSPORTE – PRINCÍPIO DA PRESERVAÇÃO DA COOPERATIVA

RODRIGO COELHO DE LIMA

Advogado. Proprietário do escritório Rodrigo Coelho Advocacia. Advocacia preventiva e contenciosa para cooperativas de diversos ramos. Especialista em Direito de Empresa pela PUC Minas, com mais de 12 anos de atuação na área do Direito Cooperativo. Presidente da Comissão de Direito Cooperativista, Conselheiro Seccional e Membro Julgador da Primeira Câmara da OAB/MG. Coautor do livro "Sustentabilidade e Cooperativismo: Uma ação conjunta para o século XXI", publicado em Belo Horizonte pela Editora Vorto, 2017. Palestrante. Signatário de vários pareceres jurídicos sobre o Direito Cooperativo. Ex-assessor jurídico da Cooperativa Central dos Produtores Rurais de Minas Gerais (CCPR/ITAMBÉ). Ex-Gerente Jurídico do Grupo Casa do Rádio.

E-mail: rodrigocoelhoadvocacia@hotmail.com

RESUMO

O presente trabalho científico mostra a importância das cooperativas de transporte rodoviário de cargas no cenário nacional, e aponta uma saída segura, proporcional e razoável no tocante ao controle de jornada dos motoristas, ao criar o Princípio da Preservação da Cooperativa. Esse princípio que ora se cria, poderá ser aplicado não só no âmbito do direito cooperativo do trabalho, mas, outrossim, em outros ramos do direito cooperativo.

Palavras-chave: Cooperativas de Transporte Rodoviário de Cargas. Controle da jornada de motoristas. Condenações trabalhistas. Princípio da Preservação da Cooperativa.

ABSTRACT

The present scientific work shows the importance of the cooperatives of road transport of loads in the national scenario, and points out a safe, proportional and reasonable exit with respect to the control of the day of the drivers, when creating the Principle of the Preservation of the Cooperative. This principle can be applied not only in the field of cooperative labor law, but also in other areas of cooperative law.

Keywords: Cooperatives of Road Transport of Loads. Control of the drivers' day. Labor convictions. Principle of Cooperative Preservation.

1. INTRODUÇÃO - NÚMEROS DO COOPERATIVISMO

Inicialmente, considero importante mostrar alguns números que demonstram a importância do cooperativismo e das cooperativas de transporte no cenário mundial, nacional e estadual. Para isso, apresento dados levantados no Anuário de Informações Econômicas e Sociais do Cooperativismo Mineiro de 2016, elaborado pelo Sistema OCEMG (Sindicato e Organização das Cooperativas do Estado de Minas Gerais) e no site da OCB (Organização das Cooperativas Brasileiras – www.somoscooperativismo.coop.br).

1.1. Cooperativismo no MUNDO (números de 2015)

- 250 milhões de empregos;
- 2,6 milhões de cooperativas;
- Congrega 1 bilhão de pessoas;
- 100 países;
- 1 a cada 7 pessoas no mundo está associada a uma cooperativa;
- Se as 300 maiores cooperativas do mundo, cujo volume estimado de negócios global é de 2,2 trilhões de dólares, fossem um país, seriam a 9ª economia mundial.

1.2. Cooperativismo no BRASIL (números de 2015)

- Número de cooperativas: 6.655
- Número de associados: 13.230.960
- Número de empregos diretos: 376.795
- US$ 5,2 bilhões em exportações
- 13,1 milhões de brasileiros associados a cooperativas

• 52 milhões de pessoas ligadas diretamente ao cooperativismo (25,2% da população do Brasil)

1.3. Ramo Transporte no Brasil

• Número de associados: 136.425

• Número de empregos: 11.209

• Número de veículos no transporte de cargas: 20.000

• Número de toneladas de cargas transportadas dentro e fora do país: 430 milhões

• R$ 927.276.900 de receita total das cooperativas de transporte apenas em Minas Gerais[1]

A Organização das Cooperativas Brasileiras (OCB) conceitua o Cooperativismo de Transporte da seguinte forma[2]:

> Cooperativas que atuam na prestação de serviços de transporte de cargas e passageiros. Essas cooperativas têm gestões específicas para cada uma de suas modalidades: transporte individual (táxi e moto táxi), transporte coletivo (vans, micro-ônibus e ônibus), transporte de cargas ou moto frete e transporte escolar (OCB, 2015).

Feita uma necessária e sucinta introdução sobre o cooperativismo, bem como sobre o ramo de transporte, cumpre salientar que o escopo deste trabalho é demonstrar que as condenações ao pagamento de horas extras e outras condenações correlatas relacionadas à jornada de trabalho em processos judiciais em trâmite na Justiça do Trabalho, de motoristas de transporte rodoviário de cargas, *data venia*, tem sido em valores estratosféricos, o que poderá inviabilizar a continuidade dos negócios das cooperativas de transporte, assim como das transportadoras, infringindo, salvo melhor juízo, o princípio da dignidade da pessoa jurídica, da segurança jurídica, da preservação da cooperativa/empresa e da razoabilidade.

---

1 Anuário de Informações Econômicas e Sociais do Cooperativismo Mineiro de 2016 – elaborado pelo Sistema OCEMG (site: www.minasgerais.coop.br) e OCB (site: www.somoscooperativismo.coop.br).

2 www.somoscooperativismo.coop.br

A Lei nº 12.619 de 30 de abril de 2012, cuja vigência iniciou-se em 17 de junho daquele ano, regula e disciplina a jornada de trabalho, o tempo de direção e descanso do motorista profissional de transporte rodoviário de cargas e de passageiros. A promulgação desta Lei trouxe algumas novidades, as quais, sem sombra de dúvidas, impactaram financeira e operacionalmente de forma substancial os negócios das cooperativas de transporte, dos cooperados, das transportadoras, embarcadoras e os motoristas. Em razão deste impacto, no ano de 2015 a referida Lei nº 12.619/2012 foi alterada parcialmente pela Lei nº 13.103/2015.

2. PANORAMA ATUAL

Considero que o panorama atual é preocupante. Inobstante, ainda que não se respeite o direito do trabalhador que eventualmente labore em jornada extra, ou que trabalhe sem os necessários intervalos previstos na legislação, tenho visto inúmeras condenações em valores que considero não condizentes com a realidade econômica das cooperativas de transportes e transportadoras ou com o fim social a que o direito também deve se destinar.

Com a experiência de mais de doze anos de advocacia para cooperativas, já presenciei alegações autorais em reclamações trabalhistas verdadeiramente absurdas e irreais, com todo respeito.

Resguardado o sigilo profissional, fui contratado em algumas reclamações trabalhistas, em cujas petições iniciais os reclamantes alegavam que prestaram seu labor por aproximadamente 04 (quatro) meses e pleiteavam valores na casa dos 50 mil reais, a título de horas extras e intervalos não concedidos. O valor do caminhão que eles laboravam, de acordo com a tabela FIPE[3], era em média, R$ 122 mil reais, ou seja, os obreiros pleiteavam mais de 1/3 (um terço) do valor do caminhão por 4 meses trabalhados. Ou seja, se trabalhassem menos de 1 ano, considerando-se procedente as alegações, estes obreiros comprariam um caminhão seminovo a cada 12 meses, o que, com a devida *venia*, é totalmente descabido, injusto e irreal. Vale ressaltar, ainda, que o proprietário do caminhão, a cada 04 meses de contratação de um empregado, ficaria com uma dívida elevada, não sendo factível manter/custear um caminhão. E

3 Fundação Instituto de Pesquisas Econômicas.

a sobra, direcionada ao investimento na cooperativa, para o cumprimento dos objetivos sociais e eventual distribuição para os cooperados?

Temos notícias também de ações trabalhistas em que os motoristas/reclamantes receberam um milhão e meio de reais, o que sem sombra de dúvidas, causa preocupação.

3. LEGISLAÇÃO TRABALHISTA E DE TRÂNSITO

De acordo com o artigo 1° da legislação atual (Lei nº 13.103/15), os motoristas profissionais são os seguintes, *in verbis:*

> Art. 1º - É livre o exercício da profissão de motorista profissional, atendidas as condições e qualificações profissionais estabelecidas nesta Lei.
>
> Parágrafo único. Integram a categoria profissional de que trata esta Lei os motoristas de veículos automotores cuja condução exija formação profissional e que exerçam a profissão nas seguintes atividades ou categorias econômicas:
>
> I - de transporte rodoviário de passageiros;
>
> II - de transporte rodoviário de cargas (BRASIL, 2015).

A Resolução nº 405 de 12 de junho de 2012 do Conselho Nacional de Trânsito (CONTRAN), no uso da competência que lhe foi atribuída pelo Código de Trânsito Brasileiro (CTB) em seu art. 12, I, conceitua, no parágrafo único do art. 1º, o motorista profissional como sendo o "condutor que exerce atividade remunerada ao veículo".

A aludida Resolução criou os procedimentos para a fiscalização do tempo de direção e descanso do motorista profissional, adotando as seguintes definições dispostas em seu art. 1º:

> I – motorista profissional: condutor que exerce atividade remunerada ao veículo.
>
> II - tempo de direção: período em que o condutor estiver efetivamente ao volante de um veículo em movimento.
>
> III – intervalo de descanso: período de tempo em que o condutor estiver efetivamente cumprindo o descanso estabelecido nesta Resolução, comprovado por meio dos documentos previstos no art. 2º, não computadas as interrupções involuntárias, tais como as decorrentes de engarrafamentos, semáforo e sinalização de trânsito.

> IV – ficha de trabalho do autônomo: ficha de controle do tempo de direção e do intervalo de descanso do motorista profissional autônomo, que deverá sempre acompanhá-lo no exercício de sua profissão (CONTRAN, 2012).

É, outrossim, importante destacar que o art. 2º da referida Lei nº 13.103/15 define alguns direitos dos motoristas, dentre os quais cito em negrito o previsto no inciso V, alínea "b", que diz:

> Art. 2º - São direitos dos motoristas profissionais de que trata esta Lei, sem prejuízo de outros previstos em leis específicas:
>
> I - ter acesso gratuito a programas de formação e aperfeiçoamento profissional, preferencialmente mediante cursos técnicos e especializados previstos no inciso IV do art. 145 da Lei no 9.503, de 23 de setembro de 1997 - Código de Trânsito Brasileiro, normatizados pelo Conselho Nacional de Trânsito - CONTRAN, em cooperação com o poder público;
>
> II - contar, por intermédio do Sistema Único de Saúde - SUS, com atendimento profilático, terapêutico, reabilitador, especialmente em relação às enfermidades que mais os acometam;
>
> III - receber proteção do Estado contra ações criminosas que lhes sejam dirigidas no exercício da profissão;
>
> IV - contar com serviços especializados de medicina ocupacional, prestados por entes públicos ou privados à sua escolha;
>
> V - **se empregados**:
>
> a) não responder perante o empregador por prejuízo patrimonial decorrente da ação de terceiro, ressalvado o dolo ou a desídia do motorista, nesses casos mediante comprovação, no cumprimento de suas funções;
>
> b) **ter jornada de trabalho controlada e registrada de maneira fidedigna mediante anotação em diário de bordo, papeleta ou ficha de trabalho externo, ou sistema e meios eletrônicos instalados nos veículos, acritério do empregador**; e
>
> c) ter benefício de seguro de contratação obrigatória assegurado e custeado pelo empregador, destinado à cobertura de morte natural, morte por acidente, invalidez total ou parcial decorrente de acidente, traslado e auxílio para funeral referentes às suas atividades, no valor mínimo correspondente a 10 (dez) vezes o piso salarial de sua categoria ou valor superior fixado em convenção ou acordo coletivo de trabalho (BRASIL, 2015, grifo do autor).

Trata-se de uma inovação legislativa, uma vez que a jurisprudência pátria, por sua maioria, sempre entendeu que o trabalhador que exerce seu trabalho em ambiente externo (motorista, vendedor, etc.) e que não tivesse controlada sua jornada de trabalho, se enquadraria no art. 62, I, da Consolidação das Leis do Trabalho (CLT, Decreto-Lei nº 5.452/43), não tendo, portanto, direito ao recebimento de horas extras.

Vejamos o que diz o art. 62, I, da CLT:

> Art. 62 - Não são abrangidos pelo regime previsto neste capítulo:
>
> I - os empregados que exercem atividade externa incompatível com a fixação de horário de trabalho, devendo tal condição ser anotada na Carteira de Trabalho e Previdência Social e no registro de empregados; [...] (BRASIL, 1943).

Agora, diferentemente, a empregadora, embarcadora, consignatário de cargas, operador de terminais de carga, operador de transporte multimodal de cargas ou agente de cargas, são obrigadas a controlar fidedignamente a jornada de trabalho, o tempo destinado à direção do veículo e os intervalos, sob pena de incorrerem em penalidades administrativas e judiciais, trabalhistas e de trânsito, conforme artigo 67-C, do CTB, transcrito a seguir:

> Art. 67-C. É vedado ao motorista profissional dirigir por mais de 5 (cinco) horas e meia ininterruptas veículos de transporte rodoviário coletivo de passageiros ou de transporte rodoviário de cargas.
>
> §1º. Serão observados 30 (trinta) minutos para descanso dentro de cada 6 (seis) horas na condução de veículo de transporte de carga, sendo facultado o seu fracionamento e o do tempo de direção desde que não ultrapassadas 5 (cinco) horas e meia contínuas no exercício da condução.
>
> §1º-A. Serão observados 30 (trinta) minutos para descanso a cada 4 (quatro) horas na condução de veículo rodoviário de passageiros, sendo facultado o seu fracionamento e o do tempo de direção.
>
> §2º. Em situações excepcionais de inobservância justificada do tempo de direção, devidamente registradas, o tempo de direção poderá ser elevado pelo período necessário para que o condutor, o veículo e a carga cheguem a um lugar que ofereça a segurança e o atendimento demandados, desde que não haja comprometimento da segurança rodoviária.
>
> §3º. O condutor é obrigado, dentro do período de 24 (vinte e quatro) horas, a observar o mínimo de 11 (onze) horas de descanso, que podem ser fracionadas, usufruídas no veículo e coincidir com os intervalos mencionados no §1º, observadas no primeiro período 8 (oito) horas ininterruptas de descanso.

§4º. Entende-se como tempo de direção ou de condução apenas o período em que o condutor estiver efetivamente ao volante, em curso entre a origem e o destino.

§5º. Entende-se como início de viagem a partida do veículo na ida ou no retorno, com ou sem carga, considerando-se como sua continuação as partidas nos dias subsequentes até o destino.

§6º. O condutor somente iniciará uma viagem após o cumprimento integral do intervalo de descanso previsto no §3º deste artigo

§7º. Nenhum transportador de cargas ou coletivo de passageiros, embarcador, consignatário de cargas, operador de terminais de carga, operador de transporte multimodal de cargas ou agente de cargas ordenará a qualquer motorista a seu serviço, ainda que subcontratado, que conduza veículo referido no *caput* sem a observância do disposto no §6º (BRASIL, 1997).

O art. 6º da Lei nº 13.103/2015 cuidou de algumas alterações na CLT, sendo que citarei aqui as que são relevantes ao presente estudo.

O art. 235-A da CLT, após a promulgação da Lei nº 13.103/2015, foi alterado para constar que os preceitos da Seção Especial da CLT se aplicassem aos motoristas profissionais empregados, sendo que anteriormente tal aplicação se dava aos motoristas profissionais em geral, ou seja, também aos não empregados. Vejamos o que reza o citado normativo legal:

Art. 235-A - Os preceitos especiais desta Seção aplicam-se ao motorista profissional **empregado** (grifo nosso):

I - de transporte rodoviário coletivo de passageiros;

II - de transporte rodoviário de cargas (BRASIL, 1997).

Por seu turno, o art. 235-B da lei do motorista profissional (Lei nº 13.103/15) define os deveres do motorista profissional empregado:

Art. 235-B. São deveres do motorista profissional empregado:

[...]

III - respeitar a legislação de trânsito e, em especial, **as normas relativas ao tempo de direção e de descanso controlado e registrado na forma do previsto no art. 67-E da Lei no 9.503, de 23 de setembro de 1997 - Código de Trânsito Brasileiro**; [...] (BRASIL, 1997, grifo do autor).

Já o art. 67-E do CTB assim o determina:

> Art. 67-E. O motorista profissional é responsável por controlar e registrar o tempo de condução estipulado no art. 67-C, com vistas à sua estrita observância.
>
> §1º. A não observância dos períodos de descanso estabelecidos no art. 67-C sujeitará o motorista profissional às penalidades daí decorrentes, previstas neste Código.
>
> §2º. O tempo de direção será controlado mediante registrador instantâneo inalterável de velocidade e tempo e, ou por meio de anotação em diário de bordo, ou papeleta ou ficha de trabalho externo, ou por meios eletrônicos instalados no veículo, conforme norma do Contran.
>
> §3º. O equipamento eletrônico ou registrador deverá funcionar de forma independente de qualquer interferência do condutor, quanto aos dados registrados.
>
> §4º. A guarda, a preservação e a exatidão das informações contidas no equipamento registrador instantâneo inalterável de velocidade e de tempo são de responsabilidade do condutor (BRASIL, 1997).

Com as alterações acima citadas, percebe-se claramente que a responsabilidade pelo controle e registro dos tempos de direção e descanso é do motorista profissional, empregado ou não. A lei foi sábia ao realizar tal modificação, eis que, não obstante as empresas terem de cumprir a obrigação de fornecer ao motorista o meio de controle e registro, não era raro o empregado não registrar sua jornada de trabalho e de descanso, ou o fazia de forma fraudulenta, justamente pensando numa futura demanda judicial trabalhista. Agora, se o motorista deixar de fazê-lo, poderá ser penalizado, como nos ensina o §1º da norma transcrita supra. Entendo, também, que na seara do processo trabalhista, caso fique comprovado que o motorista fraudou de alguma forma o controle e registro do tempo de direção e descanso, os pedidos de condenação em horas extras e outros correlatos devem ser julgados improcedentes, uma vez que a obrigação do controle é do motorista, e não poderia ser diferente, eis que a cooperativa ou transportadora não consegue, à distância, fazer um controle fidedigno – não consegue, outrossim, decidir pelo motorista onde e quando ele deve estacionar o veículo para o descanso, já que tal decisão envolve, inclusive, avaliações no quesito segurança e conforto do próprio motorista.

Como alhures ressaltado, o escopo do presente estudo é demonstrar que as condenações ao pagamento de horas extras e outros encargos correlatos em razão da jornada de trabalho e de descanso em processos judiciais em trâmite na Justiça do Trabalho, de motoristas de transporte rodoviário de cargas, tem sido em valores praticamente impagáveis, o que, inclusive, além de inviabilizar a continuidade dos negócios das cooperativas de transporte, assim como das transportadoras, aumenta o preço do frete, contribuindo assim para o incremento do chamado Custo Brasil.

4. REFORMA TRABALHISTA

O presente artigo não tem a pretensão de analisar minuciosamente a denominada 'Reforma Trabalhista', advinda com a promulgação da Lei nº 13.467/2017, que entrou em vigor no dia 11 de novembro de 2017, alterada parcialmente pela Medida Provisória (MP) nº 808, de 14 de novembro de 2017 (data de vigência), as quais alteraram significativamente as relações trabalho *versus* capital, mas tão somente, de forma sucinta, indicar as alterações que eventualmente venham afetar as relações trabalhistas dos motoristas nas cooperativas de transporte. Para o presente trabalho científico, insta salientar que as alterações dos §§1º e 2º do art. 457 da CLT, e a inclusão do §22 no mesmo artigo da referida norma são benéficas e justas, tendo em vista a permissão prevista no art. 235-G da CLT. Vejamos o que dizem, *in verbis*:

> Art. 235-G. É permitida a remuneração do motorista em função da distância percorrida, do tempo de viagem ou da natureza e quantidade de produtos transportados, **inclusive mediante oferta de comissão ou qualquer outro tipo de vantagem**, desde que essa remuneração ou comissionamento não comprometa a segurança da rodovia e da coletividade ou possibilite a violação das normas previstas nesta Lei.
>
> [...]
>
> Art. 457. Compreendem-se na remuneração do empregado, para todos os efeitos legais, além do salário devido e pago diretamente pelo empregador, como contraprestação do serviço, as gorjetas que receber.
>
> §1º. Integram o salário a importância fixa estipulada, as gratificações legais e de função e as comissões pagas pelo empregador.
>
> §2º. As importâncias, ainda que habituais, pagas a título de ajuda de custo, limitadas a cinquenta por cento da remuneração mensal, o auxílio-alimentação, vedado o seu pagamento em dinheiro, as diárias para viagem e os prêmios não integram a remuneração do empregado, não se incorporam ao contrato de trabalho e não constituem base de incidência de encargo trabalhista e previdenciário.

> [...]
>
> §22. Consideram-se prêmios as liberalidades concedidas pelo empregador, até duas vezes ao ano, em forma de bens, serviços ou valor em dinheiro, a empregado, grupo de empregados ou terceiros vinculados à sua atividade econômica em razão de desempenho superior ao ordinariamente esperado no exercício de suas atividades (BRASIL, 2017, grifo do autor)

Foi incluído o §5° no artigo 442-B da CLT pela MP n° 808/2017, que prevê:

> Art. 442-B. A contratação do autônomo, cumpridas por este todas as formalidades legais, de forma contínua ou não, afasta a qualidade de empregado prevista no art. 3º desta Consolidação.
>
> §1º. É vedada a celebração de cláusula de exclusividade no contrato previsto no *caput*.
>
> §2º. Não caracteriza a qualidade de empregado prevista no art. 3º o fato de o autônomo prestar serviços a apenas um tomador de serviços.
>
> §3º. O autônomo poderá prestar serviços de qualquer natureza a outros tomadores de serviços que exerçam ou não a mesma atividade econômica, sob qualquer modalidade de contrato de trabalho, inclusive como autônomo.
>
> §4º. Fica garantida ao autônomo a possibilidade de recusa de realizar atividade demandada pelo contratante, garantida a aplicação de cláusula de penalidade prevista em contrato.
>
> §5º. **Motoristas**, representantes comerciais, corretores de imóveis, parceiros, e trabalhadores de outras categorias profissionais reguladas por leis específicas relacionadas a atividades compatíveis com o contrato autônomo, desde que cumpridos os requisitos do *caput*, não possuirão a qualidade de empregado prevista o art. 3º.
>
> §6º. Presente a subordinação jurídica, será reconhecido o vínculo empregatício.
>
> §7º. O disposto no *caput* se aplica ao autônomo, ainda que exerça atividade relacionada ao negócio da empresa contratante (BRASIL, 2017, grifo do autor).

O art. 611-A da aludida Lei da reforma trabalhista manifesta expressamente a prevalência do estabelecido em convenção coletiva ou acordo coletivo sobre a lei trabalhista em vários direitos, com a participação dos sindicatos, conforme previsto no artigo 8º, III e VI da Constituição Federal (CF). Citarei de forma exemplificativa alguns que considero importantes para o estudo em questão: jornada de trabalho; intervalo intrajornada; remuneração por produtividade e modalidade de registro da jornada de trabalho.

Considero que as alterações legislativas acima mencionadas deverão ser aplicadas pelos tribunais pátrios nas relações de trabalho dos motoristas profissionais, inclusive nos contratos de trabalho vigentes conforme artigo 2º da MP nº 808/2017, tendo em vista que não conflitam com os artigos 235-A ao 235-G da CLT, pelo contrário, os complementam.

5. LEGISLAÇÃO E PRINCÍPIOS COOPERATIVISTAS

A Lei nº 5.764/71, comumente chamada de 'Lei do Cooperativismo', prevê em seus arts. 3º e 4º o que segue abaixo transcrito:

> Art. 3º. Celebram contrato de sociedade cooperativa as pessoas que reciprocamente se obrigam a contribuir com bens ou serviços para o exercício de uma atividade econômica, de proveito comum, sem objetivo de lucro.
>
> Art. 4º. As cooperativas são sociedades de pessoas, com forma e natureza jurídica próprias, de natureza civil, não sujeitas a falência, constituídas para prestar serviços aos associados, distinguindo-se das demais sociedades pelas seguintes características:
>
> I - adesão voluntária, com número ilimitado de associados, salvo impossibilidade técnica de prestação de serviços;
>
> [...]
>
> X - prestação de assistência aos associados, e, quando previsto nos estatutos, aos empregados da cooperativa; [...] (BRASIL, 1971).

A Aliança Cooperativa Internacional (ACI), que corresponde ao órgão máximo de representatividade do cooperativismo em todo planeta, com sede em Bruxelas, na Bélgica, assim conceitua o cooperativismo:

> Uma cooperativa é uma associação autônoma de pessoas unidas voluntariamente para satisfazer aspirações e necessidades econômicas, sociais e culturais comuns através de uma empresa de propriedade comum e democraticamente gerida[4] (ACI, 2006).

A Organização das Cooperativas Brasileiras (OCB) que, por lei, é a entidade de cunho nacional de representatividade do sistema cooperativista, assim define o cooperativismo:

---

4 Site da ACI – www.ica.coop

> Mais que um modelo de negócios, o cooperativismo é uma filosofia de vida que busca transformar o mundo em um lugar mais justo, feliz, equilibrado e com melhores oportunidades para todos. Um caminho que mostra que é possível unir desenvolvimento econômico e desenvolvimento social, produtividade e sustentabilidade, o individual e coletivo.
>
> Tudo começa quando pessoas se juntam em torno de um mesmo objetivo, em uma organização onde todos são donos do próprio negócio. E continua com um ciclo que traz ganhos para as pessoas, para o país e para o planeta[5] (OCB, 2015).

O Ministério Público do Trabalho, no uso de suas atribuições legais, tem reprimido constantemente e de forma enfática as chamadas cooperativas fraudulentas, o que não poderia ser diferente, eis que em alguns casos algumas cooperativas são constituídas com o intuito claro de fraude, terceirizando algumas atividades para reduzir o custo final do produto ou serviço. Nestas hipóteses, a justiça, de forma escorreita, declara o reconhecimento do liame empregatício entre o 'cooperado' e o tomador do serviço, conforme delineado no parágrafo único do art. 442 da CLT e na Lei Federal nº 12.690/2012.

Porém, a maioria esmagadora das cooperativas brasileiras são sérias e idôneas, urge salientar, pois são constituídas por pessoas com o mesmo objetivo, ou seja, "[...] se obrigam a contribuir com bens ou serviços para o exercício de uma atividade econômica, de proveito comum, sem objetivo de lucro" (BRASIL, 1971)[6].

É importante destacar que o cooperativismo brasileiro é formado por treze ramos, sendo um deles o de transporte, objetivo do presente trabalho. Em 2002, foi criado pela OCB o Ramo Transporte, em razão das particularidades dos negócios destas cooperativas – antes eram consideradas cooperativas de trabalho.

No tocante às reclamações trabalhistas na Justiça do Trabalho, as cooperativas de transporte enfrentam duas situações diferentes, quais sejam:

- o cooperado que propõe ação buscando o reconhecimento de vínculo de emprego com a cooperativa e/ou com o tomador de serviço;

---

5 Site da OCB – www.somoscooperativismo.coop.br

6 Art. 3º da Lei 5.764/71.

- empregados de empresas de transporte, associadas às cooperativas de transporte, que ingressam com reclamações trabalhistas visando o reconhecimento do liame empregatício com a cooperativa e/ou com o tomador de serviço, ou apenas buscando direitos trabalhistas que entendem serem devidos.

Vejamos o que diz a Lei do Cooperativismo sobre o liame empregatício: "Art. 90. Qualquer que seja o tipo de cooperativa, não existe vínculo empregatício entre ela e seus associados" (BRASIL, 1971).

Para entendermos de forma transparente a primeira situação acima relatada, temos que, primeiramente, nos orientar sobre os princípios do Direito Cooperativo do Trabalho que envolvem o assunto, quais sejam, o princípio da dupla qualidade e o da retribuição pessoal diferenciada, conforme doutrina Maurício Godinho Delgado:

> Para se avaliar a respeito da efetiva existência de uma relação de natureza cooperativista é necessário que o operador justrabalhista realize duas operações: de um lado, verifique a observância dos princípios que justificam e explicam as peculiaridades do cooperativismo no plano jurídico e social. Por isso é necessário conhecer e lidar, consistentemente com as diretrizes da dupla qualidade e da retribuição pessoal diferenciada.
>
> Por outro lado, é também necessário examinar-se a presença ou não dos elementos componentes da relação de emprego: configurados estes, há efetivamente, o tipo legal regulado pela CLT.
>
> [...]
>
> a) Princípio da Dupla Qualidade: o princípio da dupla qualidade informa que a pessoa filiada tem de ser, ao mesmo tempo, em sua cooperativa, cooperado e cliente, auferindo as vantagens dessa duplicidade de situações.
>
> Isso significa que, para tal princípio, é necessário haver efetiva prestação de serviços pela Cooperativa diretamente ao associado – e não somente a terceiros. Essa prestação direta de serviços aos associados/cooperados é, aliás, conduta que resulta imperativamente da própria Lei de Cooperativas (art. 6º, I, Lei nº 5.764/70).
>
> [...]
>
> Objetiva, desse modo, o princípio da dupla qualidade que as cooperativas destaquem-se por uma peculiaridade em face de outras associações: o próprio associado é um dos beneficiários centrais dos serviços por ela prestados.

> b) Princípio da Retribuição Pessoal Diferenciada: há, ainda, no cooperativismo, princípio que pode ser denominado como retribuição pessoal diferenciada.
>
> [...]
>
> Efetivamente, a cooperativa permite que o cooperado obtenha uma retribuição pessoal, em virtude de sua atividade autônoma superior àquilo que obteria caso não estivesse associado. A retribuição pessoal de cada cooperado é, necessariamente (ainda que em potencial), superior àquela alcançada caso atuando isoladamente.
>
> O princípio da retribuição pessoal diferenciada é a diretriz jurídica que assegura ao cooperado um complexo de vantagens comparativas de natureza diversa muito superior ao patamar que obteria caso atuando destituído da proteção cooperativista. A ausência desse complexo faz malograrem tanto a noção como os objetivos do cooperativismo, eliminando os fundamentos sociais que justificaram o tratamento mais vantajoso que tais entidades sempre mereceram da ordem jurídica.
>
> [...]
>
> À medida que se sabe que princípios são mandados de otimização (Robert Alexy), são diretrizes gerais que conformam a compreensão e aplicação do Direito, são comandos jurídicos instigadores, conclui-se que eles são o principal elemento que tem o Direito para assegurar vínculos fortes e harmônicos entre seus diversos componentes, garantindo coerência ao conjunto normativo geral.
>
> Nessa qualidade, os dois princípios mencionados atuam de modo intenso na compreensão do conteúdo e sentido da regra inserida no parágrafo único do art. 442 da CLT, conferindo a ela significado apto a se ajustar, harmoniosamente, ao universo do ordenamento jurídico do país[7] (DELGADO, 2014, p. 341-345).

Várias decisões recentes do Egrégio Tribunal Regional do Trabalho da 3ª Região (TRT-3) decidiram casos de cooperados que pleiteavam o vínculo de emprego com as cooperativas às quais eram associados, indeferindo o pedido do liame justamente em razão de ter ficado provado nos autos a existência dos princípios da dupla qualidade e da retribuição pessoal diferenciada, conforme duas ementas abaixo transcritas:

> COOPERATIVA. VÍNCULO DE EMPREGO. NÃO CONFIGURAÇÃO. Demonstrado nos autos que a cooperativa está regularmente constituída e

7 DELGADO, Mauricio Godinho. *Curso de Direito do Trabalho*. 13.Ed. São Paulo: LTr, 2014, p. 341-343 e 345.

> que proporciona a seus associados vantagens diferenciadas, bem como inexistente prova de qualquer fraude ou de intermediação ilegal de mão-de-obra, é inviável o pretendido reconhecimento de vínculo de emprego com a tomadora de serviços (TRT 00200-2015-102-03-00-1 RO, Relator Desembargador José Marlon de Freitas, 8ª Turma, publicação em 02/08/2016).
>
> COOPERATIVA. RELAÇÃO DE EMPREGO. NÃO CARACTERIZAÇÃO. A relação cooperativista pressupõe trabalho autônomo e ampla liberdade na realização dos serviços. Para que se reconheça a relação de emprego torna-se imperioso demonstrar a existência dos elementos fático-jurídicos previstos nos arts. 2º e 3º, da CLT. Diante da inexistência de tais pressupostos e provada a presença dos princípios da dupla qualidade e da retribuição pessoal diferenciada, não há que se falar em liame empregatícios (TRT 00211-2015-064-03-00-0 RO, Relator Juiz Convocado Jesse Claudio Franco de Alencar, 6ª Turma, publicação em 14/12/2015).

O Colendo Tribunal Superior do Trabalho (TST), conforme ementa abaixo, decidiu pela manutenção do vínculo empregatício de uma cooperada, outrossim, baseando-se nos princípios da dupla qualidade e da retribuição pessoal diferenciada:

> AGRAVO DE INSTRUMENTO. RECURSO DE REVISTA. COOPERATIVISMO X RELAÇÃO DE EMPREGO. IMPOSSIBILIDADE DE REVOLVIMENTO DE FATOS E PROVAS EM RECURSO DE NATUREZA EXTRAORDINÁRIA. SÚMULA 126/TST. O parágrafo único do artigo 442/CLT assim dispõe: "Qualquer que seja o ramo de atividade da sociedade cooperativa, não existe vínculo empregatício entre ela e seus associados, nem entre estes e os tomadores de serviços daquela". Entretanto, não estabelece o dispositivo citado presunção legal de caráter absoluto, mas simples presunção relativa de ausência de vínculo de emprego. O objetivo da regra teria sido o de retirar do rol empregatício relações próprias às cooperativas - desde que não comprovada a roupagem ou utilização meramente simulatória de tal figura jurídica. Certo é que, se comprovado que as empresas rotuladas de cooperativas não atendem às finalidades e princípios imanentes ao cooperativismo, quais sejam, princípio da dupla qualidade e da retribuição pessoal diferenciada, e a prestação de serviços se caracterizar pela presença dos elementos fático-jurídicos da relação de emprego, esta deverá ser reconhecida, sob pena de se compactuar com a burla à essência da finalidade legal. Acrescente-se que a justificativa da existência da cooperativa é justamente o fato de que a associação de trabalhadores possibilitaria uma atuação no mercado de forma mais organizada e eficaz, tendo como objetivo assegurar um conjunto de benefícios que seriam impossíveis por uma atuação isolada, individual, como o aprimoramento profissional, a ampliação do mercado de trabalho do cooperado, uma efetiva prestação direta

> de serviços aos associados, tornando-os beneficiários centrais dos serviços prestados pela cooperativa, potencializando o trabalho e permitindo que o cooperado possa obter uma remuneração superior àquela que receberia se não estivesse associado, ainda que em potencial. Tendo o Regional concluído que a reclamante não era uma autêntica cooperada, mantendo a decisão de 1° grau que reconheceu o vínculo de emprego, o processamento da revista encontra óbice na Súmula 126/TST, segundo a qual não se admite o processamento do recurso de revista quando a apreciação da matéria nele veiculada exigir a apreciação de fatos e provas, sobre os quais as decisões das instâncias ordinárias detêm soberania. Agravo de instrumento desprovido (AIRR - 131840-25.2005.5.18.0005, Relator Ministro Mauricio Godinho Delgado, Data de Julgamento: 11/06/2008, 6ª Turma, Data de Publicação: DJ 13/06/2008).

Como vimos, o posicionamento jurisprudencial é muito claro, ou seja, se ficar provada a existência de que o cooperado é beneficiado com os bens e/ou serviços que a cooperativa oferece e que participa da sua gestão, bem como que aufere uma renda maior do que lhe renderia caso atuasse de forma individual, inexiste o vínculo de emprego, pois nesta hipótese não resta dúvida que a cooperativa não é fraudulenta.

No que tange à segunda situação acima ressaltada, isto é, empregados de empresas de transporte associadas às cooperativas de transporte que ingressam com reclamações trabalhistas visando o reconhecimento do liame empregatício com a cooperativa e/ou com o tomador de serviço, ou apenas buscando direitos trabalhistas que entendem serem devidos, temos o seguinte entendimento.

Em primeiro lugar é salutar informar que a Lei do Cooperativismo (Lei n° 5.764/71) prescreve textualmente que pessoas jurídicas podem se associar a cooperativas, *in verbis*:

> Art. 6º. As sociedades cooperativas são consideradas:
>
> I – singulares, as constituídas pelo número mínimo de 20 (vinte) pessoas físicas, sendo excepcionalmente **permitida a admissão de pessoas jurídicas** que tenham por objeto as mesmas ou correlatas atividades econômicas das pessoas físicas ou, ainda, aquelas sem fins lucrativos; [...] (BRASIL, 1971, grifo nosso)

É importante também mencionar que um dos principais objetivos de uma cooperativa é intermediar a contratação entre seus cooperados e os tomadores de serviços. As cooperativas de transporte geralmente possuem como cooperados pessoas físicas e jurídicas, conforme permite a legislação, não configurando por isso, uma terceirização de suas atividades. Tais objetivos fortalecem o cooperativismo, tendo em vista que não raras vezes faltam cooperados/veículos para atender a demanda, e a pessoa jurídica geralmente é proprietária de mais de um veículo. As atividades das cooperativas podem ser exercidas por elas próprias ou por seus cooperados, pessoas físicas ou jurídicas, como reza o art. 10 da Lei das Cooperativas: "Art. 10. As cooperativas se classificam também de acordo com o objeto ou pela natureza **das atividades desenvolvidas por elas ou por seus associados**" (BRASIL, 1971, grifo do autor).

Ademais, cumpre salientar que a chamada Lei da Terceirização (Lei nº 13.429/2017), que alterou substancialmente a Lei nº 6.019/74, passou a permitir a terceirização não só da atividade meio, como era antes, de acordo com o entendimento do TST, em Súmula n° 331, mas também a atividade fim da sociedade empresarial, o que, sem sombra de dúvidas, trará segurança jurídica não só para as cooperativas e suas associadas pessoas jurídicas, mas, principalmente, para os tomadores de serviço que contratam as cooperativas. Recentemente, a Lei nº 13.467/2017 (chamada de Lei da Reforma Trabalhista), através do seu art. 2º, alterou o art. 4º-A da Lei nº 6.019/1974 estabelecendo que a prestação de serviços de terceiros pode ser efetivada, inclusive, com relação à atividade principal do contratante/tomador de serviço.

A grande maioria dos veículos que compõem a frota de uma cooperativa é de propriedade de seus cooperados, não se justificando a cooperativa manter frota própria, apesar de geralmente possuir alguns veículos para o atendimento de uma necessidade de caráter urgente. O transporte poderá ser realizado por veículos de cooperados, veículos próprios e eventualmente de terceiros, dependendo da demanda.

A atividade-fim de uma cooperativa é prestar serviços a seus associados desde a captação de clientes, cujos bens ou serviços serão prestados pelos cooperados e não pela cooperativa, que apenas e tão somente faz a intermediação entre os cooperados e os tomadores de serviço. Vale ressaltar que a cooperativa pode fornecer insumos a preços módicos, e, por reunir diversos motoristas, consegue comprar pneus, peças, combustíveis, etc. a preços consideravelmente melhores para repassar a seus cooperados, já que adquire em grande escala.

Portanto, quando um empregado de um cooperado pessoa jurídica de uma cooperativa pleiteia vínculo de emprego com a cooperativa e/ou com o tomador de serviço, salvo melhor juízo, seu pedido deve ser julgado improcedente, ou seja, estes não podem ser condenados solidária ou subsidiariamente, sob pena de condenar indevidamente todos os outros cooperados por uma eventual infringência de um cooperado que não cumpriu com suas obrigações trabalhistas.

Poder-se-ia dizer que a cooperativa responde pelo risco da atividade econômica (art. 2º, da CLT). Com redobrada *venia*, também não é o caso, eis que o ente cooperado, como acima dito, apenas faz a intermediação entre os cooperados e os contratantes dos serviços, assim como distribui as sobras e perdas entre os cooperados. E, para operacionalizar tudo isso, recebe uma taxa de administração, para o custeio das suas atividades de gestão (administrativa, financeira, jurídica, contábil, *compliance*, etc.). Quem deve responder pelo risco do negócio é o cooperado pessoa jurídica, pois a este lhe cabe a administração de seu ativo e passivo.

O Ministro do Colendo Tribunal Superior do Trabalho (TST), Mauricio Godinho Delgado, comunga da teoria acima esposada, ou seja, que a cooperativa é um instrumento de intermediação para o incremento da retribuição dos cooperados, senão vejamos:

> Efetivamente, **a cooperativa permite que o cooperado obtenha uma retribuição pessoal, em virtude de sua atividade autônoma superior àquilo que obteria caso não estivesse associado**. A retribuição pessoal de cada cooperado é, necessariamente (ainda que em potencial), superior àquela alcançada caso atuando isoladamente.
>
> [...]
>
> Observe-se, ilustrativamente, como atua o princípio da retribuição pessoal diferenciada na prática do mercado econômico. Tome-se o caso de uma cooperativa de condutores autônomos de táxis. A ação da cooperativa tende a conferir ao cooperado, que já atua como profissional autônomo, um amplo e diferenciado complexo de vantagens de natureza diversa: **ela amplia o mercado do cooperado, fazendo convênios com empresas, instituindo sistema de tele táxi, etc.; ela captura no sistema institucional linhas de financiamento favorecido para seus associados; ela subsidia o combustível e peças de reposição para os taxistas filiados; ela subscreve convênios diversos para os taxistas e seus dependentes, etc.** (grifamos)
> O mesmo pode ocorrer com cooperativas de serviços de médicos autôno-

> mos: **o cooperado médico, que já labora como profissional autônomo, aufere, em função do cooperativismo, clientela específica, certa e larga – clientela inimaginável caso ele estivesse atuando sozinho, isolado em seu consultório; além disso, a cooperativa presta-lhe diversos outros serviços**, ampliando seu potencial (DELGADO, 2014, p. 343, grifo do autor).

Não restam dúvidas de que o cooperado pessoa jurídica é quem deve arcar com eventuais condenações trabalhistas de seus empregados, tendo em vista que ele aufere uma retribuição incrementada em razão da atuação da sociedade cooperativa, bem como recebe serviços de várias naturezas a preços consideravelmente menores do que os praticados no mercado, tais como a compra de insumos, convênios médicos para os sócios do cooperado e suas famílias, assim como outros benefícios.

A título de informação, não poderia deixar de mencionar neste estudo a petição de Arguição de Descumprimento de Preceito Fundamental (ADPF nº 381/DF), promovida pela CNT – Confederação Nacional do Transporte, cujo objeto é[8]:

> [...]
>
> 5 – São estes, portanto, os preceitos fundamentais violados pela Justiça do Trabalho, quando afastada a incidência do artigo 62, inciso I, da Consolidação das Leis Trabalhistas para condenar os empregadores ao pagamento de horas extras e horas trabalhadas em dias de descanso antes da vigência da Lei Federal nº 12.619/12, não obstante convenção coletiva pactuada entre transportadoras e motoristas a prever, expressamente, a ausência de controle de jornada externa de trabalho.
>
> [...]
>
> 6 – A rede rodoviária constitui um item fundamental nas cadeias produtivas, a unificar os mercados e integrando as regiões. No Brasil, a escolha pela matriz terrestre se deu por conta da implantação das indústrias automobilísticas e do deslocamento do centro decisório político do Rio de Janeiro para Brasília, providências acompanhadas de um vasto programa de construção de rodovias da década de 70 do século passado em diante[9].

---

8 Petição inicial ADPF nº 381/DF, em trâmite no STF (processo eletrônico), subscrita pelo advogado Dr. Valmir Pontes Filho, OAB/CE 2.310, do escritório Valmir Pontes, Alcimor Rocha Sociedade de Advogados.

9 PONTES FILHO *apud* SCHROEDER, E.M.; CASTRO, José Carlos de. *Transporte Rodoviário de Carga: situação atual e perspectivas.* Revista do BNDES, 1996, n.6, p. 2.

De 8.675 km de estradas, em 1960, esse número se multiplicou para 47.787 em 1980, quando passou a crescer em ritmo menos acelerado.

7 – A construção da malha viária consistia em importante estratégia de integração nacional:

As rodovias, que emergiram na era moderna como a única modalidade de transporte que foi capaz de interligar efetivamente os vários espaços nacionais, refletem claramente os padrões passados e atuais do desenvolvimento brasileiro.

Os sistemas de transporte por caminhão são conhecidos por sua maior versatilidade técnica e econômica, em contraste com outros modos de transporte, como o ferroviário, a cabotagem e a navegação fluvial[10].

8 – São, ao todo, mais de 1,7 milhão km de rodovias, dos quais 210.6 mil são pavimentadas e 1.3 milhão não o são, a responderem elas pelo transporte de 61% de todas as cargas, perfazendo o total de 485.6 milhões de TKU[11] e 49% de todos os passageiros, perfazendo um total de 131,5 milhões de pessoas[12].

9 – Atuam no modal rodoviário mais de 176 mil empresas de transporte de cargas e mais de 18 mil delas somente no transporte rodoviário coletivo de passageiros, para não se falar nas mais de 5 mil empresas de fretamento. De acordo com a Pesquisa Anual de Serviços do Instituto Brasileiro de Geografia e Estatística, o transporte rodoviário foi responsável pela geração de mais de 50% da receita do seu grupo de atividades, obtendo a maior participação na receita líquida – R$149,9 bilhões (52%) -, no número de empresas – 114,1 mil (77,6%) -, na massa salarial – R$25,8 bilhões (51,4%) -, e na mão de obra ocupada – 1,5 milhão (65,5%)[13].

10 – Transitam pelas estradas brasileiras 2.599.527 caminhões, 581.087 cavalos mecânicos, 1.202.008 reboques e 847.648 semirreboques. Dos 173 terminais rodoviários, saem cotidianamente 19.923 ônibus interestaduais

10 Idem *apud* GALVÃO, Olímpio J. de Arroxelas. Desenvolvimento dos transportes e integração regional no Brasil – uma perspectiva histórica. Planejamento e Políticas Públicas, 1996, n.13, p. 206.

11 Idem. Unidade física que mede esforço, calculado pela multiplicação da tonelagem transportada pela distância em quilômetros.

12 Idem *apud* INSTITUTO BRASILEIRO DE GEOGRAFIA E ESTATÍSTICA. Pesquisa anual de serviços – 2011. Disponível em: <http://www.ibge.gov.br/home/estatistica/economia/comercioeservico/pas/pas2011/default.shtm>. Acesso em: 19 out. 2015.

13 Idem *apud* CONFEDERAÇÃO NACIONAL DO TRANSPORTE. *Boletim estatístico*, julho de 2015. Disponível em: <http://www.cnt.org.br/Paginas/Boletins_Detalhes.aspx?b=3>. Acesso em: 16 out. 2015.

e internacionais, 57.000 ônibus intermunicipais e 25.834 ônibus de fretamento[14].

11 – Para cada um desses veículos automotores há, pelo menos um motorista profissional a neles trabalhar. Consoante definição da Associação Brasileira de Logística e Transporte de Carga, são membros da categoria de motoristas profissionais empregados os trabalhadores "cuja condução exija formação profissional e que exerçam a atividade mediante vínculo empregatício nas seguintes atividades ou categorias econômicas: I – transporte rodoviário de passageiros; II – transporte rodoviário de cargas"[15]. No ano de 2013 o setor de transporte empregou mais de 2,6 milhões de cidadãos no transporte rodoviário coletivo de passageiros e de cargas, falando-se ainda em um déficit de 100 mil trabalhadores15.

12 – Inobstante a importância do transporte rodoviário na rede logística nacional, os direitos e deveres dos motoristas vieram a ser disciplinados tão somente em 2012, com a edição da Lei nº 12.619, que introduziu a Seção IV-A – Do Serviço do Motorista Profissional – na Consolidação das Leis Trabalhistas.

13 – Posteriormente alterada, já em 2015, pela Lei nº 13.103, a citada Lei nº 12.619 resultou de longas discussões e negociações entre empregadores e motoristas, todos interessados na promulgação de uma legislação específica para o segmento, a exemplo do setor ferroviário e marítimo. Tal normatização disciplinou o direito e os deveres dos motoristas

[...]

112 – As liquidações processuais de ações de motoristas, quando deferidas horas extras e horas trabalhadas em dia de descanso antes da vigência da Lei nº 12.619, contabilizam remuneração mensal média correspondente a aproximadamente R$ 28.000,00 (vinte e oito mil reais), quantia absurdamente superior à remuneração média de motoristas profissionais, a saber, R$ 3.000,00 e, até mesmo, superior aos proventos de alguns dos mais altos cargos do serviço público.

113 – Com a padronização dessas decisões em curto período de tempo, a própria atividade econômica deixará de existir no país, o que gerará enorme abalo à economia nacional, profundamente dependente do transporte. Ao lado dos milhares de empregos diretos e indiretos que serão compro-

---

14 Idem *apud* ASSOCIAÇÃO BRASILEIRA DE LOGÍSTICA E TRABALHO DE CARGA. *Cartilha sobre a regulamentação da profissão de motorista.* Brasília: ABTC, 2012.

15 Idem *apud* CONFEDERAÇÃO NACIONAL DO TRANSPORTE. *Seja motorista e tenha emprego garantido e salário atrativo.* Disponível em: <http://www.cnf.org.br.Paginas/Agencia_Noticia.aspx?notícia=mercado-trabalho-emprego-salario-carencia-profissionais-motoristas-12052014>. Acesso em 16 out. 2015.

metidos com a derrocada do setor, a consolidação dessa orientação jurisprudencial terá repercussão direta sobre o preço final das mercadorias transportadas. Tendo que assumir riscos maiores quando da contratação dos empregados, deverão as transportadoras aumentar o custo dos seus serviços, que serão inevitavelmente repassados ao consumidor.

114 – Em suma, está-se diante da inviabilização do seguimento de transporte de cargas no Brasil.

[...] (PONTES FILHO, 2016).

Inicialmente, ou seja, em 09 de junho de 2016, o Ministro do Supremo Tribunal Federal Gilmar Mendes indeferiu liminarmente a petição inicial e negou seguimento ao pedido de arguição, entendendo que a postulação era manifestamente incabível. Posteriormente, em 15 de dezembro de 2016, após a Confederação Nacional do Transporte (CNT) interpor agravo regimental, o Ministro reconsiderou sua decisão monocrática para, considerando a relevância do assunto, adotar, por analogia, o rito do art. 12 da Lei nº 9.868/99, que "dispõe sobre o processo e julgamento da ação direta de inconstitucionalidade e da ação declaratória de constitucionalidade perante o Supremo Tribunal Federal" (BRASIL, 1999).

Vejamos a manifestação do Ministro Gilmar Mendes, na reconsideração de sua decisão, *in verbis*:

> Após detida análise, verifico que a presente arguição de descumprimento de preceito fundamental tem, em verdade, fundamento na negativa de validade de acordo ou de convenção coletiva, nos termos do art. 7º, XXVI, da Constituição Federal, por reiteradas decisões da Justiça do Trabalho. Trata-se, portanto, de tema mais amplo do que inicialmente aventado.
>
> Entendo, assim, que estamos diante de ofensa a preceito fundamental de excepcional relevância – isto é, a supremacia das convenções e dos acordos coletivos (art. 7º, inciso XXVI, CF) -, em situação sobre a qual a Corte precisa se pronunciar, em especial para dar pronta resposta a quadro que dificilmente seria efetivamente solucionado por meio outro que não a ADPF (MENDES, ADPF 381/DF, 2016).

Considero imperioso citar a referida ADPF nº 381, não só para mostrar a importância do assunto para o transporte nacional, que é o principal modal, como salientado pelo Ministro do STF, mas, outrossim, para demonstrar mais alguns números relativos ao transporte rodoviário de cargas e passageiros, conforme se constata na petição inicial da ADPF, acima transcrita parcialmente.

Vale salientar que o Ministério Público Federal opinou pelo não conhecimento da ação e, subsidiariamente, pela improcedência desta ADPF, e até o presente momento não houve julgamento.

É de suma importância que se faça o acompanhamento da Ação Declaratória de Constitucionalidade (ADC) nº 48 e da Reclamação nº 28.849 no STF, tendo em vista que as decisões tomadas em dezembro de 2017 declararam, em sede de decisão monocrática, que as Leis nºs 7.290/84 e 11.442/07 estão sendo infringidas ou não aplicadas por decisões da Justiça do Trabalho, que reconhecem o pedido de vínculo empregatício entre Transportadores Autônomos de Cargas (TACs) e contratantes.

6. BENEFÍCIOS NA CONTRATAÇÃO DE COOPERATIVA DE TRANSPORTE

Antes de citarmos alguns benefícios, é de bom alvitre entender a operação rodoviária de transporte de carga, assim como conhecer as normas da Agência Nacional de Transportes Terrestres (ANTT), especialmente as relativas ao Registro Nacional de Transportadores Rodoviários de Cargas (RNTRC), tais como Resolução nº 4.799/2015, a Lei Federal nº 11.442/2007, que disciplina sobre o transporte rodoviário de cargas por conta de terceiros e mediante remuneração, e o Código Civil, em seus artigos 743 a 756. Existem ainda as Resoluções ANTT nº 2.885/2008 e nº 3.658/2011, editadas respectivamente com base nas Leis de criação do Vale-Pedágio obrigatório e do Pagamento Eletrônico de Fretes.

Em primeiro lugar, urge informar que a Cooperativa de Transporte de Cargas (CTC) e a Empresa de Transporte Rodoviário de Cargas (ETC) foram equiparadas ao TAC, pela Resolução ANTT nº 4.275/2014, que alterou a Resolução ANTT nº 3.658/2011.

A Lei Federal nº 11.442/2007, em seu art. 2º, define a atividade econômica do chamado TRC (Transporte Rodoviário de Cargas), definindo que o exercício da atividade depende de prévia inscrição do RNTRC, *in verbis:*

> Art. 2°. A atividade econômica de que trata o art. 1° desta Lei é de natureza comercial, exercida por pessoa física ou jurídica em regime de livre concorrência, e depende de prévia inscrição do interessado em sua exploração no Registro Nacional de Transportadores Rodoviários de Cargas - RNTR-

> -C da Agência Nacional de Transportes Terrestres - ANTT, nas seguintes categorias: [...] (BRASIL, 2007)

O legislador, acertadamente, cumpre dizer, ao aprovar a Lei n° 13.103/2015, diz textualmente em seu artigo 5° que não existe vínculo de emprego nas relações de transporte de cargas, decorrentes do contrato previsto no art. 4º da mesma lei, ou seja, quando o embarcador (proprietário da carga), por intermédio de uma Empresa de Transporte Rodoviário de Cargas (ETC) ou de uma Cooperativa de Transporte Rodoviário de Cargas (CTC) celebra um contrato de transporte de cargas com um Transportador Autônomo de Cargas (TAC), seja ele agregado ou independente.

Cito abaixo o art. 4º e seus parágrafos e o art. 5º da Lei n° 13.103/2015 para facilitar o entendimento:

> Art. 4°. O contrato a ser celebrado entre a ETC e o TAC ou entre o dono ou embarcador da carga e o TAC definirá a forma de prestação de serviço desse último, como agregado ou independente.
>
> §1°. Denomina-se TAC-agregado aquele que coloca veículo de sua propriedade ou de sua posse, a ser dirigido por ele próprio ou por preposto seu, a serviço do contratante, com exclusividade, mediante remuneração certa.
>
> §2°. Denomina-se TAC-independente aquele que presta os serviços de transporte de carga de que trata esta Lei em caráter eventual e sem exclusividade, mediante frete ajustado a cada viagem.
>
> §3°. Sem prejuízo dos demais requisitos de controle estabelecidos em regulamento, é facultada ao TAC a cessão de seu veículo em regime de colaboração a outro profissional, assim denominado TAC - Auxiliar, não implicando tal cessão a caracterização de vínculo de emprego. (Incluído pela Lei nº 13.103, de 2015)
>
> §4°. O Transportador Autônomo de Cargas Auxiliar deverá contribuir para a previdência social de forma idêntica à dos Transportadores Autônomos. (Incluído pela Lei nº 13.103, de 2015)
>
> §5°. As relações decorrentes do contrato estabelecido entre o Transportador Autônomo de Cargas e seu Auxiliar ou entre o transportador autônomo e o embarcador não caracterizarão vínculo de emprego. (Incluído pela Lei nº 13.103, de 2015)
>
> Art. 5°. As relações decorrentes do contrato de transporte de cargas de que trata o art. 4º desta Lei são sempre de natureza comercial, **não ensejando,**

> **em nenhuma hipótese, a caracterização de vínculo de emprego** (BRASIL, 2015, grifo do autor).

Já a Resolução ANTT nº 4.799/2015 nos seus artigos 3º e 4º, diz o seguinte:

> Art. 3º. O RNTRC é constituído por:
>
> I - Transportador Rodoviário Remunerado de Carga – TRRC, e
>
> II - Transportador Rodoviário de Carga Própria – TCP.
>
> Art. 4º É **obrigatória a inscrição e a manutenção do cadastro no RNTRC do TRRC** que atenda aos requisitos estabelecidos nesta Resolução para o exercício da atividade econômica, de natureza comercial por conta de terceiros e mediante remuneração em uma das seguintes categorias:
>
> a) Transportador Autônomo de Cargas – TAC;
>
> b) Empresa de Transporte Rodoviário de Cargas – ETC, e
>
> c) Cooperativa de Transporte Rodoviário de Cargas – CTC (ANTT, 2015, grifo do autor).

Neste trabalho, o que nos interessa é o estudo sobre o TRRC. É, outrossim, importante salientar que o veículo a ser utilizado pelo TRRC tem que ser da categoria aluguel, com placa vermelha, nos termos do art. 135 do Código de Trânsito Brasileiro (Lei n° 9.503/97).

A operação de transporte é caracterizada pela obrigatória emissão do Manifesto Eletrônico de Documentos Fiscais (MDF-e), no qual constarão as obrigações e as responsabilidades das partes, bem como a natureza fiscal do transporte, respeitado o art. 744 do Código Civil e art. 22 da Resolução ANTT nº 4.799/2015, sendo também obrigatório que o Documento Auxiliar do Manifesto de Documentos Fiscais (DAMDFE) acompanhe a carga desde o início da viagem.

Nas hipóteses de vedação de emissão do MDF-e, deve-se assinar um contrato de transporte ou emitir o Conhecimento de Transporte Eletrônico, conforme previsto no §3º do art. 22 da Resolução ANTT nº 4.799/2015.

A Resolução ANTT nº 3.658/2011 em seu art. 5º, determina o seguinte:

> Art. 5º. O contratante do transporte deverá cadastrar a Operação de Transporte por meio de uma Instituição de Pagamento Eletrônico de Frete e receber o respectivo Código Identificador da Operação de Transporte (Alterado pela Resolução nº 4.592, de 11.2.15) (ANTT, 2011).

Já o art. 6º da mesma Resolução descreve a forma da geração do Código Identificador da Operação de Transporte (CIOT), sem o qual não é possível emitir o contrato ou o Conhecimento de Transporte Rodoviário de Cargas (CTRC).

O art. 29, alínea "b" da Resolução ANTT nº 3.658/2011 preceitua uma multa de R$ 1.100,00 para o contratante ou subcontratante que deixar de cadastrar a operação de transporte por meio de uma Instituição de Pagamento Eletrônico de Frete (PEF).

Por seu turno, a Resolução ANTT nº 4.799/2015 descreve no art. 36, II como infração o seguinte:

> Art. 36. Constituem infrações, quando:
>
> [...]
>
> II - o contratante contratar o transporte rodoviário remunerado de cargas de transportador sem inscrição no RNTRC ou com inscrição vencida, suspensa ou cancelada: multa de R$ 1.500,00 (um mil e quinhentos reais);
>
> [...]
>
> VIII - o TRRC efetuar transporte rodoviário de carga por conta de terceiro e mediante remuneração:
>
> [...]
>
> c) em veículo automotor de carga ou implemento rodoviário não cadastrado na frota do transportador rodoviário remunerado de cargas inscrito no RNTRC: multa de R$ 750,00 (setecentos e cinquenta reais);
>
> d) com o registro no RNTRC suspenso ou vencido: multa de R$ 1.000,00 (mil reais);
>
> e) sem estar inscrito no RNTRC: multa de R$ 1.500,00 (mil e quinhentos reais); [...] (ANTT, 2015).

A irregularidade no registro do RNTRC impossibilita a contratação dos seguros obrigatórios e no impedimento de contratar transportador por meio do Pagamento Eletrônico de Frete (PEF). Além do mais, constitui infração apenada com multas pecuniárias de valores substanciais.

Feitas essas considerações legislativas, passamos então a descrever os principais benefícios de se contratar uma cooperativa idônea e organizada, senão vejamos:

• O primeiro e talvez o mais importante, é a mitigação do passivo trabalhista, pelos motivos alhures ressaltados. Isto é, o cooperado que preencher os requisitos da Dupla Qualidade e da Retribuição Pessoal Diferenciada, na hipótese de se pleitear judicialmente o reconhecimento do liame empregatício, estará fadado ao insucesso, eis que será considerado um legítimo cooperado.

O cooperado pessoa física de uma cooperativa de transporte, de acordo com as normas vigentes, opera não mais como TAC, mas sim como CTC, usando o número desta no RNTRC.

O documento fiscal é emitido pela cooperativa com o nº CIOT da CTC e não mais com o TAC, o que também corrobora a relação cooperativista entre o cooperado e a cooperativa, como corolário, a inexistência do vínculo de emprego com a cooperativa e especialmente, com o embarcador/contratante/tomador dos serviços, gerando segurança jurídica para as partes contratantes.

As cooperativas de transporte trabalham seguindo fidedignamente as normas, mormente, a Resolução ANTT nº 4.799/2015, gerando também segurança na contratação.

A ANTT, em documento intitulado de "Guia do RNTRC para os Transportadores - Resolução ANTT nº 4.799/2015" destaca os seguintes benefícios para os transportadores que trabalham dentro da legalidade[16]:

> Desde sua implementação, o RNTRC tem trazido mudanças importantes tanto para o setor dos transportes, quanto para a sociedade em geral. Como benefícios podemos destacar:
>
> • formalização do exercício da atividade e organização do mercado de transporte rodoviário de cargas;
>
> • fiscalização do exercício da atividade;
>
> • maior conhecimento do funcionamento do mercado, como a oferta, a concorrência, a distribuição espacial, as áreas de atuação dos transportadores, a idade e a composição da frota;
>
> • reconhecimento dos diferentes perfis de transportadores (empresas, cooperativas e autônomos) (RNTT, 2015, p.6);
>
> • <u>inibição da atuação de atravessadores</u> (grifo do autor);
>
> • <u>maior segurança para contratação de transportadores</u> (grifo do autor).

---

16 Site da ANTT – www.antt.gov.br

- As cooperativas de transporte são registradas no sistema OCB (Organização das Cooperativas Brasileiras) e esta, por intermédio de suas unidades estaduais, fiscaliza o cumprimento das operações de transporte realizadas pelas cooperativas, o que por si só, traz mais segurança jurídica para os contratantes.
- Benefícios tributários para os cooperados, pois pagarão menores valores a título de imposto de renda e INSS do que o TAC.
- A cooperativa de transporte fornece aos seus cooperados toda estrutura organizacional e operacional, cabendo a estes tão somente preocupar-se em dirigir o veículo e realizar a entrega no destinatário com segurança e dentro do prazo, eis que na retaguarda, cumpre repetir, a sociedade cooperativa lhe prestará todo e qualquer apoio, seja ele administrativo, jurídico, contábil, operacional, etc. Sem falar na compra de insumos, que em razão da cooperativa adquirir em grande escala, consegue repassar aos seus cooperados por valores consideravelmente menores – tais benefícios concedidos aos cooperados consequentemente geram resultados positivos para os contratantes.

7. PRINCÍPIOS INFRINGIDOS

Portanto, feitas algumas considerações sobre a legislação trabalhista, de trânsito e do cooperativismo, e sobre alguns princípios do Direito Cooperativo do Trabalho, passaremos agora a abordar a tese que ora defendo, que trata sobre a infringência a alguns princípios constitucionais, como o da dignidade da pessoa humana, dos valores sociais do trabalho, da segurança jurídica, da preservação da cooperativa, da proporcionalidade e da razoabilidade, em razão de condenações trabalhistas relacionadas à jornada de trabalho, em processos judiciais em trâmite na Justiça do Trabalho, cujos reclamantes são motoristas de transporte rodoviário de cargas, com redobrada *venia*, têm pleiteado valores estratosféricos, o que poderá inviabilizar a continuidade dos negócios das cooperativas de transporte, assim como das transportadoras.

O jurista Kildare Gonçalves Carvalho ensina que:

> Os princípios constitucionais expressam valores fundamentais adotados pela sociedade política (função axiológica), vertidos no ordenamento ju-

> rídico, e informam materialmente as demais normas, determinando integralmente qual deve ser a substância e o limite do ato que os executam.
>
> A indispensabilidade dos princípios constitucionais na sua função ordenadora deve ser ressaltada, não só porque harmonizam e unificam o sistema constitucional, como também porque revelam a nova ideia de Direito (noção do justo no plano de vida e no plano político), por expressarem o conjunto de valores que inspirou o constituinte na elaboração da constituição, orientando ainda as suas decisões políticas fundamentais (*apud* MIRANDA, 2012, p.197-206).
>
> Os princípios são indicativos de um valor, uma direção, um fim.
>
> [...]
>
> **Os princípios cumprem ainda a função de limitação da interpretação ao restringir a discricionariedade judicial.** A referência obrigatória aos mesmos nos casos difíceis e duvidosos torna o processo de interpretação-aplicação do direito mais controlável e racional, porquanto evita que o operador jurídico invoque valores subjetivos não amparados de forma explícita ou implícita no ordenamento jurídico (*apud* ROTHENBURG, 2006, p. 43-44).
>
> [...]
>
> Depois de destacar que aos princípios corresponde uma função específica (por exemplo, a função do princípio da moralidade é moralizadora, a do princípio da isonomia é igualizadora), Sérgio Sérvulo da Cunha, considerando a operação (em sentido lato) do sistema, identifica seis funções dos princípios: "a) gerar normas (função nomogenética); b) **orientar a interpretação** (função hermenêutica) (grifamos); c) inibir a eficácia de norma que os contrarie (função inibitória); d) suprir a falta de norma (função supletiva); e) regular o sistema (função de regulação do sistema); f) projetar o texto sobre a sociedade (função de projeção) (*apud* CUNHA, 2006, p. 191)[17] (CARVALHO, 2014, p. 333, grifo do autor).

Segundo Celso Antônio Bandeira de Mello, o princípio jurídico é, *in verbis:*

> [...] mandamento nuclear de um sistema, verdadeiro alicerce dele, disposição fundamental que se irradia sobre diferentes normas compondo-lhes o espírito e servindo de critério para sua exata compreensão e inteligência, exatamente por definir a lógica e a racionalidade do sistema normativo, no que lhe confere a tônica e lhe dá sentido harmônico[18] (MELLO, 1995, p. 450).

---

17 CARVALHO, Kildare Gonçalves. *Direito Constitucional.* Del Rey. 20.Ed., v.1., p. 335-337.

18 MELLO. Celso Antônio Bandeira de. *Curso de Direito Administrativo*. 5.Ed., p. 450.

Como se constata, a discricionariedade da justiça não pode se sobrepor aos princípios constitucionais e jurídicos, sob pena de ferir o espírito da Constituição Federal e das leis, como consequência, os valores e os anseios da população, que é a destinatária final das normas, tanto que a Constituição Federal no seu primeiro artigo, assim determina: "Parágrafo único. Todo o poder emana do povo, que o exerce por meio de representantes eleitos ou diretamente, nos termos desta Constituição" (BRASIL, 1988).

Os princípios, outrossim, possuem a importante e essencial função de orientar a interpretação, o que de certa forma se confunde com a função restritiva da discricionariedade, acima exposta.

O art. 1º da Constituição Federal prescreve o seguinte:

> Art. 1º A República Federativa do Brasil, formada pela união indissolúvel dos Estados e Municípios e do Distrito Federal, constitui-se em Estado Democrático de Direito e tem como fundamentos:
>
> [...]
>
> III - a dignidade da pessoa humana;
>
> IV - os valores sociais do trabalho e da livre iniciativa; [...] (BRASIL, 1988).

7.1. Princípio da Dignidade da Pessoa Humana

Doutrina Kildare:

> A dignidade da pessoa humana, que a Constituição de 1988 inscreve como fundamento do Estado, significa não só um reconhecimento do valor do homem em sua dimensão de liberdade, como também de que o próprio Estado se constrói com base nesse princípio. O termo dignidade designa o respeito que merece qualquer pessoa.
>
> [...]
>
> O princípio abrange não só os direitos individuais, mas também os de natureza econômica, social e cultural, pois, no Estado Democrático de Direito a liberdade não é apenas negativa, entendida como ausência de constrangimento, mas liberdade positiva, que consiste na remoção de impedimentos (econômicos, sociais e políticos) que possam embaraçar a plena realização da personalidade humana. Na ordem econômica, vem garantido quando diz a Constituição que "a ordem econômica, fundada na valorização do trabalho humano e na livre iniciativa, tem por fim assegurar a todos existência digna, conforme os ditames da justiça social (art. 170);

> [...]
>
> No âmbito da Constituição brasileira de 1988, a dignidade da pessoa humana é o fundamento de todo o sistema dos direitos fundamentais, no sentido de que estes constituem exigências, concretizações e desdobramentos da dignidade da pessoa e que com base nesta é que devem aqueles ser interpretados.
>
> [...]
>
> E para a viabilização da dignidade da pessoa humana, ao Estado cabe o dever de respeito, proteção e promoção dos direitos fundamentais. Em virtude do dever de respeito, o Estado não pode violar os direitos; relativamente ao dever de proteção, muda-se o papel do Estado, de adversário dos direitos, para uma função de custódia, não podendo permitir que os direitos sejam violados; no que respeita ao dever de promoção, o Estado deve proporcionar as condições básicas (o mínimo vital), seja por prestações normativas, seja por prestações fáticas, para o pleno exercício dos direitos fundamentais (KILDARE, 2014, p.30-33).

Quando se pensa em dignidade da pessoa, deve ser incluído neste rol as pessoas jurídicas, que também são titulares de direitos e obrigações. Portanto, a chamada dignidade da pessoa, consagrada na Constituição Federal de 1988, aplica-se também às sociedades cooperativas. Isto posto, transcrevo abaixo o ensinamento do advogado e professor Vinícius José Marques Gontijo:

> Com efeito, o inciso III do art. 1º da Constituição da República, de 05 de outubro de 1988, cuida de assegurar a dignidade da pessoa humana. Por outro lado, o *caput* do art. 170 da mesma Lei Fundamental assegura a "todos" existência digna.
>
> Na hermenêutica da Constituição, tem-se que laborar de maneira sistêmica e completa, buscando o exegeta a aplicação eficaz e útil da norma constitucional a fim de validar o preceito eleito pelo legislador constitucional, por isso mesmo Michel Temer afirma:
>
> Por isso, a interpretação de uma norma constitucional levará em conta todo o sistema, tal como positivado, dando-se ênfase, porém, para os princípios que foram valorizados pelo constituinte. Também não se pode deixar de verificar qual o sentido que o constituinte atribui às palavras do texto constitucional, perquirição que só é possível pelo exame do todo normativo, após a correta apreensão da principiologia que ampara aquelas palavras[19] (*apud* TEMER, 1996, p. 23).

---

19 TEMER, Michel. *Elementos de Direito Constitucional.* 12.Ed., São Paulo: Malheiros, 1996. p. 23.

Naturalmente, não há palavras inúteis na lei (e, muito menos, na Constituição de um país – que se presume técnica). Portanto, se o inciso III do art. 1º da Constituição da República tratou da dignidade da pessoa humana, o *caput* do art. 170 (inserido no Título da Ordem Econômica e Financeira) do mesmo Diploma somente pode se tratar da outra modalidade de pessoa, qual seja: a jurídica, quando dispõe sobre a dignidade assegurada.

Soma-se a isso o fato de que o inciso IX do art. 170 da Carta de 1988 se refere ao tratamento favorecido que deve ser assegurado às microempresas e empresas de pequeno porte; por óbvio, sem distinção entre as pessoas naturais ou jurídicas. Com isso, o legislador constitucional brasileiro externou de maneira expressa qual é a lógica sistêmica do dispositivo, uma vez que o inciso deve ser interpretado segundo o vetor definido no *caput*. O artigo deve ser interpretado como um todo completo e harmônico, assim, se o *caput* prescreveu a existência digna de todos, deve-se interpretar como assegurada à pessoa jurídica tal preceito fundamental.

Logo, há um **Princípio Constitucional da Dignidade da Pessoa Humana e também da Jurídica** que, se não for observado, implicará negativa de vigência ao preceito constitucional definido no *caput* do art. 170 da Constituição da República, de 05 de outubro de 1988, até porque a pessoa jurídica tem os elementos fático-jurídicos de sua natureza que permitem o direito subjetivo a uma existência digna[20] (GONTIJO, 2008, grifo do autor).

7.2. Princípio dos Valores Sociais do Trabalho

No que tange ao princípio constitucional dos valores sociais do trabalho e da livre iniciativa, o professor Kildare Gonçalves Carvalho assim leciona:

A Constituição da Espanha de 1978 estabelece, em seu art. 35, que "todos os espanhóis têm o dever de trabalhar e o direito ao trabalho". O texto constitucional brasileiro, se não contém preceito idêntico, reconhece o trabalho como um valor social (art. 1º, IV) que, ao lado da livre iniciativa, constitui fundamento do Estado e da ordem econômica (art. 170). O trabalho pode ser apreciado sob dois ângulos: individual e social. Por dignificar o homem, a Constituição atribui-lhe relevante valor social, colocando-o, assim, como um dos fundamentos do Estado Democrático de Direito.

Acrescente-se que o art. 170, VIII, da Constituição, **enuncia a busca do pleno emprego como um dos princípios da ordem econômica**, o que representa a soma de esforços da iniciativa privada e do Estado para o oferecimento de empregos dignos a todos os brasileiros.

---

20 GONTIJO, Vinícius José Marques. Artigo "*Do Princípio da Dignidade da Pessoa Jurídica*".

José Luiz Quadros de Magalhães elucida que no "direito ao trabalho (pleno emprego) temos uma caracterização perfeita da ligação necessária entre três grupos de direitos que compõem os Direitos Humanos: direitos econômicos, direitos sociais e direitos individuais. O direito de livre escolha do trabalho (individual) se completa pelos direitos do trabalhador no trabalho (direitos sociais), que por sua vez, para ser amplo (Direitos Humanos), depende do Direito Econômico e de uma política de pleno emprego e justa remuneração, está dizendo não a uma realidade do capitalismo moderno em que a riqueza está nas mãos de quem não trabalha (CARVALHO, 2014, p. 30-33 *apud* MAGALHÃES, 2002, p. 33-34).

7.3. Do Princípio da Segurança Jurídica

Veja, a seguir, o entendimento do Ministro José Augusto Delgado (2014) sobre o tema:

> Por essa razão, J. J. Gomes Canotilho, em seu Direito Constitucional, 6ª. ed., Coimbra, Almedina, 1993, pp. 371 e 372, tratando do tema, afirma:
>
> A ideia de segurança jurídica reconduz-se a dois princípios materiais concretizadores do princípio geral de segurança: princípio da determinabilidade de leis expresso na exigência de leis claras e densas e o princípio da proteção da confiança, traduzido na exigência de leis essencialmente estáveis, ou, pelo menos, não lesivas da previsibilidade e calculabilidade dos cidadãos relativamente aos seus efeitos jurídicos (*apud* CANOTILHO, 1993, P.371-372).
>
> A segurança jurídica há de ser vista como sendo um enunciado principiológico com hierarquia superior, isto é, contendo um valor que deve ser aplicado de modo absoluto para consagrar a força do Direito quando vinculado à situações concretas conflituosas e que estão a exigir pronunciamentos administrativos e, especialmente, judiciais que as estabilizem.
>
> Os vetores e diretrizes constitucionais destinam-se a preservar a segurança jurídica. Tomando de empréstimo a sentença magistral de Souto Borges, a propósito da diretriz da isonomia, e parafraseando-o, é lícito averbar que '**a segurança jurídica não está na Constituição, a segurança jurídica é a Constituição**'.
>
> Não há que se falar em segurança jurídica senão como amparo final à proposição que se emitiu, de forma fundamentada, analisado o direito – em todo o seu contexto – de forma dissecada para se chegar à única solução possível.

> As expectativas normativas são efetivamente garantidas e obtidas se as complexidades existentes são conhecidas e reduzidas por meio da interpretação, sendo, pois, resultado desse princípio da segurança jurídica.
>
> Citação: **A imprevisibilidade das decisões judiciais, ao atingir níveis críticos, pode desequilibrar a economia de um país.**
>
> Reduzir o grau de imprevisibilidade das decisões judiciais e, com isso, contribuir para a maior estabilidade do marco institucional é tarefa principalmente dos profissionais do direito - os juízes, em particular. Essa responsabilidade não pode ser transferida a ninguém mais: economistas, legisladores ou mesmo o governo pouco ou nada podem fazer a respeito. Lamentavelmente, contudo, ainda é pequena a percepção entre os profissionais jurídicos acerca da relevância da questão. Treinados para focarem os litígios em sua individualidade, esses profissionais raramente notam os efeitos macroinstitucionais que os cercam.
>
> A reversão desse quadro também é tarefa exclusiva dos advogados, juízes, promotores de justiça e demais profissionais do direito. Estimulá-los a se preocuparem com as repercussões das decisões judiciais na criação de um ambiente institucional que atraia os investimentos produtivos de longo prazo é o primeiro desafio a enfrentar, se quisermos que, no Brasil, a Justiça não desequilibre a economia (DELGADO, 2014, p. 30-33, grifo do autor).

Como mostrado, a segurança jurídica é o princípio dos princípios, por isso todas as decisões judiciais deveriam se nortear levando em consideração não só o interesse individual, mas, principalmente, o interesse macro da nação, eis que condenações em valores surreais prejudicam todo o país, levando cooperativas de transporte e transportadoras à bancarrota, bem como desestimulam outras sociedades cooperativas ou empresárias a investir e expandir seus negócios, tendo em vista, em primeiro lugar, a imprevisibilidade das decisões judiciais e, em segundo lugar, pelas condenações em valores que em pouco tempo serão impagáveis, se já não o são.

7.4. Do Princípio da Proporcionalidade e da Razoabilidade

No Brasil, alguns doutrinadores e até mesmo o STF entendem que o princípio da proporcionalidade é sinônimo da razoabilidade, mas, no entanto, esse entendimento não é unânime. Esses princípios têm como norte impedir excessos nas condenações.

O Ministro do Supremo Tribunal Federal Gilmar Mendes, também é dos doutrinadores de que tais princípios são similares, vejamos seu entendimento:

> Utilizado, de ordinário, para aferir a legitimidade das restrições de direitos – muito embora possa aplicar-se, também, para dizer do equilíbrio na concessão de poderes, privilégios ou benefícios – **o princípio da proporcionalidade ou da razoabilidade, em essência, consubstancia uma pauta de natureza axiológica que emana diretamente das ideias de justiça, equidade, bom senso, prudência, moderação, justa medida, proibição de excesso, direito justo e valores afins**; precede e condiciona a positivação jurídica, inclusive a de nível constitucional; e, ainda, enquanto princípio geral do direito, serve de regra de interpretação para todo o ordenamento jurídico (MENDES, 2008, grifo do autor).

Nesta mesma linha, Luís Roberto Barroso afirma o seguinte:

> [...] é digna de menção a ascendente trajetória do princípio da razoabilidade, que os autores sob influência germânica preferem denominar princípio da proporcionalidade, na jurisprudência constitucional brasileira (SILVA, 2002, p.6).

O advogado e assessor jurídico legislativo Diego da Silva Ramos resume de forma acertada a finalidade do princípio da proporcionalidade:

> O princípio da proporcionalidade (que em inúmeras oportunidades é tratado como princípio contido no âmbito da razoabilidade) **tem por finalidade precípua equilibrar os direitos individuais com os anseios da sociedade**.
>
> Esse princípio, largamente adotado pela jurisprudência alemã do pós-guerra, preceitua que nenhuma garantia constitucional goza de valor supremo e absoluto, de modo a aniquilar outra garantia de valor e grau equivalente.
>
> É nesse sentido que o mestre Bonavides expõe que em nosso ordenamento constitucional não deve a proporcionalidade permanecer encoberta. Em se tratando de princípio vivo, elástico, prestante, protege ele o cidadão contra os excessos do Estado e serve de escudo à defesa dos direitos e liberdades constitucionais. De tal sorte que urge, quanto antes, extraí-lo da doutrina, da reflexão, dos próprios fundamentos da Constituição, em ordem a introduzi-lo, com todo o vigor, no uso jurisprudencial.
>
> Outro fato que merece destaque é que em 1999, por meio da Lei 9.784 (que regula o processo administrativo no âmbito da Administração Pública Federal), a proporcionalidade foi tratada expressamente a nível infraconstitucional, o que só reforça sua importância e indistinta utilização como marco principiológico na atuação da Administração Pública.

Destarte, além de sua previsão como princípio a ser obedecido pela Administração Pública na consecução de seus atos convém destacar que o inciso VI, do parágrafo único do artigo 2º da referida lei destacou que "nos processos administrativos serão observados, entre outros, os critérios de adequação entre meios e fins, vedada a imposição de obrigações, restrições e sanções em medida superior àquelas estritamente necessárias ao atendimento do interesse público (RAMOS, 2011).

8. PRINCÍPIO DA PRESERVAÇÃO DA COOPERATIVA

A ordem econômica nacional, prevista no art. 170 da CF, fundamentada na valorização do trabalho humano e na livre iniciativa, por intermédio dos princípios da busca do pleno emprego e da função social da propriedade, dentre outros, tem o objetivo de preservar a dignidade da pessoa humana e da pessoa jurídica, como não poderia deixar de ser. Importante dizer que o princípio da preservação da cooperativa está implicitamente previsto na Constituição.

Dentro do Capítulo I, Título VII da Constituição Federal, que trata da Ordem Econômica e Financeira, temos o art. 174, §2º, que diz: "A lei apoiará e estimulará o cooperativismo e outras formas de associativismo", o que denota claramente que as cooperativas, por óbvio, foram prestigiadas constitucionalmente em razão da importância que elas trazem para o desenvolvimento socioeconômico para o país.

Abaixo encontram-se posicionamentos de alguns notáveis doutrinadores:

> No princípio da preservação da empresa, construído pelo moderno Direito Comercial, o valor básico prestigiado é o da conservação da atividade (e não do empresário, do estabelecimento ou de uma sociedade), em virtude da imensa gama de interesses que transcendem os dos donos do negócio e gravitam em torno da continuidade deste; assim os interesses de empregados quanto aos seus postos de trabalho, de consumidores em relação aos bens ou serviços de que necessitam, do Fisco voltado à arrecadação e outros (COELHO, 2010, p 13).

> A empresa representa hoje um dos principais pilares da economia moderna, portanto, é ela uma grande fonte de postos de trabalho; de rendas tributárias; de fornecimento de produtos e serviços em geral; além de se o motor do sistema da livre concorrência; dentre muitas outras funções (FERREIRA, 2012).

O Ministro do STF Luiz Edson Fachin assim se manifesta sobre o assunto:

> [...] a busca pelo pleno emprego corresponde à preservação da empresa, de modo que, quando das dúvidas de emprego de regra que implique paralisação empresarial e regras que se destina a aplicar solução jurídica sem a paralisação, por óbvio dever-se-á aplicar esta última, sem sacrifícios de outros direitos dignos da regra jurídica (FACHIN, 2001, p. 99).

O advogado Carlos Farracha de Castro também comunga da mesma ideia, *in verbis*:

> [...] não se pode falar em busca do pleno emprego, sem propiciar a preservação da empresa [...]. Afinal, o exercício da atividade empresarial é a fonte de tributos e empregos. Ou seja, sem a preservação da atividade empresarial inexiste emprego, razão pela qual não há como valorizar o trabalho, motivo por que a pretensão do legislador constituinte ficaria reservada ao seu emprego (CASTRO, 2004).

Os ensinamentos acima citados são corroborados com a Lei nº 11.101/2005, que regula a recuperação judicial, extrajudicial e a falência do empresário e da sociedade empresária, quando no seu art. 47 refere-se expressamente ao princípio da preservação da empresa, com o objetivo de possibilitar a manutenção dos empregos e dos interesses dos credores para atender sua função social e o estímulo à atividade econômica.

Vejamos o que diz o referido texto legal:

> A recuperação judicial tem por objetivo viabilizar a superação da situação de crise econômico-financeira do devedor, a fim de permitir a manutenção da fonte produtora, do emprego dos trabalhadores e dos interesses dos credores, promovendo, assim, a preservação da empresa, sua função social e o estímulo à atividade econômica (BRASIL, 2005).

O Col. Tribunal Superior do Trabalho (TST) demonstrou-se sensível à questão, em uma recente decisão, datada de 2015, a qual menciona claramente que "O princípio da preservação da empresa não é incompatível com o reconhecimento e a reparação de danos sociais, **mas deve ser importante parâmetro para a identificação, o tratamento e a quantificação de tais danos**" (grifo do autor).

Transcrevo a seguir a referida ementa, na íntegra:

> **RECURSO DE REVISTA DO SINDICATO-RECLAMANTE. INDENIZAÇÃO POR DANO SOCIAL - DESRESPEITO ÀS NORMAS DE SAÚDE E SEGURANÇA NO TRABALHO.** No caso, ficou comprovado nos autos que a empresa permitiu que os substituídos laborassem em

condição insalubre de trabalho sem a devida proteção, descumprindo as normas do MTE e também o disposto nas cláusulas coletivas pactuadas com o sindicato a respeito da manutenção de condições de trabalho que preservem a saúde do trabalhador. Além de não cuidar do aspecto preventivo, a ré também sonegou aos substituídos o pagamento do adicional de insalubridade correspondente. A ofensa atinge mais que cada trabalhador em sua individualidade, porquanto o desrespeito a normas de segurança e saúde no trabalho engendra o perecimento do ambiente de trabalho experimentado por todos os empregados da reclamada, assim como porque ofende direitos sociais pactuados e preservados pela sociedade como um todo, que os elegeu fundamentais na afirmação do Documento Constitucional de 1988. O fenômeno abordado, cujos pressupostos restaram bem delineados no caso concreto (conduta ilícita, culpa, nexo causal e dano extrapatrimonial) consiste no que a doutrina empresarial tem reconhecido como "dano social", modalidade de dano injusto de natureza extrapatrimonial e transcendente a situações individuais que é amparado pela teoria da responsabilidade civil, em seu momento evolutivo mais avançado. O reconhecimento e a coibição desse tipo de dano se amparam em fundamento constitucional: decorrem da função social da propriedade (da qual se extrai a função social da empresa) insculpida no art. 5º, XXIII, da Constituição Federal de 1988. Entretanto, cumpre observar que a plasticidade da responsabilidade civil não pode transformá-la em panaceia. É importante considerar que a identificação do dano social, com suas consequências jurídicas, pressupõe a adoção de critérios consistentes. Deve-se evitar a banalização do seu uso a fim de que o instituto não resulte esvaziado. A gravidade e a natureza extrapatrimonial do dano social exigem que se pense na responsabilidade civil não apenas sob a ótica tradicional (compensatória). O debate envolve a discussão sobre as distintas funções da responsabilidade civil e sobre o equilíbrio entre elas: (I) compensatória, (II) preventiva, (III) normativa, (IV) equitativa (evitar o locupletamento ilícito) e (V) punitiva, embora essa última perspectiva envolva muitas controvérsias. Em se tratando de dano de natureza extrapatrimonial, a problemática que se coloca refere-se à possibilidade de traduzir em um montante pecuniário algo que, por definição, não está sujeito tal mensuração. Os pressupostos teóricos da responsabilidade civil, nesses casos, devem ser invocados em favor da construção de um valor concreto, que seja proporcional ao dano. Nesse sentido, enquanto valores mínimos podem gerar o estímulo à prática ilícita, valores excessivos, além de incompatíveis com os pressupostos da indenização, **podem comprometer a preservação da empresa**. Como parâmetros de quantificação, devem ser considerados: a) Reprovabilidade da conduta: se a responsabilidade objetiva é discutível, não há dúvidas de que casos de reincidência, dolo (violação calculada) e culpa grave devem ser tratados com rigor; b) capacidade econômica e patrimonial da

> empresa; c) montante da vantagem ilicitamente obtida. A perspectiva de uma política jurisdicional de enfrentamento de tais questões, que comumente é invocado sob a terminologia imprópria de combate ao "dumping social", muitas vezes reverberam em iniciativas não isonômicas podem gerar distorções. As múltiplas funções da responsabilidade civil precisam ser harmonizadas com o **princípio da manutenção da empresa** e com a necessidade de se observar os múltiplos interesses que sobre ela se projeta. **Daí porque sobreleva-se a importância do raciocínio consequencialista, no sentido de compreender os impactos das condenações sobre a empresa e também sobre os consumidores, e, sobretudo, sobre o erário público, quando se tratar de empresa integrante da Administração Pública indireta. O princípio da preservação da empresa não é incompatível com o reconhecimento e a reparação de danos sociais, mas deve ser importante parâmetro para a identificação, o tratamento e a quantificação de tais danos.** Indenização por dano social fixada no valor de R$ 30.000,00, destinados ao treinamento de mão de obra no local base, em programas de saúde ocupacional, a serem definidos previamente e em comum acordo entre o sindicato autor e o Ministério Público do Trabalho, comprovado nos autos o efetivo gasto. Recurso de revista conhecido e provido (TST - RR: 18509220105030111, Relator: Luiz Philippe Vieira de Mello Filho, Data de Julgamento: 23/09/2015, 7ª Turma, Data de Publicação: DEJT 23/10/2015, grifo do autor).

Como constatamos, a aplicação do princípio da preservação da empresa, no âmbito trabalhista e cooperativista, é um caminho sem volta, face a importância das cooperativas no cenário socioeconômico.

É certo que as cooperativas não estão sujeitas ao regime falimentar previsto na Lei n° 11.101/2005, como determina o art. 4º da Lei do Cooperativismo (Lei nº 5.764/1971), entretanto, o princípio da preservação da empresa pode e deve ser aplicado analogicamente às cooperativas, mormente, em razão dos expressivos números do cooperativismo, no que se refere aos empregos gerados, tributos recolhidos, produção, e, como não poderia deixar de ser, o aspecto social e de desenvolvimento que é proporcionado às comunidades onde atuam as cooperativas.

O fechamento de uma cooperativa significa a rescisão do contrato de trabalho de centenas ou milhares de pessoas, que muitas vezes não recebem acerto rescisório, sem falar no desemprego indireto; significa também a interrupção da produção, gerando prejuízo aos cooperados e a toda uma cadeia de fornecedores envolvidos; significa, outrossim, a mitigação dos tributos e um prejuízo de cunho social para toda uma comunidade envolvida nas atividades da cooperativa. Em alguns casos, a comunidade local é tão dependente das atividades da cooperativa, que significa em última análise, a bancarrota da cidade e até de uma região, que muitas vezes dependem exclusivamente da riqueza gerada pela sociedade cooperativa.

Portanto, a tese que ora crio e defendo é que o princípio da preservação da cooperativa tem como finalidade assegurar que a cooperativa cumpra o seu papel social, econômico e constitucional, conferindo-lhe a dignidade prevista na constituição federal.

9. CONSIDERAÇÕES FINAIS

Concluo afirmando que as decisões judiciais trabalhistas, não todas, mas uma boa parte, caso prevaleçam nos moldes de hoje, ou seja, condenando as cooperativas de transporte e transportadoras a valores praticamente impagáveis, com certeza todos os empreendedores do transporte rodoviário do país, que já passam por grandes dificuldades geradas pela legislação extremamente rigorosa, pela falta de estrutura nas estradas, pela falta de estímulos, etc., serão com certeza levados à bancarrota, pela total incapacidade de operacionalização financeira de seus negócios, infringindo como corolário o princípio da preservação da cooperativa, implicitamente mencionado na Constituição Federal.

Entendo, também, que os princípios norteadores do Direito do Trabalho, apesar de importantes fontes de hermenêutica na aplicação jurídica do caso concreto, não podem se sobrepor aos princípios constitucionais acima aduzidos, sob pena de inviabilizar a continuidade dos negócios das cooperativas e das transportadoras, especialmente o princípio da dignidade da pessoa humana, fundado na valorização do trabalho humano e o princípio da preservação da cooperativa, bem como em outros nortes, como alhures mencionado.

REFERÊNCIAS BIBLIOGRÁFICAS

AGENCIA NACIONAL DE TRANSPORTES TERRESTRES (ANTT). *Guia do RNTRC para os Transportadores - Resolução ANTT nº 4.799/2015*. Disponível em: < http://portal-hml.antt.gov.br/backend/galeria/arquivos/guia_do_rntrc_para_os_transportadores_v_18.pdf>. Acesso em: 15 out. 2017.

______. Resolução n° 2.805, de 09 de setembro de 2008. *Estabelece as normas para o Vale-Pedágio obrigatório e institui os procedimentos de habilitação de empresas fornecedoras em âmbito nacional, aprovação de modelos e sistemas operacionais, as infrações e suas respectivas penalidades.* Disponível em: <http://portal.antt.gov.br/index.php/content/view/3885/Resolucao_2885.html>. Acesso em: 15 out. 2017.

______. Resolução n° 3.658, de 19 de abril de 2011. *Regulamenta o art. 5º-A da Lei nº 11.442, de 5 de janeiro de 2007, que "dispõe sobre o transporte rodoviário de cargas por conta de terceiros mediante remuneração e revoga a Lei nº 6.813, de 10 de julho de 1980".* Disponível em: <http://portal.antt.gov.br/index.php/content/view/4658/Resolucao_3658.html>. Acesso em: 15 out. 2017.

______. Resolução n° 4.799, de 27 de julho de 2015. *Regulamenta procedimentos para inscrição e manutenção no Registro Nacional de Transportadores Rodoviários de Cargas, RNTRC; e dá outras providências.* Disponível em: <http://portal.antt.gov.br/index.php/content/view/41053/Resolucao_n__4799.html>. Acesso em: 12 out. 2017.

ALIANÇA COOPERATIVA INTERNACIONAL (ACI). *The Cooperative Movement.* Disponível em: < – www.ica.coop>. Acesso em: 15 out. 2017.

BRASIL. *Constituição Federal de 1988.* Disponível em: <http://www.planalto.gov.br/ccivil_03/constituicao/constituicao.htm>. Acesso em: 13 nov. 2017.

______. Decreto-Lei n° 5.452, de 1° de maio de 1943. *Aprova a Consolidação das Leis do Trabalho.* Disponível em: <http://www.planalto.gov.br/ccivil_03/decreto-lei/Del5452.htm>. Acesso em: 15 out. 2017.

_____. Lei n° 5.764, de 16 de dezembro de 1971. *Define a Política Nacional de Cooperativismo, institui o regime jurídico das sociedades cooperativas, e dá outras providências.* Disponível em: < http://www.planalto.gov.br/ccivil_03/leis/L5764.htm>. Acesso em: 15 nov. 2017.

______. Lei n° 6.019, de 03 de janeiro de 1974. *Dispõe sobre o Trabalho Temporário nas Empresas Urbanas, e dá outras Providências.* Disponível em: <http://www.planalto.gov.br/ccivil_03/leis/L6019.htm>. Acesso em: 15 out. 2017.

______. Lei n° 9.503, de 23 de setembro de 1997. *Institui o Código de Trânsito Brasileiro.* Disponível em: <http://www.planalto.gov.br/ccivil_03/leis/L9503.htm>. Acesso em 15 out. 2017.

______. Lei n° 9.784, de 29 de janeiro de 1999. *Regula o processo administrativo no âmbito da Administração Pública Federal.* Disponível em: <http://www.planalto.gov.br/ccivil_03/leis/L9784.htm>. Acesso em: 15 out. 2017.

______. Lei n° 9.868, de 10 de novembro de 1999. *Dispõe sobre o processo e julgamento da ação direta de inconstitucionalidade e da ação declaratória de constitucionalidade perante o Supremo Tribunal Federal.* Disponível em: <http://www.planalto.gov.br/ccivil_03/leis/L9868.htm>. Acesso em 15 out. 2017.

______. Lei n° 11.101, de 09 de fevereiro de 2005. *Regula a recuperação judicial, a extrajudicial e a falência do empresário e da sociedade empresária.* Disponível em: <http://www.planalto.gov.br/ccivil_03/_ato2004-2006/2005/lei/l11101.htm>. Acesso em: 15 out. 2017.

______. Lei n° 11.442, de 05 de janeiro de 2007. *Dispõe sobre o transporte rodoviário de cargas por conta de terceiros e mediante remuneração e revoga a Lei no 6.813, de 10 de julho de 1980.* Disponível em: <http://www.planalto.gov.br/ccivil_03/_ato2007-2010/2007/lei/l11442.htm>. Acesso em: 15 out. 2017.

______. Lei n° 12.619, de 30 de abril de 2012. *Dispõe sobre o exercício da profissão de motorista; altera a Consolidação das Leis do Trabalho - CLT, aprovada pelo Decreto-Lei no 5.452, de 1o de maio de 1943, e as Leis nos 9.503, de 23 de setembro de 1997, 10.233, de 5 de junho de 2001, 11.079, de 30 de dezembro de 2004, e 12.023, de 27 de agosto de 2009, para regular e disciplinar a jornada de trabalho e o tempo de direção do motorista profissional; e dá outras providências.* Disponível em: <http://www.planalto.gov.br/ccivil_03/_ato2011-2014/2012/lei/l12619.htm>. Acesso em: 15 out. 2017.

______. Lei n° 13.429, de 31 de março de 2017. *Altera dispositivos da Lei no 6.019, de 3 de janeiro de 1974, que dispõe sobre o trabalho temporário nas empresas urbanas e dá outras providências; e dispõe sobre as relações de trabalho na empresa de prestação de serviços a terceiros.* Disponível em: <http://www.planalto.gov.br/ccivil_03/_ato2015-2018/2017/lei/L13429.htm>. Acesso em: 15 out. 2017.

______. Lei nº 13.467, de 13 de julho de 2017. *Altera a Consolidação das Leis do Trabalho (CLT), aprovada pelo Decreto-Lei no 5.452, de 1º de maio de 1943, e as Leis nºs 6.019, de 3 de janeiro de 1974, 8.036, de 11 de maio de 1990, e 8.212, de 24 de julho de 1991, a fim de adequar a legislação às novas relações de trabalho.* Disponível em: <http://www.planalto.gov.br/ccivil_03/_ato2015-2018/2017/lei/L13467.htm>. Acesso em: 15 out. 2017.

______. Medida Provisória nº 808, de 14 de novembro de 2017. *Altera a Consolidação das Leis do Trabalho - CLT, aprovada pelo Decreto-Lei nº 5.452, de 1º de maio de 1943.* Disponível em: <http://www.planalto.gov.br/ccivil_03/_Ato2015-2018/2017/Mpv/mpv808.htm>. Acesso em: 24 nov. 2017.

CARVALHO, Kildare Gonçalves. *Direito Constitucional.* 20ª edição. Belo Horizonte: Del Rey, 2014. vol. 1. pág. 335 e 337.

CASTRO, Carlos Alberto Farracha de. *Preservação de empresa no Código Civil.* Curitiba: Juruá, 2007.

COELHO, Fábio Ulhoa. *Manual de Direito Comercial: Direito de Empresa.* - 22. ed. -São Paulo: Saraiva. 2010. vol. I. p.13., 2010.

CONSELHO NACIONAL DE TRÂNSITO (CONTRAN). Resolução nº 405, de 12 de junho de 2012. *Dispõe sobre a fiscalização do tempo de direção do motorista profissional de que trata o artigo 67-A, incluído no Código de Transito Brasileiro – CTB, pela Lei nº 12.619, de 30 de abril de 2012, e dá outras providências.* Disponível em: <http://www.denatran.gov.br/download/Resolucoes/(Resolu%C3%A7%C3%A3o%20405.2012).pdf>. Acesso em 12 out. 2017.

DELGADO, Mauricio Godinho. *Curso de Direito do Trabalho.* LTr, 13ª Edição. Belo Horizonte: LTr, 2014, págs. 341/343 e 345.

DELGADO. José Augusto. *A Imprevisibilidade das Decisões Judiciárias e seus Reflexos na Segurança Jurídica*. Disponível em: <Ministro do STJ e do TSE - http://www.stj.jus.br/internet_docs/ministros/Discursos/0001105/aimprevisibilidadedasdecisoesjudiciariaseseusreflexosnasegurancajuridica.doc>. Acesso em: 15 out. 2017.

FACHIN, Luiz Edson. *Estatuto Jurídico do Patrimônio Mínimo*. Rio de. Janeiro: Renovar, 2001, pg. 99.

FERREIRA, Mariza Marques.: *O Princípio da Preservação da Empresa*. Disponível em: <www.franca.unesp.br/mariza.pdf>. Acesso em: 15 out. 2017.

Fundação Instituto de Pesquisas Econômicas (FIPE) –. *Tabela FIPE*. Disponível em: < www.fipe.org.br>. Acesso em: 15 out. 2017.

GONTIJO, Vinícius José Marques. Artigo *"Do Princípio da Dignidade da Pessoa Jurídica"*. Revista de Direito Mercantil, Industrial e Econômico, 2008.

MAGALHÃES, José Luiz Quadros de. *Direito Constitucional*. São Paulo: Método, 2008.

MELLO, Celso Antônio Bandeira de. *Curso de Direito Administrativo*. 5ª adição. São Paulo: Malheiros, 1988. pág. 450.

MENDES, Gilmar Ferreira; COELHO, Inocêncio; BRANCO, Paulo Gustavo Gonet. *Curso de Direito Constitucional*. 3.ed. São Paulo: Saraiva, 2008.

MIRANDA, Jorge. *Manual de Direito Constitucional*. Lisboa: Coimbra Editora, 2012.

OCEMG. *Anuário de Informações Econômicas e Sociais do Cooperativismo Mineiro de 2016* – elaborado pelo Sistema OCEMG (site: Disponível em: < www.minasgerais.coop.br>. Acesso em 15 out. 2017.

ORGANIZAÇÃO DAS COOPERATIVAS BRASILEIRAS (OCB). *Manual Operacional para Cooperativas de Transporte de Cargas e Passageiros*. Disponível em: <www.somoscooperativismo.coop.br>. Acesso em: 15 nov. 2017.

PONTES FILHO, Valmir. *Petição inicial ADPF nº 381/DF*, em trâmite no STF (processo eletrônico), subscrita pelo advogado Dr. Valmir Pontes Filho, OAB/CE 2.310, do escritório Valmir Pontes, Alcimor Rocha Sociedade de Advogados. Disponível em: <http://www.stf.jus.br/portal/processo/verProcessoAndamento.asp?numero=381&classe=ADPF&origem=AP&recurso=0&tipoJulgamento=M>. Acesso em: 15 out. 2017.

RAMOS, Diego da Silva. *O princípio da proporcionalidade tem por finalidade precípua equilibrar os direitos individuais com os anseios da sociedade*. Disponível em: <http://www.direitonet.com.br/artigos/exibir/5865/O-principio-da-proporcionalidade>. Acesso em: 15 out. 2017.

ROTENBURG, Walter Claudius. *Princípios Constitucionais*. Disponível em: <www.ufpr.br/direito/article/view/9393>. Acesso em: 23 nov. 2017.

SILVA, Virgílio Afonso da. *O proporcional e o razoável*. Revista dos Tribunais n.798, 2002, p. 6.

TEMER, Michel. *Elementos de Direito Constitucional*. 12. ed., São Paulo: Malheiros, 1996. p. 23.

TRIBUNAL REGIONAL DO TRABALHO. *Recurso nº 00200-2015-102-03-00-1 RO*, Relator Desembargador José Marlon de Freitas, 8ª Turma, publicação em 02/08/2016.

______. *Recurso nº 00211-2015-064-03-00-0 RO*, Relator Juiz Convocado Jesse Claudio Franco de Alencar, 6ª Turma, publicação em 14/12/2015.

TRIBUNAL SUPERIOR DO TRABALHO. *RR: 18509220105030111*. Relator Luiz Philippe Vieira de Mello Filho, Data de Julgamento: 23/09/2015, 7ª Turma, Data de Publicação: DEJT 23/10/2015.

______. *AIRR - 131840-25.2005.5.18.0005*, Relator Ministro Mauricio Godinho Delgado, Data de Julgamento: 11/06/2008, 6ª Turma, Data de Publicação: DJ 13/06/2008.

______. *Súmula nº 331 do TST. CONTRATO DE PRESTAÇÃO DE SERVIÇOS. LEGALIDADE (nova redação do item IV e inseridos os itens V e VI à redação) - Res. 174/2011, DEJT divulgado em 27, 30 e 31.05.2011*. Brasília, 2011.

DESAFIOS DA REGULAÇÃO DA ATIVIDADE COOPERATIVISTA

RONALDO GAUDIO

MBA em Business Law pela Fundação Getúlio Vargas. Mestrando em Direito, na linha de pesquisa Desenvolvimento, Regulação, Concorrência e Inovação pela Universidade Cândido Mendes. Professor convidado da Fundação Getúlio Vargas. Presidente do Instituto Brasileiro de Estudos em Cooperativismo (IBECOOP) e da Comissão Especial de Direito Cooperativo da Ordem dos Advogados do Brasil – Seção Rio de Janeiro. Assessor jurídico do Sistema OCB/RJ.

Correio eletrônico: gaudio@gn.adv.br.

Tel.: 55(21)98881-0999.

Lattes: http://lattes.cnpq.br/4744954988892346

RESUMO

O presente artigo procura evidenciar as particularidades que fazem da regulação em sentido estrito, incidente sobre atividade econômica cooperativista, um especial desafio ao permanente refinamento do regime jurídico das cooperativas. Ainda que limitado sob o propósito de apresentar o tema, não se furta o presente trabalho em sugerir um breve indício de proposta de resposta ao problema.

Palavras-chave: Cooperativismo. Atividade cooperativista. Regime jurídico. Regulação.

ABSTRACT

This article seeks to highlight the particularities that make the regulation in Strict sense, which regulates the cooperative economic activity, a special challenge to the permanent refinement of the legal regime of the cooperatives. Although limited in order to present the theme, the present work does not shy away from suggesting a brief indication of a proposed response to the problem.

Keywords: Cooperativism. Cooperative activity. Legal regime. Regulation.

1. INTRODUÇÃO

A realidade da atividade econômica cooperativista evidencia a ordenação dos recursos econômicos capital, mão-de-obra e recursos naturais, assim como o consumo, sob uma lógica própria. Em decorrência, fundadas sobre tais premissas estruturalmente distintas da atividade econômica capitalista, são igualmente originais e parte substancial das relações jurídicas estabelecidas no âmbito das cooperativas.

No plano do Direito Positivo, o estado das artes em diferentes ordenamentos revela que esse perfil operacional foi recepcionado sob dois matizes mais evidentes, que conformam as colunas do Direito Cooperativo, considerado um ramo autônomo do Direito. São elas a cooperativa como espécie de pessoa jurídica e o ato cooperativo como uma espécie obrigacional própria.

Conquanto sejam inúmeros os desafios para o aperfeiçoamento desse Direito Cooperativo, no plano da incidência da regulação setorial dos diferentes mercados de produtos e serviços existem particularidades que agravam a questão para as cooperativas. Isso se passa substancialmente em razão da não permeação desse conhecimento nas cadeiras universitárias convencionais, incluindo-se o Direito, e, em contrapartida, pela própria dinâmica da regulação, que exige e supõe a inovação setorial do ordenamento jurídico sem processo legislativo, de forma técnica, ágil e despolitizada, através de atos de regulação normativa.

Essa análise merece ser feita em um contexto sociológico e econômico mais abrangente, ainda que, neste trabalho, só o seja possível de maneira sucinta, pois os aportes dessas fontes facilitam a compreensão da realidade do cooperativismo contemporâneo, assim como o exame de sua historicidade poderá fornecer os elementos fáticos estruturantes do modelo e que, antes de sua normatividade, pautarão a identidade cuja desnaturação desafia a atuação compatível do Estado-regulador.

A compreensão, ampliação e permeação dos estudos sobre esse conjunto de fatores em diferentes instâncias sociais – não só limitado aos círculos cooperativistas – poderá afetar decisivamente a qualidade do ambiente em que as cooperativas tentarão expandir suas atividades.

Em razão do propósito deste trabalho, reitera-se que o mesmo se encontra limitado em sua extensão e na profundidade de sua fundamentação, assim como em relação às múltiplas demonstrações que poderiam ser apresentadas, sobretudo através de atos de regulação normativa vigente.

2. DESAFIOS DA REGULAÇÃO DA ATIVIDADE COOPERATIVISTA

Dentre um possível elenco bastante mais amplo de desafios ao aperfeiçoamento do regime jurídico das cooperativas através da regulação, arrolamos alguns poucos que nos parecem decisivos, mas que certamente podem ser bem mais detalhados: a) as caraterísticas da própria regulação, agravadas pela baixa capilaridade dos conhecimentos sobre matéria cooperativista nos diferentes setores sociais; b) a ilusão de que o sistema econômico é composto e influenciado apenas por mercados – retirando do campo de estudo o papel exercido pelas instituições e pela cooptação que os grupos de interesse realizam sobre o Estado-Regulador e c) vicissitudes da pesquisa, da educação e da prática cooperativista.

A primeira particularidade que faz da regulação um desafio peculiar ao permanente aperfeiçoamento do regime jurídico das cooperativas diz respeito às caraterísticas da própria regulação.

> A intervenção estatal na economia através da função regulatória se caracteriza por ser feita de forma mais ágil, pelo Poder Executivo, sem o iter que caracteriza a edição de leis em sentido estrito. Mais que isso, ao contrário da função normativa exercida pela Administração Pública, os atos administrativos de regulação normativa não se limitam a edição de normas meramente esclarecedoras ou complementares à lei. Efetivamente, produzem efeitos de lei em sentido estrito, inovando a ordem jurídica de maneira livre da complexidade do procedimento legislativo, pois assim busca aperfeiçoar de forma mais dinâmica o regime jurídico de diferentes mercados em constante mudança, constituindo distintos ordenamentos setoriais, efetivos subsistemas jurídicos (ARAGÃO, 2005, p. 178-189).

Essa setorização dos ordenamentos jurídicos, objetivando a eficiência no regramento especializado de diferentes mercados, pulveriza a atividade normativa e amplia número de normas que afetará a atividade cooperativista, numa sociedade que pouco conhece seu modelo jurídico-econômico. Desconhecendo o modelo cooperativista, os diferentes agentes reguladores que representam o Estado tenderão a tratar o exercício das empresas cooperativas de forma indistinta do exercício da empresa capitalista, produzindo normas jurídicas incompatíveis e, portanto, arranjos institucionais desfavoráveis[1].

O texto da Constituição de República Federativa do Brasil de 1988, ao ser pródigo e estratégico ao estabelecer parâmetros fundamentais ao cooperativismo, poderia fazer supor que as instituições (regras) incidentes sobre essa atividade gerariam um ambiente institucional favorável para as cooperativas. Tal expectativa não se confirma. Uma das formas de demonstração está na Jurisprudência preponderante dos tribunais superiores, evidenciando a péssima recepção judicial do regime do ato cooperativo em diferentes planos (consumo, trabalho, tributário, concorrencial, licitatório, etc.).

Mas também é possível pinçar algumas das múltiplas normas regulatórias que inovaram inadequadamente o regime jurídico das cooperativas. É o que ocorre, por exemplo, no mercado de saúde suplementar, quanto à Resolução Normativa n° 175/2008, da Agência Nacional de Saúde Suplementar (ANS), que trata a cooperação cooperativa como um ilícito antitruste *per se*, ao vedar que as sociedades cooperativas exijam de seus sócios que não operem com os concorrentes (caso mitificado como unimilitância). Com a mesma incongruência, à atividade cooperativista é imposto o denominado Plano de Contas Padrão, para toda e qualquer operadora de planos médicos ou odontológicos, a despeito de sua incongruência com o modelo operacional e com as Normas Brasileiras de Contabilidade Técnica vigentes, especialmente para realização da demonstração contábil dessas sociedades. Também, quanto à regulação do mercado financeiro, pode ser mencionado todo arcabouço regulatório que impunha às cooperativas um papel caudatário nessa atividade econômica, autorizando o seu funcionamento apenas em localidade de baixo interesse do sistema bancário capitalista ou a organização de cooperativas ligadas à agremiações de empregados.

---

1 Por arranjo institucional, entenda-se: "'um arranjo entre unidades econômicas, que governa a forma pela qual essas unidades podem cooperar e/ou competir' [...] Os arranjos institucionais definem, por conseguinte, a forma particular como um sistema econômico coordena um conjunto específico de atividades econômicas" (FIANI, 2011, p. 4).

Quanto a tais exemplos, disciplinam Meinem e Gaudio (2015) a despeito do lento refinamento da regulação setorial, desde 1988 a Carta Constitucional vincula a atuação estatal no sentido da liberdade de as cooperativas explorarem quaisquer atividades, além do dever de estimular e apoiar tais atividades e tratarem de forma isonômica, coerente com o modelo das cooperativas e seu regime jurídico original conforme já vaticinou o próprio Supremo Tribunal Federal:

> Em diversas passagens, a Constituição protege e fomenta a atividade cooperativa (cf., e.g., a liberdade de associação - art. 5º, XVIII; necessidade de adequado tratamento tributário, definido em lei complementar - art. 146, c; estímulo regulatório ao cooperativismo e ao associativismo - art. 174, §2º; importância do cooperativismo na política agrícola - art. 187, VI; expressa previsão das cooperativas de crédito - art. 192).

Essa relevância da atividade afasta do legislador infraconstitucional a liberdade irrestrita para definir conceitos-chave do cooperativismo, de modo que a respectiva tributação deverá seguir o sentido constitucionalmente coerente para 'ato cooperativo', 'receita da atividade cooperativa' e 'cooperados'"[2] (RE 672.215-RG, Relator Min. Joaquim Barbosa, julgamento em 29/03/2012).

Os exemplos a serem dados poderiam varar outros mercados regulados, tais como o de geração e distribuição de energia, dentre outros.

Apesar de pontuais exceções e de toda matriz legal constitucional do cooperativismo brasileiro, o conjunto Jurisprudência e regulação, ambas afetando as normas legislativas positivadas, podem estar a indiciar que o ambiente institucional[3] brasileiro para as cooperativas pode caminhar para a adversidade ou a inospitalidade.

Nesse contexto, é válido o realce de que a regulação normativa afeta e inova o Direito, podendo, *a priori*, atentar e até efetivamente limitar indiretamente os efeitos das normas previamente postas para as cooperativas, sejam normas constitucionais ou infraconstitucionais, sejam princípios. Até mesmo

---

2 Disponível em http://redir.stf.jus.br/paginadorpub/paginadorjsp?docTP=TP&docID=1949790, acesso em 27 out 2017.

3 Por ambiente institucional, pode-se entender: "'o conjunto de regras fundamentais de natureza política, social e legal, que estabelece a base para a produção, a troca e a distribuição'. Englobam, por exemplo, o regime político, o direito civil, a constituição nacional, etc." (*Ibid*).

a dimensão legislativa da identidade cooperativa pode ser afetada: desde as consolidadas características gerais positivadas nos artigos 3° e 4° da Lei Federal n° 5.764/1971 até os próprios princípios cooperativistas.

O segundo ponto envolve questão bastante conhecida dos cooperativistas. A criação, interpretação e aplicação de normas inadequadas ao regime jurídico específico das cooperativas afetam decisivamente sua estabilidade, expansão e competitividade, demonstrando que os mercados não são efetivamente livres às cooperativas – sendo, inclusive, várias atividades vedadas ao exercício da empresa cooperativa.

A moderna economia institucional ressalta a incompletude do estudo dos sistemas econômicos apenas pela abordagem de sua organização através de mercados – a partir da ideia de mercados livres, do mercado como uma entidade autônoma, da suficiência correlação oferta-demanda e da Teoria do Equilíbrio Geral. Além de ser insuficiente, essa simples perspectiva distorce o problema básico de qualquer sistema econômico, qual seja "como coordenar as atividades que empregam os recursos disponíveis, de forma a aumentar o bem-estar social, reduzindo os conflitos naturalmente gerados pela atividade econômica" (FIANI, 2011, p. 2). Deve ser agregado o estudo das instituições (regras) e seu papel para a organização do sistema econômico e para o desenvolvimento.

Nesse contexto, também é importante perceber a influência que os grupos de interesse não cooperativistas – normalmente mais capitalizados e organizados na maioria dos setores de mercado costumam exercer não só para obter regulação que lhes seja mais favorável, mas também como estratégia para evitar desestimular ou rechaçar a competição por cooperativas. Os grupos de interesse historicamente influenciam as teorias e as normas regulatórias, influenciando em seu interesse tendências e escolas teóricas sobre regulação. Fiani (1998) ressalta que, tal como se observa, na historicidade dos ciclos de desenvolvimento e de crise econômica, esse fator constituiu elemento que presidiu os debates sobre o alcance e a forma de intervenção estatal na economia – incluindo-se a polarização regulação-desregulação.

Esses grupos comumente exercem, de forma velada ou a partir de supostos teóricos, de forma explícita, uma campanha de restrição à atividade cooperativista – o que, contemporaneamente, antevemos, ocorrerá em relação aos bancos convencionais contra a expansão dos sistemas de crédito cooperativo. É o que se passa não só com grupos de interesse econômico, mas setores sociais que erigem sempre teorias restritivas à atuação de cooperativas, aceitando e validando apenas o modelo capitalista de articulação dos elementos produtivos.

Sobre tudo isso pairam desafios relacionados à configuração do cooperativismo e seu regime jurídico como manifestação, tanto de um modelo econômico quanto cultural não hegemônico. Desde a constatação da escassez de autores, como relata Johannen (1973) até contundentes críticas ao comportamento estatal para o setor, constatadas pelo autor Bulgarelli (2000), não faltam evidências do precário conhecimento do cooperativismo e das disciplinas a ele relacionadas nos múltiplos setores sociais. Ao confessar a existência de certo preconceito em face das cooperativas, a autora Paula Forgioni (2014) arrola questionamentos fundados no desconhecimento das peculiaridades estruturais das cooperativas e até a falta de coerência de argumentos que costumam ser manejados em seu desfavor.

Tivemos a oportunidade de confirmar esse dilema a partir de uma análise inicial sobre a lei especial das cooperativas de trabalho tratada por Gaudio (2014), assim como a partir da leitura sociológica de Boaventura de Sousa Santos, retratada por Gaudio e Helfer (2014). O modelo de racionalidade vigente de forma preponderante rechaça experiências não hegemônicas.

Nesse plano é que o terceiro desafio surge em meio à própria comunidade cooperativista. Ao contrário do que se observa com os grupos econômicos que investem em pesquisa acadêmica em matérias de seu interesse, observa a doutrina cooperativista expansão vagarosa de sua temática na universidade, conforme relatado por Cracogna (2008). Por suposto, isso produz uma legião de profissionais que, alheios aos conhecimentos intrínsecos ao cooperativismo, de todo modo terão que tratar a matéria, seja na condição de assessores, julgadores, fiscalizadores, de sócio de uma cooperativa ou como agentes de Estado em geral – dentre os quais aqueles que atuarão na regulação de diferentes mercados onde as cooperativas se inserem.

Esse cenário é agravado pela ocorrência de desvios de finalidade nas cooperativas. Apesar de o ilícito ser inerente ao convívio social e, portanto, permanentemente reprimido pelo Direito, a externalidade negativa produzida através das cooperativas redunda, com recorrência, em soluções pragmáticas pelo Estado, forçando a incidência incompatível de direito inadequado e regimes próprios de espécies obrigacionais estranhas ao modelo cooperativista. É o que ocorre com a massificação da incidência do Código de Defesa do Consumidor e do regime de emprego nas judicializadas relações entre cooperativas e seus sócios, sem que as decisões judiciais se ocupem em justificar o afastamento do regime jurídico próprio do negócio cooperativo, conforme disposto no art. 79 da Lei n° 5.764/1971.

De acordo com Grau (2015), a resposta ao desvio no meio capitalista é sempre o aperfeiçoamento do regime jurídico para renovar e manter o sistema, mas o mesmo não se processa com a mesma agilidade em relação ao cooperativismo. É justamente esse o desafio sobre o qual se debruçam vários doutrinadores de tradição cooperativa, tais como Lasserre (1972)[4].

O processo de aperfeiçoamento legislativo normativo das cooperativas, enquanto agentes econômicos não hegemônicos que operam em diferentes setores de mercado, é sobremaneira mais lento, com potenciais ameaças de construções legislativas inadequadas[5].

Sem o conhecimento básico do Direito Cooperativo entre os atores sociais, as cooperativas ainda costumam se apresentar demasiadamente reféns de um estudo comparativo, baseado numa análise entre gêneros próximos e diferenças específicas, com severo prejuízo da ausência de uma compreensão ontológica[6], sem a qual não é possível distinguir o que é aperfeiçoamento do

---

4 "*Hoy la principal tarea del pensamento cooperativo ya no consiste em demonstrar la superioridade del cooperativismo en tanto que solución o sistema, sino en escrutar los problemas que debe resolver para prosseguir su crecimiento*" (LASSERRE, 1972, p. 115-116).

5 Como exemplos mais recentes, vale mencionar o PL 3.723/2008, que pretende versar sobre tributação de cooperativas de forma inadequada, os inúmeros projetos de lei que precederam o regime jurídico especial das cooperativas de trabalho (Lei Federal n° 12.690/2012) e o projeto substitutivo da Lei Geral de Cooperativas n° 5.764/71 (PL n° 519/2015).

6 Apresenta-se ao menos um suporte para a afirmação, dentre outros possíveis. Veja-se a tradicional sustentação por parte dos cooperativistas no sentido de que, para distinguir o trabalho sob regime de emprego do trabalho realizado por sócios de cooperativas, afirmava-se que o empregado era subordinado, enquanto que o cooperado seria autônomo. Esse equívoco conduziu a uma das teses restritivas às cooperativas de trabalho, no sentido de se o cooperado não fosse livre para trabalhar quando lhe aprouvesse, a cooperativa seria fraudulenta. Ocorre que a realidade da natureza no trabalho do cooperado se situa entre o

regime jurídico do que é iniciativa atentatória à identidade cooperativa – uma questão fundamental para a regulação adequada.

Ainda no campo das dificuldades produzidas no seio da comunidade cooperativista, parece-nos equivocada e danosa a especulação de que o direito de liberdade fundamentaria uma autonomia estatutária desconectada do restante do ordenamento jurídico, sobretudo das normas de ordem pública. O diálogo das fontes também é vital ao aperfeiçoamento do Direito Cooperativo.

> Num breve comentário, é importante frisar que tanto os estatutos sociais das cooperativas, como quaisquer contratos plurilaterais de sociedades, assim como o ato cooperativo e qualquer outra espécie obrigacional estão submetidos aos princípios gerais de suas espécies, às normas de ordem pública, as respectivas normas gerais. Sendo todas essas figuras jurídicas dimensões da autonomia privada, devem guardar tanto a proteção dos interesses dos sócios quanto o interesse público, não estando acima da lei, mas atuando na ausência de previsões restritivas constitucionais (TELLECHEA, 2016, p. 345-347).

É certo que o reconhecimento do ato cooperativo tem implícito o reconhecimento de um regime jurídico diverso daqueles ordinariamente praticados entre partes no mercado, mas não se trata de uma espécie obrigacional estranha à ordem jurídica ou não imersa nas normas gerais das obrigações.

Uma concepção de autonomia estatutária quase irrestrita tem encorajado interesses incompatíveis com a finalidade cooperativista, que se aproveitam da estrutura societária cooperativa como fuga de regimes jurídicos mais protetivos ao consumidor e ao trabalhador. Utilizando a cooperativa como uma espécie de oportunidade para 'socializar' o risco do empreendimento e 'privatizar' os resultados positivos, costumam protagonizar casos de efetivo desserviço ao cooperado, colocando-o, não raro, em condições socioeconômicas inferiores ao trabalhador subordinado e ao consumidor de mercado[7].

---

subordinado típico e o autônomo pleno, numa estrutura própria que pode ser definida como trabalho cooperado, trabalho parassubordinado (no Direito do Trabalho) e ato cooperativo no Direito Cooperativo (cujo regime obrigacional na campo das terceirizações desafiou o refinamento do seu regime jurídico). Veja-se: (GARCIA; GAUDIO, 2014, p. 105-110).

7 É o que se passa, por exemplo, com cooperativas habitacionais que, a despeito de sua viabilidade ou até mesmo sucesso econômico, sujeitam os consumidores sócios à condições econômicas, jurídicas e sociais inferiores àqueles consumidores de mercado, claramente tutelados, no Brasil, pelo Código de Defesa do Consumidor pelas normas do Conselho Monetário Nacional sobre consórcio imobiliário, etc.

Sem conhecimento teórico, os setores sociais que precisam tratar os efeitos sociais deletérios dessas práticas costumam responder com pragmatismo e direito inadequado, por má vontade ou simples desconhecimento – o que ocorre no campo da regulação normativa, executiva e judicante.

O que se passa entre a lacuna acadêmica, a prática desviada e a má vontade estatal é um gravoso círculo vicioso que mantem certos mercados sob uma efetiva reserva para espécies societárias de finalidade lucrativa.

3. POSSÍVEIS CAMINHOS

Buscando coerência com os desafios parcialmente mencionados, é obvio, mas não despiciendo, frisar o papel da educação cooperativista. Contudo, a educação cooperativista, a par das fragilidades para instalação de uma cultura de cooperação na sociedade competitiva e individualista, deve ser observada com um pouco mais de estratégia.

De longa data, Holyoake (1933) constatou a educação do quadro societário encontra-se evidenciada como pedra de toque do movimento, mas aprofundar os estudos e levá-lo às universidades com estratégia para sua compreensão e trato adaptado pelos diferentes setores sociais é de fundamental urgência.

Os breves indícios que cabem para o propósito deste trabalho introdutório, entretanto, dizem respeito às possíveis formulações teóricas para a regulação da atividade econômica cooperativista.

Procura-se, de forma modesta, trazer alguns contributos que possam servir de parâmetro para a atividade regulatória em matéria cooperativa. Baseiam-se, por motivos adiante expostos, na identificação de parâmetros estruturais e vetores ligados, em sua maioria, a direitos fundamentais que, portanto, podem ser considerados supraconstitucionais, embora gozem de *status* constitucional no Direito brasileiro.

Popper (2013) afirma que, por se tratar de uma proposição indutiva e estar plenamente sujeita a ser falseada ou refutada, procurou-se compreender a lógica situacional a partir de dados objetivos extraídos historicidade do cooperativismo.

Assim, buscou-se evitar ancorar a compreensão do regime jurídico das cooperativas em um suposto psicológico, especialmente o da subjetividade dos indivíduos que devem praticar a cooperação cooperativa[8]. Isso não significa mitigar a relevância deste elemento que, a rigor, constitui um dos fatos estruturais da identidade do modelo, muito embora a Psicologia exerça papel fundamental na análise do comportamento cooperativo com importantes reflexos econômicos, inclusive sobre os custos de transação, conforme constatado por Gaudio (2016). A cooperação cooperativa engloba o caráter axiológico do Direito Cooperativo, repleta de valores essenciais para estabelecimento da confiança necessária à cooperação voluntária e que estão historicamente evidenciados na tradição dos Pioneiros de Rochdale, assim como pela Aliança Cooperativista Internacional. Na cooperação repousa a dimensão axiológica que deve permear todo o Direito Cooperativo.

Interessar-nos-á para o estabelecimento do fato que compõe a estrutura do Direito uma fonte objetivamente segura, sem olvidar a importância dos valores. Portanto, nos parece estar a fonte histórica, naturalmente, apta a evidenciar os elementos fáticos que, somados no processo de construção do modelo até sua conformação com cooperativismo, poderão pautar sua estrutura objetiva.

Tal pesquisa contempla a trilogia estruturante do Direito Cooperativo nas dimensões fato valor e norma, apontadas por Reale (2003).

Veja-se que a espécie obrigacional típica do ato cooperativo é a espécie própria de pessoa jurídica cooperativa, assim com suas características gerais e princípios próprios constituem importantes pilares normativos que sustentam a disciplina jurídica já erigida para recepcionar e bem tutelar a experiência cooperativista (plano dos fatos). Mas os fatos que caracterizam a prática mitificada como cooperativista são as fundações sobre as quais essas colunas foram erigidas.

A norma jurídica emana da sociedade "por seus instrumentos e instituições destinados a formular o Direito, refletindo o que a sociedade tem como objetivos e valorações, o complexo de seus conceitos éticos e finalísticos" (SICHES, *apud* ROSA, p. 57). Max Weber (2000) menciona a necessidade de as normas jurídicas deverem ser tanto consequência quanto causa das regularidades das ações humanas e de tipos empíricos.

8 Utilizamos a terminologia de Dieter W. Benecke para frisar que a cooperação praticada nas cooperaivas não é tão somente o comportamento da cooperação, mas aquele econômico e típico praticado nas sociedades cooperativas (1980, p. 109-134).

A experiência cooperativista, estabelecendo dinâmica própria aos 'fatores de produção', estabelecerá relações jurídicas e interações estruturalmente distintas, resultando em Direito específico que nesse processo será permanentemente transformado, renovando-se e reafirmando-se. Dos elementos fáticos objetivos poderá se extrair o diferencial estrutural que influenciará relação de causalidade que marcará a construção do regime jurídico ressaltada por Eros Roberto Grau (2015). O autor, ademais, ao destacar os fatos e valores do capitalismo, não deixa de reconhecer a causalidade própria do cooperativismo, afirmando que a Livre Iniciativa, enquanto instância do direito fundamental de liberdade, não representa um princípio de afirmação somente do capitalismo, mas também sua articulação sob o modelo de produção próprio caracterizado pelo exercício da livre iniciativa cooperativista.

É, portanto, da prática da cooperação cooperativa que, ao longo do tempo, constituiu-se a partir do costume uma tipologia empírica que se plasmou em normas que guardassem as garantias jurídicas de seu funcionamento. Desses alicerces fáticos, caraterizadores do modelo cooperativista é que se procurou, ao longo do tempo, estabelecer uma espécie societária e uma espécie obrigacional compatíveis para sua tutela.

As normas vigentes ou futuras, tanto regras quanto princípios cooperativistas revisitados em 1995, não constituem necessariamente a identidade cooperativa e sim sua projeção normativa. A mesma causalidade estrutural deve ser parâmetro para o Estado-regulador do exercício da atividade econômica cooperativista nos diferentes setores de mercados.

> Considerando que o estudo do Direito positivado não revela a realidade e, sim, pretende sua tutela, as pesquisas iniciais nos conduziram a identificar na historicidade do modelo três elementos fáticos – com repercussão jurídica – que o caracterizam (GAUDIO, 2016, p. 532-539).

A violação de algum deles tende a colocar a cooperativa em desequilíbrio, posto que atuam sinergicamente sustentando um ao outro. Sem eles, a cooperativa tende à desnaturação, ainda que formalmente constituída.

Nossa resposta identifica a citada cooperação cooperativa, a finalidade específica das cooperativas e a dupla qualidade como elementos fáticos presentes na construção histórica caracterizante do modelo e, portanto, elementos estruturais que conformam a identidade cooperativa.

Ressaltando a dificuldade para compreensão do paradigma da cooperativa, Benecke (1980) afirma que o grande elemento de identidade que projeta o diferencial das relações decorrentes da ordenação dos elementos produtivos e, por consequência, do regime jurídico próprio, é a dupla qualidade.

Mas não é só. A fonte histórica nos permite identificar que o exercício de direitos fundamentais preexistentes, supraconstitucionais, tornaram possível a estruturação do tipo empírico.

A Liberdade (liberdade contratual) e a Propriedade (propriedade privada) são termos utilizados no método cooperativista para um propósito próprio diverso do processo lucrativo: a prestação de serviços aos cooperados para lhes incrementar as condições econômicas e sociais, finalidade própria das cooperativas.

Apenas indiciados em trabalho precedente, os vetores supraconstitucionais devem também pautar o Estado Regulador. Ligam-se preponderantemente aos direitos fundamentais de liberdade e isonomia (igualdade), daí porque é possível sustentar em certa medida o seu caráter implícito em diferentes ordens constitucionais. Unem-se esses parâmetros aos estruturais. Não há como promover isonomia com as cooperativas sem a compreensão e tutela de seu diferencial estrutural. Sonegar tratamento jurídico adequado às cooperativas implica em violação ao direito fundamental de liberdade dos trabalhadores e da prerrogativa dos consumidores exercerem atividade econômica através de cooperativas.

O terceiro vetor supraconstitucional liga-se, *a priori*, mais ao interesse do próprio Estado em fomentar o cooperativismo enquanto instrumento superior para promoção de desenvolvimento socioeconômico sustentado do que a um direito. Entretanto, é possível que se identifique suas raízes no direito ao desenvolvimento, conforme esclarece Benfatti (2014), ou direito a não serem tratadas em condições desfavoráveis em relação a outros empreendimentos. No caso do Direito brasileiro, portanto, preconiza o apoio e estímulo ao cooperativismo, normas desestimuladoras, além de violarem norma constitucional expressamente, importam em regime jurídico inadequado, violador da isonomia, e limitação inconstitucional da liberdade.

A doutrina identifica a repetição do comendo de fomento nas Cartas Constitucionais de diversos países, dentre eles Bolívia (1967), Coreia do Sul

(1948), Costa Rica (1949), Egito (1971), Espanha (1978), *e.g.* Aragão (2013). No caso brasileiro, Gaudio (2015) constata que os três vetores mencionados foram consignados no texto constitucional: artigos 5°, inc. XVII; 146, inc. III, "c" e 174, §2°, especialmente.

Assim, pretende-se articular um pequeno contributo não para a refundação da identidade cooperativa, mas para a ampliação de seu estudo aplicado: situando os princípios cooperativistas como elemento normativo da identidade cooperativista e os valores do cooperativismo como elementos axiológicos intrínsecos do elemento estrutural cooperação cooperativa. Todos integram a identidade abarcada pelo Direito Cooperativo.

Pormenorizar o estudo de cada elemento da organização proposta importa na melhor compreensão do sentido para qual cada um desses vetores estruturais apontam para que sejam adequadamente tutelados, refinando e garantindo a constitucionalidade do regime jurídico regulatório das cooperativas. Por essa razão, inspiram um estudo mais amplo, através do qual possam ser minuciados e demonstrados de forma adequada.

4. CONSIDERAÇÕES FINAIS

Além de identificar a importância das instituições para o bom desenvolvimento das cooperativas e da influência dos grupos de interesse para esse fim, procurou-se demonstrar sumariamente que a dinâmica limitação da liberdade através da forma regulatória de intervenção estatal submete a progressão da disciplina jurídica das cooperativas à desafios ainda mais intensos que a da própria evolução legislativa do Direito Cooperativo. Isto se passa em razão da força normativa própria dos atos de regulação, da agilidade com que são editados e que se somam ao desconhecimento dos setores sociais sobre a temática cooperativista, incluindo-se no âmbito da Administração Pública.

As deficiências de estratégias da pesquisa acadêmica e da educação cooperativista em geral, além de desafios culturais e dos descaminhos albergados no meio cooperativista, agravam o problema da compreensão do diferencial das cooperativas para seu adequado tratamento regulatório.

As propostas permanentes para contorno do problema estão na educação, na pesquisa e na capitalização dos conhecimentos, mas se conjugaram breves indícios a título de resposta provisória, baseados na evidenciação de parâmetros supraconstitucionais e estruturais, extraídos da historicidade do cooperativismo, que poderão colaborar com as linhas mestras não só da regulação incidente sobre a atividade cooperativista, mas com o processo de aperfeiçoamento do Direito Cooperativo. Trata-se de um feixe de vetores inter-relacionados.

As demonstrações possíveis para o problema e fundamentações bibliográficas foram limitadas em atenção ao escopo introdutório e necessária profundidade incompatível com o artigo científico. Portanto, o trabalho ainda inspira muito aprofundamento.

REFERÊNCIAS BIBLIOGRÁFICAS

AGENCIA NACIONAL DE SAÚDE SUPLEMENTAR. *Resolução Normativa nº 175, de 22 de setembro de 2008. Acrescenta o item 2 ao Anexo I e o item 3 ao Anexo IV da Resolução Normativa - RN nº 85, de 7 de dezembro de 2004, acrescenta o inciso V ao art.25 da mesma Resolução e dá outras providências.* Disponível em: <http://www.ans.gov.br/component/legislacao/?view=legislacao&task=TextoLei&format=raw&id=MTMzMA==>. Acesso em: 20 nov. 2017.

ARAGÃO, Alexandre Santos de. *Comentário ao art. 174, §2º. In.* CANOTILHO, J.J. Gomes, MENDES, Gilmar Ferreira, SARLET, Ingo Wolfgang e STRECK (Coord.). *Comentários à Constituição Federal do Brasil.* São Paulo: Saraiva/Almedina.

BENECKE, Dieter W. *Cooperação e desenvolvimento. O papel das cooperativas no processo de desenvolvimento econômico nos países de Terceiro Mundo.* Porto Alegre: Coojornal, 1980.

BENFATTI, Fabio Fernandes Neves. *Direito ao desenvolvimento.* São Paulo: Saraiva, 2014.

BRASIL. *Lei nº 5.764, de 16 de dezembro de 1971. Define a Política Nacional de Cooperativismo, institui o regime jurídico das sociedades cooperativas, e dá outras providências.* Disponível em: <http://www.planalto.gov.br/ccivil_03/leis/L5764.htm>. Acesso em 20 nov. 2017.

________. *Lei nº 12.690, de 19 de julho de 2012. ...Dispõe sobre a organização e o funcionamento das Cooperativas de Trabalho; institui o Programa Nacional de Fomento às Cooperativas de Trabalho - PRONACOOP; e revoga o parágrafo único do art. 442 da Consolidação das Leis do Trabalho - CLT, aprovada pelo Decreto-Lei no 5.452, de 1º de maio de 1943.* Disponível em: <http://www.normaslegais.com.br/legislacao/lei-12690-2012.htm>. Acesso em: 20 nov. 2017.

BULGARELLI, Waldirio. *As sociedades cooperativas e sua disciplina jurídica.* 2.ed., Rio de Janeiro: Renovar, 2000.

CRACOGNA, Dante. *Cooperativismo y universidad: passado y presente. In: Boletín de la Asociación Internacional de Derecho Cooperativo,* nº 42 – Universidad y cooperativismo. Bilbao: Universidad de Deusto, 2008.

FIANI, Ronaldo. *Teoria da regulação econômica: Estado atual e perspectivas futuras.* Rio de Janeiro: Universidade Federal do Rio de Janeiro - Instituto de Economia, 1998. Disponível em: <www.ufrj.br/ie>. Acesso em: 15 dez.2016.

_______. *Cooperação e conflito: instituições e desenvolvimento econômico.* Rio de Janeiro: Elsevier, 2011.

FORGIONI, Paula. *As sociedades cooperativas no brasil: muito além dos preconceiotos e das questões tributárias. In: CRACOGNA, Dante (coord.), Congreso Coninental de Derecho Cooperativo.* Ciudad Autónoma de Buenos Aires: Intercoop, 2014.

GARCIA, Flávio Amaral; GAUDIO, Ronaldo. Anais da palestra *in* MENDES, Gilmar Ferreira; BRANCO, Paulo Gustavo Gonet (org*). III seminário internacional de direito administrativo e administração pública: gestão pública – inovações, eficiência e cooperação no âmbito da administração pública.* Disponível em: <http://www.idp.edu.br/docman/ebooks/1061-iii-seminario-internacional-de-direito-administrativo-e-administracao-publica-1/file>, acesso em: 15 dez.2016.

GAUDIO, Ronaldo. *Marco Legal brasileiro das cooperativas de trabalho: busca pelo direito adequado em meio ao discurso jurídico reacionário. In: Congreso Continental de Derecho Cooperativo.* CRACOGNA, Dante (coord.), Ciudad Autónoma de Buenos Aires: Intercoop, 2014.

_______ e FARIAS, Eduardo Helfer de. *Barreiras da razão indolente ao Cooperativismo: violação e incompreensão das características essenciais das sociedades cooperativas como fatores de prejuízo socioeconômico. Artigo in Anais do*

4º Seminário Interdisciplinar em Sociologia e Direito. Niterói: Ed. PPGSD-UFF, 2014, p. 49/51. Disponível em <http://sociologiaedireito.com/wp-content/uploads/2015/01/GT7.pdf>. Acesso em: 11 abr.2015.

_______. *Desenvolvimento econômico e cooperativismo: fundamentos e desafios para implementação do art. 174, §2°, da Constituição Federal, a partir das características essenciais das sociedades cooperativas. In: MIRANDA, Jose Eduardo; REIS, Marcelo Terra; GAUDIO, Ronaldo; SIELICHOW (coord). Ordem econômica constitucional: compreensão e comparativo da ordem econômica na Constituição de 1988 com outros sistemas jurídicos*. Curitiba: Juruá, 2016.

GRAU, Eros Roberto. *A ordem econômica na constituição de 1988*. 17.ed., São Paulo: Malheiros, 2015.

HOLYOAKE, G. J. *Os 28 tecelões de Rochdale. (História dos probos pioneiros de Rochdale)*. Rio de Janeiro: Livraria Francisco Alves, 1933.

JOHANNEN, Uwe. *Apresentação da obra de PINHO, Diva Benevides (coord.). A problemática cooperativista no desenvolvimento econômico*. São Paulo: GG Artegráfica, 1973.

POPPER, Karl R. *Lógica das ciências sociais*. 3.ed.. Rio de Janeiro: Tempo Brasileiro, 2004. Disponível em <www.revistas.unifacs.br>. Acesso em: 13 dez.2016.

_______. *A lógica da pesquisa científica*. São Paulo: Cultrix, 2013.

MEINEN, Enio e GAUDIO, Ronaldo. *Sobre o diferencial estrutural e desafios das instituições financeiras cooperativas no ambiente regulatório brasileiro. In: Boletín de la Asociación Internacional de Derecho Cooperativo*, n° 49 – sistemas de crédito cooperativo. Bilbao: Universidad de Deusto, 2016.

REALE, Miguel. *Teoria Tridimensional do Direito*. 5.ed. São Paulo: Editora Saraiva, 2003.

SICHES, Luis Recaséns. *Tratado de sociologia. In: ROSA, Felippe Augusto de Miranda. Sociologia do direito*. 9.ed., São Paulo: Jorge Zahar, 1992.

TELLECHEA, Rodrigo. *Autonomia privada no direito societário*. São Paulo: Quartier Latin, 2016.

WEBER, Max. *Economia e sociedade*. Vol. 1. Brasília: Editora UNB, 2000.